公務人員

「高等考試三級」應試類科及科目表

高普考專業輔考小組◎整理

完整考試資訊

http://goo.gl/LaOCq4

✪普通科目

1.國文◎（作文80%、測驗20%）

2.法學知識與英文※（中華民國憲法30%、法學緒論30%、英文40%）

✪專業科目

類科	科目
一般行政	一、行政法◎　二、行政學◎　三、政治學 四、公共政策
一般民政	一、行政法◎　二、行政學◎　三、政治學 四、地方政府與政治
社會行政	一、行政法◎　二、社會福利服務　三、社會學 四、社會政策與社會立法　五、社會研究法　六、社會工作
人事行政	一、行政法◎　二、行政學◎　三、現行考銓制度 四、公共人力資源管理
勞工行政	一、行政法◎　二、勞資關係　三、就業安全制度 四、勞工行政與勞工立法
戶　政	一、行政法◎ 二、國籍與戶政法規（包括國籍法、戶籍法、姓名條例及涉外民事法律適用法） 三、民法總則、親屬與繼承編 四、人口政策與人口統計
教育行政	一、行政法◎　二、教育行政學　三、教育心理學 四、教育哲學　五、比較教育　六、教育測驗與統計
財稅行政	一、財政學◎　二、會計學◎　三、稅務法規◎ 四、民法◎
金融保險	一、會計學◎　二、經濟學◎　三、貨幣銀行學 四、保險學　五、財務管理與投資學
統　計	一、統計學　二、經濟學◎　三、資料處理 四、抽樣方法與迴歸分析
會　計	一、財政學◎　二、會計審計法規◎　三、中級會計學◎ 四、政府會計◎

法　制	一、民法◎　二、立法程序與技術　三、行政法◎ 四、刑法　五、民事訴訟法與刑事訴訟法
法律廉政	一、行政法◎　二、行政學◎ 三、公務員法（包括任用、服務、保障、考績、懲戒、交代、行政中立、利益衝突迴避與財產申報） 四、刑法與刑事訴訟法
財經廉政	一、行政法◎　二、經濟學與財政學概論◎ 三、公務員法（包括任用、服務、保障、考績、懲戒、交代、行政中立、利益衝突迴避與財產申報） 四、心理學
交通行政	一、運輸規劃學　二、運輸學　三、運輸經濟學 四、交通政策與交通行政
土木工程	一、材料力學　二、土壤力學　三、測量學 四、結構學　五、鋼筋混凝土學與設計 六、營建管理與工程材料
水利工程	一、流體力學　二、水文學　三、渠道水力學 四、水利工程　五、土壤力學
水土保持工程	一、坡地保育規劃與設計（包括沖蝕原理） 二、集水區經營與水文學 三、水土保持工程（包括植生工法） 四、坡地穩定與崩塌地治理工程
文化行政	一、文化行政與文化法規　二、本國文學概論 三、藝術概論 四、文化人類學
機械工程	一、熱力學　二、流體力學與工程力學　三、機械設計 四、機械製造學

註：應試科目後加註◎者採申論式與測驗式之混合式試題(占分比重各占50%)，應試科目後加註※者採測驗式試題，其餘採申論式試題。

各項考試資訊，以考選部正式公告為準。

千華數位文化股份有限公司
新北市中和區中山路三段136巷10弄17號
TEL: 02-22289070　FAX: 02-22289076

公務人員

「普通考試」應試類科及科目表

高普考專業輔考小組◎整理

完整考試資訊

http://goo.gl/7X4ebR

✪普通科目

1.國文◎（作文80%、測驗20%）

2.法學知識與英文※（中華民國憲法30%、法學緒論30%、英文40%）

✪專業科目

類科	科目
一般行政	一、行政法概要※　二、行政學概要※ 三、政治學概要◎
一般民政	一、行政法概要※　二、行政學概要※ 三、地方自治概要◎
教育行政	一、行政法概要※　二、教育概要 三、教育行政學概要
社會行政	一、行政法概要※　二、社會工作概要◎ 三、社會政策與社會立法概要◎
人事行政	一、行政法概要※　二、行政學概要※ 三、公共人力資源管理
戶　政	一、行政法概要※ 二、國籍與戶政法規概要◎（包括國籍法、戶籍法、姓名條例及涉外民事法律適用法） 三、民法總則、親屬與繼承編概要
財稅行政	一、財政學概要◎　二、稅務法規概要◎ 三、民法概要◎
會　計	一、會計學概要◎　二、會計法規概要◎ 三、政府會計概要◎
交通行政	一、運輸經濟學概要　二、運輸學概要 三、交通政策與行政概要
土木工程	一、材料力學概要　二、測量學概要 三、土木施工學概要 四、結構學概要與鋼筋混凝土學概要

水利工程	一、水文學概要　二、流體力學概要 三、水利工程概要
水土保持工程	一、水土保持（包括植生工法）概要 二、集水區經營與水文學概要 三、坡地保育（包括沖蝕原理）概要
文化行政	一、本國文學概要　二、文化行政概要 三、藝術概要
機械工程	一、機械力學概要　二、機械設計概要 三、機械製造學概要
法律廉政	一、行政法概要※ 二、公務員法概要（包括任用、服務、保障、考績、懲戒、交代、行政中立、利益衝突迴避與財產申報） 三、刑法與刑事訴訟法概要
財經廉政	一、行政法概要※ 二、公務員法概要（包括任用、服務、保障、考績、懲戒、交代、行政中立、利益衝突迴避與財產申報） 三、財政學與經濟學概要

註：應試科目後加註◎者採申論式與測驗式之混合式試題(占分比重各占50%)，應試科目後加註※者採測驗式試題，其餘採申論式試題。

各項考試資訊，以考選部正式公告為準。

千華數位文化股份有限公司
新北市中和區中山路三段136巷10弄17號
TEL: 02-22289070　FAX: 02-22289076

注意！考科大變革！

112年起
高普考等各類考試刪除列考公文

考試院院會於**110**年起陸續通過，高普考等各類考試國文**刪除列考公文**。**自112年考試開始適用**。

考試院說明，考量現行初任公務人員基礎訓練已有安排公文寫作課程，各機關實務訓練階段，亦會配合業務辦理公文實作訓練，故不再列考。

等別	類組	變動	新規定	原規定
高考三級、地方特考三等、司法等各類特考三等	各類組	科目刪減、配分修改	各類科普通科目均為：國文（作文與測驗）。其占分比重，分別為**作文占80%，測驗占20%**，考試時間二小時。	各類科普通科目均為：國文（作文、公文與測驗）。其占分比重，分別為作文占60%，公文20%，測驗占20%，考試時間二小時。
普考、地方特考四等、司法等各類特考四等	各類組	科目刪減、配分修改	各類科普通科目均為：國文（作文與測驗）。其占分比重，分別為**作文占80%，測驗占20%**，考試時間二小時。	各類科普通科目均為：國文（作文、公文與測驗）。其占分比重，分別為作文占60%，公文20%，測驗占20%，考試時間二小時。
初等考試、地方特考五等	各類組	科目刪減	各類科普通科目均為：**國文刪除公文格式用語**，考試時間一小時。	各類科普通科目均為：國文（包括公文格式用語），採測驗式試題，考試時間一小時。

參考資料來源：考選部

～以上資訊請以正式簡章公告為準～

千華數位文化股份有限公司
新北市中和區中山路三段136巷10弄17號
TEL: 02-22289070　FAX: 02-22289076

目次

第一部分 20個必考重點

第二部分 高分精選題庫

第三部分 近年試題及解析

作者的話

民法體系係以「私法自治原則」為中心，權利主體（自然人、法人）透過法律行為而落實私法自治之理念，民法總則編即以此為核心思想，逐次開展相關規範；本書以民法總則編之規範順序，依序說明各該重要概念內涵，包括：法例、自然人之權利能力、死亡宣告制度、失蹤期間、行為能力、責任能力、監護宣告制度、輔助宣告、住所、人格權、法人、權利客體、法律行為、意思表示、條件與期限、代理、法律行為之效力、期日與期間、消滅時效制度及權利之行使等，民法總則此等規範內容為原則性規定，在無特別規定下，均可適用於民法債編、物權編、親屬編、繼承編之相關規定；此外，針對民法總則一科的學習，除就相關法律概念與體系有所認識外，尚須搭配實務見解與學說意見，始能對整體法律體系有全盤性認知，全書即以此觀點出發，針對各該章節的相關實務見解與學者意見予以臚列鋪陳，期使學子在初探民法總則領域時，得以心領神會、融會貫通！

重大修正：

依據司法院於民國108年1月4日修正、同年7月4日施行之「法院組織法」第57條之1，「最高法院於中華民國一百零七年十二月七日本法修正施行前依法選編之判例，若無裁判全文可資查考者，應停止適用。未經前項規定停止適用之判例，其效力與未經選編為判例之最高法院裁判相同。」在過去，被選為判例的判決對於法官具有實質上的拘束力，也就是說，法官不能夠作出與判例的見解相違背的判決。另民法於110年1月13日對於成年和結婚年齡等重大修正已於112年1月1日全部施行，亦應一併注意。

編者謹識

第一部分 20個必考重點

本書所引用之判例，依據司法院於民國108年1月4日修正、同年7月4日施行之「法院組織法」第57條之1，「最高法院於中華民國一百零七年十二月七日本法修正施行前依法選編之判例，若無裁判全文可資查考者，應停止適用。未經前項規定停止適用之判例，其效力與未經選編為判例之最高法院裁判相同。」

法例

依據出題頻率區分，屬：**B** 頻率中

一、民事法規之適用順序

（民§1）

(一) **法律**：指廣義之法律，包括經立法院通過、總統公布之法律（憲法§170），以及有關民事事項之各種法令規章，如：行政規章、自治法規以及條約等。

(二) **習慣**：指具有法的效力與價值之習慣，亦即「習慣法」或「習慣法則」，不包括「事實上之習慣」或「單純之習慣」，其要件包括：

1. 客觀要件：在社會上有反覆實施之行為。
2. 主觀要件：一般人皆有法之確信。
3. 其內容為法律未規定之事項。
4. 其內容不得牴觸法律規定。
5. 其內容不得違背公序良俗。

民法§1以外條文所稱「習慣」僅指「事實上習慣」，不具有習慣法之意義（交易上之慣行），而因法律之特別規定而具有優先效力；易言之，所謂「事實上習慣」僅屬一種慣行，尚欠缺法的確信，不具法源性，無補充法律之效力。

- **最高法院19年上字第916號判例**

  習慣法則之存在與否，除主張之當事人依法提出證據外，法院應依職權調查之。

- **最高法院26年渝上字第948號判例**

  依民法第1條前段之規定，習慣固僅就法律所未規定之事項有補充之效力，惟法律於其有規定之事項明定另有習慣時，不適用其規定者，此項習慣即因法律之特別規定，而有優先之效力。民法第207條第2項既明定前項規定，如商業上另有習慣者不適用之，則商業上得將利息滾入原本再生利息之習慣，自應優先於同條第1項之規定而適用之，不容再執民法第1條前段所定之一般原則，以排斥其適用。

習慣 vs. 習慣法

	習慣法	習慣
意義	具有法效力。	僅為反覆實施之行為，不具法之確信。
拘束力	具法之拘束力。	僅為社會通行，不具有拘束力。
法源基礎	法源之一，民法§1。	－－
得否作為上訴第三審之依據	習慣法乃法源之一，法官依法有適用之職責，得以適用法規違誤上訴第三審。	僅為事實，不得上訴第三審。

(三) **法理**：指法律之自然道理，其具體內容由法院在審理案件時予以認定，其內容包括外國立法例、學術著作、法院裁判、立法沿革資料，以及抽象之衡量原則（如：公平正義原則、公序良俗原則、誠實信用原則、平等原則等），性質上乃不確定之法律概念。

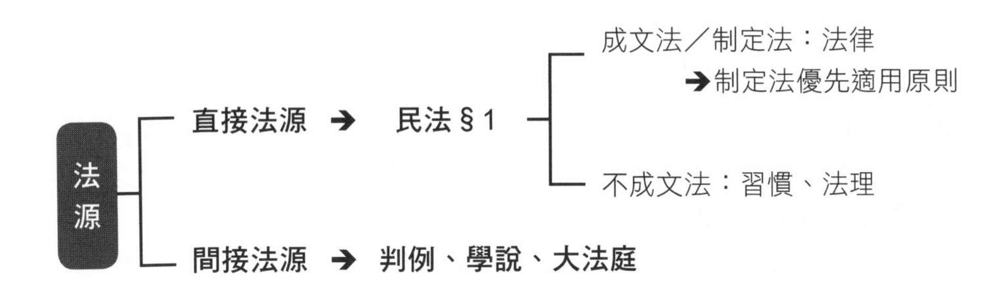

二、法律行為使用文字之方式（民§3）

(一) 親自簽名。

(二) 以蓋章代簽名。

(三) 以指印、十字或其他符號代簽名。

民法§3所稱「依法律之規定有使用文字之必要者」，諸如民法中下列規定：§47、§60、§166-1、§422、§709-3、§756-1、§904、§982、§1007、§1050、§1079I、§1174II、§1189～§1195，凡此均屬「法定要式行為」之規範；通說認為，就§3I「親自簽名」應採擴張解釋，包括「加蓋鉛字體之簽名」或「以機器排列方式簽章」在內，而該項除適用於法定要式行為外，亦可類推適用於「約定要式行為」（即當事人以意思表示約定使用文字之要式行為）。

- **最高法院27年上字第3240號判例**

  消費借貸契約之訂立，法律上並無應以書面為之之規定，民法第3條第1項所謂依法律之規定有使用文字之必要者，即不包含消費借貸契約之訂立在內。

- **最高法院28年上字第1723號判例**

  養父母與養子女之關係，依民法第1080條固得由雙方以書面終止之，但所謂雙方既指養父母與養子女而言，則同意終止之書面，自須由養父母與養子女，依民法第3條之規定作成之，始生效力。

・最高法院31年上字第692號判例

民法第3條第3項規定之適用，以依法律之規定有使用文字之必要者為限，本件兩造所訂和解契約，本不以訂立書面為必要，自難以和約內僅有某甲一人簽名，即指為不生效力。

・最高法院31年上字第3256號判例

不動產物權之移轉或設定，應以書面為之，此項書面得不由本人自寫，但必須親自簽名或蓋章，其以指印、十字或其他符號代簽名者，應經二人簽名證明，否則法定方式有欠缺，依法不生效力。

三、決定數量之標準

(一) 同時以文字及號碼表示者

1. 先決定當事人原意。
2. 不能決定當事人原意以文字為準（民§4）。

(二) 以文字或號碼為數次表示者

1. 先決定當事人原意。
2. 最低額為準（民§5）。

(三) 同時以文字及號碼為數次表示者

1. 先決定當事人原意。
2. 文字最低額為準（民§4、民§5）。

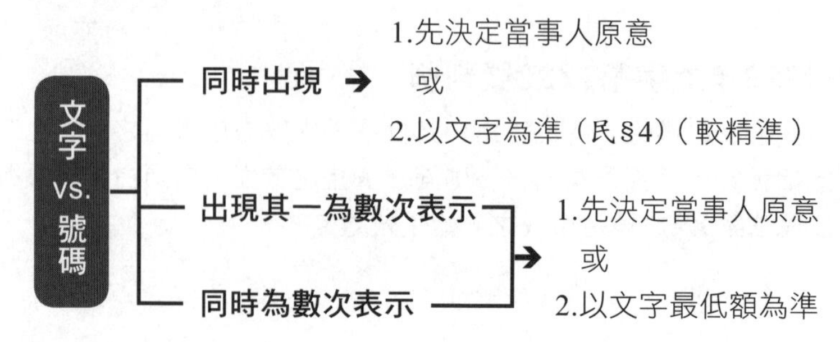

四、「視為」與「推定」之比較

	視 為	推 定
目的	基於立法政策之考量	以A事實一般常態推測B事實存在
效力	強制擬制賦予一定效果	賦予事實認定之效力
推翻	不可舉反證推翻	可舉反證推翻
例證	胎兒之權利能力	死亡宣告之效力

自然人之權利能力

依據出題頻率區分，屬：A 頻率高

一、意義

所謂「權利能力」，係指在法律上得享受權利之資格，凡具備權利能力者，即具備成為權利主體之資格、條件，而得成為權利主體。

二、始終

人之權利能力，始於出生，終於死亡（民§6），故凡自然人均具有權利能力；而在「出生」時點之認定上，多數學者採「獨立呼吸說」，亦即胎兒應完全脫離母體，並且有獨立呼吸之能力而得保有生命之謂；另在「死亡」時點之認定上，則採「呼吸停止說」，亦即以呼吸及心臟跳動之停止時點為死亡時點。

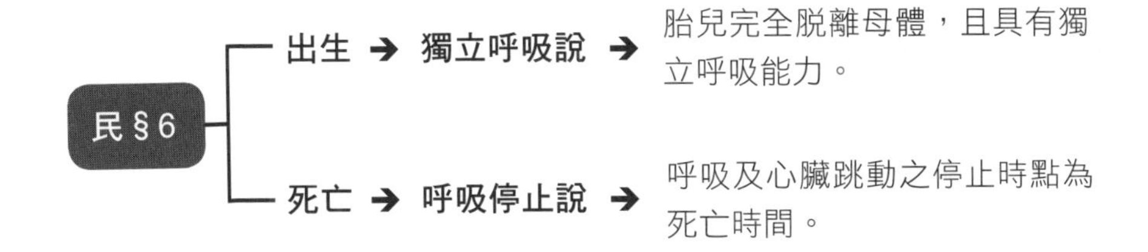

三、胎兒之權利能力

胎兒以將來非死產者為限，關於其個人利益之保護，視為既已出生（民§7）；學者多認為，以保護胎兒權益之觀點而論，應將上開「將來非死產」此一條件解釋為「解除條件」，亦即，胎兒雖尚未出生，但已開始享有權利能力，得依法主張其權益，惟若將來死產，則係解除條件成就，溯及既往喪失權利能力。

詳言之，民法§7針對胎兒權利之保護係採取概括保護主義，認為胎兒係於出生前即取得權利能力，若胎兒發生死產情形，則權利能力溯及消滅（法定解除條件說）；而關於胎兒權利之行使，則類推適用民法§1166、§1086規定，由胎兒之父母為其法定代理人代為主張之，若胎兒將來為死產，則因解除條件成就，胎兒之權利能力及請求權溯及消滅，應由其法定代理人依不當得利之規定負返還之義務。需留意者為，依民法§7，就胎兒權利能力之範圍採取概括原則，凡關於胎兒利益之保護，均視為既已出生，但不及於義務上之負擔（性質上為部分權利能力，或稱限制權利能力，而非一般性權利能力）。

・最高法院66年台上字第2759號判例

不法侵害他人致死者，被害人之子女得請求賠償相當數額之慰撫金，又胎兒以將來非死產者為限，關於其個人利益之保護，視為既已出生，民法第194條、第7條定有明文，慰撫金之數額如何始為相當，應酌量一切情形定之，但不得以子女為胎兒或年幼為不予賠償或減低賠償之依據。

四、外國人之權利能力

(一) **原則**：外國人於法令限制內，有權利能力。（民法總則施行法§2）

(二) **例外**

1. 得以法律限制者。
2. 得以命令限制者。

重點3 死亡宣告制度

依據出題頻率區分，屬：A頻率高

立法意旨
- 民§7 → 補充、延續§6關於「出生」規範上之不足
- 民§8 → 補充§6關於「死亡」規範上之不足

一、意義

自然人生死不明將可能致其財產身分上法律關係無從確定，對利害關係人及社會秩序有不良影響，故設立「死亡宣告」之制度，若自然人失蹤達一定時期，得由利害關係人或檢察官聲請法院為死亡宣告，使之發生與真實死亡同等的法律效果，以終結確定與其有關之法律關係。亦即，「死亡宣告制度」旨在延續、補充民法第6條關於「死亡」在規範上之闕漏。

二、要件

(一) 實質要件

1. 須有失蹤人之失蹤。
2. 須經法定失蹤期間。

(二) 形式要件

1. 須有利害關係人或檢察官之聲請。
2. 須為公示催告。

三、效力

(一) **失蹤後～死亡宣告前**：依民法第6條規定，具備權利能力、行為能力及責任能力等。同法第10條規定，失蹤人失蹤後，未受死亡宣告前，其財產之管理，除其他法律另有規定者外，依家事事件法之規定。

(二) **死亡宣告後～撤銷死亡宣告之訴判決確定前**：以死亡宣告判決內所確定死亡之時，「推定」其為死亡（民§9），詳言之：

1. 採「推定死亡制」，自死亡宣告後，推定失蹤人死亡，但得舉反證推翻之。
2. **效力範圍**

人的範圍	對於任何人均生效力，即有絕對之對世效力。
物的範圍	及於失蹤人之財產及身分關係。
時的範圍	僅至「推定死亡時期」之前終結其法律關係。
地的範圍	以失蹤人之住所為中心，不及於他地。死亡宣告之效力僅在終結以住所為中心之私權關係。若行為人仍生存，其於他地之法律行為仍為有效。

3. **推定共同死亡**（民§11）：二人以上同時遇難，不能證明死亡先後者，推定其為同時死亡。不能相互繼承（因為如果同時死亡依民§6繼承發生時都不具有權利能力）。

(三) **撤銷死亡宣告之訴判決確定後**：此即失蹤人歸來（家事事件法第163條）之法律效果。

1. 因死亡宣告而終結之法律關係，需經法院為「撤銷宣告死亡裁定」後方能恢復。
2. 家事事件法第163條第1項規定，裁定確定前之善意行為不受影響，而此善意行為學說上認為僅限於「雙方善意」之「法律行為」。
3. 家事事件法第163條第2項規定，因死亡宣告而取得之財產，如因撤銷死亡宣告判決而失其權利，僅於現受利益之限度內，負歸還財產之責。

‧最高法院86年台上字第3207號判例

家事事件法第163條第2項所謂因宣告死亡取得財產者，係指以宣告死亡為原因，而直接取得失蹤人所有財產之人而言，如其繼承人、受遺贈人及死因契約之受贈人等是。

‧最高法院51年台上字第1732號判例

民法第9條第1項規定受死亡宣告者，以判決內所確定死亡之時，推定其為死亡。所謂推定，並無擬制效力，自得由法律上利害關係人提出反證以推翻之。

失蹤期間

依據出題頻率區分，屬：B 頻率中

失蹤人	失蹤期間
一般人	失蹤滿7年後（民§8I）
八十歲以上之人	失蹤滿3年後（民§8II）
遭遇特別災難者	特別災難終了滿1年後（民§8III）

重點5 行為能力

依據出題頻率區分，屬：A頻率高

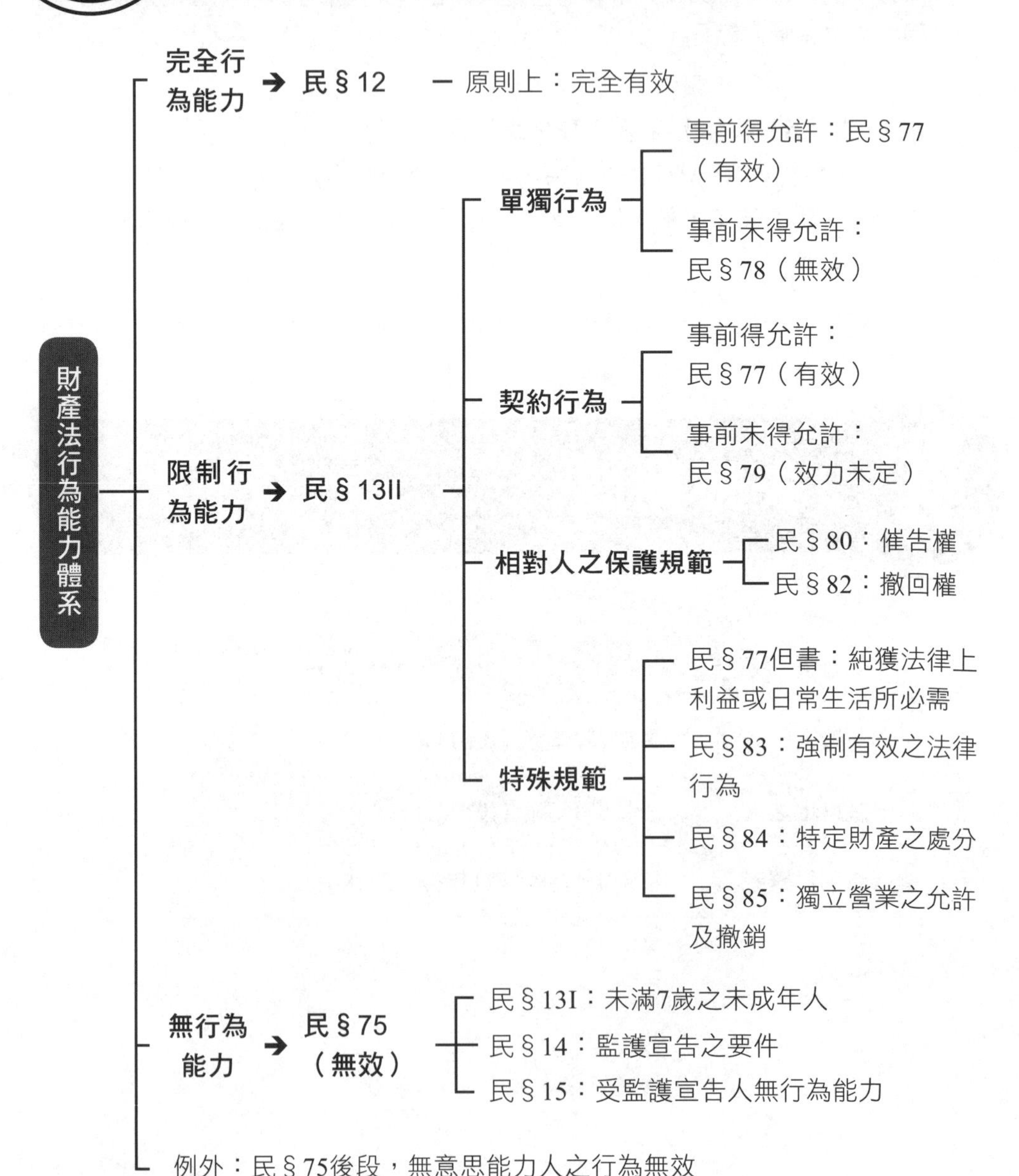

一、意義

所謂「行為能力」，係指得依自己之意思活動，使其行為引起一定法律上效果之能力，亦即得獨立為法律行為，進而取得權利、負擔義務之能力，性質上乃得為法律行為之條件、資格。

二、種類

(一) **財產上行為能力**：以年齡作為分界標準，凡達到一定年齡以上者，即認為具有一定之行為能力，其所為之法律行為即可發生一定之法律效果。

1. **完全行為能力人**：能為完全有效法律行為之人。
滿18歲之成年人，未受監護之宣告者。

● **完全行為能力人法律行為之效力：**
原則有效；例外於無意識或精神錯亂中所為之法律行為無效（民§75但書）。

2. **限制行為能力人**：行為能力受限制之人。
7歲以上未滿18歲之未成年人，且未受監護之宣告者。

● **限制行為能力人法律行為之效力：**

(1) **法定代理人代為之財產行為**
A.**原則**：法律行為有效成立。
B.**例外**：非為未成年人之利益，不得處分（民§1088II）。
C.**身分行為**：無效（身分行為不得代理）。

(2) **限制行為能力人自為之**
A. **經法定代理人事前允許**：法律行為有效。
(A) 個別允許（民§77本文）。
(B) 概括允許：
a. 允許限制行為能力人處分之財產（民§84）。
b. 允許限制行為能力人獨立營業（民§85）。

B. **未經法定代理人事前允許：**

(A) **原則：**

a. **單獨行為**：無效（民§78），如免除債務。

b. **契約行為**：效力未定（民§79）。

(a) 經承認而生效（民§79~81）。

(b) 撤回不生效（民§82）。

c. **合同行為**：類推適用契約行為之規定，效力未定。

(B) **例外有效：**

a. 純獲法律上利益之行為（民§77但書）：未成年人享有法律上利益，而不負擔法律上義務。如：單純贈與有效，附負擔之贈與仍為效力未定。

「純獲法律上利益」之判斷基準

純獲法律上利益	非純獲法律上利益
單純贈與行為	附負擔之贈與
贈與之不動產上設有抵押權等擔保物權負擔	約定由受贈人負擔繳納贈與稅等稅捐義務之贈與契約
限制行為能力人單純接受權利移轉之物權契約	完全雙務契約
無損益之中性行為。典型之無損益中性行為即屬受代理權之授與而成為代理人	不完全雙務契約（附隨給付義務亦屬負擔性質）
——	對限制行為能力人為清償之行為（不生清償之效力）

b. 依其年齡或身分，日常生活所必須之行為（民§77但書）。

c. 使用詐術而強制有效之行為（民§83）。

・最高法院64年7月8日第5次民庭庭推總會決議

依照民法第85條第1項規定，「法定代理人允許限制行為能力人獨立營業者，限制行為能力人，關於其營業，有行為能力。」限制行為能力人就其營業既有行為能力，即屬民事訴訟法第45條所稱能獨立以法律行為負義務之人，故就其營業有關之訴訟事件，有訴訟能力。

・法務部78.2.15法78律字第2731號函

按「限制行為能力人未得法定代理人之允許，所訂立之契約，須經法定代理人之承認，始生效力。」民法第79條定有明文。又於銀行開設非支票存款之一般存款戶，性質上屬於消費寄託契約行為，縱然依民法第602條，自受寄人受領該物時起，適用關於消費借貸之規定，仍屬雙務契約。故限制行為能力人向銀行開設非支票存款戶之一般存款戶，並非純獲法律上利益，無同法第77條但書之適用。

3. **無行為能力人**：無法為有效法律行為之人。

(1) **法定無行為能力人**：未滿7歲之未成年人或受監護宣告之人。

(2) **當然無行為能力人**：無意識或精神錯亂之人（民§75後段）。

無行為能力人法律行為之效力：

(1) **法定代理人代為之**

財產行為	原則	有效（民§76）。
	例外	非為未成年子女之利益不得處分之（民§1088II）。
身分行為	原則	無效（身分行為不得代理）。
	例外	民§1076-2 I、民§1080 V。

(2) **無行為能力人自己為之**

A. 原則上無效（民§75前段）。

B. 但事實行為有效，如民法§803拾得遺失物、§808發現埋藏物，仍得請求報酬或取得所有權。

(二) **身分上行為能力**：訂婚（民§973）、結婚（民§980）、遺囑（民§1186）。

無行為能力
- 法定無行為能力：民法§13 I、§15
- 自然無行為能力：民法§75（行為時無意思能力之人）

- **最高法院32年上字第3276號判例**

  法定代理人之允許，非限制行為能力人所為法律行為之一部。不過為使其法律行為發生完全效力之法律上條件而已，此項允許，法律上既未定其方式，則雖限制行為能力人所為法律行為為要式行為時，亦無須踐行同一之方式。

- **最高法院21年上字第2108號判例**

  限制行為能力人未得法定代理人之允許所訂立契約，經相對人定一個月以上之期限，催告法定代理人是否承認，而法定代理人於期限內不為確答者，依民法第80條第2項之規定，尚應視為拒絕承認。則相對人未為此項催告者，自不能以法定代理人未即時向相對人交涉或登報聲明，即謂法定代理人業已承認。

- **最高法院19年上字第1155號判例**

  未成年人於成年後承認其所訂立之契約者，其承認與法定代理人之承認有同一效力。

- **最高法院48年台上字第661號判例**

  民法第84條所謂法定代理人之允許，係指為使限制行為能力人所為之特定行為有效，於其行為前表示贊同其行為之意思而言，故此項允許之意思表示，應對於限制行為能力人，或與之為法律行為之相對人為之，始生效力。

責任能力

依據出題頻率區分，屬：A 頻率高

一、意義

所謂「責任能力」係指得對不法行為負擔法律上損害賠償責任之能力，可區分為「侵權能力」與「債務不履行能力」兩種態樣。

二、種類

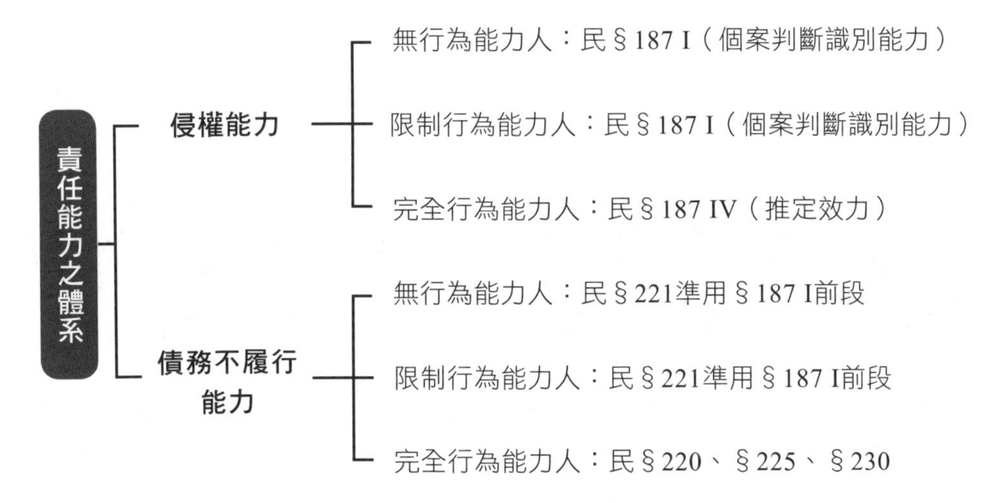

以違反注意義務之類型區分：

(一) **違反一般注意義務：**

侵權行為損害賠償責任（侵權能力），以行為時之識別能力為準。

1. **無行為能力人**：個案判斷（民§187I）。
2. **限制行為能力人**：個案判斷（民§187I）。
3. **完全行為能力人**：推定（民§187IV）。

(二) **違反特別注意義務：**

債務不履行損害賠償責任（債務不履行能力），以識別能力為準（民§221）。

無行為能力或限制行為能力之債務人，以債務不履行行為發生時有識別能力為限，始須負債務不履行損害賠償責任。

1. **無行為能力人**：個案判斷（民§221準用§187I前段）。
2. **限制行為能力人**：個案判斷（民§221準用§187I前段）。
3. **完全行為能力人**：推定效力（民§187IV），詳言之，依民法§220、§225、§230等規定，如係不可歸責於債務人之事由致債務不履行者，債務人無須負債務不履行損害賠償責任，故債務人應負舉證責任始能免責，亦即具完全行為能力之債務人須舉反證證明自己於債務不履行當時無識別能力、不具備債務不履行能力，始能免負債務不履行損害賠償責任。

重點7 監護宣告制度

依據出題頻率區分，屬：C 頻率低

禁治產制度改為監護制度。監護宣告制度自97.05.23民法總則修正公布後一年六個月施行，惟在本次修正民法總則施行前，已為禁治產宣告者，於新法施行後，視為已為監護宣告（民法總則施行法§4）。

一、意義

對於因精神障礙或其他心智缺陷，致不能為意思表示或受意思表示，或不能辨識其意思表示之效果者，法院得因本人、配偶、四親等內之親屬、最近一年有同居事實之其他親屬、檢察官、主管機關、社會福利機構、輔助人、意定監護受任人或其他利害關係人之聲請，為監護之宣告。

二、立法意旨

(一) 保護本人之利益。

(二) 維持社會交易安全。

三、要件

(一) 實質要件

1. 須因精神障礙或其他心智缺陷。
2. 須致不能為意思表示或受意思表示，或不能辨識其意思表示之效果。

(二) 形式要件

1. 須因本人、配偶、四親等內之親屬、最近一年有同居事實之其他親屬、檢察官、主管機關、社會福利機構、輔助人、意定監護受任人或其他利害關係人之聲請。
2. 須由法院宣告。

四、效力

(一) 性質

1. 係確定的。
2. 係絕對的（不因受監護宣告之人恢復心智而回復行為能力，撤銷監護宣告前仍為無行為能力人）。

(二) 結果

1. 創設受監護宣告之人無行為能力。　2. 監護人之設置。

五、撤銷

受監護之原因消滅時，法院應依聲請權人之聲請，撤銷其宣告，以回復其行為能力。

輔助宣告

依據出題頻率區分，
屬：B 頻率中

一、意義

對於因精神障礙或其他心智缺陷，致其為意思表示或受意思表示，或辨識其意思表示效果之能力，顯有不足者，法院得因本人、配偶、四親等內之親屬、最近一年有同居事實之其他親屬、檢察官、主管機關或社會福利機構之聲請，為輔助之宣告。

二、立法意旨

(一) 保護本人之利益。 (二) 維持社會交易安全。

三、要件

(一) 實質要件

1. 因精神障礙或其他心智缺陷。
2. 致其為意思表示或受意思表示，或辨識其意思表示效果之能力，顯有不足。

(二) 形式要件

1. 須因本人、配偶、四親等內之親屬、最近一年有同居事實之其他親屬、檢察官、主管機關或社會福利機構之聲請。
2. 須由法院宣告。
3. 未達受監護宣告之程度，或監護之原因消滅，而仍有輔助之必要者，法院得為輔助之宣告；受輔助宣告之人有受監護之必要時，法院亦得依同法第14條第1項之規定變更為監護之宣告。（民法§15-1第3項）

四、效力

(一) 性質

1. 係確定的。
2. 係絕對的（不因受輔助宣告之人恢復心智而回復完全之行為能力，撤銷輔助宣告前行為能力仍受限制）。

(二) **結果**

1. 創設受輔助宣告之人有限度之行為能力。(民§15-2)
2. 輔助人之設置。

五、撤銷

受輔助之原因消滅時，法院應依聲請權人之聲請，撤銷其宣告，以回復其行為能力。

住所

依據出題頻率區分，屬：B 頻率中

一、意義

住所係指法律生活關係的中心地。

二、種類

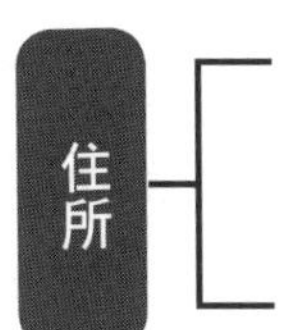

意定住所／住意住所

法定住所：民法§1002、§21、§22、§23

(一) **意定住所**：即依行為人主觀意思所決定之住所。(民§20)

1. **意義**：客觀上具有居住於一定地域之事實，主觀上具有久住之意思。
2. **廢止**：客觀上離去其住所，主觀上具有廢止之意思。(民§24)

(二) **法定住所**：基於法律規定而認定之住所。

法律上強制規定之住所，分為狹義之法定住所(民§21、1060)及擬制住所(民§22、23)。

三、效力

決定失蹤標準（民§8）、決定債務清償地標準（民§314）、決定管轄權之標準（票§20）、書狀送達之處所（民訴§136）。

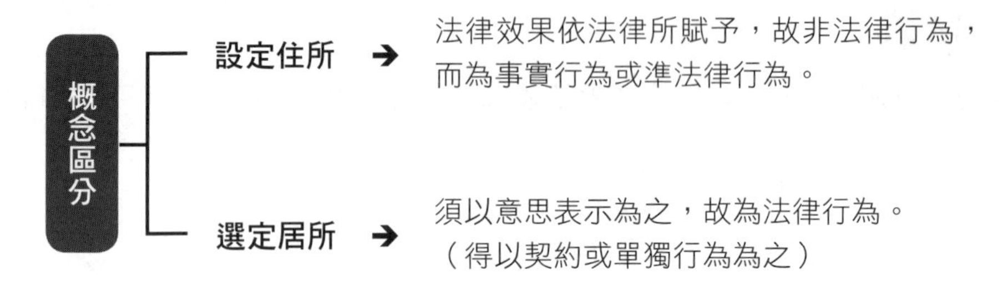

住所 vs. 居所

	住所	居所
要件	1.主觀要素：久住之意思 2.客觀要素：居住之事實	居住事實 （一人可有多數居所）
行為能力	但欲建立住所，除居住之事實外，尚必須具有使該地為「唯一永久的家」之現實意思。	取得居所時無須具有行為能力
性質	法律概念	事實概念

人格權

依據出題頻率區分，屬：A 頻率高

一、意義

以權利人自己人格利益為標的之權利，具有不可拋棄性（民§16、17）及一身專屬性（民§195II）。

(一) **能力不得拋棄**：權利能力及行為能力不得拋棄。

(二) **自由不得拋棄**：自由不得拋棄，且對自由之限制不得背於公序良俗。

二、種類

民法將人格權區分為「一般人格權」及「特別人格權」而異其保護方式，後者係指已發展成形之人格權，民法以明確規範明定其內容及保護方式；若屬特別人格權以外之其他人格權，其保護方式及程度即屬有限。

(一) 一般人格權（民§18）。

(二) 特殊人格權（民§19、§192~§195）：

生命權	被害人死後喪失為權利主體之能力，其損害賠償請求權無由成立，故允許「間接被害人」得請求賠償（民§192、194），但須承擔「直接被害人」之與有過失（民§217）。
身體權	以保持身體完全為內容之權利，破壞身體完全，即構成對身體權之侵害。
健康權	以維持身體機能為內容之權利，破壞身體機能，即構成對健康權之侵害。
名譽權	以言語文字等傳播方法，貶損他人在社會上之評價，使其受到他人憎恨、蔑視、侮辱、嘲笑、不齒與其來往；不以廣佈社會為必要，但須有第三人知悉其事，且主體包含「法人」。

<table>
<tr><td rowspan="2">自由權</td><td>身體行動自由</td><td>身體的行動受不法的拘束或妨礙而言。</td></tr>
<tr><td>精神表意自由</td><td>以詐欺或脅迫侵害他人精神表意之自由。通說和實務認為自由權包含精神表意自由。</td></tr>
<tr><td>姓名權
（民§19）</td><td colspan="2">冒用或濫用他人姓名。
姓名權有受侵害之虞時，可否向法院提起妨害防止之訴？
答 民§19僅規定姓名權受侵害者，得請求法院除去其侵害，並得請求損害賠償，未規定姓名權有受侵害之虞時，得否請求法院防止之，惟在法理上，姓名權亦屬一般人格權，故可直接適用民§18I規定，於有受侵害之虞時，請求法院防止之。
88年（民§195）：增訂「信用、隱私、貞操及其他人格法益而情節重大者」，擴大人格權保護範疇，得以請求關於非財產之損害賠償。</td></tr>
<tr><td>信用權</td><td colspan="2">以經濟活動上之可靠性及支付能力為內容之權利，又稱「經濟上之信譽權」。</td></tr>
<tr><td>隱私權</td><td colspan="2">指私生活或工商業不欲人知之事實，有不被他人得知之權利，如侵入他人獨處生活領域或公開揭露他人秘密等。</td></tr>
<tr><td>貞操權</td><td colspan="2">性行為自主之權利。</td></tr>
<tr><td>其他人格權</td><td colspan="2">第195條第1項限於「情節重大」，例如「居家安寧」。</td></tr>
</table>

三、保護

(一) **不作為請求權**（民§18I）**包括**

1. **侵害除去請求權**：排除現正之侵害行為。
2. **侵害防止請求權**：針對尚未發生但有發生之虞之侵害，請求防止。

(二) **損害賠償請求權**

1. **侵權行為（請求權基礎）**：民§184。
   (1)請求財產上損害及非財產上損害賠償：民§184所保障之權利包括人格權在內（指一般人格權，不限於特別人格權）。
   (2)但以法律有特別規定者為限始得請求賠償或慰撫金，如民§194（侵害生命）、民§195（侵害身體、健康、名譽、自由、信用、隱私、貞操、或不法侵害其他人格法益情節重大），其賠償之方法則依民§213～民§215之規定。

   若係特別人格權以外之其他人格權遭受侵害，因不在民§194、民§195之規範範圍內，故被害人不得就其非財產上損害請求以金錢賠償，亦即不得請求慰撫金。
2. **債務不履行**（民§227-1條準用）：
   民法債編增訂第227-1條規定，債務人因債務不履行致債權人之人格權受侵害者，得準用第195條等規定，擴大了人格法益受侵害的慰撫金請求權基礎。

民法有關條文所定「非財產上損害，得請求賠償相當之金額」與「慰撫金」兩者有何不同？

答 71年司法業務研究會第一期：民法中關於「非財產上損害，得請求賠償相當之金額」之規定有民§194、民§195I、民§979、民§999II、民§1056II，關於「慰撫金」之規定有民§18II，二者之不同，乃在於前者所得請求賠償之範圍較後者為廣，前者包括後者，而後者不能包括前者，故除慰撫金外，當事人間如尚有其他非財產上損害時，亦可請求賠償。例如被殺受傷，住院治療時，則除財產上（醫藥費等）、精神上（慰撫金）損害外，即時間上光陰之浪費亦屬非財產上損害，亦得請求賠償。

法人

依據出題頻率區分，屬：C 頻率低

一、意義

法人為自然人以外，依法律創設，得享受權利負擔義務之權利主體。

二、法人之本質

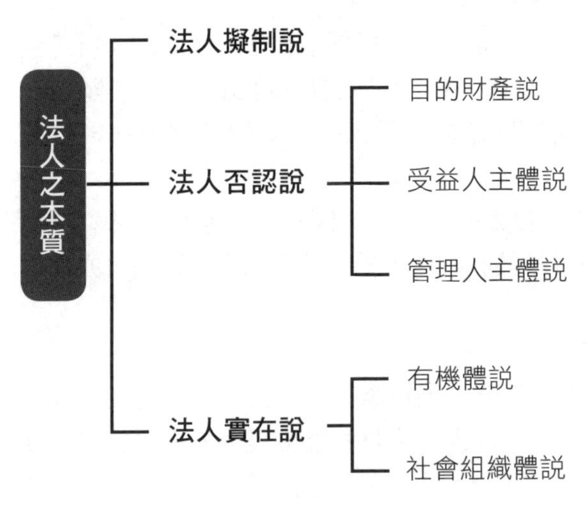

(一) 法人擬制說

法人因法律之擬制，而取得法人格。本質上不具有獨立人格，無意思能力和侵權能力，法人所設之董事乃法人之代理人，而非代表。

(二) 法人否認說

根本否認法人之存在，認為法人非實體法上之權利主體，此說又可細分為「目的財產說」、「受益人主體說」以及「管理人主體說」等。

(三) 法人實在說

認為法人之存在具有社會功能，董事乃法人之代表，董事所為之意思表示即為法人之意思表示；此說又可區分為：

1. **有機體說**：法人係社會有機體，具獨立意思，與自然人完全相同，惟論其實際，因法人與自然人仍具有本質上之差異，故不宜採此說。
2. **社會組織體說**：此說認為法人乃適於為權利主體之法律上社會組織體。換言之，法人具有權利能力、行為能力與責任能力，其透過意思機關「董事」，即得獨立為法律行為，通說採此見解。

三、法人之種類

(一) **公法人與私法人**：以法人設立依據法規、設立目的或法人本質為區別標準。

1. **公法人**：依公法行為而設立，得行使公權力之法人，如：國家、地方自治團體、行政法人。
2. **私法人**：依私法上之意思行為而設立之法人，例如：公司、農會、漁會等。

(二) **社團法人與財團法人**：以法人設立基礎為區別標準。

1. **社團法人**：以社員為成立基礎之法人，為人之集合，如公司。
2. **財團法人**：以財產為成立基礎，為財產之集合，如醫院。

社團法人 vs. 財團法人

	社團法人	財團法人
成立基礎	人之組織體	財產之集合體
設立人數及性質	數人以上之共同行為	可由一人單獨捐助設立
種類及設立方式	1. 營利。 2. 公益（應得主管機關許可）	僅限於公益法人，設立前應得主管機關許可
組織	1. 以社員總會為最高意思機關，在組織上為自律法人。 2. 得隨時由社員決議解散。	1. 無作為意思機關之社員或總會，受主管機關監督，在組織上為他律法人。 2. 僅在目的不能達到時，由主管機關宣告解散。

(三) **公益法人、營利法人、中間社團、無權利能力之法人**：以目的事業為區分標準。

1. **公益法人**：為社會上不特定多數人利益為目的而設立之之法人，該公益目的係指終局目的而言。
2. **營利法人**：指從事經濟活動，將利益分配於各社員為目的之法人。

   營利法人必為社團法人，財團法人則必為公益法人
3. **中間社團**：在社團中既非為公益亦非以營利為目的者，稱為「中間社團」或「中間法人」，如：各類學術文化團體、宗親會、同鄉會、同學會等。
4. **無權利能力之法人**：指在社會上實際設立，卻未辦理登記或未經許可之無權利能力社團，根本不具法人資格，與中間社團有異。

四、設立

(一) **意義**：法人取得法人格之開始。

(二) **立法主義**

1. **放任主義（自由設立主義）**：指法人之設立不須具備一定要件，法律完全不加以干涉，得以自由設立。
2. **特許主義**：須特別制定法律或經特別行政機關特許始可成立，包括「立法特許主義」以及「行政特許主義」。
3. **許可主義**：法人之設立須得行政機關之一般許可，各國立法例對財團之設立多採此主義，以強化對財團之管理。
4. **準則主義**：只須具備法定條件即可設立，無須特別之許可。各國立法例對營利法人多採此主義。例如：營利社團（公司）。
5. **強制主義**：在人民享有消極之結社自由下，例外情形法律為達成一定職業上之管理目的，規定其從業人員有加入之義務，亦即對該類法人之設立及社員之參加採取強制主義。例如：律師公會、醫師公會等。

(三) **設立要件**

1. 依據法律（民§25）。
2. 須經登記（民§30）。

   （註：以公益為目的之社團以及財團，於登記前應經主管機關許可）

· **最高法院39年台上字第364號判例**

臺灣關於祭祀公業之制度，雖有歷來不問是否具備社團法人或財團法人之法定要件，均得視為法人之習慣，然此種習慣自臺灣光復民法施行後，其適用應受民法第1條規定之限制，僅就法律所未規定者有補充之效力，法人非依民法或其他法律之規定不得成立，在民法施行前，亦須具有財團及以公益為目的社團之性質，而有獨立之財產者，始得視為法人，民法第25條及民法總則施行法第6條第1項既設有明文規定，自無適用與此相反之習慣，認其祭祀公業為法人之餘地。

依現行法，**祭祀公業為派下全體公同共有祀產之總稱，原則上祭祀公業之設立人及其繼承人全部均得為派下，但得依各公業之規約或習慣加以限制。**

五、登記

(一) 法人之登記分為

1. 設立登記。
2. 變更登記。
3. 解散登記。
4. 清算人任免或變更登記。
5. 清算終結登記。

(二) 登記效力可分為

1. **登記要件主義**：指登記具有創設性效力，非經登記不生效力，亦即以登記作為法人成立之要件。法人之設立登記採此主義。（民§30）
2. **登記對抗主義**：登記僅為對抗第三人要件，具有宣示之效力。法人應登記事項雖未登記，在法人內部仍為有效，但不得以之對抗第三人（民§31），亦即法人不得對第三人主張未經登記事項之效力。除設立登記外，其餘四種登記皆採此主義。

六、法人之能力

(一) 權利能力

1. **始期**：向主管機關辦理「設立登記」完畢時（民§30）。
2. **終期**：向主管機關辦理「解散登記」時（民§40II）。

3. **限制**（民§26）

(1) **法令上之限制**：違反此等規定，因已超出法人權利能力之範圍，法人就該等行為不具權利能力，所為之行為原則上不生任何效力。
如：法人原則上不得為保證行為（公司法§16）。

(2) **性質上之限制**：以自然生理為基礎之人格權（如：生命權、身體權、健康權、自由權等），法人無法享有，以一定自然人之身分為基礎之身分權（如：家長權、親權等）亦然；惟法人仍可享有名譽權、姓名權、肖像權等以權利主體之價值為保護內容之人格權。

(二) **行為能力**：在採取「法人實在說」下，法人具有行為能力，由法人機關代為法律行為（民§27II）。

1. 法人之行為能力範圍與權利能力範圍相同。
2. 法人無法自為法律行為，故設有「代表制度」，由代表人代表法人為法律行為，機關之行為即為法人自身之行為。
3. 凡法人具有權利能力之事項，均享有行為能力，在此範圍內均得透過其代表人為完全有效之法律行為。

・司法院34年6月16日院解字第2936號解釋

法人之代表人在民法上固非所謂法定代理人，在民事訴訟法上則視作法定代理人，適用關於法定代理之規定。故法人之代表人有數人時，在訴訟上是否均得單獨代表法人。按諸民事訴訟法第47條，應依民法及其他法令定之。民法第27條第2項所定代表法人之董事有數人時，均得單獨代表法人。公司法第30條（現第56條第2項）所定代表無限公司之股東有數人時，亦均得單獨代表公司。若依實體法之規定，法人之代表人數人必須共同代表者，在訴訟上不得準用民事訴訟法第71條之規定，使之單獨代表。至非法人之團體，其代表人或管理人有數人時，在訴訟上是否均得單獨代表團體，按諸民事訴訟法第52條、第47條。亦應依民法及其他法令定之，法令未就此設有規定者。應解為均得單獨代表團體。

(三) **責任能力**：依民§28，法人負侵權行為損害賠償責任之前提係其董事或其他有代表權之人因執行職務加損害於他人。茲就法人之侵權行為能力要件析述如下：

1. **行為人為董事或其他有代表權之人**：董事之行為即為法人之行為，為自己行為責任。與民法第188條為他人責任有所不同。
2. **因執行職務加害於他人**：多數學者認為「執行職務」之判斷基準，原則上係指法人目的事業內之職務行為而言，然若外觀上可認與其職務有關連性，雖實際上並非職務行為，仍可認屬執行職務之行為；換言之，執行職務之行為不需與代表人之職務相當，僅須具有外在關聯性即可。
3. **行為人具備一般侵權行為要件**：此乃成立侵權行為責任之前提要件，亦即法人依民§28所負之法定責任並非無過失責任，且係以保護私權利為目的。

(四) **法人對其董事行為及受僱人之行為所應負之民事責任態樣**

1. **契約責任**：董事之故意或過失，即為法人之故意或過失。惟受僱人之故意或過失，法人應與自己之故意或過失負同一責任（民§224）。
2. **侵權責任**：行為人是董事時，法人是就自己行為負責（民§28），無法主張其選任董事及監督其職務之執行已盡相當注意而免責。若行為人是受僱人時，法人係就他人行為負責，法人得舉證免責（民§188I但書）。最高法院108年台上字第2035號損害賠償事件民事判決經由徵詢程序後達成統一見解，修正施行民法第184條規定，於法人亦有適用。

法人之契約責任歸責事由：

- **機關之故意或過失** ➔ 法人之故意或過失。
- **不具機關地位使用人之故意或過失** ➔ 民法§224，法人應與自己之故意或過失負同一責任，但當事人另有約定者，不在此限。

法人之侵權責任：

侵權責任

- §28（**機關行為**）➔ 乃法人自己責任，故不得舉證免責，賠償後得依委任之規定對行為人求償。
- §188（**受僱人行為**）➔ 乃法人對他人行為負責，故得舉證免責，賠償後對行為人有求償權。

・最高法院67年台上字第1196號判例

公務員因故意違背對於第三人應執行之職務，致第三人之權利受損害者，負賠償責任，其因過失者，以被害人不能依他項方法受賠償時為限，負其責任，固為民法第186條第1項所明定。本條所定公務員執行之職務，既為公法上之行為，其任用機關自無民法第188條第1項或第28條（舊）規定之適用。

・最高法院64年台上字第2236號判例

民法第28條所謂「因執行職務所加於他人之損害」，並不以因積極執行職務行為而生之損害為限，如依法律規定，董事負執行該職務之義務，而怠於執行時所加於他人的損害，亦包括在內。

民法§28所稱「執行職務」泛指凡執行行為與職務外部或內部牽連相關之行為均屬「因執行職務之行為」。

・最高法院62年台上字第2號判例

民法第28條所謂法人對於董事或職員，因執行職務所加於他人之損害，與該行為人連帶負賠償之責任，係專以保護私權為目的。換言之，權利之為侵權行為之客體者，為一切之私權，政府向人民徵稅，乃本於行政權之作用，屬於公權範圍，納稅義務人縱有違反稅法逃漏稅款，致政府受有損害，自亦不成立民法上之侵權行為，無由本於侵權行為規定，對之有所請求。公司法第23條所謂公司負責人，對於公司業務之執行，如有違反法令致他人受損害，對他人應與公司連帶負賠償責任云云，仍以違反法令致他人私權受有損害，為責任發生要件，若公權受有損害，則不得以此為請求賠償之依據。

● **公權受損害，不得以民法§28作為請求賠償之依據。**

> **‧最高法院48年台上字第1501號判例**
> 民法第28條所加於法人之連帶賠償責任，以該法人之董事或其職員，因執行職務所加於他人之損害者為限，若法人之董事及職員因個人之犯罪行為而害及他人之權利者，即與該條規定之責任要件不符，該他人殊無據以請求連帶賠償之餘地。

七、法人之機關

法人有設置機關之必要，由該機關對外代表法人為法律行為，機關之行為等同於法人之行為。

(一) **董事**

1. **意義**：法人必備之代表機關及執行機關。
2. **職權**

(1)對內：事務執行（民§27I）。

原則：共同執行主義。全體董事過半數之同意。

例外：章程另有規定或總會有特別決議時，從之。

(2)對外：代表法人（民§27II、III）。

原則：在法人目的事業範圍內，採單獨代表制。

例外：限制

章程剝奪代表權	經登記後得對抗第三人（民§27II、31）。
以章程或決議限制代表權	不得對抗善意第三人（民§27III）。

法人或有限制董事代表權之必要，然為兼顧交易相對人之利益，法人宜將限制內容揭示於章程中，該代表權之限制一經登記，即可對抗第三人；反之，董事逾越代表權範圍所為之行為，倘交易相對人係善意，則該善意第三人即可主張該法律行為對法人仍生效力。

3. **任免**

(1)社團：依章程規定及總會決議。

(2)財團：依捐助章程規定，如無規定得聲請法院為必要之處分（民§62、63）。

4. **選任行為性質：**

(1)單獨行為說。 (2) 契約行為說（通說）。

對於董事代表權之限制：

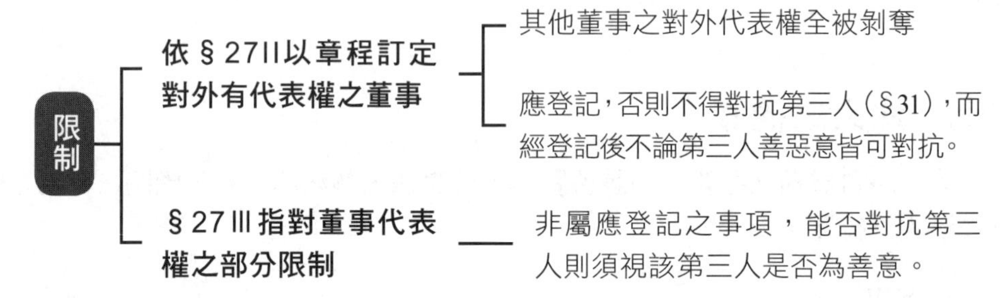

董事之任免程序：

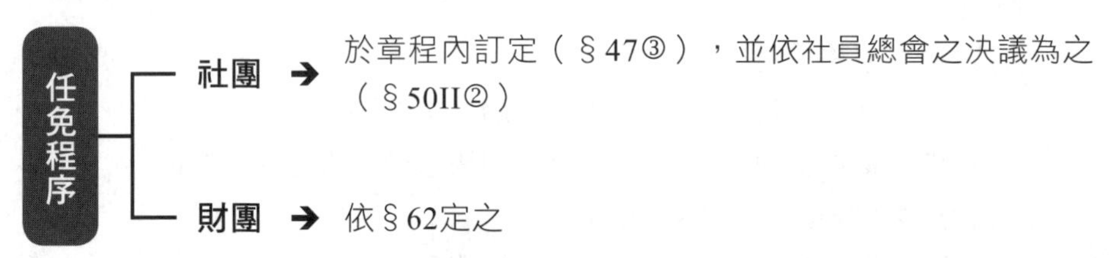

- **最高法院74年上字第2014號判例**

代表與代理固不相同，惟關於公司機關之代表行為，解釋上應類推適用關於代理之規定，故無代表權人代表公司所為之法律行為，若經公司承認，即對於公司發生效力。

- **最高法院63年上字第356號判例**

董事代表法人簽名，以載明為法人代表之旨而簽名為已足，加蓋法人之圖記並非其要件。

・最高法院49年上字第2434號判例

董事（合作社之理事相當於民法及公司法之董事）就法人之一切事務對外代表法人，對於董事代表權所加之限制，不得對抗善意第三人，為民法第27條所明定，合作社法既未認合作社有特殊理由，不許理事有對外代表之權，則理事之代表權仍應解為與其他法人相同，不受任何之限制，且理事代表合作社簽名，以載明為合作社代表之旨而簽名為已足，加蓋合作社之圖記並非其要件。

(二) **監察人**

1. **意義**：法人得設立監察事務執行之機關，非必備而係任意機關。
2. **職權**：行使監察權，除章程另有規定外，採單獨執行主義。
3. **任免**：
   (1)社團：依章程規定及總會決議。
   (2)財團：依捐助章程規定，如無規定得聲請法院為必要之處分。
   (3)選任行為性質：委任說（通說）。
   (4)不兼任原則：監察人不得兼任董事。

八、法人之住所

法人以其主事務所之所在地為住所（民§29）。

九、法人之監督

(一) **業務監督**

1. **監督機關**：主管機關（民§32）。
2. **監督權限**：
   (1)檢查財產狀況及有無違反許可條件（民§32）。
   (2)法人若違反法律或公序良俗者，得聲請法院宣告將之解散（民§36）。
   (3)受設立許可之社團，變更章程時，應得主管機關之許可（民§53II）。
   (4)財團目的不能達到時，主管機關得變更其目的及其必要組織或解散之。（民§65）

3. **不服監督之制裁**：罰鍰、解除職務並為其他必要之處置（民§33）、撤銷許可（民§34）。

(二) 其他監督

1. **監督機關**：法院。
2. **監督權限**：
   (1)法人違反法律或公序良俗者，法院得因聲請而將法人宣告解散（民§36）。
   (2)符合一定條件時，法院得許可社員自行召集總會（民§51）。
   (3)社團事務無從依章程所定進行時，法院得因聲請解散之。
   (4)法院對財團之組織及管理方法，得因聲請為必要之處分（民§62）。
   (5)法院為維持財團之目的或保存其財產，得因聲請變更其組織（民§63）。

(三) 清算監督

1. **監督機關**：法院（民§42）。
2. **監督權限**：法院得隨時為監督上必要之檢查處分（民§42）。
3. **不服監督之制裁**：罰鍰（民§43）。

十、法人之解散

(一) 意義：法人發生不能存續之事由時，停止其積極活動，以清算財產及處理未了事務；並於未了事務清算終結時，人格消滅。

(二) 社團財團共同解散原因

1. 章程所定解散事由之發生（民§48I、民§61I）。
2. 許可或登記之撤銷（民§34）。
3. 破產宣告（民§35）。
4. 解散宣告（民§36）。

(三) 社團特有解散原因

1. 解散決議（民§57）。
2. 社團事務無從進行（民§58）。
3. 社員僅存一人：解釋上宜自行解散。
4. 特別法上規定：公司法§10命令解散、公司法§11裁定解散。

(四) **財團特有解散原因**：情事變更，致財團目的不能達到。（民法§65）

● 法人之監督：依其監督對象之不同而區分

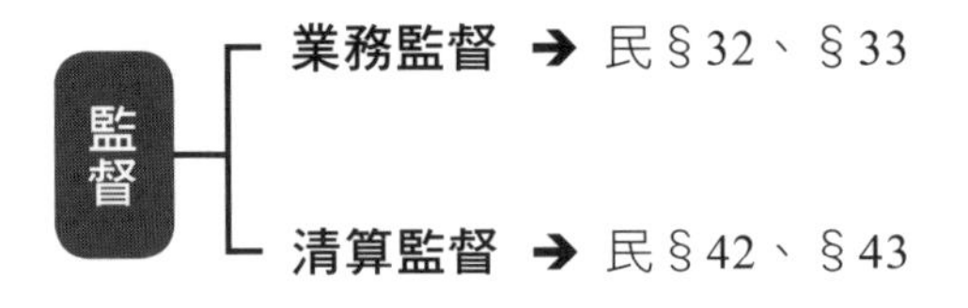

● 法人之消滅：

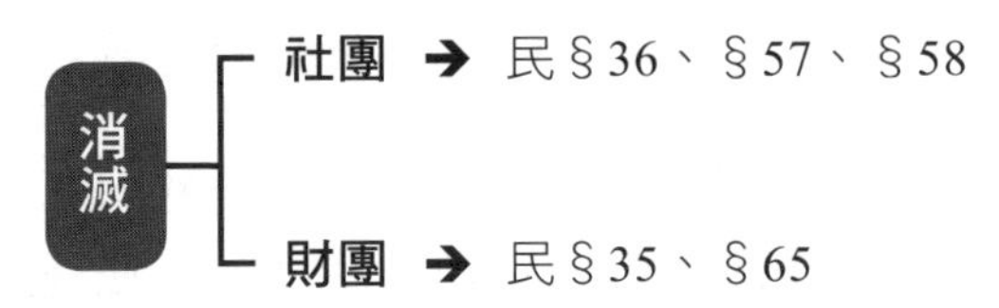

> **・最高法院62年台上字第524號判例**
>
> 法人之債權人，主張法人之財產不能清償債務，其董事未即聲請宣告法人破產，致其債權受損害，而對董事請求賠償損害者，應就董事如即時為此聲請，其債權較有受償可能之事實，負舉證證明之責，此就民法第35條規定之旨趣推之自明。
>
> **・最高法院23年上字第204號判例**
>
> 特別法無規定者應適用普通法，公司法（舊）第147條第2項僅載公司財產顯有不足抵償債務時，董事應即聲請宣告破產，至不為此項聲請致公司之債權人受損害時，該董事對於債權人應否負責，在公司法既無規定，自應適用民法第35條第2項之一般規定。

十一、法人清算

(一) **意義**：結束被解散法人之一切法律關係程序，法人之解散為法人開始清算之原因，法人解散後成為「清算法人」，其人格仍存續，於清算之必要範圍內與解散前之法人為同一法人（同一法人說），但僅在了結事務之消極範圍內有能力，不得為積極性業務。

(二) **清算人**

1. **意義**：於法人清算程序中，執行清算事務並代表法人之機關。
2. **選任**：
   (1)法定清算人：民§37前段。
   (2)指定清算人：民§37但書。
   (3)選任清算人：民§38。
3. **解任**：民§39。
4. **職務**：民§40、民§41。
   (1)了結現務。
   (2)收取債權。
   (3)清償債務。
   (4)移交剩餘財產於應得者。

(三) **清算之程序**：除本通則有規定外，準用股份有限公司清算之規定（民§41）。法人之清算程序於清算人完成法定職務而告完結，清算人應向法院呈報，並為清算終結之登記，完成登記後，法人之人格始歸於消滅。
非訟事件法§91：「法人清算終結之登記，由清算人聲請之。為前項聲請者，應附具清算各事項已得承認之證明文件。」同法第99條規定：「法人登記自為清算終結之登記後，即行銷結。」

・**最高法院47年台抗字第133號判例**

受設立許可之法人，經主管官署撤銷其許可者，關於法人解散之登記，固應由清算人聲請之，惟撤銷許可之處分確定後，法人董事並不履行清算及為解散之登記時，法院因該管行政官署之請求，命為解散登記並進行清算，既係基於法院監督權之作用，尚難指為違法。

十二、法人之特殊問題

(一) **社團法人**

1. **設立社團之意思表示有瑕疵**：
   (1)**社團成立前**：表意人得撤銷之（民§88、民§92），撤銷之效力溯及既往（民§114I）。

(2) **社團成立後：**

營利社團法人	不得主張意思表示之瑕疵。
非營利社團	通說認為，設立人原則上有撤銷權，但該撤銷之效力無溯及既往效力。

2. **「設立中社團」之性質：**通說認為，設立中社團雖不具備權利能力，但與其後取得法人資格之社團同其實質、具同一性，故其為將來社團之存在而取得之財產權，於該社團取得法人資格時當然歸由其取得。
3. **民法§52總會之決議：**
   (1) 總會之決議性質上為共同行為（合同行為），該條第2項係基於「平等權利及平等處遇原則」。
   (2) 表決權人於總會所為之投票係以總會主席為對象之須受領之意思表示，不得附條件；如係未成年人所為之投票，則須得其法定代理人之事先允許（民§77）。
4. **「社員權」為兼具身分權及財產權性質之特殊權利：**
   (1) 以社員資格為基礎：身分權。
   (2) 基於自身權益而受有財產利益：財產權。
5. **社員資格之取得：**

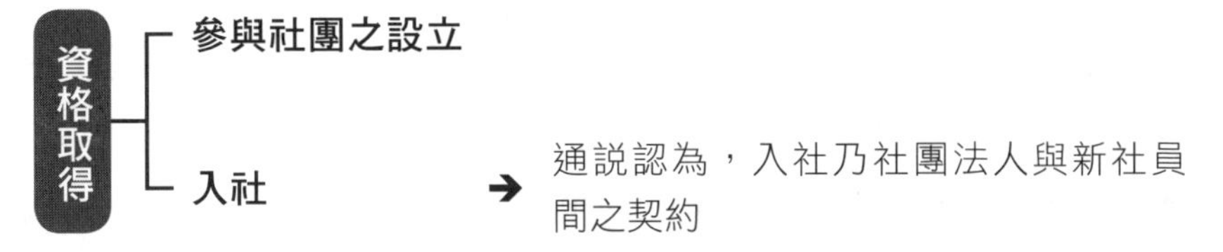

6. **社員資格之喪失：**

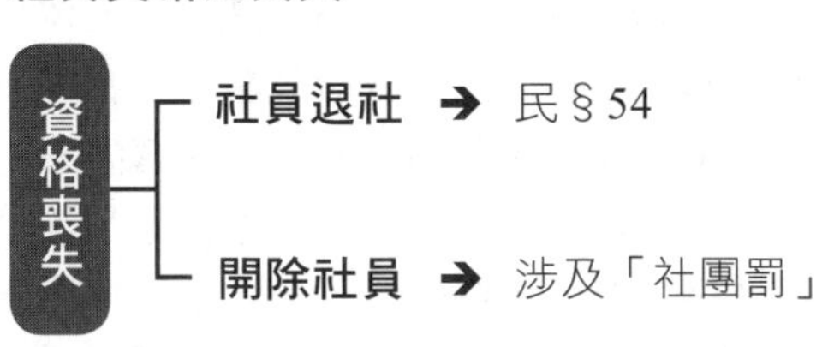

7. **無權利能力社團：**

   (1) **意義**：與社團法人具有同一實質，但無法人資格之團體。

   (2) **為非法人團體之下位概念**：依民事訴訟法§40III有當事人能力。

   (3) 其對內關係與對外關係均應類推適用社團之規定。

・最高法院63年台上字第628號判例

法人之董事為法人之代表及執行機關，聲請法人登記，由董事為之，民法第48條第2項（舊）、第62條第2項（舊）定有明文。本件卷附之法人登記證書載明法人名稱為「財團法人私立OO工業專科學校」，臺灣屏東地方法院復原法院函之意旨亦同，原法院竟以聲請法人登記及登記之公告均為該學校董事會，即認法人為該學校董事會，於法顯屬有誤。法人之董事既為法人之代表及執行機關，不可能為另一有權利能力之主體，原判決謂被上訴人學校與學校董事會「乃係二個個別之主體」法律見解，尤有違誤。

・最高法院75年台上字第594號判例

股份有限公司之股東，依公司法第189條規定訴請撤銷股東會之決議，仍應受民法第56條第1項但書之限制，如已出席股東會而其對於股東會之召集程序或決議方法未當場表示異議者，不得為之。

・最高法院72年度第9次民事庭會議決議

提案：關於股東依公司法第189條規定，訴請法院撤銷股東會之決議，有無民法第56條第1項但書規定之適用？

決議：綜觀公司法與民法關於本問題之規定，始終一致，惟依公司法第189條規定提起撤銷股東會決議之訴，應於決議後一個月內為之，而依民法第56條第1項規定，提起撤銷總會決議之訴，得於決議後三個月內為之，其餘要件，應無何不同。若謂出席而對股東會召集程序或決議方法原無異議之股東，事後得轉而主張召集程序或決議方法為違反法令或章程，訴請法院撤銷該項決議，不啻許股東任意翻覆，影響公司之安定甚鉅，法律秩序，亦不容許任意干擾。故應解為依公司法第189條規定訴請法院撤銷股東會決議之股東，仍應受民法第56條第1項但書之限制，即民法此項但書規定，於此應有其適用。

(二) **財團法人**

1. **財團之設立**（民法§59）：採取「許可原則」，捐助行為係於主管機關許可時發生效力；設立人於受主管機關許可前，得撤回其捐助行為，原捐助人於財團法人辦理登記後，即不得撤回其捐助行為。

   ● 通說認為，民法§60捐助行為之性質為無相對人之單獨行為、債權行為（負擔行為）、無償行為。

2. **捐助人之繼承人就捐助行為之撤回：**

   (1) **生前捐助行為**：設立財團之聲請業經呈遞者，不得撤回。

   (2) **遺囑捐助行為**：無論已否提出申請設立，均不得撤回。

3. **捐助財產（財團財產）之處分：**

   (1) **全部捐贈**：違反財團之法定存在要件，該贈與雖非當然無效，但利害關係人得依§64聲請法院宣告其行為無效。

   (2) **一部捐贈**：倘係出於法人之特定目的範圍內，即為有效。

十三、外國法人

(一) **意義**：指依外國法律設立之法人。

(二) **認許**：外國法人，除依法律規定外，不認許其成立（民總施行法§11）。

(三) **權利能力：**

1. 經認許之外國法人，於法令限制內與同種類之中華民國法人有同一之權利能力（民總施行法§12）。
2. 平等限制主義：該外國法人，其服從我國法律之義務，與我國法人同（民總施行法§12II）。

(四) **未經認許之外國法人：**

1. 未經認許之外國法人，在我國境內不具權利能力。
2. 該外國法人，其行為人就該法律行為，應與該外國法人負連帶責任，此乃基於保護法律行為之相對人並維護交易安全而設。

重點12 權利客體

依據出題頻率區分，
屬：**B** 頻率中

一、意義

指凡能為人所支配，獨立滿足人類社會生活需要之客體，亦即受權利主體支配之各種權利對象或內容，又可稱為權利標的。

(一) **不以有體性為要件**：所謂「有體性」係指占有一定空間且具有某種形體而言，除有體物外，只要在人力所能加以支配，並足以滿足人類社會生活，均屬物。

(二) **具有支配可能性**：不能為人類所支配控制者，如日月星辰，均不得作為權利客體。

(三) **具有獨立性**：基於「一物一權主義」、「物權標的特定主義」等物權法原則，法律上所稱「物」須個別獨立存在。

二、種類

(一) **動產、不動產**

1. **不動產**（民§66）：
   (1) **土地**：包括一定範圍內地面及其上空與地下，含未分離前之出產物。
   (2) **定著物**：依社會交易習慣認為非土地之構成部分，具有獨立使用之價值，繼續附著於土地，而達一定經濟上目的，不易移動其所在之物。
      A. 具有固定性、獨立性、經濟性。
      B. 釋字第93號解釋：輕便軌道除係臨時敷設者外，凡繼續附著於土地而達其一定經濟上之目的者，應認為不動產。
2. **動產**：不動產以外之物（民§67）。
3. **區別實益**：物權變動方式。
   (1) **不動產**：登記主義。
   (2) **動產**：交付主義。

(二) **主物、從物**

1. **主物**：從物所輔助之物，具有主要獨立之效用，處分主物之效力及於從物。
2. **從物**：僅具次要附屬效用。判斷標準：（民法第66條I）
   (1)非主物之成分。 (2) 常助主物之效用。
   (3)同屬一人所有。 (4) 須交易上無特別習慣。
3. **區分實益**：主物之處分及於從物（民§68II），所稱「處分」包括物權行為及債權行為在內，為該項規定應解釋為任意規定，當事人基於契約自由原則得另行約定，使其效力不及於從物。

(三) **原物、孳息**

1. **原物**：產生孳息之物。
2. **孳息**：由原物所生之收益，分為天然孳息與法定孳息。
   (1)天然孳息（民§70I）：
   A. **孳息之歸屬**：民§70I採「原物主義」，即對於原物有「收取權」之人，天然孳息一旦分離，當然即歸其取得。
   B. **收取權人**
   (A)**原則**：原物所有人（除法律另有規定或另為約定）。
   ●果實自落鄰地，視為屬於鄰地所有人所有（民§798）。
   (B)**例外**：依特別之規定，為「天然孳息之收取權人」。包括：

用益物權人	地上權人（民§832）、典權人（民§911）。
擔保物權人	抵押權人（民§863）於抵押物扣押後、質權人（民§889）、留質權人（民§889）。
用益債權人	租賃（民§421）。
財產管理人	未成年人之法定代理人（民§1088II）、監護人（民§1100）、破產人之破產管理人（民§1179I）。

   C. **善意占有人**（民§952）：善意占有人，依推定其為適法所有之權利，得為占有物之使用及收益。

D. **收取要件**：有收取權人，其對於孳息之取得，須在其「權利存續期間」內，且孳息須「已與原物分離者」始可。

(2)法定孳息（民§70II「有收取法定孳息權利之人，按其權利存續期間內之日數，收取其孳息。」）：

A. **收取權人**：所謂有收取法定孳息權利之人，應依各法律關係而定，如：出租人得收取租金、貸與人得收取利息、土地所有人得收取地租。

B. **收取期間**（民§70II）：

(A)按其權利存續期間之日數，取得孳息。

(B)法律關係存續期間內，權利人有變動時，應按日數比例計算其可取得的孳息。

3. **區分實益**：

(1)天然孳息與原物分離後使成為獨立之物，成為權利客體，於分離後始發生天然孳息之收取問題。

(2)法定孳息需係因供他人使用之法律關係而生收益而來。

(四) 融通物、不融通物

1. **融通物**：得為私法上交易客體之物。

2. **不融通物**：不得為私法上交易客體之物，亦即無權利能力及交易能力之物；因為其具有特殊性質，基於公益上理由，全部地或部分地限制融通，故完全不能或僅得限制範圍內成為交易客體。如公務用物、公用物、聖物、禁制物。不融通物雖不得作為交易的對象，但有時仍得作為私權的客體。

3. **區別實益**：契約是否產生無效問題以及有無時效取得制度之適用。

(五) 消費物、非消費物

1. **消費物**：依物之通常使用方法，僅能使用一次立即消耗，不能再用於同一目的之物。例如：米飯、石油、水果等。

2. **非消費物**：可依物之通常使用方法再用於同一目的而重複使用之物。例如：房屋、汽車、衣服等。

3. **區別實益**：非消費物得作為租賃或使用借貸之標的物，消費物則應成立消費借貸及消費寄託。

(六) 特定物、種類物（不特定物）

1. **特定物**：依當事人意思或其他事實具體指定之物，如某一房屋。
2. **種類物**：以種類、數量或品質抽象指定之物，如蘋果一籃。
3. **區別實益**：前者為特定物之債之標的，後者為種類物之債（民§200、民§364）之標的，因此前者會有給付不能的問題，後者通常無此問題。

(七) 代替物、不代替物

1. **代替物**：在交易上得以種類、品質及數量相互替代之物。例如，某廠牌之酒，某種類之布料等。
2. **不代替物**：在交易上著重物之個性，不得以種類、品質、數量相互代替之物，如某名畫，某古董等。
3. **區別實益**：消費借貸、消費寄託及指示證券之標的物，須為代替物；不代替物則係使用借貸及租賃之標的物。

(八) 可分物、不可分物

1. **可分物**：不因分割而顯然變更其性質或重大減損其價值之物，如：黃金、土地。
2. **不可分物**：因分割而顯然變更其性質或重大減損其價值之物，如：古董。
3. **區別實益**：在多數人之債，其標的可分時則屬可分之債，若否則為不可分之債。

(九) 單一物、組合物、集合物

1. **單一物**：在外部型態上獨立自成一體之物。
2. **組合物**：由數個未喪失個性之物集合而成之物。如：汽車、房屋、船舶。
3. **集合物**：為達經濟上共同目的，由多數單一物或結合物集合而成之物。如：工廠、圖書館。
4. **區別實益**：作成法律行為時，決定物權行為之個數。

・最高法院70年台上字第2221號判例

系爭房屋原計畫蓋建二樓，而建築之程度，二樓結構業已完成，僅門窗尚未裝設及內部裝潢尚未完成，此項尚未完全竣工之房屋，已足避風雨，可達經濟上之使用目的，即成為獨立之不動產。上訴人向被上訴人買受系爭房屋，依民法第758條規定，自須辦理所有權移轉登記手續，始能取得系爭房屋之所有權，不能以行政上變更起造人名義之方式，取後系爭房屋之所有權。

・最高法院64年台上字第2739號判例

系爭地上茶樹、桐樹等未與土地分離前為土地之一部分並非附合於土地之動產而成為土地之重要成分，與民法第811條至第815條所定之情形無一相符，則上訴人依同法第八百十六條規定訴求被上訴人返還不當得利，自難謂合。

・最高法院32年上字第6232號判例

物之構成部分除法律有特別規定外，不得單獨為物權之標的物，未與土地分離之樹木，依民法第66條第2項之規定，為土地之構成部分，與同條第一項所稱之定著物為獨立之不動產者不同，故向土地所有人購買未與土地分離之樹木，僅對於出賣人有砍伐樹木之權利，在未砍伐以前未取得該樹木所有權，即不得對於更自出賣人或其繼承人購買該樹木而砍取之第三人，主張該樹木為其所有。

・最高法院31年上字第952號判例

不動產之出產物尚未分離者，為該不動產之部分，民法第66條第2項有明文規定，某甲等在某乙所有地內侵權種植其出產物，當然屬於某乙所有，如果該項出產物經某甲等割取，即不能謂某乙未因其侵權行為而受損害。

・最高法院29年上字第1678號判例

物之構成部分，除法律有特別規定外，不得單獨為物權之標的物。未與土地分離之樹木，依民法第66條第2項之規定，為土地之構成部分，與同條第1項所稱之定著物為獨立之不動產者不同。故土地所有人保留未與土地分離之樹木，而將土地所有權讓與他人時，僅對於受讓人有砍伐樹木之權利，不得對於更自受讓人受讓所有權之第三人，主張其有獨立之樹木所有權。

‧最高法院63年度第6次民庭庭推總會議決議

提案：屋頂尚未完全完工之房屋，能否謂為民法第66條第1項所稱土地之定著物？買受此種房屋之人，是否須辦理移轉登記，始能取得所有權？

決議：民法第66條第1項所謂定著物，係指非土地之構成部分，繼續附著於土地，而達一定經濟上目的，不易移動其所在之物而言。凡屋頂尚未完全完工之房屋，其已足避風雨，可達經濟上使用之目的者，即屬土地之定著物，買受此種房屋之人，乃係基於法律行為，自須辦理移轉登記，始能取得所有權。如買受人係基於變更建築執照起造人名義之方法，而完成保存登記時，在未有正當權利人表示異議，訴經塗銷登記前，買受人登記為該房屋之所有權人，應受法律之保護，但僅變更起造人名義，而未辦理保存或移轉登記時，當不能因此項行政上之權宜措施，而變更原起造人建築之事實，遽認該買受人為原始所有權人。

‧最高法院51年台上字第873號判例

有收取天然孳息權利之人，其權利存續期間內取得與原物分離之孳息（民法第70條第1項）。故有權收取天然孳息之人，不以原物之所有權人為限。

‧最高法院48年台上字第1086號判例

土地所有人於所有權之作用，就其所有土地固有使用收益之權，但如將所有土地出租於人而收取法定孳息，則承租人為有收取天然孳息權利之人，在租賃關係存續中，即為其權利之存續期間，取得與土地分離之孳息。

‧最高法院29年上字第403號判例

民法第70條第1項規定，有收取天然孳息權利之人，其權利存續期間內取得與原物分離之孳息，是無收取天然孳息權利之人，雖與原物分離之孳息為其所培養，亦不能取得之，耕作地之承租人依民法第421條第1項之規定，固得行使出租人之收益權，而有收取天然孳息之權利，惟出租人無收益權時，承租人如非民法第952條所稱之善意占有人，雖於該耕作地培養孳息，亦無收取之權利。本件被上訴人主張坐落某處之田，經所有人甲租與被上訴人耕種，民國二十七年上造禾穀為被上訴人所種，請求確認為被上訴人所有，上訴人則主張此項田畝經所有人乙租與上訴人耕種，民國二十七年上造禾穀為上訴人所種，提起反訴，請求確認為上訴人所有，原審於兩造之出租人對於該項田畝，孰為依民法第765條或第952條有收益權之人，如其出租人無收益權，而於民國二十七年上造耕種之一造，是否為善意占有人並未闡明確定，僅以民國二十七年上造之禾穀為被上訴人所耕種，即確認為被上訴人所有，將上訴人之反訴駁回，於法殊有未合。

- **依民法**§70I、§766**，就天然孳息之收取權人採「原物主義」而不採「生產主義」。**

重點13 法律行為

依據出題頻率區分，屬：A頻率高

一、法律行為

(一) **意義**：以意思表示為要素，因意思表示而發生一定私法上效果之行為。

意思表示
- **主觀要件**：法效意思（效果意思）
- **客觀要件**：表示行為

(二) **種類**

1. **單獨行為、契約行為、合同行為**

(1) **單獨行為（單方行為、一方行為）**：由當事人一方之意思表示即可成立之法律行為。

A. 「有相對人之單獨行為」（如撤銷、解除契約）、「無相對人之單獨行為」（如遺囑、捐助行為）。

B. 債權單獨行為（捐助行為，民§60）、物權單獨行為（拋棄所有權，民§764）、親屬法上之單獨行為（非婚生子女之認領，民§1065）、繼承法上之單獨行為（遺囑，民§1186）。

(2) **雙方行為（契約行為）**：因相對人互相意思表示一致而成立；亦即須有二個意思表示（要約、承諾）始得構成一個法律行為，且該二個意思表示乃異向趨於一致。

A. 債權契約。　　B. 物權契約。

C. 準物權契約。

(3) **合同行為（共同行為）**：由多數相同方向之意思表示趨於一致而成立之法律行為。

2. **負擔行為、處分行為**

(1) **負擔行為（債權行為）**：以發生債權債務關係為內容之法律行為，透過負擔行為之作成，將使特定人得對於特定人請求為一定之作為或不作為，發生所謂「債之法律關係」。

(2) **處分行為**：直接使某種權利發生、變更或消滅之法律行為。

A. **物權行為**：以物權為標的之處分行為，使物權發生得、喪、變更之效果。

(A) **物權單獨行為**：如物權之拋棄（民§764）。

(B) **物權契約**：

a. 不動產物權契約（民§758）。

b. 動產物權契約（民§761I）。

B. **準物權行為**：以「債權」或「無體財產權」為標的之處分行為，使債權或無體財產權發生得、喪、變更之效果。

(A) 準物權單獨行為：如債務免除（民§343）。

(B) 準物權契約：如債權讓與（民§294）。

(3) **區別實益**

A. **法律效果不同**：負擔行為旨在使特定人之間發生一定之權利義務關係，但未至履行階段時，並未直接使任何權利發生、變更或消滅；而處分行為則會使一定權利直接發生、變更或消滅。

B. **當事人是否須有處分權不同**：因負擔行為僅在使當事人取得對於相對人之請求權，尚不直接影響特定權利之內容，故負擔行為不以處分人有處分權為生效要件；然有效之（準）物權處分，以處分人具有處分權為要件，若係將第三人之物予以處分之行為，並不能直接使該處分行為發生效力。

C. **物權行為公示原則**：負擔行為僅具相對效力，原則上不適用公示、公信原則

(A) **公示原則**：物權之得喪變更須有外部可辨認的表徵，藉此可透明化法律關係，以保障交易安全，避免第三人遭受損害。

● 物權之公示方法：不動產為登記；動產為交付。

(B) **公信原則**：對於信賴物權公示方法表徵者，縱然該表徵與實際之權利狀態並不符合，對於善意信賴之人，仍應予以保護。

不動產規定為民法第759-1條第2項；動產規定為民法第801、886、948條。

● 準物權行為因係以「債權」或「無體財產權」為標的之處分行為，就其標的而言，並無上述公示原則及公信原則之適用。

D. **獨立性、無因性**

(A) **處分行為獨立性**：處分行為係獨立於負擔行為之外另一獨立法律行為。

(B) **處分行為無因性**：處分行為之效力，不因原因行為（即負擔行為）不存在而受影響。

3. **要式行為、不要式行為**

(1) **要式行為**：意思表示須依一定方式為之，始能「成立」的法律行為。法定的要式行為有：

A. 書面（民§47、§60、§422、§760）。

B. 公開儀式及二人證人（民§982）。

C. 遺囑（民§1189）。

D. 向法院表示（民§1174II）。（註：民法第982條：結婚應以書面為之，有二人以上證人之簽名，並應由雙方當事人向戶政機關為結婚之登記。已修法，刪除「公開儀式」）

(2) **不要式行為。**

4. **要物行為、不要物行為**

(1) **要物行為（踐成行為、現實行為）**：除意思表示外，尚須有物之交付始能「成立」的法律行為。如定金（民§248）、使用借貸（民§465）、消費借貸（民§475）、寄託（民§589）。

(2) **不要物行為（諾成行為、非現實行為）**：不以物之交付為要件之法律行為。

法律行為以不要物行為為原則，僅於法律有特別規定時始為要物行為。

5. **要因行為、不要因行為**

(1) **要因行為（有因行為）**：以原因行為有效存在為前提之法律行為。如：債權行為。

(2) **不要因行為**：不以原因行為有效存在為前提之法律行為。如：物權行為。

6. **有償行為、無償行為**
   (1) **有償行為**：當事人一方為財產上之給付，因而取得他方之對待給付之法律行為，如：買賣契約。
   (2) **無償行為**：當事人一方為財產上之給付，但未取得他方之對待給付之法律行為。如：贈與契約。
7. **處分行為、負擔行為**
   (1) **處分行為**：直接使權利發生變動之行為。
   (2) **負擔行為（義務行為）**：雙方約定為一定給付之法律行為，如一般債權行為均屬之。

二、準法律行為

(一) **意義**：同屬當事人之表示行為，但法律效果之發生非因表意人之意思表示，而係基於法律規定而發生一定效果之行為。

(二) **種類**

觀念通知	當事人表示對一定事實之觀念或認識，如債權讓與之通知（民§297）。
意思通知	當事人表示一定期望之行為，如請求（民§129I①）、催告（民§80）。
感情表示	當事人表示一定感情之行為，如配偶之宥恕（民§1053）、被繼承人之宥恕。

(三) **效果**：不論表示人內心是否意欲發生法律效果，法律均使其直接發生某種法律效果，類推適用各該法律行為之相關規定。

三、法律行為之要件

(一) **成立要件**
1. **一般成立要件**：當事人、標的、意思表示。
   (1) **當事人**：具有法律上人格，能享受權利、負擔義務之主體，包括自然人和法人。

(2)**標的**：意思表示之內容。

(3)**意思表示**：表意人將所欲成立法律行為之意思，表示於外部之行為。

2. **特別成立要件**：各種法律行為所特有之要件。

(1)**要式性**：法律行為須履行一定之方式。例如：

A. 民法§531後段（代理權之授與）。

B. 民法§709-3I（合會契約）。

C. 民法§756-1II（人事保證契約）。

D. 民法§166-1（不動產債權契約）：尚未施行。

§166-1施行前：不要式行為。
§166-1施行後：要式行為－公證人之公證書（民§166-1）。
不動產物權行為：要式行為－書面（民§758II）。

(2)**要物性**：法律行為須交付標的物。例如：
使用借貸（民§464）與消費借貸契約（民§474）。

(二) 生效要件

1. **一般生效要件**：

(1)當事人須有行為能力。

(2)標的須可能（民§246）、確定（民§200、§208）、適法（民§71）、妥當（民§72、§74）。

A. **標的可能**

意義	法律行為內容之可能實現；如不可能實現時，法律行為無效。此專指「自始客觀不能」而言（民§246）。	
類型	**自始不能**	法律行為成立時即確定不能實現。
	嗣後不能	法律行為成立後才發生不能之情事。
	主觀不能	當事人因個人之事由而無法實現法律行為之內容。
	客觀不能	法律行為之內容不因當事人個人事由而不能，而係依社會通念為一般人皆不能。

B. **標的確定**：法律行為之內容，需自始確定或可得確定，否則法律行為無效。

自始確定	於法律行為「成立」時自始完全確定。
可得確定	於法律行為成立時雖未確定，但嗣後可以法律規定而確定者，如選擇之債（民§208~212）和種類之債（民§200II）。

C. **標的適法**：法律行為之內容須合法，不違背強制、禁止規定。

(A) **強行規定**：不論當事人意思為何，均應適用之法規。

強制規定	命令當事人「應為」一定行為規定。
禁止規定	命令當事人「不得為」一定行為之規定。
取締規定（民§71但書）	僅取締違反該規定之行為而予以處罰，但不否認其行為在私法上之效力。例：證券交易。
效力規定（民§71本文）	不僅取締違反該規定之行為，並否認其私法上之效力，因此時可能牽涉公益。

(B) **任意規定**：當事人得以自由意思排除其適用，而於當事人無約定時補充適用之規定，如補充規定和解釋規定。

(C) **脫法行為**：

意義	不直接違反法律上之強制或禁止規定，以迂迴的方式規避強行規定，而達成法律所不許之效果者。脫法行為通常是利用契約自由，而以形式上合法之手段達成實質上違法之目的。	
類型	通謀虛偽意思表示。	
	巧取利益之禁止	民法第206條有明文：「債權人除前條限定之利息外，不得以折扣或其他方法，巧取利益。」

類型	賭債之更改	最高法院44年台上字第421號判例：賭博為法令禁止之行為，其因該行為所生債之關係原無請求權之可言，除有特別情形外，縱使經雙方同意以清償此項債務之方法而變更為負擔其他新債務時，亦屬脫法行為不能因之而取得請求權。

D. **標的妥當**：法律行為之標的不違背公序良俗或非顯失公平之暴利行為。

(A) 違背公序良俗（民§72）。

(B) 暴利行為（民§74）：

要件	主觀要件	乘他人之急迫、輕率或無經驗之利用故意。
	客觀要件	需使相對人為財產給付或給付之約定，依當時情形顯失公平者。
法律效果	利害關係人得向法院聲請撤銷該行為或減輕其給付。法院得撤銷者，包含負擔行為和處分行為。	

・最高法院28年上字第107號判例

法院依民法第74條第1項之規定撤銷法律行為，不僅須行為人有利用他人之急迫、輕率、或無經驗，而為法律行為之主觀情事，並須該法律行為，有使他人為財產上之給付或為給付之約定，依當時情形顯失公平之客觀事實，始得因利害關係人之聲請為之，本件兩造所訂立之兩願離婚契約，並未使被上訴人為財產上之給付或為給付之約定，自無依同條第一項撤銷之餘地，原審竟認上訴人乘被上訴人之輕率與無經驗，而為不公平之法律行為，援用同條項之規定，將該兩願離婚契約撤銷，於法顯有違背。

(3)意思表示須健全：意思表示須無任何瑕疵。

2. **特別生效要件**：個別法律行為發生效力應特別具備之要件，如附條件、期限，須待條件成就或期限屆至，法律行為始生效力。

(1) 停止條件成就（民§99I）。

(2) 始期屆至（民§102I）。

(3) 不動產物權行為之登記（民§758I）。

(4) 處分權之存在（民§118I）。

(5) 代理權存在（民§170I）。

(6) 遺囑人死亡（民§1199I）。

重點14 意思表示

依據出題頻率區分，屬：A 頻率高

一、意義

表意人將其內心期望發生一定法律效果之意思，表示於外部之行為。

二、構成要件

(一) **客觀要素**：表示行為，包括明示及默示。

(二) **主觀要素**：法效意思（效力意思、效果意思），即表意人欲使其表示發生「特定」法律效果之意思。

三、種類

(一) **明示意思表示、默示意思表示**：以意思表示之方式為區分。

1. **明示意思表示**：行為人以言語、文字或其他習慣上使用之方法，直接表示其意思。
2. **默示意思表示**：由特定行為間接推知行為人之意思表示，或以事實行為表示某種特定之效果意思，性質上仍係積極之行為。
3. **單純沉默**：當事人之單純沉默，不具有意思表示之價值，原則上不發生任何法律效果，僅係單純不作為。

(二) **有相對人意思表示、無相對人意思表示**：以有無相對人作為區別。

(三) **健全意思表示、不健全意思表示**：以意思表示有無瑕疵作為區別。

(四) **對話意思表示、非對話意思表示**：以意思表示以對話或對話以外之方式傳達為區別。

四、意思表示之解釋（民§98）

(一) 契約文字已表示當事人真意，依契約文字。

(二) 若無文字記載或記載不明時，應探求當事人之真意。

1. 真意指當事人依其意思表示所企圖發生之效果。
2. 探求當事人之真意，不能拘泥於所有之辭句，應綜合當事人為意思表示之目的及當事人間之特別約定為判斷。

五、意思表示之生效

(一) 無相對人之意思表示：採表示主義，於表示行為完成時，立即發生效力。

(二) 有相對人之意思表示

1. **對話意思表示**：採了解主義。

有受領能力	相對人了解時生效（民§94）。
無受領能力	法定代理人了解時生效（民§96）。

2. **非對話意思表示**：採到達主義。

有受領能力	1. 通知達到相對人時生效（民§95I）。 2. 撤回通知同時或先時到達者，其意思表示不生效力（民§95I但書）。 3. 發生通知後死亡或喪失行為能力，或其行為能力受限制者，其意思表示不因之失其效力（民§95II）。 4. 公示送達為意思表示之通知（民§97）。
無受領能力	通知達到法定代理人時生效（民§96）。

六、意思表示不一致

(一) 故意不一致

1. **單獨虛偽意思表示**（民§86）：

(1)又稱為「心中保留」，表意人主觀上無欲為其意思表示所拘束之意，而為意思表示。

(2)**效力**

A. **原則**：發生效力（民§86本文）。

B. **例外**：若其情形為相對人明知者，即不需予以保護，無效（民§86但書）。

(3)**對第三人之效力**：為維護交易安全，類推適用民§87第1項但書之規定，其無效不得以之對抗善意第三人。

2. **通謀虛偽意思表示**（民§87）：

(1)表意人與相對人相互為非真意之表示，且就該非真意之表示雙方事前達成合意。

(2)效力

A. **原則**：法律行為無效（民§87I）。

B. **例外**：不得以其無效對抗善意第三人（民§87I但書）。即善意第三人得主張該行為有效或無效。

所謂「第三人」，指通謀虛偽意思表示的當事人、其概括繼承人、第三人利益契約之第三人以外之第三人。

(3)隱藏行為：通謀虛偽意思表示隱藏他項法律行為者，適用關於該項法律行為之規定（民§87II），但虛偽表示之當事人不得主張對第三人有效。

・最高法院50年台上字第2675號判例

民法第87條第2項所謂虛偽意思表示隱藏他項法律行為者，適用關於該項法律行為之規定，係指為虛偽意思表示之當事人間，隱藏有他項真實之法律行為而言，其所隱藏之行為當無及於他人之效力。

(二) **錯誤**（民§88）：意思表示偶然不一致。

1. **意義**：表意人內心之效果意思與表示上的效果意思偶然不一致，而表意人並不知情者。

2. **種類**：

(1) **動機錯誤**：表意人效果意思形成原因之錯誤，對一人之資格條件、物之性質品質有所誤認。

A. **類型**：

(A) 當事人資格錯誤。

(B) 物之性質錯誤。

B. **效力**：

(A) **原則**：其錯誤原則上不影響法律行為之效力。

(B) **例外**：重大動機錯誤若交易上認為重要者，亦可為撤銷意思表示之事由（民§88II），將之視為意思表示內容之錯誤。

(2) **意思表示內容錯誤**：表意人誤認表示行為之客觀意義，致表示與其內心效果意思不同之錯誤，同一性有所不一致。例誤A為B。

A. **類型**：

(A) 當事人同一性錯誤。

(B) 標的物同一性錯誤。

B. **效力**：原則上可撤銷。

(3) **表示錯誤**：表意人並未誤認表示行為之客觀意義，為表示行為（方法）之錯誤。

A. **類型**：

(A) 表示方法錯誤。

(B) 傳達錯誤（民§89）。

B. **效力**：原則上可撤銷。

3. **錯誤之效果**：撤銷權之行使。

(1) **要件**：

A. 需有錯誤之意思表示。

B. 表意人須無過失：此指抽象之輕過失。

C. 錯誤需係交易上認為重要者：錯誤須具有交易上之客觀重要性。

(2)**撤銷之客體**：債權行為、物權行為之意思表示。

(3)**除斥期間**：意思表示後一年（民§90）。

(4)**效果**：法律行為經撤銷者，視為自始無效（民§114）。

(5)**表意人之賠償責任**（民§91）：

A. 表意人已撤銷其意思表示。

B. 相對人因信表意人意思表示有效而受有損害。

C. 相對人非明知或可得而知其撤銷原因。

- **最高法院73年台抗字第472號判例**

債務人欲免其財產被強制執行，與第三人通謀而為虛偽意思表示，將其所有不動產為第三人設定抵押權者，債權人可依侵權行為之法則，請求第三人塗銷登記，亦可行使代位權，請求塗銷登記。二者之訴訟標的並不相同。

- **最高法院70年台上字第104號判例**

債務人為擔保其債務，將擔保物所有權移轉與債權人，而使債權人在不超過擔保之目的範圍內，取得擔保物所有權者，為信託的讓與擔保，債務人如不依約清償債務，債權人得將擔保物變賣或估價，而就該價金受清償。

- **最高法院62年台上字第316號判例**

所謂通謀為虛偽意思表示，乃指表意人與相對人互相故意為非真意之表示而言，故相對人不僅須知表意人非真意，並須就表意人非真意之表示相與為非真意之合意，始為相當，若僅一方無欲為其意思表示所拘束之意，而表示與真意不符之意思者，尚不能指為通謀而為虛偽意思表示。

- **最高法院52年台上字第722號判例**

虛偽設定抵押權，乃雙方通謀而為虛偽意思表示，依民法第87條第1項規定，其設定抵押權當然無效，與得撤銷後始視為無效者有別。故虛偽設定抵押權雖屬意圖避免強制執行，但非民法第244條所謂債權人得聲請法院撤銷之債務人行為。

詐害債權行為之法律行為仍為有效，故與通謀虛偽表示之當然無效不同。

- **最高法院51年台上字第215號判例**

  民法第87條之通謀虛偽表示，指表意人與相對人相互明知為非真意之表示而言，故表意人之相對人不僅須知表意人非真意，並須就表意人非真意之表示相與為非真意之合意，始為相當。

- **最高法院50年台上字第547號判例**

  虛偽買賣乃雙方通謀而為虛偽意思表示，依民法第87條第1項規定，其買賣當然無效，與得撤銷之法律行為經撤銷始視為自始無效者有別，故虛偽買賣雖屬意圖避免強制執行，但非民法第244條所謂債權人得聲請法院撤銷之債務人行為。

- **最高法院50年台上字第421號判例**

  民法第87條第1項所謂通謀虛偽意思表示，係指表意人與相對人雙方故意為不符真意之表示而言，若僅一方無欲為其意思表示所拘束之意而表示與真意不符之意思者，即難指為通謀而為虛偽意思表示。

- **最高法院48年台上字第29號判例**

  第三人主張表意人與相對人通謀而為虛偽意思表示者，該第三人應負舉證之責。

- **最高法院27年上字第3195號判例**

  假裝買賣係由雙方通謀所為之虛偽意思表示，依民法第87條第1項之規定當然無效，並非得撤銷之行為，不得謂未撤銷前尚屬有效。

‧最高法院67年度第5次民事庭庭長推總會議決議

提案：債權人以債務人欲免其財產被強制執行，與第三人通謀而為虛偽意思表示，將其所有不動產為第三人設定抵押權，乃本於侵權行為請求回復原狀，訴求判決第三人塗銷該項抵押權設定登記，是否有理？

決議：債務人欲免其財產被強制執行，與第三人通謀而為虛偽意思表示，將其所有不動產為第三人設定抵押權，債權人可依侵權行為之法則，請求第三人塗銷登記，亦可行使代位權，請求塗銷登記，兩者任其選擇行使之。

‧最高法院51年台上字第3311號判例

民法第88條之規定，係指意思表示之內容或表示行為有錯誤者而言，與為意思表示之動機有錯誤之情形有別。

‧最高法院43年台上字第570號判例

民法第88條第1項所謂意思表示之錯誤，表意人得撤銷之者，以其錯誤係關於意思表示之內容為限，該條項規定甚明。兩造成立之訴訟上和解，既未以被上訴人收回系爭房屋，以供自住及開設診所之需，為上訴人遷讓之內容，則縱使如上訴人所稱在和解當時，因誤信被上訴人主張收回系爭房屋，以供自住及開設診所之需為真實，致所為遷讓之意思表示顯有錯誤云云，亦與上開條項得為撤銷意思表示錯誤之要件不符，仍不得執此指該項和解有得撤銷之原因，而為請求繼續審判之理由。

‧最高法院83年台上字第2383號判例

和解不得以錯誤為理由撤之，但當事人之一方，對於他方當事人之資格或對於重要之爭點有錯誤而為和解者，不在此限，此觀民法第738條第3款之規定自明。此種撤銷權之行使，既係以錯誤為原因，則民法第90條關於以錯誤為原因，行使撤銷權除斥期間之規定，於此當有其適用。

七、意思表示不自由

(一) 詐欺

1. **意義**：故意使人陷於錯誤而為意思表示之行為，其行為型態包括積極為虛構事實以及消極地隱匿事實兩種。
2. **要件**：
   (1) **須有詐欺行為**：不作為是否構成詐欺端視其有無作為義務而定。
   (2) **須有詐欺故意（雙重故意）**：使人陷於錯誤之故意與因該錯誤而為一定表示之故意。
   (3) 須有因果關係。
   (4) 相對人因詐欺陷於錯誤而為一定之表示。
3. **類型**：
   (1) **相對人詐欺**：得撤銷其受詐欺所為之意思表示。
   (2) **第三人詐欺**：以相對人明知或可得而知者，始得撤銷。
   因該詐欺而為之契約行為，若相對人善意無過失時，不得撤銷。
   學說上有主張此之「第三人」需作限縮解釋，不包含「相對人使用於締約行為之代理人或輔助人」。
4. **效力**：撤銷權之行使
   (1) **主體**：表意人。
   (2) **客體**：債權行為、物權行為。
   (3) **方式**：以意思表示為之。
   (4) **除斥期間**：發現詐欺後1年或意思表示後10年（民§93）。
   (5) **效果**：
   A. 法律行為經撤銷者，視為自始無效（民§114）。
   B. 不得對抗善意第三人（民§92II）：第三人得主張該受詐欺所為之意思表示為無效或有效。

(二) 脅迫

1. **意義**：故意預告以危害，使他人產生恐懼而為意思表示之行為。
2. **要件**：
   (1) 須有脅迫行為。
   (2) 須有脅迫故意（雙重故意）：使人心生恐懼之故意與因該恐懼之心理而為一定表示之故意。

(3)有因果關係。

(4)相對人因脅迫心生恐懼而為意思表示。

(5)脅迫行為具有「不法性」：包括手段違法及目的違法在內。

3. **效力**：撤銷權之行使。

(1)**主體**：表意人。

(2)**客體**：債權行為、物權行為。

(3)**方式**：以意思表示為之。

(4)**除斥期間**：脅迫終止後1年或意思表示後10年（民§93）。

(5)**效果**：

A. 法律行為經撤銷者，視為自始無效（民§114）。

B. 得對抗善意第三人（民§92II反面解釋）：因脅迫行為對於當事人意思表示自由的危害程度大於詐欺行為。

不健全意思表示之體系表：

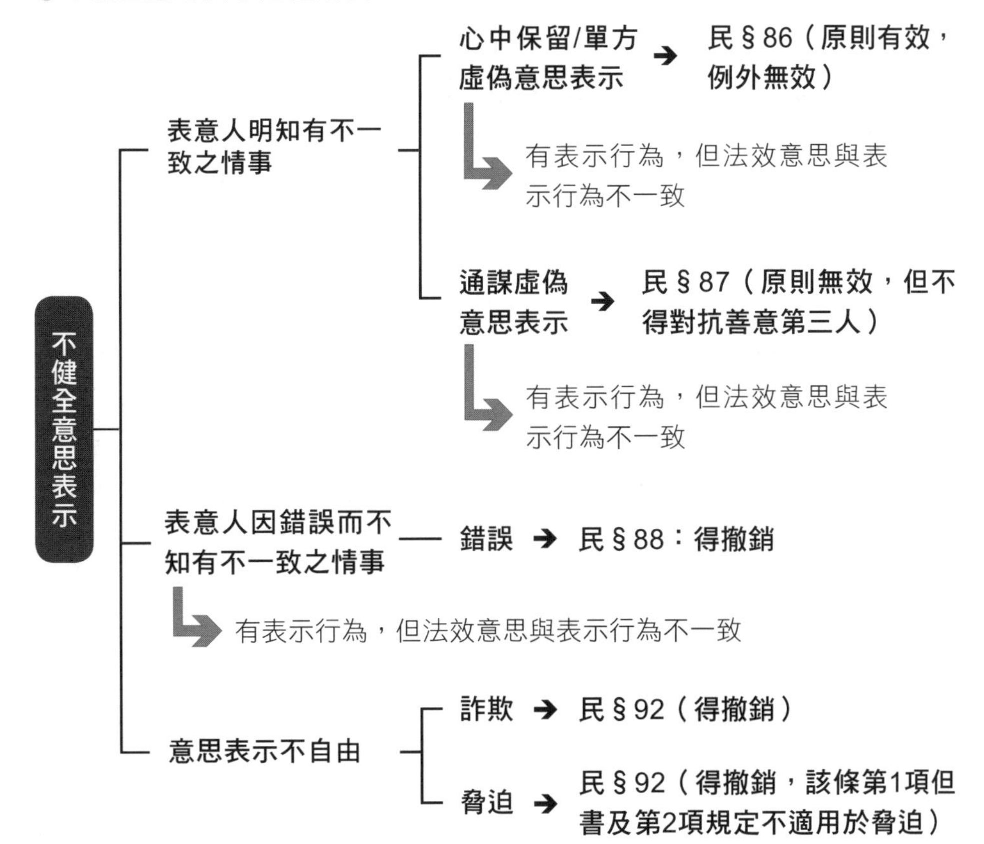

民法§92脅迫行為須具不法性：

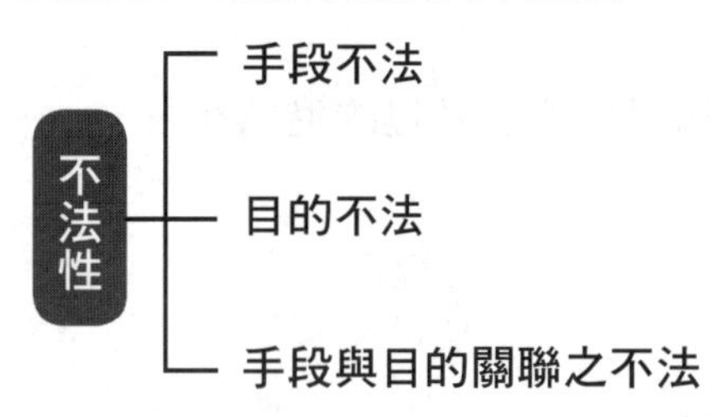

・最高法院58年台上字第1938號判例

因被脅迫而為之意思表示，依民法第92條及第93條之規定，表意人非不得於一年內撤銷之。而此項撤銷權，祗須當事人以意思表示為之，並不須任何方式，上訴人既於第二審上訴理由狀中表示撤銷之意思，倘被上訴人果有脅迫上訴人立借據情事，即不能謂上訴人尚未行使撤銷權。

・最高法院60年台上字第584號判例

民法第72條所謂法律行為，有背於公共秩序或善良風俗者無效，乃指法律行為本身有背於公序良俗之情形而言，至構成法律行為要素之意思表示，倘因被脅迫所為時，依照民法第92條規定，僅得由表意人撤銷其意思表示，並非當然無效。

・最高法院53年台上字第3380號判例

民法上所謂詐欺，係欲相對人陷於錯誤，故意示以不實之事，令其因錯誤而為意思之表示，收受聘禮後故延婚期，迫使相對人同意退婚，雖志在得財，但不得謂為詐欺，僅屬民法第976條違反婚約，及同法第977條損害賠償問題。

・最高法院44年台上字第75號判例

被詐欺而為意思表示者，依民法第92條第1項之規定，表意人固得撤銷其意思表示，惟主張被詐欺而為表示之當事人，應就此項事實負舉證之責任。

・最高法院33年上字第884號判例

民法第92條第1項所謂詐欺，雖不以積極之欺罔行為為限，然單純之緘默，除在法律上、契紙上或交易之習慣上就某事項負有告知之義務者外，其緘默並無違法性，即與本條項之所謂詐欺不合。

消極的隱藏事實（不作為）原則上不成立詐欺。

・最高法院18年上字第371號判例

民事法上所謂詐欺云者，係謂欲相對人陷於錯誤，故意示以不實之事，令其因錯誤而為意思之表示。

・最高法院86年度第9次民事庭會議

院長提議：保險法第64條第1項規定，訂立契約時，要保人對於保險人之書面詢問，應據實說明。如要保人有同條第2項故意隱匿，或因過失遺漏，或為不實之說明，足以變更或減少保險人對於危險之估計之情形者，保險人固得於同條第3項所定期限內解除契約。惟保險人逾此期限，而未為解除契約者，得否又依民法第92條規定以其係被詐欺而為意思表示為由，撤銷其意思表示？

決議：保險法第64條之規定，乃保險契約中關於保險人因被詐欺而為意思表示之特別規定，應排除民法第92條規定之適用。否則，將使保險法第64條第3項對契約解除權行使之限制規定，形同具文。

・最高法院28年上字第1282號判例

因被脅迫而為負擔債務之意思表示者，即為侵權行為之被害人，該被害人固得於民法第93條所定之期間內，撤銷其負擔債務之意思表示，使其債務歸於消滅，但被害人於其撤銷權因經過此項期間而消滅後，仍不妨於民法第197條第1項所定之時效未完成前，本於侵權行為之損害賠償請求權，請求廢止加害人之債權，即在此項時效完成後，依民法第198條之規定，亦得拒絕履行。

詐欺 vs. 脅迫

	詐 欺	脅迫
撤銷權之行使	相對人詐欺：得撤銷。 第三人詐欺：若相對人善意無過失，不得撤銷被詐欺而為之意思表示。	不區分相對人或第三人脅迫，一律可撤銷被脅迫而為之意思表示。
除斥期間	發現詐欺後1年或意思表示後10年。	脅迫終止後1年或意思表示後10年。
是否得對抗善意第三人	不得對抗善意第三人。	得對抗善意第三人。

重點15 條件與期限

依據出題頻率區分，屬：C 頻率低

一、條件

(一) **意義**：當事人以將來客觀上不確定事實之成就與否，決定法律行為效力之發生或消滅之一種附款；亦即使法律行為效力發生或消滅，繫於將來客觀不確定之事實之附從意思表示。

(二) **種類**

1. **停止條件、解除條件**：

(1) **停止條件（開始條件）**：限制法律行為效力發生之條件，即法律行為於條件成就時發生效力，於條件不成就時不發生效力（民§99I）。

(2) **解除條件（終止條件）**：促使法律行為效力歸於消滅之條件，即已發生之法律行為於條件成就時喪失其效力，於條件不成就時保持其效力（民§99II）。

2. **積極條件、消極條件**：前者以某種事實之發生為內容之條件，後者則係以某種事實之不發生為內容之條件。
3. **表見條件**：只有條件之外觀但實質上非條件，又稱假裝條件、不真正條件。分為：
   (1) **法定條件**：以法律規定或在解釋上當然為法律行為效力發生或消滅之要件作為條件。
   (2) **不法條件**：以違反法律規定或有背於公序良俗之事實為內容之條件，該法律行為歸於無效。
   (3) **不能條件**：以事實上或法律上不能實現之事實作為條件者。
      A. 若為停止條件→法律行為無效。
      B. 若為解除條件→視為無條件。

> **・最高法院52年台上字第286號判例**
>
> 被上訴人告訴上訴人過失致人於死案件，並非告訴乃論罪，依法不能撤回告訴，以此為和解契約之解除條件，自係解除條件為不能。而附解除條件之法律行為，於行為時已生效力，僅於解除條件成就時失效而已，是以解除條件為不能時，應解為其法律行為為無條件。故上訴人因和解給付支票與被上訴人之行為，即為無條件而為給付，從而上訴人以被上訴人未依約返還已給付之支票，致使其蒙受損害而請求賠償，即嫌無據。

4. **既成條件**：以已實現或已確定之事實為內容之條件，欠缺條件之「不確定性」。
   (1) 若為停止條件→視為無條件。
   (2) 若為解除條件→法律行為無效。

> **・最高法院68年台上字第2861號判例**
>
> 法律行為成立時，其成就與否業已確定之條件即所謂既成條件，亦即法律行為所附條件，係屬過去既定之事實者，雖其有條件之外形，但並無其實質之條件存在，故縱令當事人於法律行為時，不知其成否已經確定，亦非民法第99條所謂條件。我民法關於既成條件雖未設明文規定，然依據法理，條件之成就於法律行為成立時已確定者，該條件若係解除條件，則應認法律行為為無效。

(三) **不許附條件之法律行為**：為避免有礙法律關係之安定性，禁止附條件之情形。

身分行為	附條件將有礙身分關係之安定性，違反無效，如：結婚、離婚等。
票據行為	有礙票據之流通性。法律有特別規定時從之。例票據法背書附條件，視為無記載。
單獨行為及形成權之行使	避免相對人法律關係之不安定。違反時原則上無效，例外於相對人同意時，該條件有效。

(四) **附條件法律行為之效力**

1. **條件成否未定前**：期待權（民§100）－附條件之權利，為保護將來可能取得權利之期待，使之受法律之保護。此與「單純期待」不同（單純期待乃指在特定情況下，當事人之期待繫於不確定之機率。）

・最高法院69年台上字第3986號判例

附條件之法律行為當事人於條件成否未定前，若有損害相對人因條件成就所應得利益之行為者，負損害賠償責任，民法第一百條固定有明文。然此種期待權之侵害，其賠償責任亦須俟條件成就時，方始發生。蓋附條件之法律行為，原須俟條件成就時始得主張其法律上之效果，在條件成否未定之前，無從預為確定以後因條件成就時之利益，如其條件以後確定不成就，即根本無所謂因條件成就之利益。

・最高法院22年上字第799號判例

繼承人自繼承開始時，始承受被繼承人財產上之一切權利義務，在繼承開始前對於被繼承人財產上之權利，不過有因繼承開始而取得之期待權，並無所謂既得權，對於被繼承人財產上之義務，亦屬無須負擔。

2. **條件成就時**：

(1)停止條件成就時，法律行為發生效力（民§99I）。

(2)解除條件成就時，法律行為失其效力（民§99II）。

3. **條件不成就時：**

(1)停止條件不成就時，法律行為無效。

(2)解除條件不成就時，法律行為持續有效。

二、期限

(一) **意義**：指當事人以將來確定事實之到來，決定法律行為效力之發生或消滅，亦即使法律行為效力發生或消滅，繫於將來確定發生事實之附從意思表示。

(二) **種類**

1. **始期**：法律行為開始發生效力之期限。
2. **終期**：法律行為喪失效力之期限。

(三) **不許附期限之法律行為**：不得附條件之法律行為大致上亦不得附期限。

(四) **附期限法律行為之效力**

1. **期限到來前之效力**（民§102III準用§100）：

(1)始期未屆至：法律行為尚不生效力。

(2)終期未滿至：法律行為持續有效。

2. **期限到來時之效力：**

(1)始期屆至時：法律行為發生效力（民§102I）。

(2)終期屆滿時：法律行為失其效力（民§102II）。

條件 vs. 期限

	條件	期限
定義	客觀不確定發生之事實	客觀確定發生之事實或日期
發生	成就與不成就	屆至與否
擬制成立	擬制成就與不成就（民§101）	無擬制期限屆至
生效日期	可由當事人特約（契約自由原則）	不可由當事人特約

代理

依據出題頻率區分，
屬：**A** 頻率高

一、意義

代理制度旨在處理當代理人代理本人為法律行為時，該法律行為之效力歸屬問題；亦即代理人於代理權限內，以本人名義所為之意思表示或所受之意思表示，直接對本人發生效力之制度，須注意代理人以「自己」名義作成法律行為，與以「本人」為名義作成法律行為有所不同。

(一) 代理權性質上為一「資格」，代理人代理本人與相對人間所為之法律行為可能係債權行為，亦可能係物權行為。

(二) 代理權之授與非債之發生原因，亦即本人與代理人間不因代理權之授與而發生任何債之關係。

(三) 要件

1. 代理人以本人名義為法律行為。
2. 代理人代為或代受意思表示。
3. 代理人得代理本人為法律行為及準法律行為。
4. 代理人得於代理權限內為法律行為。

(四) 發生

1. **代理權之授與為「有相對人之單獨行為」。**
2. **授權行為之方式**（民§531）。
3. **代理權授與行為之獨立性**：代理權授與行為係在基礎法律關係之外，另一獨立之法律行為，故代理權授與行為是否成立、有效，應依該行為獨立判斷，與基礎法律關係無涉。
4. **代理權授與行為之無因性**：關於基礎法律關係無效時，是否有使代理權授與行為繼續發生效力之必要？學者間有下列歧見：

   (1) **有因說**：依民§108I，授權行為繫屬於基礎法律關係，故當基礎法律關係無效或不存在時，代理權應隨之消滅，此亦較符合本人之真意。

(2) **無因說**：代理權之授與主要係在使代理人得以本人之名義與第三人為法律行為，並使該法律行為之效力歸屬於本人，職是之故，代理權主要是以發生外部法律關係為目的，為保障交易安全，不宜使基礎法律關係影響代理權授與行為之效力。民§108I係指基礎法律關係已有效成立，但嗣後因期間屆滿而自然消滅時，代理權亦應同歸於消滅之情形而言，若係基礎法律關係因其他原因而自始歸於無效之情形，即非民§108I所規範之情形。通說採此見解。

代理人 vs. 代表

	代理人	代表
主體	代理人與本人為不同之權利主體（代理二元論）。	代表與法人為同一權利主體（代表一元論）。
行為效力	代理人之代理行為，效力歸屬於本人。	代表人之行為即為法人之行為。
行使範圍	代理人僅得代為法律行為及準法律行為。	代表人行為包括法律行為、事實行為及侵權行為。
法律適用	—	代表與代理之法律性質雖不相同，無權代表應類推適用無權代理之規定。

二、種類

(一) 直接代理、間接代理、隱名代理

1. **直接代理**：代理人以本人名義所為及所受之意思表示，直接對本人發生效力之制度；依民§103I，所謂代理即係指直接代理、顯名代理，代理人必須以本人名義為代理行為，且在為代理行為時，必須表明有為本人代理之意思。
2. **間接代理**：代理人以自己名義所為及所受之意思表示，對代理人發生效力，再依代理人與本人內部關係，間接對本人發生效力；換言之，間接代理乃係基於特定法律關係，以自己名義為他人計算所為之法律行為。

(1)間接代理人係以自己名義為之法律行為，故該法律行為之效力僅會在間接代理人與第三人之間發生，該法律行為之效力不會歸屬於本人，所以其實間接代理本質上「並非代理」。

(2)民法設計有「委任契約」配合「間接代理」，使權利主體得以他人名義為法律行為，再透過委任契約（民§541）之約定，使該法律效果歸屬於本人。

・最高法院72年台上字第4720號判例

受任人本於委任人所授與之代理權，以委任人名義與他人為法律行為時，固直接對委任人發生效力；若受任人以自己之名義與他人為法律行為，因而為委任人取得之權利，則須經受任人依民法第541條第2項規定，將其移轉於委任人，委任人始得逕向該他人請求履行。前者，因法律行為發生之權利義務，於委任人及該他人之間直接發生效力；後者，則該他人得以對抗受任人之事由，對抗委任人，二者尚有不同。

3. **隱名代理**：代理人與第三人為法律行為時，雖未以本人名義為之，但有為本人之意思，且此項意思為相對人所明知或可得而知者，為隱名代理，仍發生代理之效果（最高法院103年度臺上字第800號判決意旨參照）。

種類	直接代理	間接代理	隱名代理
以何人名義為之？	以本人名義	以代理人名義	以代理人名義
法律效果存在於何人之間？	本人-相對人	代理人-相對人	本人-相對人
生效要件	1. 顯名主義。 2. 代理人於代理權限內以本人之名義，為意思表示或受意思表示。	1. 代理人與本人之間有特定法律關係（例如：委任關係）。 2. 代理人以自己名義為法律行為，再依該特定法律關係，使之對本人發生效力。	1. 代理人未以本人名義或明示以本人名義為法律行為。 2. 代理人實際上有代理本人之意思，且為相對人所明知或可得而知者。

(二) **法定代理、意定代理**

1. **法定代理**：基於法律規定而取得代理權之代理。
2. **意定代理**：基於本人之授權行為而取得代理權之制度。

(三) **單獨代理、共同代理**

1. **單獨代理**：代理權行使方式為單獨行使。
2. **共同代理**：代理權行使方式為共同行使。

(四) **一般代理、特別代理**

1. **一般代理**：代理權並無特別限制。
2. **特別代理**：代理權限於特定部份。

(五) **有權代理、無權代理**

1. **有權代理**：代理人於代理權限內，而以本人名義為代理行為。
2. **無權代理**：代理人不具代理權限，仍以本人名義為代理行為。
   (1)狹義無權代理（民§170）。
   (2)表見代理（民§169）。

三、代理之特性

(一) **獨立性**：代理權之授與應與內部基礎法律關係分離，屬另一獨立之法律行為。

(二) **無因性**：代理權之授與與其基礎法律關係應加以區別，代理權之授與，並不受其基本法律關係而受影響。因為代理行為之相對人僅關心代理權之有無，至於本人與代理人間基礎關係是否有效並非外界所易探知。

(三) **非要式性**：無須踐行一定方式即得成立，授權行為乃不要式行為。

四、代理行為之瑕疵

代理行為性質上仍係法律行為，關於法律行為可能發生之瑕疵，代理行為均有可能發生。

(一) 倘該代理行為係要式行為或要物行為，則代理人必須在完成該方式或交付標的物後，該代理行為始生效力。

(二) 代理人在為代理行為時若與第三人為通謀虛偽意思表示，依民§87，該代理行為當然無效，對本人不生效力。

(三) 代理人在為代理行為時若發生錯誤情事，依民§105，代理人意思表示有無瑕疵，原則上就代理人決定之。但若意思表示依本人指示者，則瑕疵之判斷以本人為準。

五、代理權之限制

(一) **法定代理**：法律規定之限制，如民法§1098I、§1101。

(二) **意定代理**：

1. **當事人所加之限制**：不得以之對抗善意第三人。（民法§107「代理權之限制及撤回，不得以之對抗善意第三人。但第三人因過失而不知其事實者，不在此限。」）
2. **自己代理之禁止**（民法§106）：為防止利益衝突之弊端，禁止代理本人與自己之法律行為。例外於本人許諾或法律行為係專履行債務者，得以為之。
3. **雙方代理之禁止**（民法§106）：為防止利益衝突之弊端，禁止同時代理本人與相對人進行法律行為。例外於本人許諾或法律行為係專履行債務者，得以為之。
4. **共同代理**（民§168）：代理人若有數人，原則上共同行使代理權，例外於法律另有規定或本人另有意思表示時，單獨代理。

（代理的三面關係）

六、代理權之消滅

(一) **全部消滅**

1. 死亡、破產、喪失行為能力（民§550）。
2. 解除條件成就或終期到來。
3. 基礎法律關係終了（民§108I）。
4. 代理權之全部終止（民§108II）。
5. 代理權之拋棄。

(二) **一部消滅**

1. 代理權之一部終止（民§107）。
2. 代理權之限制：
   (1) **意定限制**（民§107）。
   (2) **法定限制**：自己代理、雙方代理（民§106）。
   (3) **違反之效力**：無權代理。

七、無權代理

(一) **狹義無權代理**

1. **意義**：表見代理以外之無權代理。包括完全未經授權之代理、授權行為無效之代理、逾越代理權之代理，以及代理權消滅後之代理等情形。
2. **效力**：
   (1) **本人與相對人間**：
      A. 法律行為效力未定。
      B. 確定效力之方法：
         (A) 本人承認。
         (B) 本人不承認：包括拒絕承認（民§170I）與視為拒絕承認（民§170II）。
         (C) 相對人撤回（民§171）。
         (D) 相對人催告（民§170II）。
   (2) **代理人與相對人間**：
      A. 本人承認：法律關係發生在本人及相對人之間。
      B. 本人不承認：
         (A) 無權代理人責任（民§110）：無代理權人，以他人之代理人名義所為之法律行為，對於善意之相對人負損害賠償之責。

> **・對未成年人之保護**
>
> 為貫徹民法保護無行為能力人及限制行為能力人之本旨，在無權代理之情形，應對民法§110為目的性的限縮解釋，使無行為能力人或限制行為能力人不需負民法§110無權代理人責任。

(B)侵權責任。（民§184I後段）

C. 類推適用：

(A) 無權使者。 (B) 無權代表。

(3) **本人與代理人間：**

A. 契約責任或無因管理責任。

B. 侵權責任。（民§184I後段）

(二) **表見代理**（民§169）

1. **意義：**代理人雖無代理權，但有相當理由足使相對人誤信其為代理人具有代理權限而與之為法律行為，相對人得對本人主張代理行為有效之制度。

2. **要件**

(1) **權利外觀之存在：**

A. 基於授權通知（民§169本文前段）：

(A) 直接授權通知。

(B) 間接授權通知。

B. 基於容忍授權（民§169本文後段）。

C. 基於外部授權（民§107）：發生於「外部授權，內部撤回或限制之情形」。

(2) **本人可歸責：**以有無「行為能力」加以判斷本人是否具有歸責能力，因代理制度，係關於法律行為之效力是否歸屬於本人之問題，非侵權能力之問題。

(3) **相對人無過失善意信賴：**不保護有過失之善意第三人及惡意第三人。

3. **效力**

(1) **本人與相對人間：**

A. 相對人主張本人應負「授權人責任」，此所指為「履行責任」，而非損害賠償責任。

B. 本人之承認權。

C. 相對人之催告權。

D. 相對人之撤回權。

(2) **代理人與相對人間：**

表見代理人之相對人可否不主張使本人負授權人之責任，而依民法第110條之規定向無權代理人請求損害賠償？

答 肯定說：為保護交易安全，相對人有選擇權，避免求償不能。
否定說：無權代理人不須再負責任，相對人既得請求本人履行法律行為之義務，交易目的即可達成。

(3) **本人與代理人間：**

A. 契約責任或無因管理責任。

B. 侵權責任（民§184I後段）。

民法總則代理制度體系

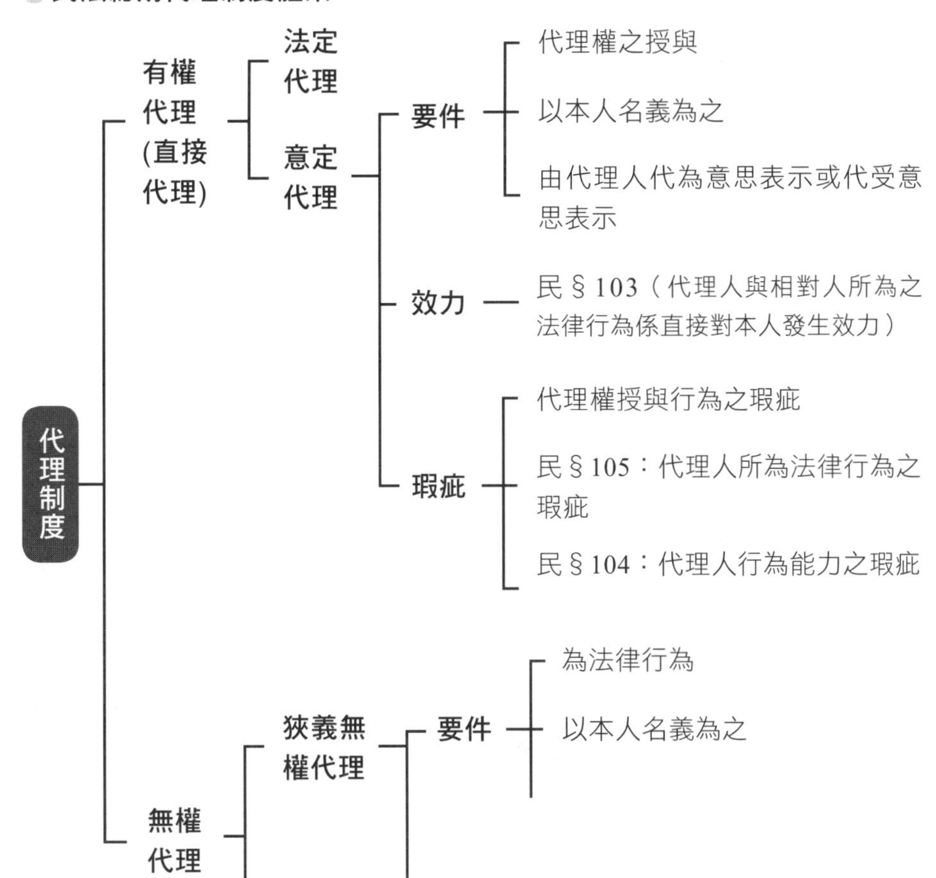

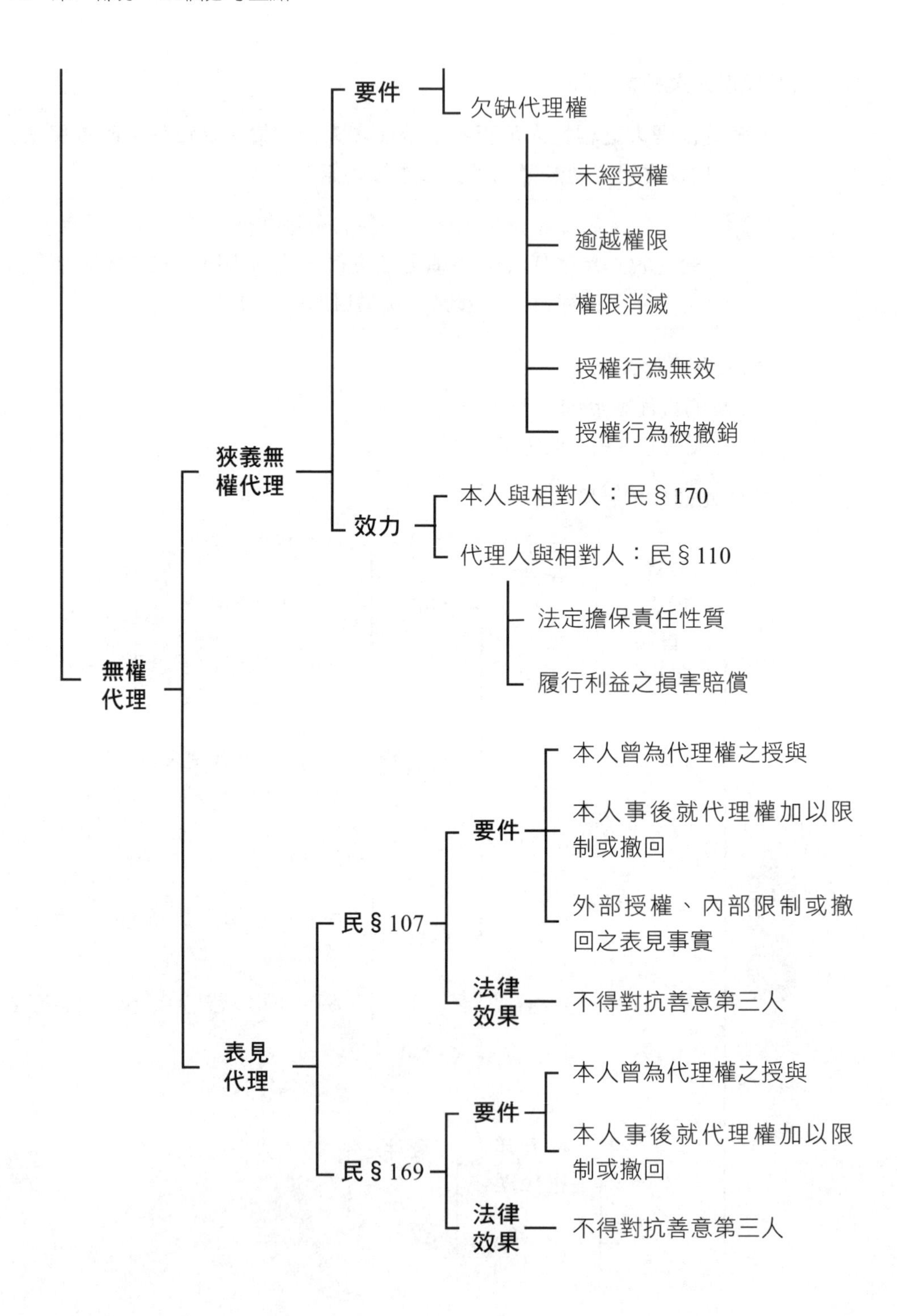
要件
欠缺代理權
未經授權
逾越權限
權限消滅
授權行為無效
授權行為被撤銷
狹義無權代理
本人與相對人：民§170
效力
代理人與相對人：民§110
法定擔保責任性質
履行利益之損害賠償
無權代理
本人曾為代理權之授與
要件
本人事後就代理權加以限制或撤回
外部授權、內部限制或撤回之表見事實
民§107
法律效果
不得對抗善意第三人
表見代理
本人曾為代理權之授與
要件
本人事後就代理權加以限制或撤回
民§169
法律效果
不得對抗善意第三人

● **民法§103：**

民§103
- I ➔ 積極代理／主動代理：代為意思表示
- II ➔ 消極代理／被動代理：代受意思表示

● **間接代理**：基於特定法律關係，以自己名義為本人之計算所為之法律行為（代理之類似制度，非真正之代理）

⇨法律效果首先對間接代理人發生，再依間接代理人與本人之內部關係移轉於本人。

● **代理行為：**

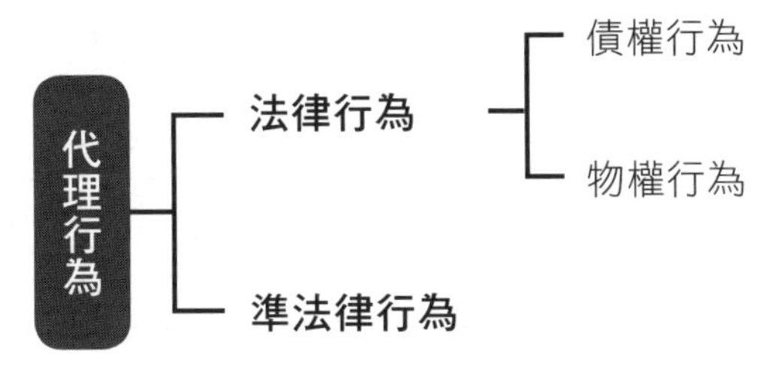

無權代理 vs. 無權處分

	無權處分	無權代理
意義	無處分權人以「自己」名義就他人所有權利標的物加以處分之行為。例如，甲擅自將乙之汽車出賣與丙並交付之。	無代理權人以「本人」名義而與他人為法律行為。例如，甲無代理權而以乙之代理人名義將汽車出賣與丙並交付之。
條文	§118	§169、§170
要件	1. 無處分權或逾越權限。 2. 以自己名義。 3. 為處分行為。	1. 無代理權或逾越權限。 2. 以本人名義。 3. 為法律行為。
債權行為效力	有效（債權行為不以有處分權為限）	效力未定
物權行為效力	效力未定	效力未定

	無權處分	無權代理
善意受讓制度	§801、§948	——
法律關係	1. 權利人→相對人：民§118I承認權或民§767物上請求權。 2. 權利人→處分人：§179不當得利或§184侵權責任。	1. 本人→相對人：民§170I承認權。 2. 相對人→本人：催告權撤回權（民§170、§171），或請求履行（民§169）。 3. 相對人→代理人：民§110損賠責任。 4. 本人→代理人：契約責任、無因管理責任、侵權責任。
催告權撤回權	——	相對人有催告權撤回權（§170、§171）

・最高法院52年台上字第2908號判例

委任他人為法律行為，同時授與他人以代理權者，受任人所為之意思表示直接對於委任人發生效力，委任人固有請求權。即無代理權之委任，受任人以自己之名義為委任人取得之權利，包括損害賠償請求權，已依民法第541條第2項之規定，移轉於委任人者，委任人亦有請求權。

・最高法院22年上字第3212號判例

受任人本於委任人所授與之代理權，以委任人名義與他人為法律行為時，固直接對委任人發生效力，若受任人以自己或第三人之名義與他人為法律行為，則對於委任人不生效力，其委任人與法律行為之他造當事人間，自不發生何等法律關係，此在民法施行以前，亦屬當然之法理。

民法§105
- 本文：適用於法定代理及意定代理
- 但書：就意定代理所設之例外規定

在間接代理，事實之有無應就間接代理人決之，縱其意思表示係出於本人之指示，亦同（撤銷權亦歸屬於間接代理人）。

- **最高法院52年台抗字第6號判例**

  當事人知悉和解有無效或得以撤銷之原因之時期，原不以其和解當時是否到場為據，故如非和解當時所得而知之原因，則縱令當事人本人在場，亦應從其實際得知之時起算。苟為和解當時已得知之原因，則雖本人未到場而委任代理人為和解，其知悉與否，按之民法第105條規定，亦當就代理人決之，當事人不得以其本人未得知而主張從本人知悉之時起算。

- **最高法院65年台上字第840號判例**

  民法第106條關於禁止雙方代理之規定於意定代理及法定代理均有其適用。

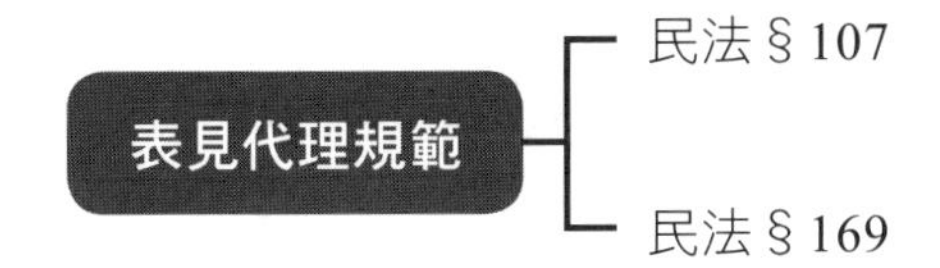

- **最高法院66年台上字第1893號判例**

  法定代理人通常固有受領清償之權限，如為意定代理人，受領權之有無，尚應依授與代理權之範圍定之。

- **最高法院62年台上字第1099號判例**

  民法上所謂代理，係指本人以代理權授與他人，由他人代理本人為法律行為，該代理人之意思表示對本人發生效力而言。故必先有代理權之授與，而後始有民法第107條前段「代理權之限制及撤回，不得以之對抗善意第三人」規定之適用。

- **最高法院50年台上字第1000號判例**

  支票之背書如確係他人逾越權限之行為，按之票據法第10條第2項之規定，就權限外部分，即應由無權代理人自負票據上之責任，此乃特別規定優先於一般規定而適用之當然法理，殊無適用民法第107條之餘地。

法律行為之效力

依據出題頻率區分，屬：**B** 頻率中

法律行為之效力，除了有效外，尚包括無效、得撤銷及效力未定三種。

一、無效

(一) **意義**：法律行為因欠缺有效要件，而自始、當然、確定的不生法律效力。

1. **自始無效**：法律行為成立時即無效力，從未發生過當事人所欲發生之效力。
2. **當然無效**：法律行為之無效不待主張，亦無須經依定程序使其無效。
3. **確定無效**：法律行為之無效不因時間之經過而得以改變。

(二) **種類**

1. **絕對無效、相對無效**：
   (1) **絕對無效**：乃任何人皆得主張無效；對任何人皆得主張法律行為無效。無效原則上均屬於絕對無效。
   (2) **相對無效**：
      A. 指不得以其無效對抗善意第三人之情形，並限於法律有明文規定之情形。
      B. 特定人或對特定人方得主張無效。
2. **自始無效、嗣後無效**：
   (1) **自始無效**：法律行為成立時即無效力，從未發生過當事人所欲發生之效力。
   (2) **嗣後無效**：成立後始發生無效的原因而嗣後歸於無效。
3. **全部無效、一部無效**：
   (1) **全部無效**：單一法律行為全部欠缺生效要件。
   (2) **一部無效**：單一法律行為，部分欠缺生效要件（民法§111）。

民法§111本文	法律行為一部無效者，其他部分亦為無效。
民法§111但書	除去該部分亦成立者，則其他部分亦為有效。

(三) **效力**（民§113）：無效法律行為當事人，於行為時知其無效，負回復原狀及損害賠償責任。

(四) **無效法律行為之轉換**（民§112）

1. **意義**：無效之法律行為，若具備他法律行為之要件，並因其情形，可認為當事人若知其無效，即欲為他法律行為者，其他法律行為，仍為有效。
2. **立法理由**：某種法律行為，如以其為A行為雖為無效，但若具備B行為要件，仍可發生效力。
3. **轉換要件**：
   (1)原來法律行為無效。
   (2)具備他法律行為之要件。
   (3)當事人有轉換其他法律行為之意思。
4. **轉換方式**：
   (1)**法律上轉換（因法律規定者）**：例如密封遺囑未具備法定方式但具備自書遺囑之要件時，有自書遺囑之效力（民§113）。
   (2)**解釋上轉換**：探求當事人真意。
5. **轉換範圍**：須該無效法律行為與欲轉換之法律行為間彼此性質能夠相容始可，例如單獨行為不得轉換為契約行為。

二、得撤銷

(一) **意義**：法律行為經撤銷權人行使撤銷權後，使法律行為之效力溯及地歸於消滅。但未行使撤銷權以前，法律行為有效。

(二) **撤銷權人**：意思表示有瑕疵之利害關係人，如民法§88錯誤、民法§92被詐欺而為意思表示者。

(三) **撤銷權之行使**：以意思表示為之。

(四) **效力**

1. **溯及既往效力**：
   (1)民法§114I「法律行為經撤銷者，視為自始無效。」原則上溯及既往發生效力。
   (2)例外：不溯及既往，例如婚姻之撤銷（民§998）。

2. **絕對效力：**

(1)撤銷之效果原則上得對抗第三人（對世效力）。

(2)例外：例如，撤銷被詐欺而為之意思表示，不得對抗善意第三人（民§92II）。

3. **當事人責任**：民法§114II「撤銷法律行為之當事人，於行為當時知其得撤銷或可得而知，其法律行為撤銷時，應負回復原狀或損害賠償之責任。」

(五) **撤銷權之消滅**

1. **除斥期間經過**：民法§90「自意思表示後經過一年消滅」、§93「自發現受詐欺或脅迫終止後一年內為之，自意思表示起，經過十年不得撤銷之。」撤銷權因期間之經過而消滅。

2. **因撤銷權人承認**：承認為單方意思表示，應向相對人為之。撤銷權人承認，實即拋棄撤銷權，民§115規定「經承認之法律行為，如無特別訂定，溯及為法律行為時，發生效力。」

三、效力未定

(一) **意義**：法律行為發生效力與否，尚未確定。

(二) **種類**

1. **須得第三人同意之行為**：以得第三人同意為生效要件之法律行為，第三人同意後，溯及於為法律行為時生效，第三人拒絕後，自始成為無效之法律行為。

2. **無權處分**（民§118）：

(1)意義：無權利人而以自己名義就他人權利標的物所為之處分（民§118I）。

(2)效力：

A. 原則：效力未定。

B. 效力之確定方法：

(A) 經有權利人承認者：處分行為溯及至處分時生效。

(B) 處分後無權利人取得標的物權利者：處分自始有效。

(C) 受讓人善意取得時，取得物之所有權（民§801、§948）。

重點 18 期日與期間

依據出題頻率區分，屬：C 頻率低

一、意義

(一) **期日**：乃一特定時間點，如某年、某月、某日。

(二) **期間**：乃期日與期日之間，一段時間之經過，如100年1月至5月。

二、期間計算方法

(一) **曆法計算方法**：依照曆法計算期間之方法。

(二) **自然計算方法**：依照實際時間計算之方法。

(三) **我國**

1. **連續計算**：稱月或年者，依曆計算，採曆法計算方法（民§123I）。
2. **非連續計算**：每月為30日，每年為365日，採自然計算方法（民§123II）。

三、期間計算起點與終點

(一) **起點**：

1. 以時定時間者，即時起算（民§120I）。
2. 以日、星期、月或年定時間者，始日不算入（民§120II）。

(二) **終點**：民法§121。

(三) **末日之延長**：民法§122。

四、年齡計算方法（民法§124）

(一) 自出生之日起算。

(二) 出生月日無從確定，推定為七月一日出生。

(三) 知其出生之月不知其出生之日時，推定為該月十五日出生。

消滅時效制度

依據出題頻率區分，屬：B 頻率中

消滅時效
- 一般期間（長期消滅時效）➔ 民§125
- 特別期間（短期消滅時效）➔ 民§126、§127

時效制度
- 消滅時效（民§125～§147）➔ 請求權因一定期間不行使而罹於消滅之制度。
- 取得時效（民§768～§772）➔ 占有他人之物或行使一定之財產權，繼續達一定期間而取得所有權或其他財產權之制度。

一、意義

(一) **時效**：係指一定事實狀態，經過一定時間而發生一定法律效果。分為取得時效及消滅時效。

(二) **消滅時效**：因一定期間不行使權利，致其請求權消滅之法律事實。

(三) **取得時效**：占有他人之物繼續達一定期間後，發生取得財產之效果。

消滅時效 vs. 取得時效

	消滅時效	取得時效
發生	請求權不行使開始進行。	長期占有他人之物。
效果	債務人取得拒絕給付抗辯權之原因。	取得物之所有權或其他財產權之原因。
客體	請求權。	1.動產。 2.他人未登記之不動產。
時效期間	1.十五年。 2.五年。 3.二年。	1.動產五年及十年。 2.不動產為十年及二十年。

二、消滅時效立法目的

(一) 確保社會既存秩序，儘早確定法律關係。

(二) 避免舉證困難，耗費司法資源。

(三) 給予不行使權利之人一定之懲罰，促使其儘早主張權利。

(四) 確保交易安全，維護社會公益。

消滅時效 vs. 除斥期間

	消滅時效	除斥期間(預訂期)
意義	均因時間之經過而發生一定之法律效果	
期間	一般期間為15年，另有5年和2年之短期消滅時效，視請求權之性質而定。	通常較消滅時效短，最長之除斥期間不超過10年（民§93）。
權利之拋棄	消滅時效完成後，當事人得拋棄時效利益，使時效完成之效力歸於無效。	除斥期間經過後，形成權當然消滅，無拋棄時效利益可言。
權利消滅與否	請求權罹於時效仍得行使，僅債務人取得抗辯權。	除斥期間經過，權利消滅。
客體	請求權。	形成權。

三、消滅時效之期間

(一) **一般消滅時效期間**：十五年（民§125）。

(二) **特別消滅時效期間**：

1. 五年（民§126）。
2. 二年（民§127）。
3. 其他短期消滅時效：如民§197。

(三) **起算點**：

1. **以作為為目的之請求權**：自請求權可行使時起算。
2. **以不作為為目的之請求權**：自義務人有違反行為時起算。

(四) **消滅時效之客體：**

1. **債權請求權**：適用民法§125～§127及其他相關特別規定，為消滅時效之客體。
2. **物權請求權**：大法官會議解釋及通說。
   (1)動產：適用民法§125。
   (2)不動產：
   A. 未登記：適用民法§125。
   B. 已登記：不適用消滅時效制度。
   理由：
   (A)貫徹登記制度之效用：若已登記之不動產會罹於時效，將使登記制度失其效用。
   (B)避免名實不符之弊端：若原所有人因消滅時效而不得請求無權占有人返還土地，造成無法使用土地卻要負擔稅捐之不合理現象。

・司法院大法官會議釋字第771號解釋

繼承回復請求權與個別物上請求權係屬真正繼承人分別獨立而併存之權利。繼承回復請求權於時效完成後，真正繼承人不因此喪失其已合法取得之繼承權；其繼承財產如受侵害，真正繼承人仍得依民法相關規定排除侵害並請求返還。然為兼顧法安定性，真正繼承人依民法第767條規定行使物上請求權時，仍應有民法第125條等有關時效規定之適用。於此範圍內，本院釋字第107號及第164號解釋，應予補充。（按：民法第1146條規定繼承回復請求權，於知悉繼承權被侵害之時起，二年間不行使而消滅；自繼承開始時起逾十年者亦同。）

・司法院大法官會議釋字第107號解釋

民法第769條、第770條，僅對於占有他人未登記之不動產者許其得請求登記為所有人，而關於已登記之不動產，則無相同之規定，足見已登記之不動產，不適用關於取得時效之規定，為適應此項規定，其回復請求權，應無民法第125條消滅時效之適用。

・司法院大法官會議釋字第164號解釋

按民法第767條規定，所有人對於無權占有或侵奪其所有物者之返還請求權，對於妨害其所有權者之除去請求權及對於有妨害其所有權之虞者之防止請求權，均以維護所有權之圓滿行使為目的，其性質相同，故各該請求權是否適用消滅時效之規定，彼此之間，當不容有何軒輊。如為不同之解釋，在理論上不免自相矛盾，在實際上亦難完全發揮所有權之功能。「已登記不動產所有人之回復請求權，無民法第125條消滅時效規定之適用」，業經本院釋字第107號解釋在案。已登記不動產所有人之除去妨害請求權，有如對於登記具有無效原因之登記名義人所發生之塗銷登記請求權，若適用民法消滅時效之規定，則因十五年不行使，致罹於時效而消滅，難免發生權利上名實不符之現象，真正所有人將無法確實支配其所有物，自難貫徹首開規定之意旨。故已登記不動產所有人之除去妨害請求權，雖不在上開解釋範圍之內，但依其性質，亦無民法第125條消滅時效規定之適用。

・最高法院85年台上字第389號判例

按消滅時效完成，僅債務人取得拒絕履行之抗辯權，得執以拒絕給付而已，其原有之法律關係並不因而消滅。在土地買賣之情形，倘出賣人已交付土地與買受人，雖買受人之所有權移轉登記請求權之消滅時效已完成，惟其占有土地既係出賣人本於買賣之法律關係所交付，即具有正當權源，原出賣人自不得認係無權占有而請求返還。

・最高法院56年台上字第305號判例

無權代理人責任之法律上根據如何，見解不一，而依通說，無權代理人之責任，係直接基於民法之規定而發生之特別責任，並不以無權代理人有故意或過失為其要件，係屬於所謂原因責任、結果責任或無過失責任之一種，而非基於侵權行為之損害賠償。故無權代理人縱使證明其無故意或過失，亦無從免責，是項請求權之消滅時效，在民法既無特別規定，則以民法第125條第1項所定十五年期間內應得行使，要無民法第197條第1項短期時效之適用，上訴人既未能證明被上訴人知悉其無代理權，則雖被上訴人因過失而不知上訴人無代理權，上訴人仍應負其責任。

・最高法院41年台上字第871號判例

因侵權行為受利益致被害人受損害時，依法被害人固有損害賠償請求權，與不當得利返還請求權，其損害賠償請求權雖因時效而消滅，而其不當得利返還請求權，在同法第125條之消滅時效完成前，仍得行使之。

・最高法院40年台上字第779號判例

共有人就其應有分登記為他共有人所有後，而仍保留應有分返還請求權者，自為民法第125條所謂請求權之一種，應依該條規定因十五年間不行使而消滅。至本院二十九年上字第一五二九號判例，所謂共有人請求分割共有物之權利為形成權，無消滅時效規定之適用，當以其應有分之所有權存在為其必要條件，若共有人就其應有分已登記為他共有人所有，而其保留之應有分返還請求權又因時效完成而消滅，則該共有人就原有共有物已無共有之關係，自無分割之可言，此與上述判例之情形自屬不同。

・最高法院22年上字第716號判例

民法所定之消滅時效，僅以請求權為其客體，故就形成權所定之存續期間，並無時效之性質。契約解除權為形成權之一種，民法第365條第1項所定六個月之解除權存續期間，自屬無時效性質之法定期間。

・最高法院50年台上字第1960號判例

一年或不及一年之定期給付債權，其各期給付請求權因五年間不行使而消滅，為民法第126條所明定，凡屬上項定期給付債權，即有該條之適用，無庸當事人就此有所約定，且不得預先拋棄時效之利益。

・最高法院49年台上字第1730號判例

租金之請求權因五年間不行使而消滅，既為民法第126條所明定，至於終止租約後之賠償與其他無租賃契約關係之賠償，名稱雖與租金異，然實質上仍為使用土地之代價，債權人應同樣按時收取，不因其契約終止或未成立而謂其時效之計算應有不同。

‧最高法院29年上字第605號判例

(一) 民法第126條所謂一年或不及一年之定期給付債權，係指基於一定法律關係，因每次一年以下期間之經過順次發生之債權而言，其清償期在一年以內之債權，係一時發生且因一次之給付即消滅者，不包含在內。

(二) 請求權定有清償期者，自期限屆滿時起即可行使，依民法第128條之規定，其消滅時效應自期限屆滿時起算。

‧最高法院62年台上字第1381號判例

民法第127條第8款規定之商品代價請求權，係指商人自己供給商品之代價之請求權而言。上訴人因清償被上訴人墊付之貨款所簽付之支票，既未能兌現，被上訴人遂仍請求上訴人償還伊所墊付之貨款，即與商人請求其自己供給商品之代價不同，被上訴人之請求權自應適用民法第125條所規定之長期時效。

‧最高法院51年台上字第1940號判例

民法第127條第2款載：運送費及運送人所墊之款之請求權，因二年間不行使而消滅，法律所以對此特定短期時效，旨在從速解決，而所謂延滯費，並非因債務不履行而生之損害賠償，而為對於運送人就運送契約上約定以外所為給付之報酬，名稱雖與運送費異，實質上仍為運送之對價，不因其為對於運送契約上約定以外所為給付之對價，而謂其時效之計算應有不同，自應解為包括於民法第127條第2款所定短期時效之內，而不應適用一般之長期時效。

‧最高法院51年台上字第號294判例

民法第127條第8款所定之商人、製造人、手工業人所供給之商品及產物之代價，係指商人就其所供給之商品及製造人、手工業人就其所供給之產物之代價而言。本件上訴人係將其發行之報紙，委託被上訴人代為分銷，分銷所得之價款按期繳納，此項基於委任關係所生之債，與商人、製造人、手工業人所供給之商品及產物之代價有別，不能謂有民法第127條第8款之適用。

・最高法院49年台上字第2620號判例

(一) 民法第127條第2款運送費及運送人所墊之款之請求權，因二年間不行使而消滅，法律所以對於此項時效特別短促，係以從速解決為宜。至於所謂延滯費，並非因債務不履行而生之損害賠償，而為對於運送人就運送契約上約定以外所為給付之報酬，依一般之慣例，係以運送費為標準定之名稱，雖與運送費異，然實質上仍為運送之對價，不因其為對於運送契約上約定以外所為給付之對價，而謂其時效之計算應有不同，自應解為包括於民法第127條第2款所定短期時效之內，而不應適用一般之長期時效規定。

(二) 債務人對於時效完成後所為之承認，除債務人知時效之事實而為承認者，其承認可認為拋棄時效利益之默示意思表示外，本無中斷時效之可言。

・最高法院41年台上字第559號判例

民法第127條第8款之請求權，僅指商人、製造人、手工業人所供給之商品及產物之代價請求權而言，不包含交付出賣標的物之請求權在內，關於交付出賣標的物請求權之消滅時效，仍應適用第125條之規定。被上訴人於民國三十七年向上訴人之故父訂購土磚二萬七千個，除已交外，尚欠二萬零九百七十個，因之請求交付，自非法所不許，茲上訴人執民法第128條第8款為抗辯，謂被上訴人之請求權已因二年間不行使而消滅，非有理由。

・最高法院39年台上字第1155號判例

民法第127條第8款所定，商人、製造人、手工業人所供給之商品及產物之代價，係指商人就其所供給之商品及製造人、手工業人就其所供給之產物之代價而言，蓋此項代價債權多發生於日常頻繁之交易，故賦與較短之時效期間以促從速確定，若以商品或產物為標的之債，其債權人既不必為商人、製造人或手工業人，即因此所生之請求權與一般之請求權無異，自應適用一般之長期時效規定，而不包括於本款所定短期時效之內。

・最高法院31年上字第1205號判例

民法第127條第8款之請求權，僅指商人、製造人、手工業人所供給之商品及產物之代價請求權而言，不包含交付出賣標的物之請求權在內，關於交付出賣標的物請求權之消滅時效，仍應適用同法第125條之規定。

・最高法院26年渝上字第1219號判例

債權之讓與不過變更債權之主體，該債權之性質仍不因此有所變更，故因債權之性質所定之短期消滅時效，在債權之受讓人亦當受其適用。本件被上訴人向某甲受讓之債權，既為商人供給商品之代價請求權，則民法第127條第8款之規定，當然在適用之列。

・最高法院63年台上字第1885號判例

民法第128條規定，消滅時效自請求權可行使時起算，所謂請求權可行使時，乃指權利人得行使請求權之狀態而言。至於義務人實際上能否為給付，則非所問。

・最高法院55年台上字第1188號判例

民法第260條規定解除權之行使，不妨礙損害賠償之請求。據此規定，債權人解除契約時，得併行請求損害賠償，惟其請求損害賠償，並非另因契約解除所生之新賠償請求權，乃使因債務不履行（給付不能或給付遲延）所生之舊賠償請求權，不因解除失其存在，仍得請求而已，故其賠償範圍，應依一般損害賠償之法則，即民法第216條定之，其損害賠償請求權，自債務不履行時起即可行使，其消滅時效，亦自該請求權可行使時起算。

・最高法院37年上字第7367號判例

民法第125條所稱之請求權，固包含所有物返還請求權在內，惟依同法第128條消滅時效，自請求權可行使時起算之規定，所有物返還請求權之消滅時效，應自該所有物經相對人實行占有之時起算。原審以該物係經公同共有人私自將其出賣，即以買賣契約成立之日，為計算消滅時效之起點，尚難謂洽。

- **最高法院33年上字第3541號判例**

出租人對於承租人返還租賃物之請求權，其消滅時效應自租賃關係消滅時起算。

- **最高法院29年上字第1489號判例**

請求權定有清償期者，自期限屆滿時起即可行使，依民法第128條之規定，其消滅時效應自期限屆滿時起算。

- **最高法院28年上字第1760號判例**

債權未定清償期者，債權人得隨時請求清償，為民法第315條所明定，是此項請求權自債權成立時即可行使，依民法第128條之規定，其消滅時效應自債權成立時起算。

3. **身分權的請求權：**

(1) **純粹身分關係的請求權：**純粹身分關係的請求權與公序良俗及道德觀念密切不可，不因時效經過而消滅。

(2) **身分上之財產請求權：**以財產利益為目的的請求權，與一般請求權並無不同，自得為消滅時效之客體。例如：民§1057離婚贍養費請求權。

- **最高法院48年台上字第1050號判例**

請求權因十五年間不行使而消滅，固為民法第125條所明定，然其請求權若著重於身分關係者，即無該條之適用（例如因夫妻關係而生之同居請求權）。履行婚約請求權，純係身分關係之請求權，自無時效消滅之可言。

基於純粹身分關係而生之請求權不得作為消滅時效之客體。

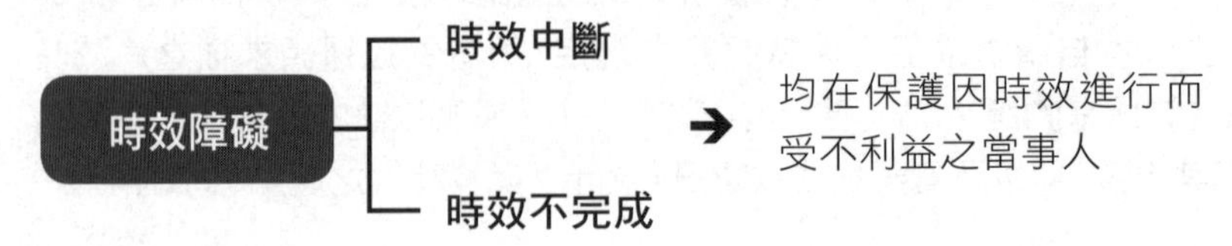

四、消滅時效之中斷

(一) **意義**：時效進行中，因有行使權利之事實，而使已進行之期間，全歸無效，而須自中斷事由終止時起，重行起算。

(二) **事由**（民§129～§136）

1. **請求**：權利人直接向義務人要求實現權利內容之意思通知。自義務人受請求之表示起發生中斷效力，但若請求後六個月內不起訴，視為不中斷。
2. **承認**：義務人向權利人承認權利之存在，包括明示及默示。承認自義務人之通知達到權利人時發生中斷效力。
3. **起訴**：訴訟上行使權利之行為。請求權人向法院提出訴狀，發生中斷效力，無須訴狀送達於相對人。
4. **與起訴有同一效力之事項**：
   (1)依督促程序，聲請發支付命令。
   (2)聲請調解或提付仲裁。
   (3)申報和解債權或破產債權。
   (4)告知訴訟：當事人於訴訟繫屬中，將訴訟告知因自己敗訴而有法律上利害關係之第三人。
   (5)開始執行行為或聲請強制執行。

(三) **效力**

1. **對於時之效力**：自中斷事由終止，重行起算（民§137）。
   (1)以前經過之時效期間不再計算。
   (2)重行起算仍依原規定之時效期間。
   (3)短期時效期間不滿五年者延長為五年（民§137III）。
2. **對於人之效力**：以當事人、繼承人、受讓人間為限，始有效（民§138）。

民§137I
- 時效中斷事由發生前已經過之期間歸於無效
- 時效中斷事由存續中，時效不進行
- 自中斷事由終止時起，時效重新開始進行（因請求或承認而中斷者，於意思表示到達時即為終止）

· **最高法院71年台上字第3433號判例**

消滅時效因承認而中斷，為民法第129條第1項第2款所明定，至同法第130條，係就因請求而中斷者為規定，原審於因承認而中斷之情形，亦予適用，自有適用法規不當之違法。

· **最高法院71年台上字第1788號判例**

民法第129條將請求與起訴併列為消滅時效之事由，可見涵義有所不同，前者係於訴訟外行使其權利之意思表示，後者則為提起民事訴訟以行使權利之行為，本件被上訴人前提起刑事附帶民事訴訟，既因不合法而被駁回確定，依民法第131條之規定，其時效應視為不因起訴而中斷，依本院62年台上字第2279號判例意旨，雖可解為於上開起訴狀送達於上訴人時，視為被上訴人對之為履行之請求。仍應有民法第130條之適用，倘被上訴人於請求後六個月內不起訴，時效視為不中斷。

· **最高法院68年台上字第1813號判例**

依民法第747條規定，向主債務人請求履行及為其他中斷時效之行為，對於保證人亦生效力者，僅以債權人向主債務人所為請求、起訴或與起訴有同一效力之事項為限，若同法第129條第1項第2款規定之承認，性質上乃主債務人向債權人所為之行為，既非民法第747條所指債權人向主債務人所為中斷時效之行為，對於保證人自不生效力。

· **最高法院67年台上字第434號判例**

按時效因請求而中斷，若於請求後六個月內不起訴，視為不中斷，為民法第130條所明定。此之所謂起訴，對於已取得執行名義之債務，係指依同法第129條第2項第5款規定與起訴有同一效力之開始強制執行或聲請強制執行而言。換言之，即對於已取得執行名義之債務，若於請求後六個月內不開始強制執行，或不聲請強制執行，其時效視為不中斷。

‧最高法院62年台上字第2279號判例

時效因撤回起訴而視為不中斷者，仍應視為請求權人於提出訴狀於法院並經送達之時，已對義務人為履行之請求，如請求權人於法定六個月期間內另行起訴者，仍應視為時效於訴狀送達時中斷，然究應以訴狀送達時，時效尚未完成者為限，否則時效既於訴狀送達前已完成，即無復因請求而中斷之可言。

‧最高法院61年台上字第615號判例

民法第129條第1項第2款所稱之承認，乃債務人向請求權人表示認識其請求權存在之觀念通知（26年鄂上字第32號判例參照），並非權利之行使，公同共有人之一人，出賣其共有物，於立買賣契約之初，果已得全體共有人之同意或授權，則其嗣後本於出賣人之地位所為之承認，自應使其發生時效中斷之效力。

‧最高法院51年台上字第3624號判例

民法第129條第1項第3款所謂起訴，係指正當權利人對正當義務人為之者而言，故時效因起訴而中斷者，若因當事人不適格關係而受駁回之判決時，於其判決確定後，亦應視為不中斷。

‧最高法院51年台上字第3500號判例

民法第129條第1項第1款所稱之請求，並無需何種之方式，祇債權人對債務人發表請求履行債務之意思即為已足。又訴之撤回，祇係原告於起訴後，表示不求法院判決之意思，故訴經撤回者，仍不妨認請求權人於提出訴狀於法院，並經送達之時，對義務人已為履行之請求，使其得於法定期內另行起訴，而保持中斷時效之效力。

‧最高法院51年台上字第1216號判例

消滅時效因請求、承認、起訴而中斷。所謂承認，指義務人向請求權人表示是認其請求權存在之觀念通知而言，又承認不以明示為限，默示的承認，如請求緩期清償、支付利息等，亦有承認之效力。

‧最高法院51年台上字第490號判例

民法第129條第1項第1款所稱之請求，並無需何種之方式，祗債權人對債務人發表請求履行債務之意思即為已足，債權人為實現債權，對債務人聲請調解之聲請狀，如已送達於債務人，要難謂非發表請求之意思。

‧最高法院50年台上字第2868號判例

民法第129條第1項第2款所謂之承認，為認識他方請求權存在之觀念表示，僅因債務人一方行為而成立，此與民法第144條第2項後段所謂之承認，須以契約為之者，性質迥不相同。又債務人於時效完成後所為之承認，固無中斷時效之可言，然既明知時效完成之事實而仍為承認行為，自屬拋棄時效利益之默示意思表示，且時效完成之利益，一經拋棄，即恢復時效完成前狀態，債務人顯不得再以時效業經完成拒絕給付。

‧最高法院48年台上字第936號判例

民法第129條第1項第1款所謂請求，係指於該條其他各款情形以外，債權人對於債務人請求履行債務之催告而言，其因和解而傳喚，該條第2項第2款已有特別規定，自不得以請求視之。又民法第129條第2項第2款所謂因和解而傳喚，原指依前民事訴訟律及民事訴訟條例所定，當事人於起訴前聲請傳喚他造當事人試行和解，法院依其聲請而為傳喚者而言，其制度與現行民事訴訟法之調解相當，但不以依民事訴訟法規定之調解為限，故凡其他法令有聲請調解之規定者，亦應解為有該條之適用。

‧最高法院38年台上字第2370號判例

以支付金錢為標的之債務，債務人因無金錢清償，將所有之田交債權人收取租金抵償利息，自係對於債權人承認請求權存在之表示，依民法第129條第1項第2款之規定，該請求權之消滅時效即因而中斷。

・最高法院26年鄂上字第32號判例

(一) 為民法第129條第1項第1款所稱之請求，雖無需何種之方式，要必債權人對於債務人發表請求履行債務之意思，方能認為請求。

(二) 民法第129條第1項第2款所稱之承認，為認識他方請求權存在之觀念表示，僅因債務人之一方行為而成立，無須得他方之同意，此與民法第144條第2項後段所稱之承認，須以契約為之者，其性質迥不相同。

(三) 債務人就其債務支付利息，實為包含認識他方原本請求權存在之表示行為，自應解為對於原本請求權已有默示之承認。

・最高法院71年台上字第3435號判例

由民法第130條之規定而觀，時效因請求而中斷者，請求人苟欲保持中斷之效力，非於請求後六個月內起訴不可。如僅繼續不斷的為請求，而未於請求後六個月內起訴，其中斷之效力，即無由保持。

・最高法院46年台上字第1173號判例

民法第131條所謂時效因起訴中斷者，係僅指有請求權之人，以訴行使其請求權，其消滅時效因而中斷者而言。系爭土地雖經兩造因互易登記別一訴訟事件，上訴人受敗訴之判決確定在案，然起訴為原告者乃屬上訴人，而被上訴人僅係居於被告之地位，且未提起任何反訴，以行使該土地之返還請求權，即其返還請求權之消滅時效，自不因此而生中斷之效果。

・最高法院56年台上字第1112號判例

時效中斷，限於當事人、繼承人、受讓人之間始有效力（民法第138條），故時效之中斷僅有相對的效力。所謂當事人者，係關於致時效中斷行為之人，故連帶債務人中之一人對債權人承認債務，對該債務人債權之消滅時效雖因而中斷，但對其他債務人，債權之消滅時效並不中斷。

五、消滅時效之不完成

(一) **意義**：時效期間將近完成之際，權利人有不能或難於行使權利之事由存在而使時效暫時不完成。

(二) **事由**

1. **無法行使事由**：
   (1)天災事變（民§139）。
   (2)因繼承人或管理人不確定或破產之宣告時起（民§140）。
   (3)限制行為人或無行為能力人於時效終止前六個月內欠缺法定代理人（民§141）。
2. **不方便行使事由**：
   (1)無行為能力或限制行為能力人，對於法定代理人之權利，因法定代理關係存在（民§142）。
   (2)夫對妻或妻對夫之權利，因夫妻關係存在（民§143）。

(三) **效力**

1.**對於時之效力**：於消滅時效不完成事由消滅後一定期間內，時效不完成。
2.**對於人之效力**：時效不完成之障礙事由並非權利人個人關係，而係客觀事實，因此時效不完成效力對任何人均有效，具「絕對性」。

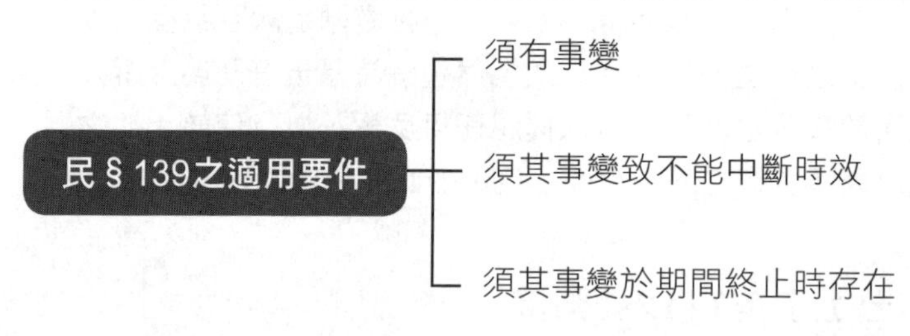

適用前提
- §140：因權利人或義務人不確定之不完成
- §141：僅適用於應由法定代理人或須經法定代理人同意之行為；易言之，僅適用於無行為能力人或限制行為能力人對他人之權利。

「時效中斷」與「時效不完成」之區別

	時效中斷	時效不完成
事由	當事人之行為	當事人以外之行為
法律效果	對人之相對效力	對世之絕對效力
經過之期間是否有效	已經過之期間歸於無效	停止前已進行之期間仍有效
時效計算問題	時效自中斷事由終止時重行起算	停止事由終止後須合併計算

・最高法院80年台上字第2497號判例

所謂時效不完成，乃時效期間行將完成之際，有不能或難於中斷時效之事由，而使時效於該事由終止後一定期間內，暫緩完成，俾請求權人得於此一定期間內行使權利，以中斷時效之制度。故有時效不完成之事由時，於該時效不完成之一定期間內，如無時效中斷事由發生，其時效即告完成。我國民法僅有時效不完成制度，未採時效進行停止制度，故時效進行中，不論任何事由，均不因而停止。原審謂時效不完成，即指時效停止進行，有時效不完成之事由時，其消滅時效期間，以不完成事由發生前已進行之期間與不完成事由終止後又進行期間，合併計算之。所持見解，顯有違誤。

六、消滅時效完成之效力

(一) **對債務人之效力**（民§144）

1. 債務人得為抗辯，拒絕給付。
2. 若為給付，則不得請求返還。因時效完成之效果並非使本權消滅，其所受領之給付並非無法律上之原因，不構成不當得利。

(二) **對債權人之效力**（民§145）

1. 債權人得行使物上擔保權利（民§145I），但抵押權於債權時效消滅後，五年間不行使而消滅（民§880）。

2. 上述規定，於利息及定期給付之各期給付請求權，經時效消滅者，不適用之（民§145II）。

(三) **客體效力**（民§146）：主權利時效消滅，效力及於從權利。

(四) **時效利益完成前不得預先拋棄**（民§147）。

§144採**「抗辯權發生主義」**：

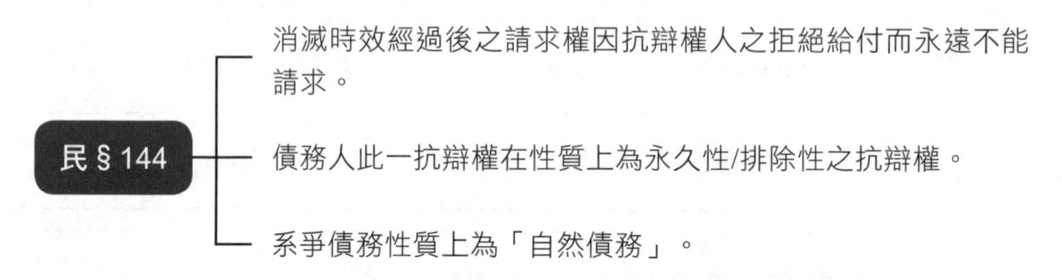

- **最高法院50年台上字第2868號判例**

民法第129條第1項第2款所謂之承認，為認識他方請求權存在之觀念表示，僅因債務人一方行為而成立，此與民法第144條第2項後段所謂之承認，須以契約為之者，性質迥不相同。又債務人於時效完成後所為之承認，固無中斷時效之可言，然既明知時效完成之事實而仍為承認行為，自屬拋棄時效利益之默示意思表示，且時效完成之利益，一經拋棄，即恢復時效完成前狀態，債務人顯不得再以時效業經完成拒絕給付。

- **最高法院29年上字第1195號判例**

民法第144條第1項規定時效完成後，債務人得拒絕給付，是消滅時效完成之效力，不過發生拒絕給付之抗辯權，並非使請求權當然消滅，債務人若不行使其抗辨權，法院自不得以消滅時效業已完成，即認請求權已歸消滅。

- **最高法院29年上字第867號判例**

民法第144條第1項之規定，於民法第1146條第2項所定，繼承回復請求權之消滅時效，亦有適用，故此項消滅時效完成後，非經回復，義務人以此為抗辯，法院不得據以裁判。

・最高法院53年台上字第1391號判例

請求權時效期間為十五年，但法律所定期間較短者，依其規定（民法第125條），故時效期間僅有較十五年為短者，而無超過十五年者，至於民法第145條第1項，係就請求權罹於時效消滅後，債權人仍得就其抵押物、質物或留置物取償而為規定，同法第880條，係抵押權因除斥期間而消滅之規定，均非謂有抵押權擔保之請求權，其時效期間較十五年為長。

● **依§民法145I，債權仍存在，擔保物權亦仍存在。**

・最高法院53年台上字第2717號判例

時效利益之拋棄係處分行為之一種，公同共有人中一人未得全體共有人同意，向他人為拋棄時效利益之意思表示者，依法即非有效。

・最高法院52年台上字第823號判例

時效完成後，如拋棄時效之利益，應由因時效受利益之人，對於時效完成受不利益之當事人，以意思表示為之，再因時效受利益之人如屬多數，除有明文規定外，一人拋棄，其影響不及於他人。

・最高法院26年鄂上字第357號判例

保險契約訂定，要保人未於拒絕賠償請求後三個月內起訴，其請求權即消滅者，依民法第147條及第71條之規定，自屬無效。

・最高法院26年渝上字第353號判例

債務人於時效完成後所為之承認，固無中斷時效之可言，惟民法第147條僅就時效利益之預先拋棄加以禁止，則於時效完成後拋棄時效之利益，顯非法之所禁。債務人知時效完成之事實而為承認者，其承認自可認為拋棄時效利益之默示意思表示，時效完成之利益一經拋棄，即回復時效完成前之狀態，債務人不得再以時效業經完成拒絕給付。

債務人雖不得再以時效業經完成拒絕給付，但得援用拋棄時效利益後重行起算之新時效利益。

- **最高法院83年度第1次民事庭會議**

提案：某人壽保險公司為招攬業務，於其推出之各種人壽保險單中，特約約定要保人或受益人請求保險金之權利，自得為請求時起經過三年不行使而消滅，問此項特約是否有效？

決議：關於時效期間，依民法第147條規定觀之，固屬強制規定，不得以法律行為加長之，惟依保險法第54條第1項規定：「本法之強制規定，不得以契約變更之，但有利於被保險人者，不在此限。」之意旨，本件人壽保險公司以特約延長保險金之請求權時效為三年，係有利於被保險人，且不違背公序良俗，應認有效。

重點20 權利之行使

依據出題頻率區分，屬：C 頻率低

一、權利行使之基本原則

(一) **不得違反公共利益**（民法§148I前段）：所謂公共利益係不特定多數人利益之通稱，並無統一認定標準，須就個案認定，性質上為不確定法律概念之內涵。

(二) **禁止權利濫用**（民法§148I後段）

1. **主觀要件**：以損害他人權益為主要目的。
2. **客觀要件**：濫用權利。

(三) **誠信原則**（民法§148II）：行使權利履行義務，應依誠實信用方法。

(四) **適用上之區別：**「權利濫用」所規範之對象為對世權，故以物權上權利之行使為限制對象，而「誠信原則」之法理主要在規範相對人間權利行使之準則，多以債權行為為其規範對象。

● §148II「誠實信用原則」之適用類型：

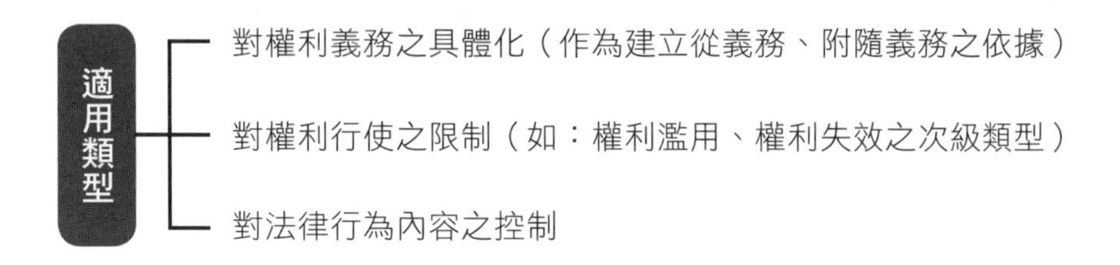

・最高法院71年台上字第737號判例

查權利之行使，是否以損害他人為主要目的，應就權利人因權利行使所能取得之利益，與他人及國家社會因其權利行使所受之損失，比較衡量以定之。倘其權利之行使，自己所得利益極少而他人及國家社會所受之損失甚大者，非不得視為以損害他人為主要目的，此乃權利社會化之基本內涵所必然之解釋。

・最高法院58年台上字第2929號判例

媒介居間人固以契約因其媒介而成立時為限，始得請求報酬，但委託人為避免報酬之支付，故意拒絕訂立該媒介就緒之契約，而再由自己與相對人訂立同一內容之契約者，依誠實信用原則，仍應支付報酬。又委託人雖得隨時終止居間契約，然契約之終止，究不應以使居間人喪失報酬請求權為目的而為之，否則仍應支付報酬。

・最高法院45年台上字第105號判例

民法第148條係規定行使權利，不得以損害他人為主要目的，若當事人行使權利，雖足使他人喪失利益，而苟非以損害他人為主要目的，即不在該條所定範圍之內。出租人出售租賃物，因承租人出價過低，乃轉售他人，圖多得售價三四千元，其行為僅圖利己，要非以損害他人為主要目的，依上說明，顯無該條適用之餘地。

・最高法院43年台上字第1143號判例

出租人基於土地法第100條第3款承租人欠租之事由，並依民法第440條第1項規定，對於支付租金遲延之承租人，定相當期限催告其支付，承租人於其期限內不為支付者，固得終止契約，惟承租人曾於出租人所定之期限內，依債務本旨提出支付之租金，而因出租人或其他有代為受領權限之人拒絕受領，致未能如期完成時，尚難謂與上開條項所定情形相當。依（舊）民法第219條關於行使債權，應依誠實及信用方法之規定，出租人自不得執是為終止契約之理由。

二、權利之自力救濟

(一) **原則**：民法上權利救濟以公力為原則，私力救濟為例外。在公力救濟不及時，始例外承認私力救濟。

(二) **類型**

1. **正當防衛**：

(1) **意義**：對於現時不法之侵害，為防衛自己或他人之權利所為之行為，且未逾越必要程度者。

(2) **性質**：權利行為得阻卻不法。

(3) **要件**：

A. 須有「現時」、「不法」之侵害情狀存在。

(A) 現時：侵害行為正在進行尚未終了。

(B) 不法：違反法律之侵害。

B. 須為防衛自己或他人之權利（正當防衛之意思）。

C. 未逾越必要程度：若逾越必要程度謂之防衛過當。防衛程度不可超過足以避免侵害之必要限度。

(4) **法律效果**：

A. 正當防衛行為，不負損害賠償責任。

B. 但逾越必要程度，對於該部分之損害，應負損害賠償責任。

2. **緊急避難：**

(1) **意義：**因避免自己或他人生命、身體、自由及財產上急迫之危險所為之行為，其行為為避免危險所必要且未逾越危險所致之損害。

(2) 性質：阻卻違法。

(3) 要件：

A. 須有急迫危險存在。

B. 為避免自己或他人生命、身體、自由及財產上危險。

C. 未逾越必要程度。

D. 須該急迫危險非避難人所導致。

(4) 法律效果：

A. 符合緊急避難之行為，不負損害賠償責任。

B. 但逾越必要程度，或自行行為引起之急迫危險，仍應負損害賠償責任。

- 民法§149：人之不法行為不以有可歸責之事由為必要，但須具有人之作為能力；且正當防衛僅得對侵害人加以主張，如防衛人侵害他人（侵害人以外之第三人）法益，只可能成立緊急避難。
- 民法§150：行為人引起危險之緊急避難原則上仍得阻卻違法（例外：故意自招危難），惟依§150II，該行為人應負損害賠償責任。

・最高法院64年台上字第2442號判例

所謂正當防衛，乃對於現時不法之侵害為防衛自己或他人之權利，於不逾越必要程度範圍內所為之反擊行為。又此反擊行為，必加損害於侵害人，始生正當防衛之問題，至正當防衛是否過當，又應視具體之客觀情事，及各當事人之主觀事由定之，不能僅憑侵害人一方受害情狀為斷。

3. **自助行為**（民§151）：

(1) **意義：**權利人於不及受法院或其他有關機關援助請求公力救濟之際，為保護自己權利，對他人「自由」或「財產」施以拘束、押收或毀損之行為。

(2) **性質：**積極自力救濟，為暫時性保全措施。

(3) **要件**：

A. 須情勢急迫而有自助之必要：須有不及受法院或其他有關機關援助，且非於其時為之，將來請求權有不得實行或實行顯有困難之情形存在。

B. 須為保護自己之權利。

C. 僅限於對他人「自由」或「財產」施以拘束、押收或毀損之行為。

D. 須事後即刻向法院聲請處理。

(4) 效果：

A. 阻卻違法不負損害賠償責任。

B. 行為人為自助行為後須即刻向法院聲請處理，若聲請被法院駁回，則應釋放債務人或返還財產予債務人並賠償損害。若延遲聲請，對於債務人所生之損害應予賠償。

第二部分 高分精選題庫

壹 測驗題型

第1～60題

( ) **1** 民事法規之適用順序為：
(A)習慣→法理→法律 (B)法律→法理→習慣
(C)法律→習慣→法理 (D)法理→法律→習慣。

( ) **2** 失蹤人失蹤後，未受死亡宣告前，其財產之管理須依何規定處理？
(A)刑事訴訟法 (B)民事訴訟法 (C)非訟事件法 (D)家事事件法。

( ) **3** 受監護宣告之人所為之法律行為，其效力等同於？
(A)未滿七歲之未成年人 (B)未滿十四歲之未成年人
(C)滿七歲以上之未成年人 (D)未成年人已結婚者。

( ) **4** 非以租賃為營業，其租金請求權之消滅時效期間為幾年？ (A)五年 (B)三年 (C)一年 (D)二年。

( ) **5** 有關錯誤之敘述，下列所述何者正確？
(A)表意人撤銷其意思表示，以無過失者為限
(B)表意人撤銷其意思表示，應向法院為之
(C)當事人同一性之錯誤，屬於表示行為錯誤
(D)撤銷權，自意思表示後，經過二年而消滅。

( ) **6** 不動產物權，依法律行為而取得、設定、喪失及變更者，非經登記：
(A)不得對抗善意第三人 (B)仍有善意受讓之適用
(C)效力未定 (D)不生效力。

(　) **7** 消滅時效期間進行中，因有不宜進行之事實發生，致已進行之期間歸於無效，自事由終止時重新起算，稱為：
(A)消滅時效不完成　(B)消滅時效中斷
(C)除斥期間中斷　(D)以上皆非。

(　) **8** 時效期間行為即將完成之際，因有請求權無法或難以行使之事由存在，法律乃使應已完成之時效延至該事由終止後之一定期間內暫緩完成，此一制度設計稱為：
(A)消滅時效完成　(B)消滅時效不完成
(C)消滅時效中斷　(D)以上皆非。

(　) **9** 自然人之權利能力始期與終期為何？
(A)始於七歲，終於死亡　(B)始於二十歲，終於死亡
(C)始於出生，終於死亡　(D)始於出生，終於八十歲。

(　) **10** 依民法之規定，有遺囑能力人之年齡為：
(A)滿16歲之自然人　(B)滿18歲之自然人
(C)滿20歲之自然人　(D)滿22歲之自然人。

(　) **11** 6歲的甲向自動販賣機購買了一罐西米露，也喝完了。甲的父母可以代甲主張契約：
(A)有效　(B)無效
(C)得撤銷　(D)效力未定。

(　) **12** 下列何者無權利能力？
(A)依公司法成立之股份有限公司
(B)銀行
(C)校內之法律學會
(D)經教育部立案之私立大學。

(　) **13** 下列何種法人之設立須經行政主管機關許可？
(A)公益社團法人　(B)財團法人
(C) (A)(B)皆是　(D)以上皆非。

( ) **14** 社團總會決議，除民法有特別規定外，以多少社員之決議行之？
(A)全體社員三分之二 (B)全體社員過半數
(C)出席社員過半數 (D)出席社員三分之二。

( ) **15** 社團之事務，無從依章程所定進行時，法院得因何人之聲請解散之？
(A)檢察官 (B)主管機關
(C)利害關係人 (D)以上皆可。

( ) **16** 下列敘述，何者為非？
(A)條件之內容須為將來客觀上不確定之事實
(B)條件係當事人以將來客觀上不確定之事實，決定法律行為效力發生或消滅之附款
(C)解除條件不成就時，其法律行為確定不生效力
(D)期限係指將來客觀上確定會發生之事實而言。

( ) **17** 依民法規定，使用借貸為：
(A)有償契約 (B)要物契約
(C)要式契約 (D)諾成契約。

( ) **18** 下列何者為法律行為？
(A)埋藏物之發現 (B)無主物之先佔
(C)拋棄所有權 (D)遺失物之拾得。

( ) **19** 法律行為違反強制或禁止規定者，其效力原則上：
(A)無效 (B)得解除
(C)得撤銷 (D)效力未定。

( ) **20** 意思表示尚未生效前，表意人得阻止其效力之發生，係指意思表示之：
(A)解除 (B)撤銷
(C)撤回 (D)以上皆非。

( ) **21** 無效之法律行為，若具備他法律行為之要件，並因其情形，可認當事人若知其無效，即欲為他法律行為者，其他法律行為，為：
(A)得撤銷 (B)無效
(C)效力未定 (D)有效。

( ) **22** 限制行為能力人施用詐術，使人信其為有行為能力人，則該法律行為之效力？
(A)有效 (B)得撤銷
(C)無效 (D)得解除。

( ) **23** 下列何者為動產？
(A)生長於土地上之果樹的果實
(B)臨時敷設之輕便軌道
(C)房屋
(D)以鋼筋水泥圍築而成之獨立的養魚池。

( ) **24** 無權利人就權利標的物所為之處分，其效力為何？
(A)無效
(B)有效
(C)經有權利人之承認始生效力
(D)以上皆非。

( ) **25** 限制行為能力人縱已得法定代理人之同意，仍不得：
(A)成為合會契約之會首 (B)成為承攬契約之定作人
(C)成為買賣契約之買受人 (D)成為合夥契約之合夥人。

( ) **26** 屬於繼承財產之權利，或對於繼承財產之權利，自繼承人確定或管理人確定，或破產之宣告時起，何時間內時效不完成？
(A)一個月內 (B)二個月內
(C)三個月內 (D)六個月內。

( ) **27** 下列敘述，何者為是？
(A)附停止條件之法律行為於成立時，尚未生效，須待將來已確定之事實成就，始生效力
(B)附停止條件之法律行為成立時即已生效，但將來已確定之事實成就時，失其效力
(C)附停止條件之法律行為於成立時，尚未生效，須待將來不確定之事實成就，始生效力。
(D)附停止條件之法律行為於成立於即已生效，但將來不確定之事實成就時，失其效力。

( ) **28** 不動產物權，因買賣而取得者，必須完成下列何種程序，才能生效？
(A)訂立書面 (B)訂立書面，並且辦妥登記
(C)交付全部價金 (D)完成不動產交付。

( ) **29** 依我國法律規定，未成年人結婚：
(A)不須得法定代理人同意
(B)應得法定代理人同意，否則婚姻無效
(C)應得法定代理人同意，否則婚姻得被撤銷
(D)應得法院同意。

( ) **30** 附停止條件之法律行為，於條件成就時，其效力如何？
(A)發生效力 (B)失其效力
(C)效力未定 (D)得撤銷。

( ) **31** 下列何者為雙方行為？
(A)贈與 (B)遺囑
(C)終止租約 (D)法定代理人之承認。

( ) **32** 甲男9歲，未得父母同意，以零用錢購買三明治，其買賣契約效力如何？
(A)有效 (B)無效
(C)效力未定 (D)得撤銷。

(　) **33** 下列何種契約為要物契約？
(A)買賣契約　(B)租賃契約
(C)押租金契約　(D)贈與契約。

(　) **34** 東海大學在法律性質上為下列何者？
(A)行政法人　(B)非法人團體
(C)社團法人　(D)財團法人。

(　) **35** 下列何者非屬財團法人之機關？
(A)股東會　(B)董事
(C)監察人　(D)清算人。

(　) **36** 甲因已購買新車，乃將舊車出賣於乙，但由於新車尚未由廠商交貨，甲要求向乙租用，俟新車送到之後再將舊車交予乙，乙表同意。則下列敘述，何者正確？
(A)本案甲仍為舊車之所有人，甲、乙間僅生買賣契約之效力而已
(B)甲、乙間成立附條件之買賣，買賣契約應俟甲交付舊車於乙後始生效力
(C)甲、乙就舊車已生物權變動之效力，該車之所有權已歸乙所有
(D)舊車之所有人雖已歸屬乙，但因甲尚未交付於乙，甲對乙尚有債務不履行責任之問題。

(　) **37** 甲向乙表示，若乙考上律師則免除乙對甲之債務。在乙考上律師前，甲所為意思表示之效力為何？
(A)有效　(B)無效
(C)得撤銷　(D)效力未定。

(　) **38** 十七歲的甲經過其父同意，出租A屋於乙。半年後，乙不繳租金，甲未經其父同意，即向乙表示終止租約。甲行使終止權的效力如何？
(A)有效　(B)無效
(C)效力未定　(D)得撤銷。

( ) **39** 甲誤A物為B物而與乙締結買賣A物之契約，則下列敘述何者正確？
(A)甲縱有過失，仍得基於錯誤撤銷該契約
(B)甲須於意思表示後二年內行使撤銷權
(C)撤銷甲之意思表示後，乙得依不當得利規定請求返還標的物
(D)乙縱有過失，仍得向甲請求賠償因撤銷所生之損害。

( ) **40** 甲出售A車給乙，在交付前，丙願意出高價購買，甲乃另行出賣給丙，並交付汽車。乙不得向丙主張交付汽車，係因為債權的何種特性？
(A)不平等性 (B)排他性
(C)優先性 (D)相對性。

( ) **41** 依最高法院之見解，押租金契約為：
(A)諾成契約 (B)要物契約
(C)要式契約 (D)不要式契約。

( ) **42** 下列何種責任不得預先免除？
(A)故意或重大過失責任 (B)具體輕過失責任
(C)抽象輕過失責任 (D)出賣人之瑕疵擔保責任。

( ) **43** 甲與乙約定，若甲在一天內能跑完臺灣全島一圈，乙願意給付五十萬元。甲與乙的契約效力如何？
(A)有效 (B)無效
(C)效力未定 (D)得撤銷。

( ) **44** 下列何者為要物行為？
(A)買賣契約 (B)借貸契約
(C)贈與契約 (D)保證契約。

( ) **45** 甲現年17歲，在法定代理人不知情之情況下，甲所為之下列行為，何者有效？

(A)甲拒絕乙表示以五千元出售動漫套書之要約

(B)甲受領丙授與代理權之意思表示

(C)甲贈與丁腳踏車一台

(D)甲拋棄其所有A車一部之所有權。

( ) **46** 下列何種情形，乙不得對甲主張慰撫金？

(A)甲不小心將乙心愛收藏的畫毀壞

(B)甲在房屋內裝設針孔攝影機，偷窺乙房客

(C)甲駕車撞傷乙

(D)甲綁架乙未成年的子女丙。

( ) **47** 甲出售一件洋裝給5歲的乙，甲與乙的買賣契約，效力如何？
(A)有效 (B)無效 (C)效力未定 (D)得撤銷。

( ) **48** 下列何者，為消滅時效的中斷事由？

(A)天災 (B)債務人拒絕給付

(C)債權人請求履行債務 (D)法定代理人不同意。

( ) **49** 甲建商向乙表示解除雙方訂立的預售屋買賣契約。甲的解約表示屬於何種行為？ (A)債權行為 (B)物權行為 (C)準物權行為 (D)單獨行為。

( ) **50** 關於意思表示，下列敘述何者正確？

(A)意思表示因傳達人或傳達機關傳達不實者，傳達人或傳達機關之撤銷權，自意思表示後，經過一年而消滅

(B)向法定代理人允許其獨立營業之限制行為能力人為意思表示者，以其通知達到其法定代理人時，發生效力

(C)表意人因過失而不知相對人之姓名、居所者，得依民事訴訟法公示送達之規定，以公示送達為意思表示之通知

(D)通謀虛偽意思表示，隱藏他項法律行為者，適用關於該項法律行為之規定。

( ) **51** 法律行為一部無效，原則上：
(A)全部皆為無效 (B)其他部分仍然有效
(C)全部均得撤銷 (D)其他部分效力未定。

( ) **52** 甲內心實為租賃之意思，但卻故意對不知情之乙表示為使用借貸，甲該行為之效力，下列敘述何者為正確？
(A)租賃有效
(B)使用借貸有效
(C)乙可主張租賃，使用借貸均有效
(D)租賃，使用借貸均無效。

( ) **53** 民法所定之消滅時效期間最長者為： (A)五年 (B)十年 (C)十五年 (D)二十年。

( ) **54** 下列何者為要物契約？ (A)買賣 (B)租賃 (C)寄託 (D)贈與。

( ) **55** 下列何種請求權不屬於一身專屬之權利？
(A)贍養費 (B)終身定期金
(C)非財產上之損害 (D)減少價金。

( ) **56** 下列身分行為，何者為不要式行為？ (A)結婚 (B)兩願離婚 (C)認領 (D)收養。

( ) **57** 因被詐欺而為意思表示者，下列關於表意人撤銷其意思表示除斥期間的敘述，何者正確？
(A)應於詐欺終止後一年內撤銷之，但自意思表示後，經過十年者，不得撤銷
(B)應於發見詐欺後一年內撤銷之，但自意思表示後，經過十年者，不得撤銷
(C)應於詐欺終止後二年內撤銷之，但自意思表示後，經過十年者，不得撤銷
(D)應於發見詐欺後二年內撤銷之，但自意思表示後，經過十年者，不得撤銷。

( ) **58** 民法規定通謀虛偽意思表示者，其意思表示無效，但不得以其無效對抗善意第三人。下列關於善意第三人之敘述，何者為正確？
(A)只限於與相對人有繼承關係的善意第三人
(B)只限於與相對人為法律行為的善意第三人
(C)包括法律行為及事實行為的善意第三人
(D)包括法律行為、侵權行為及事實行為的一切善意第三人。

( ) **59** 下列何者為主物與從物的關係？
(A)汽車與引擎 (B)電視與電視遊樂器
(C)手機與充電器 (D)土地與房子。

( ) **60** 甲為避免其財產被強制執行，而通謀虛偽意思表示方式，將其所有之A屋出售予乙，其契約效力如何？
(A)有效 (B)無效
(C)效力未定 (D)得撤銷。

解答與解析 (答案標示為#者，表官方曾公告更正該題答案)

1 (C)。 依民法§1，民事，法律所未規定者，依習慣；無習慣者，依法理。

2 (D)。 依民法§10，失蹤人失蹤後，未受死亡宣告前，其財產之管理，除其他法律另有規定者外，依家事事件法之規定。

3 (A)。 依民法§15，受監護宣告之人無行為能力。

4 (A)。 民法§126參照；另依民法§127第3款，以租賃動產為營業之租價請求權消滅時效為二年。

5 (A)。 依民法§88I，意思表示之內容有錯誤，或表意人若知其事情即不為意思表示者，表意人得將其意思表示撤銷之。但以其錯誤或不知事情，非由表意人自己之過失者為限。

6 (D)。 依民法§758I，不動產物權，依法律行為而取得、設定、喪失及變更者，非經登記，不生效力。

7 (B)。 依民法§137I，時效中斷者，自中斷之事由終止時，重行起算。

8 (B)。 依民法§140，屬於繼承財產之權利或對於繼承財產之權利，自繼承人確定或管理人選定或破產之宣告時起，六個月內，其時效不完成。
依民法§141，無行為能力人或限制

行為能力人之權利，於時效期間終止前六個月內，若無法定代理人者，自其成為行為能力人或其法定代理人就職時起，六個月內，其時效不完成。

依民法§142，無行為能力人或限制行為能力人，對於其法定代理人之權利，於代理關係消滅後一年內，其時效不完成。

依民法§143，夫對於妻或妻對於夫之權利，於婚姻關係消滅後一年內，其時效不完成。

9 **(C)**。 依民法§6，人之權利能力，始於出生，終於死亡。

10 **(A)**。 依民法§1186II，限制行為能力人，無須經法定代理人之允許，得為遺囑。但未滿十六歲者，不得為遺囑。

11 **(B)**。 無行為能力人須由法定代理人代為意思表示並代受意思表示。

12 **(C)**。 限於法人及自然人等具法律上人格者，始具有權利能力，得以意思表示為法律行為。

13 **(C)**。 依民法§46，以公益為目的之社團，於登記前，應得主管機關之許可。

依民法§59，財團於登記前，應得主管機關之許可。

14 **(C)**。 依民法§52I，總會決議，除本法有特別規定外，以出席社員過半數決之。

15 **(D)**。 依民法§58，社團之事務，無從依章程所定進行時，法院得因主管機關、檢察官或利害關係人之聲請解散之。

16 **(C)**。 依民法§99、101，解除條件不成就時，法律行為繼續有效。

17 **(B)**。 依民法§464，使用借貸契約以物之交付為契約之要素，性質上即屬要物契約。

18 **(C)**。 其餘選項均為事實行為。

19 **(A)**。 依民法§71，法律行為，違反強制或禁止之規定者，無效。但其規定並不以之為無效者，不在此限。

20 **(C)**。 撤回權乃於法律關係發生前行使之形成權。

21 **(D)**。 依民法§112，無效之法律行為，若具備他法律行為之要件，並因其情形，可認當事人若知其無效，即欲為他法律行為者，其他法律行為，仍為有效。

22 **(A)**。 依民法§83，限制行為能力人用詐術使人信其為有行為能力人或已得法定代理人之允許者，其法律行為為有效。

23 **(B)**。 依司法院大法官釋字第93號解釋：輕便軌道除係臨時敷設者外，凡繼續附著於土地而達其一定經濟上之目的者，應認為不動產。

24 **(C)**。 依民法§118I，無權利人就權利標的物所為之處分，經有權利人之承認始生效力。

25 **(A)**。 依民法§84，法定代理人允許限制行為能力人處分之財產，限制行為能力人，就該財產有處分之能力。
依民法§709-2III：「無行為能力人及限制行為能力人不得為會首，亦不得參加其法定代理人為會首之合會。」

26 **(D)**。 依民法§140，屬於繼承財產之權利或對於繼承財產之權利，自繼承人確定或管理人選定或破產之宣告時起，六個月內，其時效不完成。

27 **(C)**。 依民法§99I，附停止條件之法律行為，於條件成就時，發生效力。

28 **(B)**。 依民法§758，不動產物權，依法律行為而取得、設定、喪失及變更者，非經登記，不生效力。
前項行為，應以書面為之。

29 **(#)**。 「民法部分條文修正草案」於109年12月25日三讀通過，另同日三讀之「民法總則施行法增訂第三條之一條文草案」、「民法親屬編施行法增訂第四條之二條文草案」，明定其過渡條款及日出條款，相關草案自112年1月1日生效施行。
為與國際接軌，切合當今社會青年身心發展現況，並保障其權益，本次民法修正將成年年齡由20歲修正為18歲，另為符合「消除對婦女一切形式歧視公約」相關規定、維護未成年人身心健康，本次修法同時齊一男女最低結婚年齡為18歲，因此於修法後不會有未成年結婚之問題（未成年戶政機關不會予以登記）。

30 **(A)**。 依民法§99I，附停止條件之法律行為，於條件成就時，發生效力。

31 **(A)**。 依民法§406，贈與係贈與人與受贈人雙方意思表示合致所成立之雙方法律行為。

32 **(A)**。 依民法§77但書，限制行為能力人依其年齡或身分所為日常必須之意思表示，不需得法定代理人之允許即屬有效。

33 **(C)**。 押租金契約以押租金之交付為契約成立要件。

34 **(D)**。 財團法人係以財產為成立基礎，為財產之集合。
私立學校法第2條第1項：「各級、各類私立學校之設立，除法律另有規定外，應由學校財團法人（以下簡稱學校法人）申請之。」

35 **(A)**。 股東會為股份有限公司之機關。

36 **(C)**。 題示情形乃民法§761II所稱之「占有改定」，甲乙間就舊車之交付既已完成，即生物權變動之效力。

37 **(D)**。 此乃附條件之法律行為。

38 **(B)**。 依民法§78，限制行為能力人未得法定代理人之允許，所為之單獨行為，無效。

39 (C)。 此乃意思表示發生錯誤之情形，民法§88I但書參照。

40 (D)。 債權行為具有相對性，與物權行為之絕對性有異。

41 (B)。 最高法院65年台上字第156號判例意旨：「民法第四百二十五條所謂對於受讓人繼續存在之租賃契約，係指民法第四百二十一條第一項所定意義之契約而言，若因擔保承租人之債務而接受押租金，則為別一契約，並不包括在內，此項押租金契約為要物契約，以金錢之交付為其成立要件，押租金債權之移轉，自亦須交付金錢，始生效力，出租人未將押租金交付受讓人時，受讓人既未受押租金債權之移轉，對於承租人自不負返還押租金之義務。」押租金契約以押租金之交付為契約成立要件，性質上為要物契約。

42 (A)。 依民法§222明文規定：「故意或重大過失之責任，不得預先免除。」，本題答案應選(A)選項。

43 (B)。 法律行為所附之條件若屬客觀上不能，該法律行為之效力即歸於無效。

44 (B)。 依民法§464，稱使用借貸者，謂當事人一方以物交付他方，而約定他方於無償使用後返還其物之契約。

45 (B)。 (A)民法§79：「限制行為能力人未得法定代理人之允許，所訂立之契約，須經法定代理人之承認，始生效力。」

(B)受領代理權並未因此負有任何義務，因此為「無損益中性行為」，類推民法§77但書而有效。

(C)(D)民法§77：「限制行為能力人為意思表示及受意思表示，應得法定代理人之允許。但純獲法律上利益，或依其年齡及身分、日常生活所必需者，不在此限。」此處需注意當事人為誰，(C)甲為贈與人，因此對甲而言並非純獲法律上利益，無民法第77條但書的適用。

46 (A)。 慰撫金係針對人格權侵害行為之非財產上損害賠償請求權。

47 (B)。 依民法§13I，未滿七歲之未成年人，無行為能力。又依民法§75，無行為能力人之意思表示，無效；雖非無行為能力人，而其意思表示，係在無意識或精神錯亂中所為者亦同。

48 (C)。 依民法§129I：消滅時效，因下列事由而中斷：一、請求。二、承認。三、起訴。

49 (D)。 解除權之行使性質上為有相對人之單獨行為。

50 (D)。 依民法§89準用§88規定，意思表示因傳達人或傳達機關傳達不實者，表意人之撤銷權，自意思表示後，經過一年而消滅，有撤銷權者為表意人非傳達人或傳達機關。又依民法§85I規定，法定代理人允許限制行為能力人獨立營業者，限制行為能力人關於其營業，有行為能力。另依民法§97，表意人非因自己之過失，不知相對人之姓名、居所者，得依民事訴訟法公示送達之規定，以公示送達為意思表示之通知。

51 (A)。 依民法§111，法律行為之一部分無效者，全部皆為無效。但除去該部分亦可成立者，則其他部分，仍為有效。

52 (B)。 依民法§86，表意人無欲為其意思表示所拘束之意，而為意思表示者，其意思表示，不因之無效。但其情形為相對人所明知者，不在此限。

53 (C)。 民法§125規定，請求權，因十五年間不行使而消滅，但法律所定期間較短者，依其規定。

54 (C)。 依民法§589I，稱寄託者，謂當事人一方以物交付他方，他方允為保管之契約。

55 (D)。 減少價金請求權（如民法§359），係出賣人所負之物之瑕疵擔保責任，與身分關係無涉。

56 (C)。 依民法§982，結婚應以書面為之，有二人以上證人之簽名，並應由雙方當事人向戶政機關為結婚之登記。

依民法§1050，兩願離婚，應以書面為之，有二人以上證人之簽名並應向戶政機關為離婚之登記。

依民法§1076-1，子女被收養時，應得其父母之同意。但有下列各款情形之一者，不在此限：

一、父母之一方或雙方對子女未盡保護教養義務或有其他顯然不利子女之情事而拒絕同意。

二、父母之一方或雙方事實上不能為意思表示。

前項同意應作成書面並經公證。但已向法院聲請收養認可者，得以言詞向法院表示並記明筆錄代之。

第1項之同意，不得附條件或期限。

57 (B)。 依民法§93：「前條之撤銷，應於發見詐欺或脅迫終止後，一年內為之。但自意思表示後，經過十年，不得撤銷。」

58 (B)。 此處所謂善意第三人，應指限於與相對人有法律行為之第三人，不及於其他法律關係以外之第三人。

59 (C)。 依民法§68I：「非主物之成分，常助主物之效用，而同屬於一人者，為從物。但交易上有特別習慣者，依其習慣。」

60 (B)。 民法§87規定，表意人與相對人通謀而為虛偽意思表示者，其意思表示無效。但不得以其無效對抗善意第三人。

第61～125題

( ) **61** 某甲家住澎湖，某日失蹤，多年後經法院宣告甲死亡。不料甲竟於死亡宣告後之某日在臺北向乙購屋，問甲乙間之房屋買賣契約效力如何？
(A)不成立 (B)無效
(C)有效但得撤銷 (D)完全有效。

( ) **62** 有關行為能力敘述，下列何者正確？
(A)限制行為能力人，在無意識或精神錯亂中，所訂立之契約無效
(B)無行為能力人得自行接受意思表示，但應由法定代理人代為意思表示
(C)行為能力人之意思表示，無效，但不得以其無效對抗善意第三人
(D)限制行為能力人用術使人信其為有行為能力人已得法定代理人之允許者，其法律行為無效。

( ) **63** 有關監護宣告，下列敘述何者正確？
(A)聲請宣告監護，應向法院或檢察官為之
(B)監護宣告之原因未消滅前，不得撤銷其宣告
(C)本人、配偶、最近親屬任何一人，均得聲請宣告監護
(D)心神喪失或精神耗弱而不能處理自己事務者，為限制行為能力人。

( ) **64** 下列何者不是財團法人之解散原因：
(A)發生章程所定解散事由
(B)設立許可遭主管機關撤銷
(C)法人行為違反公序良俗，由法院宣告解散
(D)總會決議解散。

( ) **65** 下列人身權，何者有消滅時效之適用？
(A)夫妻同居請求權 (B)履行婚約請求權
(C)人格權侵害之除去請求權 (D)姓名權侵害之財產賠償請求權。

(　　) **66** 下列法律行為，何者有效？
(A)未得法院認可之收養行為
(B)16歲少年未得父母許可終止租約行為
(C)未以字據訂立一年以上不動產租賃
(D)未以書面締結之人事保證。

(　　) **67** 甲誤取乙之種子，撒於丙之土地，長出蘋果，問何人有收取權？
(A)甲　(B)乙
(C)丙　(D)甲乙丙。

(　　) **68** 以自己名義，為他人之計算，為商業上之交易，在民法上之意義如何？
(A)代理　(B)代位
(C)行紀　(D)信託。

(　　) **69** 非基於表意人之法效意思，而係基於法律規定而發生效力之行為，稱之為：
(A)法律行為　(B)準法律行為
(C)法律事實　(D)事實行為。

(　　) **70** 甲社團法人有A、B、C、D四位董事，章程明定對外代表法人之董事為AB二位董事，惟就此事項尚未辦理登記。C董事代表甲法人與乙訂定土地買賣契約，關於C董事行為之效力，下列敘述何者正確？
(A)絕對無效
(B)自始不成立
(C)無效，但不得對抗善意第三人
(D)甲不得主張該行為並非法人的行為。

(　　) **71** 管理人明知為他人之事務，而為自己之利益管理者為準無因管理，是指：
(A)誤信的管理　(B)幻想的管理
(C)不法管理　(D)適法管理。

(　　) **72** 意定代理權之授與，其法律性質為何？
(A)雙方行為　(B)共同行為
(C)無相對人之單獨行為　(D)有相對人之單獨行為。

(　　) **73** 下列何者為我國民法所不承認之私力救濟行為？
(A)自助行為　(B)原因自由行為
(C)正當防衛　(D)緊急避難。

(　　) **74** 請問下列行為中何者不得成立表見代理？
(A)債權行為　(B)物權行為
(C)身分行為　(D)訂定章程。

(　　) **75** 無代表權人代表法人所為之法律行為，其效力如何？
(A)經法人承認者，對法人發生效力
(B)未經法人承認者，對法人無效
(C)經法人拒絕者，對無代表權人不生效力
(D)未經法人拒絕者，對無代表權人生效。

(　　) **76** 為維持財團之目的或保存其財產，法院因聲請，依民法規定得對該財團法人為何種行為？
(A)為必要之處分　(B)變更其組織
(C)變更其目的　(D)將財團解散。

(　　) **77** 17歲的甲，偽造身分證件，並偽稱其年滿18歲，向善意之乙購買機車，雙方買賣契約的效力如何？
(A)有效　(B)無效
(C)得撤銷　(D)效力未定。

(　　) **78** 行使契約解除權之法律性質為何？
(A)有相對人的單獨行為　(B)無相對人的單獨行為
(C)雙方行為　(D)共同行為。

(　　) **79** 關於代理之敘述，下列何者正確？
(A)代理權消滅或撤回時，代理人保留原授權書
(B)代理權於其所由授與之法得關係存續中，不得撤回之
(C)代理權經限制或撤回者，本人對於因過失而不知其事實的第三人，就其已經限制或撤回的部分，不負授權人之責任
(D)代理人限制行為能力人者，其所為或所受之意思表示，視為其法定代理人所為或所受之意思表示。

(　　) **80** 有關死亡宣告，下列敘述何者正確？
(A)失蹤滿三年後得為死亡之宣告者，為七十歲以上的人
(B)受死亡宣告者，以判決內所確定死亡之時，視為死亡
(C)檢察官聲請法院為死亡宣告，不必經失蹤人家屬之同意
(D)失蹤人受死亡宣告後，其財產之管理，依非訟事件法之規定。

(　　) **81** 下列何者不屬於人格權之範圍？
(A)營業秘密　(B)隱私權
(C)信用權　(D)健康權。

(　　) **82** 如加害人非因故意或過失而侵害他人之人格權者，被害人得主張何種權利？
(A)財產上損害賠償　(B)慰撫金
(C)請求除去侵害　(D)過當防衛。

(　　) **83** 下列何種權利，不適用消滅時效之規定？
(A)履行同居義務之請求權　(B)買賣價金請求權
(C)承攬報酬請求權　(D)動產所有物返還請求權。

(　　) **84** 下列關於權利能力之敘述，何者錯誤？
(A)始於出生，終於死亡
(B)為享受權利、負擔義務之能力
(C)胎兒在出生前不可能享有權利能力
(D)為行為能力與責任能力之前提。

( ) **85** 下列何者會喪失當事人之行為能力？
(A)死亡宣告 (B)失蹤宣告
(C)輔助宣告 (D)監護宣告。

( ) **86** 下列何種法律行為，依法律規定須以一定方式為之（要式行為）？
(A)土地買賣契約 (B)房屋租賃契約
(C)訂婚 (D)結婚。

( ) **87** 下列關於意思表示受詐欺之敘述，何者錯誤？
(A)表意人得撤銷其意思表示
(B)撤銷權應於知悉詐欺情事後一年內為之
(C)撤銷後，得以之對抗善意第三人
(D)撤銷後，雙方應回復原狀。

( ) **88** 下列何者不屬於合法之雙方代理？
(A)經本人許諾
(B)本人日常生活所必需
(C)使本人純獲法律上利益之行為
(D)專為履行債務。

( ) **89** 關於法律行為無效之敘述，下列何者錯誤？
(A)法律行為之一部無效者，原則上全部無效
(B)當事人補正無效之原因後，該行為即可變為有效
(C)雙方應回復原狀
(D)係當然無效，無須經法院判決宣告之。

( ) **90** 關於意思表示撤銷之敘述，下列何者正確？
(A)須經法院判決，始生撤銷之效果
(B)結婚經撤銷者，視為自始無效
(C)撤銷權之行使，應以書面為之
(D)撤銷權之行使，不得附有條件。

( ) **91** 下列何種權利不適用消滅時效？
(A)已登記不動產之回復請求權
(B)侵權行為損害賠償請求權
(C)扶養請求權
(D)借款返還請求權。

( ) **92** 關於除斥期間之敘述，下列何者錯誤？
(A)係形成權之行使期間限制
(B)如無特別規定者，則適用10年之除斥期間
(C)僅部分形成權有除斥期間之限制
(D)除斥期間無中斷事由。

( ) **93** 下列何者為動產？
(A)組合可移動式度假木屋
(B)長期鋪設用以運送貨物之輕便軌道
(C)橋梁
(D)二二八和平公園之石造紀念碑。

( ) **94** 下列何者屬於對話之意思表示？
(A)以電子郵件溝通 (B)透過傳達機關傳達溝通
(C)以視訊會議方式交談溝通 (D)郵寄書信方式。

( ) **95** 下列何者為死亡宣告判決之效力？
(A)受宣告人喪失權利能力
(B)推定受宣告人於失蹤時死亡
(C)推定受宣告人於判決內所確定死亡之時間死亡
(D)受宣告人喪失其財產之所有權。

( ) **96** 下列何種權利之性質屬於請求權？
(A)撤銷權 (B)解除權
(C)共有物分割請求權 (D)損害賠償請求權。

( ) **97** 甲為年十七歲之高中生，其未經法定代理人同意，向成年之乙購買重型機車一輛，於支付部分價金二萬元後，乙便將該機車交付予甲。請問雙方間買賣契約之效力如何？

(A)無效 (B)效力未定

(C)得撤銷 (D)完全有效。

( ) **98** 承前題。甲支付訂金二萬元之行為，其效力如何？

(A)無效 (B)效力未定

(C)得撤銷 (D)完全有效。

( ) **99** 承第97題。乙將該機車移轉予甲之行為，其效力如何？

(A)無效 (B)效力未定

(C)得撤銷 (D)完全有效。

( ) **100** 下列關於無行為能力人之敘述，何者錯誤？

(A)應由法定代理人代為及代受意思表示

(B)未滿七歲之人屬之

(C)如為純獲法律上利益時，其行為無須得到法定代理人同意即為有效

(D)受監護宣告之人，無行為能力。

( ) **101** 下列何種行為不發生中斷消滅時效之效果？

(A)委託律師發函請求

(B)在報紙上刊登公開信要求債務人履行債務

(C)自行以電子郵件寄送予債務人請求履行債務

(D)打電話向債務人請求履行債務。

( ) **102** 若消滅時效完成後，債務人仍為給付者，其法律效果為何？

(A)請求權消滅，債權人之受領給付構成不當得利，應負返還責任

(B)債權仍然存在，債權人無須返還

(C)須債務人善意不知消滅時效完成，始得請求返還

(D)在取得時效完成前，債權人應負返還責任。

( ) **103** 解釋當事人之意思表示時，應以何種原則解釋之？
(A)探求當事人真意，不得拘泥於所用之辭句
(B)應依法院之解釋為準
(C)應作不利於條款擬定人之解釋
(D)應參考法律相類似之規定為解釋。

( ) **104** 當事人受法院之輔助宣告後，其何種行為無須經輔助人之同意？
(A)擔任法人之負責人　(B)辦理貸款或擔任保證人
(C)為不動產之處分　(D)獲贈汽車。

( ) **105** 甲、乙為夫妻關係，二人育有獨子丙。某日兩人駕車出遊，不慎跌落山谷，經人發現後，二人均已氣絕身亡，無法證明其死亡之先後。甲、乙之財產應如何繼承？
(A)甲、乙互為繼承人，與丙共同繼承他方之遺產
(B)甲、乙互無繼承權，由丙單獨繼承二人之遺產
(C)推定甲、乙二人之中較年長者先死亡，由較年輕者與丙共同繼承他方之遺產
(D)丙應舉證證明甲、乙死亡之先後，才能繼承超過二分之一遺產。

( ) **106** 甲為受監護宣告之人，於恢復正常意識狀態中，向乙公司訂閱一年份之雜誌。請問該項訂閱行為之效力如何？
(A)完全有效
(B)經監護人承認後，始生效力
(C)有效，但監護人得於知悉後一個月內撤銷該項訂閱
(D)無效。

( ) **107** 無權代理人所為代理行為，本人拒絕承認時，相對人得主張何種權利？
(A)請求無權代理人賠償其所受損害
(B)請求無權代理人依代理之法律行為自負本人之責任
(C)請求代理人依無因管理之規定負責
(D)相對人為善意且無過失時，得請求本人負表見代理之責任。

( ) **108** 依民法規定，有關社團變更章程之決議，下列敘述何者正確？
(A)應有全體社員過半數之出席，出席社員四分之三以上之同意，或有全體社員三分之二以上書面之同意
(B)應有全體社員過半數之出席，出席社員四分之三以上之同意，或有全體社員過半數書面之同意
(C)應有全體社員三分之二以上之出席，出席社員四分之三以上之同意，或有全體社員三分之二以上書面之同意
(D)應有全體社員過半數之出席，出席社員三分之二以上之同意，或有全體社員三分之二以上書面之同意。

( ) **109** 有關法人侵權行為責任之敘述，下列何者錯誤？
(A)須是法人之董事或其他有代表權之人所為之侵權行為
(B)須因執行職務所生之侵權行為
(C)須侵害者為他人之私權行為
(D)法人可舉證其監督董事職務之執行已盡相當之注意義務而免除其連帶賠償責任。

( ) **110** 關於暴力行為之撤銷權之聲請，該利害關係人須於法律行為後多少時間內向法院為之？ (A)二個月 (B)六個月 (C)一年 (D)二年。

( ) **111** 下列何種權利不屬於財產權？ (A)債權 (B)抵押權 (C)著作權 (D)名譽權。

( ) **112** 下列何種權利受侵害時，被害人得請求賠償慰撫金？ (A)信用權 (B)所有權 (C)商標權 (D)抵押權。

( ) **113** 下列何人具有完全之行為能力？
(A)十三歲，但已取得電機學士學位之甲
(B)十七歲，已結婚又離婚之乙
(C)三十歲，但經法院為監護宣告之丙
(D)十八歲，已訂婚未結婚之丁。

(　　) **114** 下列關於財團法人之敘述，何者正確？
(A)最高意思機關為社員總會
(B)適用公司法關係企業章之規定
(C)可分營利性與公益性二種財團法人
(D)一人即可捐助成立。

(　　) **115** 下列何種錯誤，原則上不影響法律行為之效力？
(A)動機錯誤　(B)內容錯誤
(C)行為錯誤　(D)傳達錯誤。

(　　) **116** 法律行為違反公共秩序或善良風俗者，其效力如何？
(A)無效　(B)得撤銷
(C)得解除　(D)法院得依聲請調整其給付關係。

(　　) **117** 甲為了避免債權人對其房屋聲請強制執行，與友人乙訂立虛偽之買賣契約，並將該屋移轉登記予乙。請問該移轉登記之效力如何？
(A)無效　(B)債權人得以意思表示撤銷之
(C)債權人得聲請法院撤銷之　(D)完全有效。

(　　) **118** 承前題。如乙擅自再將該房屋出賣予不知情之丙，並辦妥移轉登記，請問丙能否取得該屋之所有權？
(A)可以，因為丙為善意第三人
(B)可以，因為乙為有權處分
(C)不能，因為乙為無權處分，未經權利人承認者，其行為不生效力
(D)不能，因為任何人不能讓與自己所無之權利。

(　　) **119** 下列關於意定代理人之資格，何者錯誤？
(A)須有意思能力　(B)須有完全之行為能力
(C)不限於本國籍人士　(D)不得為受監護宣告之人。

(　　) **120** 下列何種請求權不適用五年之消滅時效？
(A)利息　(B)贍養費
(C)紅利　(D)醫師報酬。

( ) **121** 下列物品如同屬一人時，何者具有主物與從物之關係？
(A)汽車與備胎 (B)汽車與車用電池
(C)房屋與門窗 (D)工廠廠房與其所佔用土地。

( ) **122** 關於停止條件之敘述，下列何者錯誤？
(A)條件成就時，法律行為溯及生效
(B)條件如不可能成就，則法律行為無效
(C)當事人如以不正當行為促使條件成就，視為條件不成就
(D)如條件內容違反法律規定，則該法律行為無效。

( ) **123** 關於解除條件之敘述，下列何者錯誤？
(A)於條件成就時，法律行為失其效力
(B)條件如不可能成就時，法律行為確定有效
(C)如條件內容違反公序良俗，法律行為無效
(D)當事人以不正當行為阻止條件之成就時，視為條件已成就。

( ) **124** 下列何者非法人得享有之權利？
(A)損害賠償請求權 (B)慰撫金請求權
(C)名譽權 (D)契約解除權。

( ) **125** 消滅時效是因請求而中斷者，須於請求後多少時間內起訴，否則時效視為不中斷？
(A)二個月 (B)六個月
(C)一年 (D)二年。

解答與解析 (答案標示為#者，表官方曾公告更正該題答案)

61 (D)。 死亡宣告採推定主義，某甲既實際生存，其所為之債權行為完全有效。

62 (A)。 依民法§75，無行為能力人之意思表示，無效；雖非無行為能力人，而其意思表示，係在無意識或精神錯亂中所為者亦同。

63 (B)。 依民法第14條規定：
I對於因精神障礙或其他心智缺陷，致不能為意思表示或受意思表示，

或不能辨識其意思表示之效果者，法院得因本人、配偶、四親等內之親屬、最近一年有同居事實之其他親屬、檢察官、主管機關、社會福利機構、輔助人、意定監護受任人或其他利害關係人之聲請，為監護之宣告。

II受監護之原因消滅時，法院應依前項聲請權人之聲請，撤銷其宣告。

III法院對於監護之聲請，認為未達第1項之程度者，得依第15-1條第1項規定，為輔助之宣告。

IV受監護之原因消滅，而仍有輔助之必要者，法院得依第15-1條 第1項規定，變更為輔助之宣告。

64 **(D)**。 財團法人為財產之集合，為他律法人，無社團總會之組織存在，董事應依捐助章程執行職務。

65 **(D)**。 (D)為損害賠償請求權，有消滅時效之適用。

66 **(C)**。 不動產租賃契約，其期限逾一年者，應以字據訂立之，未以字據訂立者，視為不定期限之租賃，民法§422參照。

67 **(C)**。 不動產之出產物，尚未分離者，為該不動產之部分，民法§66II參照。

68 **(C)**。 稱行紀者，謂以自己之名義，為他人之計算，為動產之買賣或其他商業上之交易，而受報酬之營業，民法§576參照。

69 **(B)**。 準法律行為，乃非基於表意人的表示行為，而係基於法律規定而發生效力的行為，又可分為：意思通知、觀念通知、感情表示。

70 **(D)**。 依民法第31條規定法人登記後，有應登記之事項而不登記，或已登記之事項有變更而不為變更之登記者，不得以其事項對抗第三人。

71 **(C)**。 依民法§177II，所負前條第1項對於管理人之義務，以其所得之利益為限。

72 **(D)**。 依民法§167，代理權係以法律行為授與者，其授與應向代理人或向代理人對之為代理行為之第三人，以意思表示為之。

73 **(B)**。 (A)(C)(D)參照民法§149~§152。原因自由行為則屬刑法上之概念。（註：原因自由行為於刑法中也非指自力救濟之概念）

74 **(C)**。 代理僅得為法律行為或準法律行為而為之，法律行為可分為財產上行為與非財產上行為，非財產上行為基於重視當事人本身之特性，故不得使他人代理之。

75 **(A)**。 按代表與代理固不相同，惟關於公司機關之代表行為，解釋上應類推適用關於代理之規定，故無代表權人代表公司所為之法律行為，若經公司承認，即對於公司發生效力，最高法院74年台上字第2014號判決參照。故無權代表應準用無權代理之規定，無代表權人代表法人所為之法律行為，經法人承認者，對法人發生效力。

76 **(B)**。 為維持財團之目的或保存其財產，法院得因捐助人、董事、主管機關、檢察官或利害關係人之聲請，變更其組織。

77 **(A)**。 依民法§83，限制行為能力人用詐術使人信其有行為能力人或已得法定代理人之允許者，其法律行為為有效。

78 **(A)**。 民法§258I：「解除權之行使，應向他方當事人以意思表示為之。」

79 **(C)**。 民法§107規定，代理權之限制及撤回，不得以之對抗善意第三人，但第三人因過失而不知其事實者，不在此限。

80 **(C)**。 依民法§8II，失蹤人為八十歲以上者，得於失蹤滿三年後，為死亡之宣告。
依民法§9I，受死亡宣告者，以判決內所確定死亡之時，推定其為死亡。
依民法§10，失蹤人失蹤後，未受死亡宣告前，其財產之管理，除其他法律另有規定者外，依家事事件法之規定。

81 **(A)**。 民法第195條第1項：「不法侵害他人之身體、健康、名譽、自由、信用、隱私、貞操，或不法侵害其他人格法益而情節重大者，被害人雖非財產上之損害，亦得請求賠償相當之金額。其名譽被侵害者，並得請求回復名譽之適當處分。」

82 **(C)**。 民法第18條第1項前段：「人格權受侵害時，得請求法院除去其侵害。」

83 **(A)**。 消滅時效之適用對象為財產上請求權。

84 **(C)**。 民法第7條：「胎兒以將來非死產者為限，關於其個人利益之保護，視為既已出生。」

85 **(D)**。 民法第15條：「受監護宣告之人，無行為能力。」

86 **(D)**。 民法第982條：「結婚應以書面為之，有二人以上證人之簽名，並應由雙方當事人向戶政機關為結婚之登記。」

87 **(C)**。 民法第92條第2項：「被詐欺而為之意思表示，其撤銷不得以之對抗善意第三人。」

88 **(B)**。 民法第106條：「代理人非經本人之許諾，不得為本人與自己之法律行為，亦不得既為第三人之代理人，而為本人與第三人之法律行為。但其法律行為，係專履行債務者，不在此限。」

89 **(B)**。 民法第112條：「無效之法律行為，若具備他法律行為之要件，並因其情形，可認當事人若知其無效，即欲為他法律行為者，其他法律行為，仍為有效。」

90 **(D)**。 關於解除、撤銷、承認等形成權之行使，應盡速為之，否則有害於相對人之利益，故不得附條件。

91 **(A)**。 釋字第107、164號解釋文。

92 **(B)**。 形成權之存續期間，民法未設一般規定，可分為三類：

(1) 就個別形成權，設有存續期間。

(2) 明訂若干形成權的行使未定期間者，於他方當事人催告後，逾期未行使時，形成權消滅。

(3) 未設有存續期間或催告的規定。

93 **(A)**。 民法第67條：「稱動產者，為前條所稱不動產以外之物。」

94 **(C)**。 對話之意思表示係指表意人與相對人能「直接」為意思表示之情形。

95 **(C)**。 民法第9條第1項：「受死亡宣告者，以判決內所確定死亡之時，推定其為死亡。」

96 **(D)**。 請求權乃指得要求他人為特定行為的權利。(C)兼有請求權與形成權之性質。

97 **(B)**。 民法第79條：「限制行為能力人未得法定代理人之允許，所訂立之契約，須經法定代理人之承認，始生效力。」

98 **(B)**。 民法第79條：「限制行為能力人未得法定代理人之允許，所訂立之契約，須經法定代理人之承認，始生效力。」

99 **(D)**。 民法第77條：「限制行為能力人為意思表示及受意思表示，應得法定代理人之允許。但純獲法律上之利益，或依其年齡及身分，日常生活所必需者，不在此限。」

100 **(C)**。 無行為能力人完全無法獨自為有效法律行為。

101 **(B)**。 民法第129條：「消滅時效，因左列事由而中斷：一、請求。二、承認。三、起訴。左列事項，與起訴有同一效力：一、依督促程序，聲請發支付命令。二、聲請調解或提付仲裁。三、申報和解債權或破產債權。四、告知訴訟。五、開始執行行為或聲請強制執行。」

102 **(B)**。 民法第180條：「給付有左列情形之一者，不得請求返還：一、給付係履行道德上之義務者。二、債務人於未到期之債務因清償而為給付者。三、因清償債務而為給付，於給付時明知無給付之義務者。四、因不法之原因而為給付者，但不法之原因僅於受領人一方存在時，不在此限。」

103 **(A)**。 民法第98條：「解釋意思表示，應探求當事人之真意，不得拘泥於所用之辭句。」

104 **(D)**。 民法第15-2條：「受輔助宣告之人為下列行為時，應經輔助人同意。但純獲法律上利益，或依其年齡及身分、日常生活所必需者，不在此限：一、為獨資、合夥營業或為法人之負責人。二、為消費借貸、消費寄託、保證、贈與或信託。三、為訴訟行為。四、為和解、調解、調處或簽訂仲裁契約。五、為不動產、船舶、航空器、汽車或其他重要財產之處分、設定負擔、買賣、租賃或借貸。六、為遺產分割、遺贈、拋棄繼承權或其他相關權利。七、法院依前條聲請權人或輔助人之聲請,所指定之其他行為。第78條至第83條規定,於未依前項規定得輔助人同意之情形,準用之。第85條規定,於輔助人同意受輔助宣告之人為第1項第1款行為時,準用之。第1項所列應經同意之行為,無損害受輔助宣告之人利益之虞,而輔助人仍不為同意時,受輔助宣告之人得逕行聲請法院許可後為之。」

105 (B)。 民法第11條:「二人以上同時遇難,不能證明其死亡之先後時,推定其為同時死亡。」而基於「同時存在原則」,要尚生存才有權利能力可繼承,同時死亡則皆無權利能力不能互相繼承。

106 (D)。 民法第15條:「受監護宣告之人,無行為能力。」

107 (A)。 民法第110條:「無代理權人,以他人之代理人名義所為之法律行為,對於善意之相對人,負損害賠償之責。」

108 (A)。 民法第53條:「社團變更章程之決議,應有全體社員過半數之出席,出席社員四分之三以上之同意,或有全體社員三分之二以上書面之同意。受設立許可之社團,變更章程時,並應得主管機關之許可。」

109 (D)。 民法第28條:「法人對於其董事或其他有代表權之人因執行職務所加於他人之損害,與該行為人連帶負賠償之責任。」為自己責任,不得舉證無過失免責。

110 (C)。 民法第74條:「法律行為,係乘他人之急迫、輕率或無經驗,使其為財產上之給付,或為給付之約定,依當時情形顯失公平者,法院得因利害關係人之聲請,撤銷其法律行為,或減輕其給付。前項聲請,應於法律行為後一年內為之。」

111 (D)。 財產權係指權利客體與權利主體的人格、身分可以分離、具有財產上價值之權利。

112 (A)。 民法第18條:「人格權受侵害時,得請求法院除去其侵害;有受侵害之虞時,得請求防止之。前項情形,以法律有特別規定者為限,得請求損害賠償或慰撫金。」

113 (D)。 民法第12條:「滿十八歲為成年。」又第13條:「未滿七歲之未成年人,無行為能力。滿七歲以上之未成年人,有限制行為能力。」以及第15條:「受監護宣告之人,無行為能力。」

114 (D)。 財團是以財產為基礎所成立。

115 (A)。 動機錯誤原則上不影響意思表示之效力，例外於民法§88II方得撤銷。

116 (A)。 民法第72條：「法律行為，有背於公共秩序或善良風俗者，無效。」

117 (A)。 民法第87條第1項本文：「表意人與相對人通謀而為虛偽意思表示者，其意思表示無效。」

118 (A)。 民法第759-1條第2項：「因信賴不動產登記之善意第三人，已依法律行為為物權變動之登記者，其變動之效力，不因原登記物權之不實而受影響」

119 (B)。 民法第104條：「代理人所為或所受意思表示之效力，不因其為限制行為能力人而受影響。」

120 (D)。 民法第126條：「利息、紅利、租金、贍養費、退職金及其他一年或不及一年之定期給付債權，其各期給付請求權，因五年間不行使而消滅。」醫師報酬為民法第127條第4款的請求權，適用2年之時效。

121 (A)。 物之所有人，因常助其甲物之效用，將自己所有之乙物，附屬於甲物時，該甲物稱之為主物，乙物稱之為從物。我民法第68條第1項規定：「非主物之成分，常助主物之效用，而同屬於一人者，為從物。但交易上有特別習慣者，依其習慣。」

122 (A)。 民法第99條第1項：「附停止條件之法律行為，於條件成就時，發生效力。」

123 (C)。 條件乃對法律行為效力所為之附加限制，縱使條件違反公序良俗，亦僅該條件無效。

124 (B)。 民法第26條：「法人於法令限制內，有享受權利、負擔義務之能力。但專屬於自然人之權利義務，不在此限。」

125 (B)。 民法第130條：「時效因請求而中斷者，若於請求後六個月內不起訴，視為不中斷。」

貳 申論題型

一、某甲愛狗成癡，將其飼養之A狗（價值新臺幣（下同）5萬元）視如己出，一日A狗在外遊蕩，被酒駕的乙開車撞死。甲悲痛異常，遂起訴向乙請求損害賠償5萬元及精神慰撫金200萬元，是否有理？【鐵路高員三級】

破題分析 本題考點在測驗對於民法第184條第1項前段損害賠償責任成立要件之瞭解，及是否能進一步討論被害方是否有民法第217條第1項過失相抵之情形；另於精神慰撫金部分，應瞭解A狗之滅失是否屬於損害人格權或其他人格之法益範圍，以判斷是否該當民法第18條第2項及第195條第1項之非財產上損害賠償範疇。

解題架構

(一) 損害賠償部分：

1. 民法第184條第1項前段損害賠償成立要件（最高法院48年台上第481號判例、最高法院84年度台上第2439號判決）。
2. 乙之過失行為與A狗死亡之結果間是否具有相當因果關係（民法第215條）。
3. 是否有民法第217條第1項過失相抵之情形。

(二) 精神慰撫金部分：

1. 民法第18條第2項及第195條第1項之非財產上損害賠償範疇。
2. A狗死亡（所有物滅失）是否屬損害人格權或其他人格之法益範疇。

答 (一) 甲向乙請求損害賠償5萬元係屬有理。

1. 乙之過失行為與A狗之死亡間有因果關係，使甲受有損害，乙應賠償A狗之價值金額（5萬元）：

(1) 民法第184條第1項前段規定「因故意或過失，不法侵害他人之權利者，負損害賠償責任」，即以有損害之發生及有責任原因之事實，且二者之間，有相當因果關係為成立要件；依最高法院48年台上第481號判例及84年度台上第2439號判決意旨所主張，損害賠償之債如不合於此項成立要件者，即難謂有損害賠償請求權存在。

(2) 依題意，乙酒駕違反道路交通管理處罰條例且因不慎撞死甲在外遊蕩之A狗，即乙之過失行為與A狗之死亡間有因果關係；乙之酒駕過失行為致甲對A狗之所有權滅失，使甲有損害，堪以認定，故甲依侵權行為之法律關係請求乙應負損害賠償責任即屬有據。

(3)依民法第215條之規定「不能回復原狀或回復顯有重大困難者，應以金錢賠償其損害」，故於乙無法回復原狀賠償A狗之情形下，甲主張乙應賠償A狗之價值金額（5萬元）應屬有理。

2. 甲任由A狗在外遊蕩未盡管束責任，對本件意外事故之發生與有過失，亦應審酌甲之過失程度比例，判斷甲是否亦應負損害賠償責任：

(1)依民法第217條第1項規定「損害之發生或擴大，被害人與有過失者，法院得減輕賠償金額，或免除之」。

(2)本題A狗之死亡雖係因乙酒駕之不法過失行為所致，惟甲任由A狗在外遊蕩未盡管束責任，疏未注意任由該小狗於馬路上行走，則甲對本件意外事故之發生與有過失，故亦應審酌甲及乙之過失形成損害原因力之大小及過失程度比例，判斷甲是否亦應負損害賠償責任。

綜上，乙之過失行為致甲之A狗死亡，使甲受有損害，乙應賠償A狗之價值5萬元；惟甲任由A狗在外遊蕩未盡管束責任，亦應審酌甲及乙之過失形成損害原因力之大小及過失程度比例，判斷甲是否亦應負損害賠償責任，始為公允。

(二) 甲請求之200萬元精神撫慰金無理由。

1. 民法第18條規定「人格權受侵害時，得請求法院除去其侵害；有受侵害之虞時，得請求防止之。前項情形，以法律有特別規定者為限，得請求損害賠償或慰撫金」、民法第195條第1項規定「不法侵害他人之身體、健康、名譽、自由、信用、隱私、貞操，或不法侵害其他人格法益而情節重大者，被害人雖非財產上之損害，亦得請求賠償相當之金額。其名譽被侵害者，並得請求回復名譽之適當處分」。

2. 本題乙酒駕開車撞死甲之A狗，其致甲所受損害屬所有物滅失之財產權範疇（所有物滅失），非屬民法第18條及第195條第1項規定之非財產上損害賠償範疇，因此甲主張乙應賠償精神慰撫金200萬元於法未合。

綜上，雖乙酒駕開車撞死甲之A狗，其致甲所受損害，惟此損害屬財產權之範疇，非屬民法第18條及第195條第1項臚列人格權或其他人格法益之損害賠償範疇，故甲主張乙應賠償精神慰撫金200萬元並無理由。

觀念強化

(一) 此類題目之考點除以狗之市價金額為求償金額外，其他如精神慰撫金、飼料費、疫苗注射醫療費用、飲食撫育費、寵物焚化費等等亦常為要求賠償金類型，可自行練習作答。

(二) 此類題目亦常以選擇題方式出現。

相關考題

(一) 甲因過失而將乙之愛犬撞死，乙傷心至極，得主張何權利？ (A)請求慰撫金 (B)請求回復名譽 (C)僅得請求金錢賠償 (D)請求懲罰性賠償。【一般行政初等】

(二) 甲出國前，把寵物小狗託給友人乙照料，不料乙雖然承諾照顧，卻因與女朋友約會忘記餵食致該小狗跑出庭院覓食，遭路上來往車輛撞死。甲非常傷心。試問甲可否對乙請求非財產上之損害賠償？ (A)可以，因符合有損害即有賠償之原則 (B)不可，因動物不具有人格權 (C)可以，因乙侵害了甲的人格權 (D)不可，因必須以法律有特別規定為限始得請求。【司法官】

二、乙為甲公司登記名義上之負責人，惟乙無實權，完全聽命集團名譽總裁丙之指示來作公司決策，而丙在公司並無任何職務。今丙吩咐乙藉由虛偽、詐欺等足致他人誤信行為，低價收購旗下集團公司之股票，致生損害於丁，問丁有何權利可資主張？【鐵路高員三級】

破題分析 本題之考點在民法第28條所規定之法人侵權責任，必須熟悉民法第28條之規定，以及民法第184條規定之侵權行為構成要件（客觀要件/主觀要件），方能正確判斷法人代表人因執行職務所加於他人之損害是否為侵權行為，且法人是否須對其連帶負責。

解題架構

先論述民法第184條第1項侵權行為之構成要件，再帶到民法第28條之規定、立法目的

結論：丁可依民法第184條第1項之規定向乙、丙主張損害賠償，同時可對甲公司主張應對其損害負連帶賠償責任

答 (一) 民法第184條第1項規定：因故意或過失，不法侵害他人之權利者，負損害賠償責任。故意以背於善良風俗之方法，加損害於他人者亦同。行為人之加害行為是否成立本條所指之侵權行為，而須對受有損害之他人負賠償責任，須檢驗以下要件：行為人之行為客觀上必須不法侵害他人法律上之權利或利益，且行為與損害間須具備因果關係；行為人主觀上須具備故意或過失。如該行為人係法人之代表人，依經驗法則，代表人執行法人所交派之職務，且法人與其代表人之間通常有選任、監督、管理之關係，為完善侵權行為之賠償責任歸屬，同法第28條規定：法人對於其董事或其他有代表權之人因執行職務所加於他人之損害，與該行為人連帶負賠償之責任，因此侵權行為之受害人可同時對法人及其代表人請求賠償其損害，且法人與其董事或代表人彼此間對該筆損害賠償負連帶責任。

(二) 本題中，乙為甲公司登記名義上之負責人，依公司法之規定，可認乙為有權代表甲公司之人；乙聽從丙之決策及指示，丙雖於甲公司無正式職位，卻是實質上對甲公司之營運發揮支配力之人，應認丙亦有執行經營職務之實質。乙和丙本於其職務提出、執行低價收購股票之市場策略，兩人主觀上均明知或可得而知其低價收購股票之行為將導致交易相對人之不利益，卻仍為之，乙和丙之執行職務行為確實構成侵權行為。丁之財產權及其他法律上權利或利益，因乙和丙之侵權行為而受有損害，損害與加害行為間具有因果關係；丁可依照民法第184條之規定向乙和丙請求損害賠償，同時，依民法第28條之規定，甲公司亦須與有其代表權之人因執行職務所加於他人之損害負連帶賠償責任。故甲公司應與身為公司名義負責人之乙連帶賠償丁之損害。

(三) 結論：丁可依民法第184條第1項之規定，向乙、丙請求侵權行為損害賠償，並可依同法第28條之規定，請求甲公司應與其代表權人乙對此筆損害負連帶賠償責任。

（註：最高法院108年度台上字第2035號請求損害賠償事件，最高法院經由徵詢程序達成統一見解，民國89年5月5日修正施行民法第184條規定，於法人亦有適用。資料來源：https://www.judicial.gov.tw/tw/cp-1888-269402-dfe87-1.html，最高法院新聞稿）

觀念強化

一、民法第184條規定：因故意或過失，不法侵害他人之權利者，負損害賠償責任。故意以背於善良風俗之方法，加損害於他人者亦同。違反保護他人之法律，致生損害於他人者，負賠償責任。但能證明其行為無過失者，不在此限。判斷侵權行為是否成立之要件：

(一) 客觀要件：侵害行為、侵害他人法律上權利或利益、損害結果、因果關係、不法（違法）事實。

(二) 主觀要件：行為人主觀上必須有故意或過失，或故意以背於善良風俗之方法、故意為保護他人之法律者。

二、法人之有代表權人定義：依公司法第8條規定：

(一) 本法所稱公司負責人：在無限公司、兩合公司為執行業務或代表公司之股東；在有限公司、股份有限公司為董事。

(二) 公司之經理人或清算人，股份有限公司之發起人、監察人、檢查人、重整人或重整監督人，在執行職務範圍內，亦為公司負責人。

(三) 公開發行股票之公司之非董事，而實質上執行董事業務或實質控制公司之人事、財務或業務經營而實質指揮董事執行業務者，與本法董事同負民事、刑事及行政罰之責任。但政府為發展經濟、促進社會安定或其他增進公共利益等情形，對政府指派之董事所為之指揮，不適用之。

三、甲為A地所有人，A地毗鄰B國有土地，甲與乙簽訂不動產買賣契約書（下稱系爭買賣契約），約定乙先支付甲A地價金，甲移轉A地所有權予乙，再申請公私有畸零（裡）地合併使用證明書，由乙向訴外人財政部國有財產署（下稱國財署）申購B地，申購程序費用由甲負擔，該B地價金以每坪32萬元計算，如核定的申購價格每坪低於32萬元，乙應給付其差額予甲，反之，則毋庸給付。之後乙以每坪19萬元向國財署標得B地面積共18坪，扣除申購程序費用及乙繳交的款項後，甲主張乙尚應給付甲240萬元，乙則以系爭買賣契約就B地價金給付的約定，係以向國財署「申購」為前提，然而他是以「標售」方式取得，自與所約定給付價金的要件不合，因而拒絕甲的請求，甲因而依系爭買賣契約的法律關係，請求法院判決命乙給付240萬元。請問法院應如何判決？【身障三等】

破題分析 本題考點在判斷甲乙兩人所約定之真意及目的是否該當民法第98條所謂「解釋意思表示，應探求當事人之真意，不得拘泥於所用之辭句」之規定。

解題架構

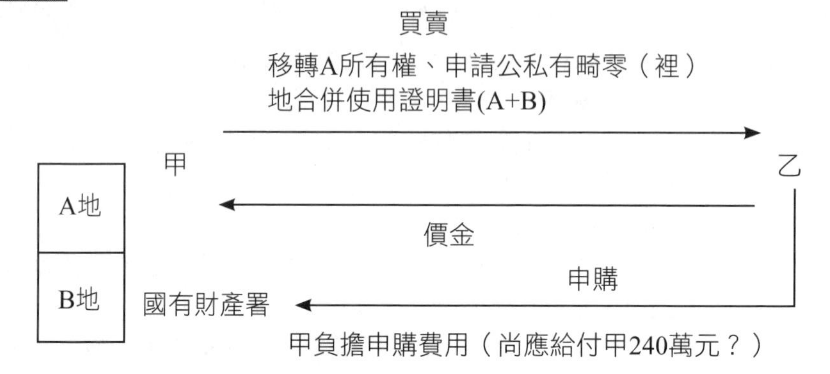

(一) 甲乙雙方於契約中約定之真意及目的。
(二) 民法第98條、最高法院39年台上字第1053號判例。
(三) 結論：乙之主張為無理由，法院應判決乙給付240萬元予甲。

答 (一) 甲乙雙方於契約中約定之真意及目的係確保乙取得B地。
依題意，乙購買A地後需甲協助乙辦理取得公私有畸零（裡）地合併使用證明書，再由乙向國財署申購B地，故知A地必須合併B地（國有地）始能建築，故甲乙雙方於系爭契約中約定乙申購B地之程序費用由甲負擔，每坪價格以32萬計算。若申購價格每坪低於32萬元，乙應給付約定價格與實價間之差額予甲，應以確保乙取得B地為契約目的。

(二) 甲乙契約之真意係確保乙取得B地，故依民法第98條規定，B地係以申購或標售方式取得則非契約要件。
依民法第98條規定「解釋意思表示，應探求當事人之真意，不得拘泥於所用之辭句」；另最高法院39年台上字第1053號判例亦指出，應以當事人立約當時之真意為準，而真意何在，又應以過去事實及其他一切證據資料為斷定之標準，不能拘泥文字致失真意，故甲乙兩人所約定之真意，在於確保乙取得B地，且約定甲應先行負擔取得B地之相關費用，待乙取得B地後，若實際支出價格低於甲之預先負擔費用，則乙應退還中間差額，至於是否以申購或標售方式取得則非契約要件，不應拘泥於契約中所使用之辭句。

(三) 綜上，甲乙約定之目的在確保乙取得B地，至於係以申購或標售方式取得並非契約要件，故乙之主張為無理由，法院應判決乙給付240萬元予甲。

觀念強化 對於民法第98條對契約之解釋及適用可參考最高法院103年度台上字第713號民事判決要旨：

(一) 按契約乃當事人間在對等性之基礎下本其自主之意思、自我決定及自我拘束所成立之法律行為，基於私法自治及契約自由之原則，契約不僅在當事人之紛爭事實上作為當事人之行為規範，在訴訟中亦成為法院之裁判規範。因此，倘當事人所訂立之契約真意發生疑義時，法院固應為闡明性之解釋，即通觀契約全文，並斟酌立約當時之情形及其他一切證據資料，就文義上及理論上詳為推求，以探求當事人締約時之真意，俾作為判斷當事人間權利義務之依據。

(二) 惟法院進行此項闡明性之解釋（單純性之解釋），除依文義解釋（以契約文義為基準）、體系解釋（綜觀契約全文）、歷史解釋（斟酌訂約時之事實及資料）、目的解釋（考量契約之目的及經濟價值）並參酌交易習慣與衡量誠信原則，加以判斷外，並應兼顧其解釋之結果不能逸出契約中最大可能之文義。除非確認當事人於訂約時，關於某事項依契約計畫顯然應有所訂定而漏未訂定，致無法完滿達成契約目的而出現契約漏洞者，方可進行補充性之解釋（契約漏洞之填補），以示尊重當事人自主決定契約內容之權利，並避免任意侵入當事人私法自治之領域，創造當事人原有意思以外之條款，俾維持法官之中立性。

(三) 又解釋契約須以邏輯推理及演繹分析之方法，必契約之約定與應證事實間有必然之關聯，始屬該當，否則即屬違背論理法則。且契約如有疑義時，應盡量避免作成偏向不利於債務人之解釋，以防對經濟弱者之權益造成損害（法國民法第1162條參照，該規定乃事物本質之本然及應然，自可當成法理）。

相關考題

(一) 甲、乙協議離婚，協議書載明「甲於某年月日前將座落某處房屋一戶過戶予乙」，乙據此請求甲移轉該屋及基地，是否有理？甲如主張當初其主觀原意不包括基地，有無理由？【高考三級】

(二) 丙受僱於位在臺北市東區由丁經營之個人美髮工作室，並接受丁之指導學藝。丙、丁約定「丙離職後三年內不得獨立從事美髮工作。如有違反，丙應賠償丁新臺幣50萬元」。未料丙學藝完成離職後，第二年即自行於高雄開設個人美髮工作室，知悉此情之丁乃以丙違反前述約定，請求丙賠償50萬元。丁之主張是否有理？【高考三級】

四、民法就法人解散有詳細規定，試分別就法人共通的解散事由、民法社團法人獨有的解散事由及財團法人所獨有的解散事由說明之。【鐵路高員三級】

破題分析 本題涉及社團法人與財團法人性質之不同，因而民法規定有不同解散事由。

解題架構 民法第36條、第42條、第57條、第58條（社團解散事由）、民法第65條（財團解散事由）。

答 社團可分為營利社團（民法第45條參照）及公益社團（民法第46條參照），係人的結合。財團捐為公益性（民法第59條參照），係一定財產的結合，合先敘明：

(一) 法人共通的解散事由：
民法第36條規定，法人之目的或其行為，有違反法律、公共秩序或善良風俗者，法院得因主管機關、檢察官或利害關係人之請求，宣告解散。

(二) 民法社團法人獨有的解散事由：

1. 經社員總會決議解散：民法第42條第3項規定，法人經依章程規定或總會決議解散者，董事應於十五日內報告法院。民法第57條規定，社團得隨時以全體社員三分二以上之可決解散之。
2. 章程目的無法達成：民法第58條規定，社團之事務，無從依章程所定進行時，法院得因主管機關、檢察官或利害關係人之聲請解散之。

(三) 財團法人所獨有的解散事由：

1. 章程規定解散事由：民法第42條第3項規定，法人經依章程規定或總會決議解散者，董事應於十五日內報告法院。
2. 財團目的無法達成，民法第65條規定，因情事變更，致財團之目的不能達到時，主管機關得斟酌捐助人之意思，變更其目的及其必要之組織，或解散之。

觀念強化 社團法人之意思機關為社員總會，財團法人之執行代表機關為董事，並設有監察人為監察機關。

五、何謂住所？請問在何種情形下「居所」得視為「住所」？【地特三等】

答 民法第20條第1項規定：「依一定事實，足認以久住之意思，住於一定之地域者，即為設定其住所於該地。」同法第21條規定：「無行為能力人及限制行為能力人，以其法定代理人之住所為住所。」第22條規定：「遇有下列情形之一，其居所視為住所：一、住所無可考者。二、在我國無住所者。但依法須依住所地法者，不在此限。」第23條規定：「因特定行為選定居所者，關於其行為，視為住所。」從而，本題可分敘如下：

(一) 住所之種類有二，即「意定住所」與「法定住所」：

1. 意定住所：即以當事人之自由意思決定其住所，需符合：依一定事實住於一定之地域、有久住意思等客觀、主觀二要件。前者即指在某地有居住之事實，且離開後仍有復歸之意思；而後者只需有繼續久住之意思即可。

2. 法定住所：即依法律規定所分配之住所，如無行為能力人及限制行為能力人，以其法定代理人之住所為住所，又如未成年子女以其父母之住所為住所等（民法第1060條參照）

(二) 在以下情形，居所得視為住所，即「擬制」之住所：

1. 住所無可考者。
2. 在我國無住所者。但依法須依住所地法者，不在此限。
3. 因特定行為選定居所者，關於其行為，視為住所。

六、甲男與乙女，自幼由其父母合意代為訂定婚約。嗣甲、乙成年，於同一工作場所相識始知上情，惟雙方均無異議，故互相承認婚約，並論及婚嫁。然好景不常，甲因工作關係，認識酒店女公關丙女，進而熱戀，置乙女於不顧，荒廢工作。甲男之父母見狀，為讓甲男早與丙女斷絕往來，遂一再督促甲、乙結婚。甲見父母催婚甚急，遂向乙女表明結婚之意，惟乙女見甲男沈迷酒色，不願與之結婚。試申論下列問題：

(一) 甲男與乙女，自幼由其父母合意代為訂定婚約，該婚約效力為何？又嗣甲、乙成年，互相承認自幼由其父母合意代訂之婚約，該婚約效力為何？

(二) 甲男、乙女得否依法向對方表示解除兩造所訂之婚約？【地特三等】

破題分析 本題第一小題是有關於民法總則中行為能力以及代理之規定：父母得否以法定代理人之身分，代替子女為身分契約？本題須搭配實務見解，方得完美解題。

解題架構

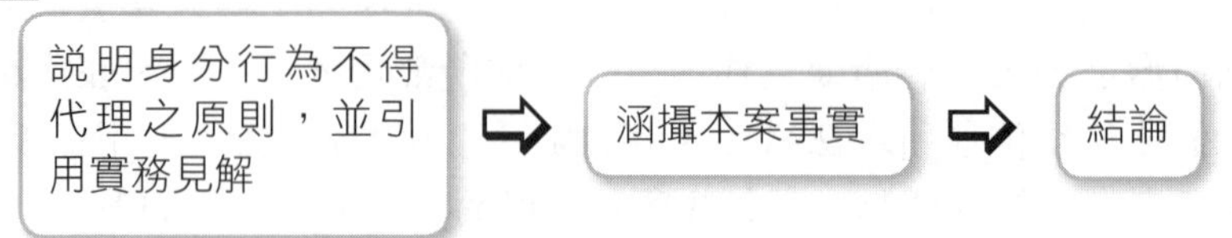

答 (一) 民法中關於代理之制度，主要是適用於財產行為，亦即財產權之得、喪、變更，在適用代理制度下，有代理權人之行為效果將直接歸屬於本人承受，為保護思慮不周之未成年人，民法第1086條第1項規定，父母為其未成年子女之法定代理人，而未成年人所為之意思表示，多須得其法定代理人之事前允許或事後承認，方得發生效力。法定代理人得基於未成年人之利益，代理其締結財產上契約，但是婚約等身分行為是否有法定代理制度之適用？基於身分行為不得代理之法理，以及民法第972條規定：婚約，應由男女當事人自行訂定，即便是未成年人之法定代理人，亦不得代理其締結身分契約，若有為之者應認為無效。

然而，若未成年人成年後承認該等婚約，是否得適用民法第170條無權代理規定，使被無權代理所締結之婚約因本人之承認而有效？最高法院37年上字第8219號判例要旨謂：當事人之婚約固係由其父母代為訂定，但經雙方互相承認者，自不失為男女當事人自行訂定之婚約。故實務見解認為，若未成年人成年後承認由法定代理人代理其所訂定之婚約者，婚約仍得視為雙方自行訂定之而有效。

(二) 本題中，甲男與乙女之父母，各依自己之意思代其未成年子女訂定婚約，基於身分行為著重個人自由意志之展現，且與個人之親族、法律地位有直接關聯，故身分行為有一身專屬性，原則上不得為他人所代理，故甲乙之父母代其所訂定之婚約應為無效。甲乙成年後追認此婚約者，則可認為是雙方當事人新訂婚約，而使原婚約之約定內容產生效力。

(三) 結論：甲乙之父母於其幼時代其所訂定之婚約，違反民法第972條之強行規定，應為無效；若甲乙成年後互相承認此婚約者，則視為甲乙新訂婚約，原無效婚約之內容將可於甲乙間發生效力。

觀念強化

(一) 最高法院33年上字第1723號民事判例要旨：婚約應由男女當事人自行訂定，民法第九百七十二條定有明文，其由父母代為訂定者當然無效。且婚約為不許代理之法律行為，縱令本人對於父母代訂之婚約為承認，亦不適用關於無權代理行為得由本人一方承認之規定，如由當事人雙方承認，應認為新訂婚約。

(二) 父母對未成年子女的代理權限：民法§1088I未成年子女之特有財產，由父母共同管理。II對於未成年子女之特有財產，有使用、收益之權。但非為子女之利益，不得處分之。

七、甲向乙購買一筆土地，乙已經先將土地交付於甲占有使用，卻遲遲未辦理所有權移轉登記。嗣後，該筆土地突然遭政府徵收為都市計畫用地，確定無法移轉所有權。請問於此情形，乙以甲尚未支付買賣價金為由，請求甲支付價金，有無理由？【高考三級】

破題分析 給付不能之代償請求權

解題架構 土地徵收補償金方發放完成後，政府為土地所有權人，此時乙陷於給付不能，依實務見解甲得對乙主張民法第225條第2項代償請求權，請求甲讓與徵收補償費。

答 (一) 土地所有權歸屬於政府所有：

1. 依民法第758條規定，不動產物權，依法律行為而取得、設定、喪失及變更者，非經登記，不生效力（第1項）。前項行為，應以書面為之（第2項）。甲乙締結買賣契約，乙雖交付土地於甲占有使用卻未辦理移轉登記，從而甲尚未取得A地所有權，乙仍為A地所有權人。
2. 依土地法第235條本文規定，被徵收土地之所有權人，對於其土地之權利義務，於應受之補償發放完竣時終止，在補償費未發放完竣以前，有繼續使用該土地之權。從而政府公用徵收，且於乙領補償費，於徵收程序完成後，政府為土地之所有權人。

(二) 甲得對乙主張民法第225條第2項之代償請求權，請求給付徵收費：

1. 乙受領徵收補償費為居於所有權人地位，其受領自有法律上原因，甲不得向乙依民法第179條規定請求不當得利，此時因乙之所有土地已被徵收，致使無法履行對甲之移轉所有權之義務，屬於給付不能，因徵收而喪失所有權為非屬於可歸責事由致生給付不能，依民法第225條第1項規定，乙免給付義務。
2. 就徵收補償費之部分，實務見解最高法院80年台上字第2504號判例：「政府徵收土地給與上訴人（即出賣人）之補償地價，雖非侵權行為之賠償金，惟係上訴人於其所負債務陷於給付不能發生之一種代替利益，此項補償地價給付請求權，被上訴人（即買受人）非不得類推適用民法第225條第2項之規定，請求讓與。故甲得類推適用民法第225條第2項規定請求乙讓與徵收補償費。

(三) 若甲對乙主張讓與徵收補償費，乙得對甲主張支付價金：

1. 乙因所有土地已被徵收，致使無法履行對甲之移轉所有權之義務，屬於給付不能，因徵收而喪失所有權為非屬於可歸責事由致生給付不能，依民法第225條第1項規定，乙免給付義務。又依民法第266條第1項規定，因不可歸責於雙方當事人之事由，致一方之給付全部不能者，他方免為對待給付之義務。從而甲亦免除給付價金之義務。
2. 惟今若甲對乙主張民法第225條第2項代償請求權，請求徵收補償費，其性質為原給付之替代物，則乙既已對甲提出給付，甲則負有對待給付義務，故此時乙得對甲請求支付價金。

觀念強化　84年度台上字第600號判決：因給付不能所衍生之代償請求權，係以債務人給付不能為成立要件，而所謂給付不能乃以債權人得向債務人為請求，債務人有應其請求而為履行之義務為前提，故若債務人對債權人已無給付之義務，既不發生給付不能之問題，債權人自無由對債務人主張代償請求權之餘地。

八、試舉例說明間接代理及其與直接代理的不同？又間接代理是否是民法所謂的代理，試說明之。【鐵路高員三級】

破題分析 間接代理及直接代理係以代理之效力來區分。

解題架構 分別敘述間接代理及直接代理之定義、規範之效力。

答 (一) 直接代理：直接代理即通常之代理，為代理人於代理權限內以本人名義為意思表示或受意思表示，其效力直接歸於本人（民法第103條參照）：

1. 代理人並享受其權利及負擔其義務（最高法院70台上1858號判決）。
2. 如非以本人名義為之者，則無從直接對本人發生效力（最高法院75台上1922號判決）。
3. 非以本人名義為之，不得成立代理行為，例如代訂保險契約，應載明代訂意旨（最高法院73台上2547號判決）。
4. 如非以本人名義為之，其法律效果，應由代理人自行負擔（最高法院74台上605號判決）。
5. 經理人收受存款或向他人借款之行為，除依營業之性質或其他情事可認其有此權限者外，並非當然對於本人發生效力（最高法院84台上828號判決）。

(二) 間接代理：即代理人以自己名義，為本人計算，為意思表示或受意思表示，其效力不能直接歸於本人，而須代理人將其法律效果，再移轉於本人（民法第541條參照）。例如行紀。

1. 其法律行為對於本人不當然發生效力（最高法院80台上963號判決）。
2. 票據上代理，亦得為間接代理（最高法院81台上965號判決）。
3. 間接代理不論是法律行為作成者和效力歸屬者皆為代理人，而和民法代理之法律行為作成者為代理人，效力歸屬者為本人不同，因此本質上並非民法所謂的代理。

觀念強化 最高法院52年台上字第2908號判例：委任他人為法律行為，同時授與他人以代理權者，受任人所為之意思表示直接對於委任人發生效力，委任人固有請求權。即無代理權之委任，受任人以自己之名義為委任人取得之權利，包括損害賠償請求權，已依民法第541條第2項之規定，移轉於委任人者，委任人亦有請求權。

九、甲在乙公司科技事業部任職，甲於其任職期間開發完成車輛娛樂視訊系統，乙共支出新臺幣（下同）3千萬元。乙隨後兩度與丙客運公司簽約出售娛樂系統。經查甲於任職期間曾簽署保密切結書，承諾「本人於在職期間及離職後不得洩漏、交付或利用秘密資訊，並於離職日起算1年內，不得從事未獲乙公司同意授權之娛樂視訊系統（如車輛娛樂視訊）等相關工作或使用上述之相關資訊，且乙公司於該競業禁止期間無庸支付生活津貼。如違反約定，本人應給付乙公司懲罰性違約金2百萬元」。甲於民國105年2月底離職後，即至同年3月1日成立之丁科技公司任職，丁所營事業項目包含事務性機器設備批發、資訊軟體服務業、車輛娛樂視訊系統、產品設計業等。次查丙原本係向乙購買安裝娛樂視訊系統，且委由乙執行維修保固，卻於甲離職並任職於丁以後，轉而向丁購買巴士液晶影音、液晶電視及相關產品。俟乙獲悉上情，即以甲違反競業禁止及保密切結書之約定，於離職後任職於丁從事車用娛樂系統之製造銷售，並提供乙研發之車用娛樂系統給丁使用為由，請求甲應依約賠償乙公司2百萬元，是否有理？【鐵路高員三級】

破題分析 本題之考點在民法第72條，法律行為若有背於公序良俗者，無效。契約行為是法律行為的一種，如果契約內容有背於公序良俗，且參照締約當時之情況，不論是定型化契約條款，或有可能影響締約相對人之意思表示效力者（民法第92條、93條、98條參照），此契約之效力便值得檢討，畢竟意思表示是法律行為有效的要素之一，而且為了維護公益和守護基本價值，在雙方當事人地位不對等時，弱勢之一方不得不簽訂內容偏頗的契約，法律即須介入私法自治的關係以修正不公平的現象。競業禁止條款之效力固然在實務上是被認可的，但若契約內容對相對人太過苛刻，為保護公司利益或衡平公司營運成本，對相對人之生存權、工作權侵害違反比例原則時，還是有主張契約內容無效之空間。

解題架構

論述民法第72條、92條、98條之規定及立法目的，並說明第93條之意思表示撤銷時效規定

結論：乙公司主張甲應給付200萬元懲罰性違約金，並無理由

答 (一) 民法第72條規定：法律行為，有背於公共秩序或善良風俗者，無效。此規定係為保護國民道德、禁止人民利用私法自治之原則，行剝削他人、破壞社會道德之實，依最高法院69年台上2603號判例意旨，民法第七十二條所謂法律行為有背於公共秩序或善良風俗者無效，乃指法律行為本身違反國家社會一般利益及道德觀念而言。

(二) 本題中，甲任職於乙公司之期間，雖有簽定競業禁止及保密切結書，約定甲不得洩漏、交付或利用乙公司之秘密資訊，並於離職日起算一年內，不得在未獲乙公司同意授權之娛樂視訊系統（如車輛娛樂視訊）等相關公司工作，且乙公司於該競業禁止期間無庸支付生活津貼、如違反約定，甲應給付乙公司懲罰性違約金200萬元等等內容，但自此契約內容觀之，乙公司固為保護其商業機密以及營業利潤，而禁止甲任職於相關產業或洩漏乙公司之營業秘密，但是在競業禁止期間，甲無法依其所長任職於其他公司，乙公司又不給付甲任何生活津貼，顯然有害其實現自我、滿足基本生活需求之基本人權。乙公司要求甲若違約應給付200萬元懲罰性違約金之約定，以乙公司投入之開發成本觀之，比例過高，此約定不當加重甲之違約責任，應屬過苛。乙公司與甲所簽訂之有關於競業禁止和懲罰性違約金數額之契約內容，有違背公共秩序與善良風俗，使甲之工作權和生存權受到不合比例之限制之虞，依民法第72條之規定，應為無效。

(三) 結論：乙公司與甲所簽訂之競業禁止契約，因其競業禁止期間不給付生活津貼、以及甲違約者應賠償200萬懲罰性違約金之規定，違反公序良俗，依民法第72條之規定，應為無效，故乙公司主張甲應給付200萬懲罰性違約金，並無理由。

觀念強化

(一) 契約之締結屬有相對人之法律行為，不僅契約之內容必須符合公序良俗、不違反民法第72條等強制規定外，相對人之意思表示亦必須在未受脅迫、詐欺、沒有表示錯誤或虛偽表示之情況下，方為有效而能使契約生效。如果契約相對人之意思表示有瑕疵，民法第88、92條規定：意思表示人得將其意思表示撤銷，但為保護法律關係之安定性，同法第90、93條規定了撤回之時限：意思表示錯誤者，應於意思表示生效後一年內撤銷之，受詐欺或脅迫而為意思表示者，應於發見詐欺或脅迫終止後，一年內為之，但自意思表示後，經過十年，不得撤銷。經意思表示人撤銷意思表示後，契約亦不生效力。

(二) 如果相對人之締約地位不對等，強勢之一方提供定型化契約，未給予弱勢之一方磋商契約條款之機會者，依民法第247條之1規定，契約條款有下列情形者，該部分條款無效：

1. 免除或減輕預定契約條款之當事人之責任者。
2. 加重他方當事人之責任者。
3. 使他方當事人拋棄權利或限制其行使權利者。
4. 其他於他方當事人有重大不利益者。

十、甲為船員，與乙結為夫妻，育有子A。民國85年3月1日，甲在一次船難中失蹤後即一直未曾返回。甲失蹤2年後乙無法維生，乃與丙男同居。民國96年，乙女向法院提起宣告甲男死亡之訴，同年並獲宣告甲死亡之判決。乙、丙旋因此結婚，豈知乙、丙結婚後次年，甲竟平安返回，甲於是提起撤銷死亡宣告之訴。問：

(一) 本案法院為甲死亡宣告之判決時，其所確定甲之死亡日期，究應為民國何年何月何日？

(二) 法院若對甲男撤銷死亡宣告之訴為勝訴之判決時，甲、乙間之婚姻是否應當然即生回復之效力？【關務特考三等】

答 (一) 甲死亡日期為判決確定死亡之時：

1. 人之權利能力消滅之原因：

(1) 事實上死亡：係指人之一般自然死亡。

(2) 死亡宣告：依民法第8條規定，失蹤人失蹤滿七年後，法院得因利害關係人或檢察官之聲請，為死亡之宣告。失蹤人為八十歲以上者，得於失蹤滿三年後，為死亡之宣告。失蹤人為遭遇特別災難者，得於特別災難終了滿一年後，為死亡之宣告。

2. 死亡時間之確定方式：依照民法第9條規定，受死亡宣告者，以判決內所確定死亡之時，推定其為死亡。推定死亡之時，應為各種情形所定期間最後日終止之時，但有反證者，不在此限。

3. 本題甲為船員，於民國85年3月1日，甲在一次船難中失蹤後即一直未曾返回，故甲係遇到特別災難，得於特別災難終了滿一年後，為死亡之宣告，因此法院得以判決甲於民國86年3月1日死亡。

(二) 甲乙之前婚姻應因甲之死亡宣告被撤銷而回復

1. 司法院大法官會議釋字第552號解釋意旨謂：一夫一妻婚姻制度係為維護配偶間之人格倫理關係，實現男女平等原則，及維持社會秩序，應受憲法保障。民法第988條第2款關於重婚無效之規定，即本此意旨而制定。婚姻自由雖為憲法上所保障之自由權，惟應受一夫一妻婚姻制度之限制。釋字第362號解釋所稱類此之特殊情況，並包括協議離婚等其他足以使第三人產生信賴所導致之重婚在內。就協議離婚言，雖基於當事人之合意，但依民法第1050條為離婚之戶籍登記，第三人對此離婚登記之信賴，亦應同受保護。惟婚姻不僅涉及當事人個人身分關係之變更，且與婚姻人倫秩序之維繫、家庭制度之健全、子女之正常成長等公共利益攸關，後婚姻之當事人就前婚姻關係消滅之信賴應有較為嚴格之要求，僅重婚相對人之善意，尚不足以維持後婚姻之效力，須重婚之雙方當事人均為善意且無過失時，後婚姻效力始能維持，以免重婚破壞一夫一妻婚姻制度。因而致前後婚姻關係同時存在時，為維護一夫一妻之婚姻制度，究應解消前婚姻或後婚姻、婚姻被解消之當事人，即解消後婚時，對後婚善意且無過失之重婚相對人；於解消前婚時，對前婚之重婚者他方，應如何保護，及對前後婚姻關係存續中所生之子女，在身分、財產上應如何保障，屬立法政策考量之問題，應由立法機關衡酌信賴保護原則、身分關係之本質、夫妻共同生活之圓滿及子女利益之維護等因素，就民法第988條第2款相關規定儘速檢討修正。在修正前，對於符合前開解釋意旨而締結之後婚姻效力仍予維持，民法第988條第2款之規定關此部分應停止適用。在本件解釋公布之日前，僅重婚相對人善意且無過失，而重婚人非同屬善意且無過失者，此種重婚在本件解釋後仍為有效。如因而致前後婚姻關係同時存在，則後婚之重婚相對人或前婚之重婚者他方，依民法第1052條第1項第1款或第2項規定，自得向法院請求離婚。

2. 民國96年5月23日修正公布民法第988條，增訂第3款但書：重婚之雙方當事人因善意且無過失信賴一方前婚姻消滅之兩願離婚登記或離婚確定判決而結婚，導致重婚狀態者，後婚不因此而消滅。在此情況下，前婚之當事人應適用同次修正增訂之第988-1條規定，前婚視同消滅。惟第988條第3款但書並不包括「信賴死亡宣告裁定」之情況，蓋死亡宣告僅只有推定受宣告人死亡之效力，再依家事事件法第163條第1項之規定：「撤銷或變更宣告死亡裁定之裁定，不問對於何人均有效力。但裁定確定前之善意行為，不受影響。」因此，因信賴死亡宣告而成立後婚姻之當事人及相對人，後婚姻仍為有效。在此情況下，即有釋字第552號所揭示之解決方法之適用：重婚之「他方」得依民法第1052條之規定訴請法院裁判離婚。
3. 綜上，甲乙之婚姻因甲之死亡宣告撤銷而回復，惟並不影響乙，丙之後婚姻效力，則甲或丙得依民法第1052條第1項第1款或第2項之規定訴請裁判離婚。

十一、甲乙為夫妻，有一子丙。丙未經甲之授權而代理甲與丁訂立買賣契約。甲知悉後，尚未為任何表示前，即因震怒過度而死。試問：丙代理甲所為之買賣行為是否有效？丁有何權利得以主張？【地特三等】

破題分析 本題第一小題在測驗民法第170條第1項之無權代理行為是否適用民法第118條第2項無權利人取得權利後，其處分自始有效之規定；第二小題則在測驗無代理權人所為之法律行為，相對人得依民法第171條規定於本人未承認前撤回，或得依民法第110條規定，無代理權人以他人名義所為之代理行為，對善意相對人負賠償之責。

解題架構

(一) 丙為無權代理，其無權代理行為效力、買賣契約效力。
  1. 丙為無權代理，其無權代理行為效力（民法第170條第1項）。
  2. 甲死亡，丙為繼承人，是否因繼承而取得權利而使無權代理行為自始有效（民法第118條第2項）。

(二) 丁可否主張撤回買賣契約（民法第171條）或請求損害賠償（民法第110條）。

答 (一) 乙之無權代理不因繼承甲本人而使代理行為有效，且甲於承認前即死亡，故買賣契約效力未定。

1. 乙之無權代理行為非經甲本人承認不生效力。
依民法第170條第1項規定「無代理權人以代理人之名義所為之法律行為，非經本人承認，對於本人不生效力」，故需經甲承認始生效力。

2. 甲於承認前即因震怒過度而死，丙雖為甲之繼承人之一，惟丙之無權代理行為仍不得類推適用民法第118條第2項無權處分之規定而生效，故買賣契約效力未定。

(1)於民法第118條第2項規定「無權利人就權利標的物為處分後，取得其權利者，其處分自始有效。但原權利人或第三人已取得之利益，不因此而受影響」，此法條僅限處分行為才適用，指無權利人就權利標的物為處分後才取得權利，其處分自始有效；且因無權處分與無權代理於要件、法律依據、適用範圍皆不同，故無權代理行為並無類推適用民法第118條第2項關於無權處分之餘地。

(2)故依題意，丙雖為甲之繼承人之一，但其無權代理行為不得類推適用民法第118條第2項無權處分之規定而生效，故丙之無權代理行為仍需經甲承認始生效力，惟此買賣契約於甲承認前甲即死亡，故依民法第170條規定，此買賣契約仍效力未定。

(二) 丁若係善意相對人得依民法第171條撤回買賣契約，並得依民法第110條規定向無權代理人丙請求損害賠償。

1. 依民法第171條規定「無代理權人所為之法律行為，其相對人於本人未承認前，得撤回之。但為法律行為時，明知其無代理權者，不在此限」，故丁若係善意相對人則可依此撤回買賣契約。

2. 另依民法第110條規定「無代理權人，以他人之代理人名義所為之法律行為，對於善意之相對人，負損害賠償之責」，故丁若係善意相對人亦可依此法條規定向丙請求損害賠償。

十二、甲有一只在路邊便宜買來之玉鐲，打算出售，對乙表示該只玉鐲為罕見之高級品，並提出偽造之鑑定書作為佐證，乙信以為真，表示願意購買，甲出價二十萬元，乙表示同意，兩人遂締結買賣契約。兩個月之後，乙將該只玉鐲送去鑑定，發現僅為價值兩千元之劣質品。問：乙應如何向甲主張權利？【身障三等】

破題分析 本題涉及物之性質錯誤及詐欺，乙得主張撤銷意思表示而回復其所有權。

解題架構 乙依民法第88條第2項及第92條撤銷後，再依民法第179條請求甲返還二十萬元，並得請求民法第245-1條締約過失損害賠償責任。

答 (一) 乙得主張民法第88條第2項物之性質錯誤的撤銷權：

依民法第88條第2項規定，當事人之資格或物之性質，若交易上認為重要者，其錯誤，視為意思表示內容之錯誤。本題玉鐲之品質應屬交易上重要者，而因甲基於詐欺故意所為之詐欺行為，使乙陷於錯誤而為買受玉鐲之意思表示，乙得主張撤銷其意思表示，惟一般認為誤認錯誤僅能撤銷債權行為的意思表示，而不能撤銷物權行為的意思表示，從而乙得對甲主張民法第179條受有價金利益之不當得利，無法律上之原因，應返還乙已支付的價金20萬。

(二) 乙得主張民法第92條詐欺得撤銷權：

依民法第92條規定，因被詐欺或被脅迫而為意思表示者，表意人得撤銷其意思表示。今甲以便宜玉鐲對乙表示該只玉鐲為高級品，並提出偽造之鑑定書，行使詐術使乙陷於錯誤，並支付價金，乙得依民法第92條規定，撤銷移轉價金所有權之意思表示，則移轉價金之物權行為自始終局確定無效，並依民法第179條請求甲返還已支付之20萬。

(三) 乙得主張民法第245-1條締約過失之損害賠償責任：

1. 民法第245-1條規定，契約未成立時，當事人為準備或商議訂立契約而有左列情形之一者，對於非因過失而信契約能成立致受損害之他方當事人，負賠償責任：一、就訂約有重要關係之事項，對他方之詢問，惡意隱匿或為不實之說明者。二、知悉或持有他方之秘密，經他方明示應予保密，而因故意或重大過失洩漏之者。三、其他顯然違反誠實及信用方法者。

2. 甲主動惡意為不實之說明，積極行使詐術，顯然違反交易習慣上之誠實信用原則，從而乙得主張上開締約過失之損害賠償責任。

觀念強化 最高法院33年上字第884號判例：民法第92條第1項所謂詐欺，雖不以積極之欺罔行為為限，然單純之緘默，除在法律上、契紙上或交易之習慣上就某事項負有告知之義務者外，其緘默並無違法性，即與本條項之所謂詐欺不合。

十三、甲在馬路上拾獲乙之身分證、健保卡及其薪資證明等單據，甲貼上自己照片重新影印後，以乙之名義向丙銀行申請信用卡，並填上甲之居所、電話，作為通訊處所與聯絡方式。經查丙疏忽未仔細審查原證件，便核發信用卡與甲。俟甲刷爆信用卡後，其以此係乙之卡債為由不願付款，丙即訴請乙給付，乙拒不承認該債務。問丙就此向甲請求損害賠償，是否有理？若乙因此項卡債遲未清償，致遭聯合信用卡中心註記個人信用不良，3年後，乙請求甲丙連帶賠償其損害，問丙有無抗辯可資主張？
【鐵路高員三級】

破題分析 第一小題之考點在民法第170條第1項，無代理權人以代理人之名義所為之法律行為，非經本人承認，對於本人不生效力。又，依民法第110條之規定，無代理權人，以他人之代理人名義所為之法律行為，對於善意之相對人，負損害賠償之責。本題適用法條時須注意法條要件。第二小題之考點在於無權代理人對本人造成損害時，本人應依據何種請求權基礎對其請求賠償，若本人與無權代理人之間無契約關係者，本人得依無因管理（民法第177條）、不當得利（民法第179條）或侵權行為（民法第184條第1項後段）向無權代理人請求賠償其損害。但本題題目是乙要請求「甲、丙」連帶賠償，有規定連帶責任者僅有侵權行為一章（民法第185條），故應以侵權行為為本題之請求權基礎。請求權時效完成者，依民法第144條之規定，債務人得拒絕給付，本題應討論丙是否得援用民法第197條之時效抗辯。

解題架構

(一) 破題—將本題結論做為標題：

1. 闡釋民法中關於無權代理之法律規定、規定性質。
2. 涵攝本案事實。

(二) 破題—將本題結論做為標題：

1. 說明在無權代理之情形下，依民法無因管理、不當得利、侵權行為之規定，本人得對無權代理人主張損害賠償。
2. 涵攝本案事實—說明乙可依侵權行為之規定向甲、丙請求連帶負損害賠償責任。
3. 涵攝本案事實—說明丙可以依侵權行為之時效規定，主張因時效完成不須給付乙賠償。

答 (一) 丙請求甲賠償其損害，應有理由。

1. 他人以本人名義，對外為法律行為而法律效果直接歸屬於本人者，稱為代理。代理人無法律上權源或未得本人授權時，民法第170條第1項規定：無代理權人以代理人之名義所為之法律行為，非經本人承認，對於本人不生效力。因此，若無權代理之行為，事後不為本人所承認者，本人不需負擔任何履行義務之外，相對人若對於無權代理人所為之法律行為，不知其未經本人授與代理權，仍與之為交易因此受有損害者，得依民法第110條之規定，向無權代理人請求賠償其損害。蓋民法第110條之損害賠償責任性質係法定無過失責任、法定擔保責任，不以無權代理人有故意或過失為要件，只要交易相對人是善意不知其無代理權、並因該無權代理行為受有損害者，即得向無權代理人請求損害賠償。又損害賠償之範圍，依最高法院85年台上字2072號判決意旨，不得超過相對人因契約有效所得利益之程度，即履行利益而言。
2. 本題中，甲在未獲乙授權之情形下，擅自利用乙之身分資料，與丙締結信用卡核發、使用之契約，並刷爆該信用卡，拒絕清償債務。此信用卡契約經本人乙拒絕承認，法律效果並不歸屬於乙，因此丙亦無法向乙請求清償刷卡債務。丙因不知甲無代理乙之權限，核發信用卡予甲使用，而受有債權無法滿足之損害，應使無權代理人甲負起最終之賠償責任，故丙得依民法第110條向甲請求相當於契約履行所受利益之損害賠償。

(二) 乙若向甲、丙請求連帶賠償其損害，丙或可主張民法第144條之時效完成抗辯。

1. 無權代理之本人受有損害者，得依個案狀況，分別依照民法無因管理、不當得利、侵權行為之規定，向無權代理人請求賠償因其行為所致生之損害，蓋無權代理人未受本人授權，卻以其名義代理為法律行為者，有可能構成民法第174條之不正當無因管理或第177條之不適法無因管理；無權代理人亦可能因其不法代理之行為致生損害於本人，而獲得無法律上原因所得之利益；無權代理人之代理行為，更可能構成以故意或過失，不法侵害本人權利致本人受有損害之侵權行為，無權代理人均須為此損害負起賠償責任。

2. 本題中，乙之金融聯徵信用，因甲無故意權代理其向丙申請信用卡，又不願清償刷卡款項，導致信用紀錄被註記為不良，對乙之財產權、人格權侵害重大，乙固可依照民法第174條第1項、177條第2項，準用第177條第1項向甲主張權益，亦可以用民法第179條向甲追討其無法律上原因所獲之利益，但致乙信用不良之侵害行為中，丙因疏忽未善盡審核個人資料之義務而核發信用卡，使甲能夠以乙之名義刷卡、欠債，丙之過失行為亦與乙之損害間具有因果關係，故乙應可依民法第184、185條之共同侵權行為人應連帶負損害賠償責任之規定，向甲、丙主張連帶賠償其財產信用權等損害。

3. 然而，依民法第197條之規定，因侵權行為所生之損害賠償請求權，自請求權人知有損害及賠償義務人時起，二年間不行使而消滅，自有侵權行為時起，逾十年者亦同。依本題情況，乙自知有損害以及賠償義務人，至向甲、丙請求侵權行為損害賠償時，應已過了二年時效，故丙可以依民法第144、197條之規定，向乙主張時效已完成，拒絕給付賠償。

觀念強化

(一) 民法第110條相關實務見解：最高法院民事判例56年台上字第305號「無權代理人責任之法律上根據如何，見解不一，而依通説，無權代理人之責任，係直接基於民法之規定而發生之特別責任，並不以無權代理人有故意或過失為其要件，係屬於所謂原因責任、結果責任或無過失責任之一種，而非基於侵權行為之損害賠償。故無權代理人縱使證明其無故意或過失，亦無從免責，是項請求權之消滅時效，在民法既無特別規定，則以民法第一百二十五條第一項所定十五年期間內應得行使，要無民法第一百九十七條第一項短期時效之適用，上訴人既未能證明被上訴人知悉其無代理權，則雖被上訴人因過失而不知上訴人無代理權，上訴人仍應負其責任。」

(二) 民法第185條共同侵權行為責任：損害之造成須係多數人造成同一之損害，此即為「損害共同關連性」，多數學者及實務見解（最高法院67年台上1737號判例）均認為，損害之造成僅需多數行為人之過失客觀上競合而成，即可論以本條，不以多數行為人間主觀上有意思聯絡為必要。

十四、甲女半夜接到乙同事傳來「想你」的手機簡訊，丈夫丙認定甲有外遇，大吵後分居至今還鬧離婚，甲控告乙侵害其人格權，害其家庭失和並求償一百萬元。試問：甲之主張有無理由？【高考三級】

答 甲之主張無理由：

依民法第195條第1項規定，不法侵害他人之身體、健康、名譽、自由、信用、隱私、貞操，或不法侵害其他人格法益而情節重大者，被害人雖非財產上之損害，亦得請求賠償相當之金額。其名譽被侵害者，並得請求回復名譽之適當處分。同條第3項則規定，於不法侵害他人基於父、母、子、女或配偶關係之身分法益而情節重大者，準用之。本題中，乙若明知甲已婚而仍傳送此類曖昧簡訊，是否屬於不法侵害他人基於配偶關係之身分法益而情節重大者？此應探究此類曖昧簡訊是否等同已不法侵害他人基於配偶關係之身分法益而情節重大之情形而定。

民法第195條第3項之構成要件之一為該侵權行為已屬「情節重大者」，例如證實已有通姦行為等破壞婚姻信任關係等事由存在。題示情形，同事乙傳送一則曖昧簡訊，並沒有任何積極證據得以證實甲乙之間有婚姻外之性關係存在，自不宜遽認此種行為即屬不法侵害之「情節重大者」。

綜上，乙之行為尚不構成侵權行為，並不適用民法第195條第3項之規定，甲不得向乙請求損害賠償。

十五、試附理由說明下列約定之效力：

(一)甲男與乙女交往，乙女因而未婚懷孕，雙方簽立之切結書記載：「乙所懷係私生子，甲慎重提醒宜予墮胎，未婚生子對任何家庭都是傷害，若乙堅持產下，以後一切扶養責任自行負責。縱令甲之後有給孩子扶養費，孩子亦不得繼承甲之財產。」

(二)甲女於離婚後單獨養育乙、丙二子，甲獨自負擔乙、丙於成年以前之生活費用，以及成年後因補習、重考及就讀牙醫系期間之所有費用。俟乙、丙成年後就讀大學二年級時，甲與其二子簽立協議書，約定：「甲唯恐老來仰人鼻息，乙、丙同意在取得牙醫師資格後，應至甲出資之牙醫診所執業，以攤還甲所支出之扶養費用，乙、丙承諾把收入純利的百分之六十按月逐次攤還至新臺幣5000萬元為止。日後如乙、丙之婚姻對象與甲商討或孝心感人，甲將斟酌減少上開金額。甲之存款、房地產概由乙、丙兩兄弟平分。」【身障三等】

破題分析 本題係以實務上之判決案例作為考題，其考點在測驗此二約定內容是否該當民法第71條及民法第72條之規定。可就民法所謂「違反強制或禁止之規定者」及「公共良俗」加以說明，並就此二約定內容綜合具體判斷有無其規定之適用。

解題架構

(一) 法律行為生效要件（民法第71條、民法第72條）。

(二) 「強制規定」、「禁止規定」、「取締規定」及「效力規定」說明（民法第71條）。

(三) 公序良俗定義及判斷（民法第72條、最高法院69年台上字第2603號判例、最高法院102年度台上字第1686號判決）。

(四) 綜合判斷此二約定內容之效力。

答 我國民法中關於法律行為的一般生效要件有「當事人有行為能力」、「標的可能、確定、適法及妥當」及「意思表示健全且無瑕疵」三項，其中「標的可能、確定、適法及妥當」係法律對私法自治的限制與調和，意即法律行為雖可依當事人意思自行約定，但也非漫無限制，如若其約定內容違反強制或禁止規定（民法第71條）或有背於公序良俗（民法第72條），其行為效力則可能為無效。而以本題之約定內容而言，其有效與否則應視其是否該當民法第71條「違反強制或禁止之規定」或民法第72條所稱「有背於公共秩序或善良風俗者」之規定：

(一) 民法第71條所稱「強制規定」、「禁止規定」、「取締規定」及「效力規定」係強行法規定之概念。

1. 民法第71條規定「法律行為，違反強制或禁止之規定者，無效。但其規定並不以之為無效者，不在此限」。
2. 法律分為強行法及任意法，強行法規定之內容不容許當事人依照自己之意思變更適用，故強行法中即有所謂「強制規定」及「禁止規定」，亦即民法第71條本文所指「強制或禁止之規定」者：

(1)強行規定即命當事人應為一定行為。

(2)禁止規定則係命當事人不得為一定行為。另禁止規定又可再分為「取締規定」與「效力規定」兩種：

A. 取締規定係取締違反之行為，對違反者加以制裁並禁遏其行為，但不否認其行為之私法上效力（民法第71條但書）。

B. 效力規定則不僅取締違反之行為，且否認其私法上之效力。

(二) 民法第72條所稱「公序良俗」係屬不確定之抽象法律概念。

1. 民法第72條規定「法律行為，有背於公共秩序或善良風俗者，無效」。
2. 民法第72條中所稱「公序良俗」屬於不確定之抽象法律概念，學說或實務上也難有具體明確判斷標準；依最高法院69年台上字第2603號判例指出「所謂公序良俗係指國家社會一般利益及道德觀念而言」，最高法院102年度台上字第1686號判決亦指出「民法第72條所謂法律行為有背於公共秩序或善良風俗者無效，乃指法律行為本身違反國家社會一般利益及道德觀念而言。而法律行為是否違反公序良俗，則應就法律行為之內容、附隨情況，以及當事人之動機、目的暨其他相關因素綜合判斷之」，故應依時代變遷、社會思潮、經濟狀況及地區環境等差異來綜合判斷，於個案中具體認定。

(三) 依據上述概念，本題約定內容效力之分析結果如下：

1. 甲男與乙女簽立切結書有「教唆墮胎」、拒負「應扶養子女」之法定義務及剝奪「經撫育視為婚生子女者得繼承生父遺產」權利之內容，已違反法律規定並違反公序良俗，故其約定無效：

(1) 教唆墮胎：切結書記載「乙所懷係私生子，甲慎重提醒宜予墮胎」，查未婚生子非優生健保法規定之墮胎法定要件且違反刑法墮胎罪專章規定，故甲男涉及教唆墮胎，涉有違反優生保健法規定、違反善良風俗之情形。

(2) 拒負扶養子女之法定義務：切結書記載「若乙堅持產下，以後一切扶養責任自行負責」，涉有違反民法第1084條第2項、第1114條、第1116條父母對未成年子女應盡保護、教養及扶養義務規定，且此法定之扶養責任亦非由甲乙約定即可免除，故有該當民法第71條規定之情形。

(3) 剝奪「經撫育視為婚生子女者得繼承生父遺產」權利：切結書記載「縱令甲之後有給孩子扶養費，孩子亦不得繼承甲之財產」，依民法第1065條規定「非婚生子女經生父認領者，視為婚生子女，其經生父撫育者，視為認領」，若甲給孩子扶養費則視為認領，即已發生法定親子關係，故依民法第1138條規定得繼承生父遺產，非由約定即可剝奪法定繼承權利；故切結書內容有違反民法規定之情形。

綜上，此約定內容已違反民法第71條及第72條規定，此約定無效。

2. 此約定返還金額條款定有金額上限並以收入60%計付金額，且因將來亦有減少催討之可能，故此約定尚未達違反公序良俗之情形（民法第72條）；另依民法規定，撫養之方法與費用非不得事先協議之（民法第1120條），故該約定為有效：

(1) 本案係約定乙丙執行牙醫後，應以其收入60%，逐次清償甲代墊支付之扶養費用至新臺幣5000萬元為止，此約定返還金額條款定有金額上限並係以收入60%之比例計算，難以判定將使乙丙兩人無法生存，另因約定將來亦有減少催討之可能性，故尚未達違反公序良俗（民法第72條）之情形。

(2) 另由民法第1120條規定「扶養之方式，由當事人協議定之；不能協議時，由親屬會議定之。但扶養費之給付，當事人不能協議時，由法院定之」，故甲與乙丙間非不得事先協議扶養之方法與費用，故無違反公序良俗（民法第72條）或其他不合法（民法第71條）之情事。

綜上，此約定為有效。

觀念強化

(一) 本題第一小題係最高法院102年度台上字第726號判決之真實案例，考生可至「裁判書查詢-法學資料檢所-司法院」網站查詢其歷審裁判書以為參考。

(二) 本題第二小題係最高法院103年台上字第2036號判決之真實案例，考生可至「裁判書查詢-法學資料檢所-司法院」網站查詢其歷審裁判書以為參考。

相關考題

(一) 已婚之甲男與乙女同居，甲之妻丙知其事後乃相約與乙談判，動之以情，乙願意與甲終止同居關係，甲勉強同意並表示贈與乙新臺幣（下同）五百萬元供其生活之用，乙允受之，並經公證。一個月後，甲反悔，仍欲與乙繼續同居之關係，乙則拒絕之。試問：乙得否向甲請求給付五百萬元？【高考三級】

(二) 民法第71條規定：「法律行為，違反強制或禁止之規定者，無效。但其規定並不以之為無效者，不在此限。」請舉民法規定二者為例，說明本條但書所稱之「但其規定並不以之為無效者，不在此限。」此外，實務見解認為，本條所謂之禁止規定，僅指效力規定而言，不含取締規定在內，請就此實務見解，亦舉案例三者說明之。【高考三級】

十六、甲為受輔助宣告之人，某日騎腳踏車逆向行駛與乙駕駛的小客車擦撞，甲自覺理虧，在未告知輔助人丙的情形下，當場與乙成立和解同意賠償修車費3000元。試問甲乙丙對該和解各得為如何之主張？【鐵路高員三級】

破題分析 受輔助宣告人所為之和解約效力未定。

解題架構 本題從民法第15-2條第1項及第2項規定可知受輔助宣告人所為之特定行為須輔助人同意。

答 (一) 甲為受輔助宣告人，得主張該和解契約應經輔助人同意：

1. 甲為受輔助宣告人，依民法第15-2條第1項第4款規定，受輔助宣告之人為下列行為時，應經輔助人同意。但純獲法律上利益，或依其年齡及身分、日常生活所必需者，不在此限：四、為和解、調解、調處或簽訂仲裁契約。從而該和解契約應經輔助人同意。

2. 本例甲未通知任何人，應認未經輔助人同意，依民法第15-2條第2項規定，第78條至第83條規定，於未依前項規定得輔助人同意之情形，準用之。從而準用民法第79條規定，限制行為能力人未得法定代理人之允許，所訂立之契約，須經法定代理人之承認，始生效力。甲得主張在輔助人為承認與否之意思表示前，和解契約效力未定。

(二) 丙得主張不同意和解契約，使和解契約歸於無效：

丙得主張不同意該和解契約，使契約無效，依民法第111條第1項規定，法律行為之一部分無效者，全部皆為無效。

(三) 乙有催告權及撤回權：

為使效力未定的狀態早日確定，乙並有「催告權」、「撤回權」，依民法第15-2條第2項準用第80條規定，前條契約相對人，得定一個月以上之期限，催告法定代理人，確答是否承認（第1項）。於前項期限內，法定代理人不為確答者，視為拒絕承認（第2項）。另準用民法第82條規定，限制行為能力人所訂立之契約，未經承認前，相對人得撤回之。但訂立契約時，知其未得有允許者，不在此限。

觀念強化 僅成年人、未成年人已結婚者，始有受輔助宣告之實益。

十七、甲男經營A公司，育有8歲之乙女。甲先贈與、並過戶其名下市值新臺幣（下同）4,000萬元之B房地予乙。其後，甲再以乙之法定代理人的身分，以乙之名義與丙銀行簽立保證書，承諾就A公司向丙銀行所借之2,000萬元借款債務及其利息等從屬於主債務之負擔，負連帶保證責任。嗣A公司未依約清償，丙銀行遂訴請乙連帶清償上開借款本息3,000萬元。試附條文與理由，說明：

(一) 甲贈與並過戶B房地予乙之法律行為的效力為何？

(二) 甲以乙之名義訂立保證契約的效力又如何？【普考】

破題分析 涉及限制行為能力人的純獲法律上之利益，以及民法第1088條第2項但書規定之意旨。

答 (一) 依民法第13條第2項：「滿七歲以上之未成年人，有限制行為能力。」
民法第77條：「限制行為能力人為意思表示及受意思表示，應得法定代理人之允許。但純獲法律上利益，或依其年齡及身分、日常生活所必需者，不在此限。」
民法第106條：「代理人非經本人之許諾，不得為本人與自己之法律行為，亦不得既為第三人之代理人，而為本人與第三人之法律行為。但其法律行為，係專履行債務者，不在此限。」
民法第1086條第1項：「父母為其未成年子女之法定代理人。」
民法第1088條第2項：「父母對於未成年子女之特有財產，有使用、收益之權。但非為子女之利益，不得處分之。」

(二) 依題示，甲之女兒乙為民法第13條第2項所指之限制行為能力人，甲依民法第1086條為乙之法定代理人，其將B房地贈與給乙，對乙來說屬於純獲法律上利益之情事，單純取得B房地之利益而無須負擔其他義務，故此贈與行為有效。

(三) 惟甲以乙之名義訂定保證契約，因此舉將會使乙背負債務，惟論者有謂保證行為不利於女兒乙，有實務見解認為在該財產所擔保之數額內，因子女將來可以以該財產清償債務，前揭情形並無不利於子女。然本人以為縱使子女有財產可以清償債務，然代理子女訂定保證契約之行為仍不利於子女，而屬代理權之濫用。故本題中，甲代理乙訂定之契約應適用第1088條第2項之：「父母對於未成年子女之特有財產，有使用、收益之權。但非為子女之利益，不得處分之。」該代理行為無效，或俟乙成年後承認系爭契約而生代理之效力。

十八、甲的配偶乙懷有7個月大的胎兒丙，甲、乙雙方共同討論後，由甲向丁購買一戶預售屋。甲支付部分價金給丁之後，某日甲搭船出海潛水，卻未隨船返航，也不知去向。請依本例情形，說明對甲的死亡宣告應符合那些要件？宣告後會發生何等效力？丙的權利能力應如何認定？【鐵特高員三級】

破題分析 本題為用實例題包裝之申論題，死亡宣告與胎兒之權利能力，應屬基本觀念。

答 (一) 死亡宣告之要件

1. 死亡宣告係自然人失蹤一定期間，經利害關係人或檢察官聲請，由法院為死亡宣告之制度。按自然人失蹤已久，生死不明，其有關之權利義務，難以確定，影響利害關係人甚鉅，故設立死亡宣告制度，以確定法律關係。
2. 宣告死亡之要件：
   (1) 自然人現已失蹤。所謂失蹤係指失蹤人離去其最後住所或居所，而陷於生死不明之狀態而言 。
   (2) 需失蹤達一定期間。一般人滿7年，80歲以上滿3年或遭遇特別災難為滿1年。
   (3) 須經利害關係人或檢察官之聲請。所謂利害關係人，係指失蹤人之配偶、繼承人、法定代理人、債權人、受贈人、受遺贈人、人壽保險金受領人、人壽保險金受贈人、不動產之共有人及其他就死亡宣告有身分上及財產上利害關係之人而言，若失蹤人無遺產繼承人，國庫亦得為利害關係人。因遺產稅之徵收屬公法關係，是遺產稅徵收機關，自非利害關係人，不得為死亡宣告之聲請。
   (4) 須經公示催告。即法院在為死亡宣告前，應經公示催告程序，使失蹤人有陳報其生存之機會，暨知悉失蹤人生死者，有陳報其所知之機會。法院應就公示催告之聲請為裁定，法院准許聲請者，應為公示催告。

(二) 死亡宣告之效力

1. 權利能力因死亡宣告而終止，但外國立法例有僅限於財產關係者，我國不採之，即財產關係與身分關係均受死亡宣告之影響。

2. 死亡宣告有絕對效力，即利害關係人均生效力，而任何人對失蹤人亦均可主張。
3. 死亡宣告僅有推定之效果，故可舉證推翻，即例外採真實死亡制。
4. 死亡時間之推定，應以判決內所確定死亡之時，推定其為死亡。
5. 失蹤人失蹤後未受死亡宣告前，其財產之管理之非訟事件法之規定，以維持公益。

(三) 胎兒之權利能力認定

1. 按民法（下同）第7條之規定，胎兒以將來非死產者為限，關於其個人利益之保護，視為既已出生。
2. 通說採附解除條件說，因此胎兒雖未出生但已有權利能力，得為權利義務之主體，又雖其無行為能力，但其父母得為法定代理人而代其為意思表示或受意思表示，第76條定有明文。惟胎兒若死產者，則因解除條件成就，解釋上，死產宜有溯及權利能力取得時不生效力之效果，否則無以解決身分及財產問題，故應無第99條第2項於解除條件成就時失其效力之規定。

十九、雙方代理而成立之契約，其效力如何？無權處分他人動產所有權之物權契約，其法律效果又如何？試附理由分項解答之。【身障三等】

破題分析 第一小題考點在於民法第106條之規定，只要了解內容，即可輕鬆解題；第二小題必須先引用民法第118條關於無權處分之規定，再引導至對於無權處分「動產」之法律行為，民法第801、948條有特別規定關於善意第三人「占有」狀態之保護，亦可解出本題。

解題架構

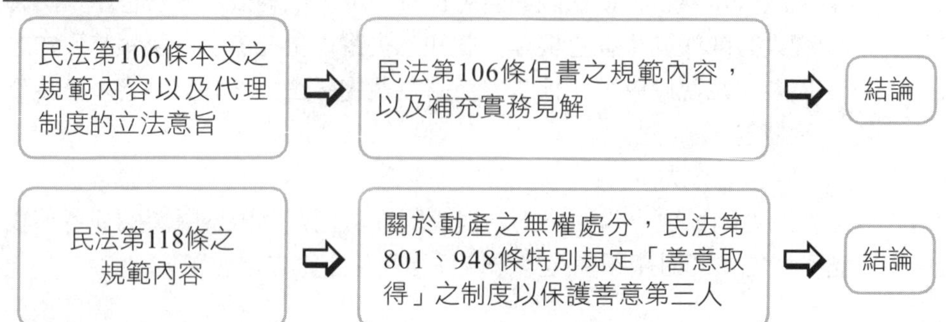

答 (一)

1. 民法第106條規定：「代理人非經本人之許諾，不得為本人與自己之法律行為，亦不得既為第三人之代理人，而為本人與第三人之法律行為。但其法律行為，係專履行債務者，不在此限。」蓋「代理」為現今經濟活動中經常使用之交易模式，係本人授權予代理人，使代理人代其為意思表示或收受意思表示，與他人締結契約或對外作成法律行為，產生法律效果，而法律行為之效力直接歸屬於本人者。為配合社會環境之開放，本人透過授權予他人代理其為法律行為，擴張自己從事社會經濟活動之範圍，而自己從中受益，此係代理制度的立法基礎；然若代理人同時受本人及相對人之授權或委任，同時代理兩方為交易行為，或受本人之授權與自己為交易者，因人性之自利傾向而可能產生利害衝突的問題，使受代理之交易雙方均無法從中獲利，甚至可能發生損害，與代理制度的本質有所矛盾，但經本人衡量後，如認代理行為無損其利益者，基於尊重本人意願又不違反代理制度本旨之情況下，仍可由本人承認使雙方代理行為生效，最高法院79年台上1292號判決：「違反禁止雙方代理之規定而為之代理行為，並非當然無效，應解為係無權代理行為，如經本人事後承認，即為有效。」同旨。故民法第106條本文規定：雙方代理之行為，非經本人承認前，效力未定。
2. 同條但書規定：若代理人代理本人之行為專為履行債務者，不在此限，在此係指代理人為自己對本人清償債務，或代理人受第三人授權而向本人清償債務而言，蓋債務之清償對本人（債權人）而言是絕對有利之行為，對本人之既有權益又不生任何損害，故本條例外允許此類型之雙方代理行為。
3. 綜上所述，雙方代理而做成之契約，在本人承認之前，此契約效力未定，法律關係仍處於浮動之狀態；但若此契約係為履行代理人本身或第三人對「本人」所負之債務者，例外有效。

(二)

1. 民法第118條第1項規定：無權利人就權利標的物所為之處分，經有權利人之承認始生效力。蓋物權行為又稱處分行為，內容係以物權之移轉、設定、變更為目的，就權利標的物無處分權之人逕行將該物處分予第三人者，該處分行為在得到權利人之事後承認之前，應解為效力未定；為使法律關係早日安定，並兼顧原權利人或第三人因此取得之利益，同法第2項規定：無權利人就權利標的物為處分後，取得其權利者，其處分自始有效，但原權利人或第三人已取得之利益，不因此而受影響。

2. 若權利標的物為動產，由於動產並沒有如同不動產之登記名義等等公示外觀，可供交易相對人辨認動產之權利狀態，如果交易相對人係善意無重大過失、不知讓與人無讓與之權利，但原權利人卻拒絕承認該無權處分，該善意第三人之信賴和已取得之權益將被剝奪，為貫徹民法第118條第2項之立法目的，並保障動產交易之安全，民法第801條「動產之受讓人占有動產，而受關於占有規定之保護者，縱讓與人無移轉所有權之權利，受讓人仍取得其所有權。」、第948條第1項「以動產所有權，或其他物權之移轉或設定為目的，而善意受讓該動產之占有者，縱其讓與人無讓與之權利，其占有仍受法律之保護。但受讓人明知或因重大過失而不知讓與人無讓與之權利者，不在此限。」之規定，將使動產交易之善意第三人對該無權處分標的物之占有受到法律上保護，此時原所有權人將無法對善意第三人主張返還標的物。

3. 綜上所述，無權處分他人動產所有權之物權契約，在原處分權人承認之前，均屬效力未定；若原處分權人拒絕承認之，該物權契約將歸自始無效，原處分權人得依民法第767條等規定，向相對人主張返還標的物，但若相對人係善意無重大過失，不知讓與人無處分標的物之權限者，依民法第801、948條第1項之規定，相對人仍有占有該標的物之正當權源，原處分權人將無法請求其返還之。

觀念強化

(一) 代理行為專為履行債務者，並不會創造新的法律關係，而是在結束已成立的法律關係，對本人而言並無任何不利益；此所謂履行債務，原則上應指單純的清償行為，其他類型的債務清償，例如抵銷、代物清償等等，應衡量當事人雙方之利害關係，確定與本人利益不相違背之後，方能認為此代理有效。

(二) 最高法院65年台上字第840號判例意旨：民法第一百零六條關於禁止雙方代理之規定於意定代理及法定代理均有其適用。

(三) 「占有」並非一種「權利」，而是一種受法律保護的事實狀態，基於原占有人之意思移轉占有予善意第三人者，該善意第三人將可主張民法第801、948條，或第886、948條，維持其占有狀態；非基於原占有人之意思而移轉標的物之占有者，則應適用民法第949條至第951條之規定檢討善意第三人之占有狀態，決定是否應返還標的物予原權利人。

二十、甲駕汽車，乙騎機車，二人在郊區發生車禍，甲的汽車有部分毀損，乙的機車全毀，身體並有多處受傷。請說明甲在何種情形得主張正當防衛或緊急避難？乙在何種情形得為自助行為？【鐵特高員三級】

破題分析 本題為用實例題包裝之申論題，私力救濟章節就民法總則而言，相對冷門，但觀念不難，應可輕易拿分。

答 (一) 甲之部分

1. 正當防衛

按民法（下同）第149條之規定，對於現時不法之侵害，為防衛自己或他人之權利所為之行為，不負損害賠償之責。但已逾越必要程度者，仍應負相當賠償之責。要件如下：

(1)須有侵權存在。
(2)須侵害係現時。
(3)須侵害係屬不法。
(4)須係防衛自己或他人之權利。
(5)須防衛未逾越必要程度。

2. 緊急避難

按第150條第1項之規定，因避免自己或他人生命、身體、自由或財產上急迫之危險所為之行為，不負損害賠償之責。但以避免危險所必要，並未逾越危險所能致之損害程度者為限。要件如下：

(1)須有危險存在。
(2)須危險屬急迫。
(3)須為保全自己或他人生命、身體、自由或財產。
(4)須避難行為係避免危險所必要。
(5)須未逾越危險所能致之損害程度。
(6)須危險之發生行為人無責任。

3. 正當防衛與緊急避難之主要區別，在於正當防衛之性質，係正對不正的反擊行為，屬權利行為之行使；緊急避難之性質，係正對正之加害行為，屬放任行為之行使。
4. 甲得否行使正當防衛亦或緊急避難，端視車禍為不法狀態亦或急迫狀態，而為主張。

(二) 乙之部分
1. 按第151條之規定，為保護自己權利，對於他人之自由或財產施以拘束、押收或毀損者，不負損害賠償之責。但以不及受法院或其他有關機關援助，並非於其時為之，則請求權不得實行或其實行顯有困難者為限。要件如下：
(1)須為保護自己之權利。
(2)須其情事急迫有實施自助行為之必要。
(3)須限於對他人之自由或財產施以拘束、押收或毀損。
(4)須事後向法院聲請處理。
2. 甲乙發生車禍，縱有侵權行為之發生，然欲主張自助行為，仍須符合上開要件，方得主張之。

二一、某甲30歲，為A小型租車公司的董事，為公司業務開車且車上有10位客戶，途中為閃避一煞車失控的貨車以免造成全車人員重傷，因此急轉彎，不得已而撞傷路旁之攤販乙。請問乙得否向甲及A公司請求因受傷的損害賠償？若甲和A公司拒絕賠償，是否有法律理由？【地特三等】

破題分析 本題之第一小題考點在民法第28條所規定之法人侵權責任，必須熟悉民法第28條之規定，以及民法第184條規定之侵權行為構成要件（客觀要件/主觀要件），方能正確判斷法人代表人因執行職務所加於他人之損害是否為侵權行為，且法人是否須對其連帶負責。第二小題之考點在於，甲和A公司得否主張民法上之緊急避難阻卻違法。

解題架構

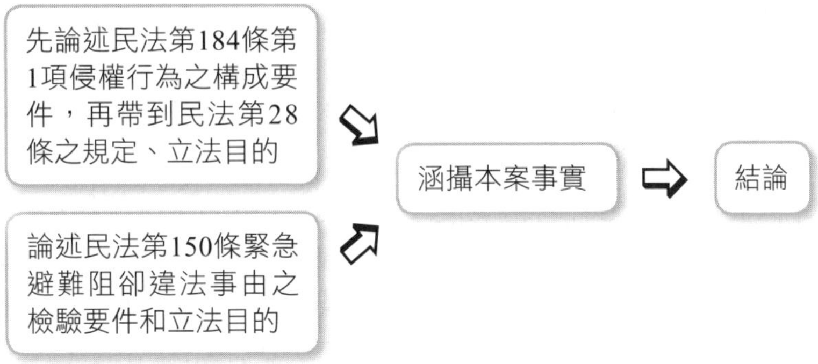

先論述民法第184條第1項侵權行為之構成要件，再帶到民法第28條之規定、立法目的 ⇘

論述民法第150條緊急避難阻卻違法事由之檢驗要件和立法目的 ⇗

涵攝本案事實 ⇨ 結論

答 (一)

1. 民法第184條第1項規定：因故意或過失，不法侵害他人之權利者，負損害賠償責任。故意以背於善良風俗之方法，加損害於他人者亦同。行為人之加害行為是否成立本條所指之侵權行為，而須對受有損害之他人付賠償責任，須檢驗以下要件：行為人之行為客觀上必須不法侵害他人法律上之權利或利益，且行為與損害間須具備因果關係；行為人主觀上須具備故意或過失。如該行為人係法人之代表人，依經驗法則，代表人執行法人所交派之職務，且法人與其代表人之間通常有選任、監督、管理之關係，為完善侵權行為之賠償責任歸屬，同法第28條規定：法人對於其董事或其他有代表權之人因執行職務所加於他人之損害，與該行為人連帶負賠償之責任，因此侵權行為之受害人可同時對法人及其代表人請求賠償其損害，且法人與其董事或代表人彼此間對該筆損害賠償負連帶責任。
2. 本題中，甲為A公司的董事，甲為公司業務開車搭載10位客戶，可認為係甲執行職務之行為；甲為閃避煞車失控之貨車，選擇撞傷路旁攤販乙之行為，屬於甲出於故意、侵害乙之身體權和財產權之侵權行為，如甲之行為具備侵權行為之不法性，甲對乙應負起民法第184條之損害賠償責任，且A公司依民法第28條之規定，應與甲連帶負責，故乙得向甲及A公司請求其身體受傷的損害賠償無疑。
3. 結論：乙得依民法第184條、第28條之規定，向甲和A公司主張損害賠償。

(二)

1. 民法第150條第1項規定：因避免自己或他人生命、身體、自由或財產上急迫之危險所為之行為，不負損害賠償之責。但以避免危險所必要，並未逾越危險所能致之損害程度者為限。此係民法中的「緊急避難」阻卻違法事由明文，在符合緊急避難情狀之下所發生之侵權行為，得以依本條權衡在侵權行為發生之當下是否有急迫之危險、行為人所保護與所侵害之法益輕重、侵害行為之程度、侵害行為是否為避免危險所必要等要件，決定是否構成侵權行為之阻卻違法，使行為人得不負損害賠償責任。本條立法目的在於，侵害發生當下，基於人性防衛自己或他人權利之本質，如欲保護之權利較被侵害的權利經過權衡後在質或量上有更優越、更須保護之必要，為了保護此評價較高的法益，在必要的程度內侵害無辜第三人的低價利益，為法律所承認的利益衝突。
2. 本題中，甲撞傷攤販乙之行為，客觀上雖明顯為侵權行為，然衡酌侵害行為發生之當時情狀，甲係為閃避兩車對撞之急迫危險、保護車上10人之生命身體法益，方選擇侵害乙一人之身體、財產等法益，以民法第150條緊急避難條文之要件檢驗之，甲之侵權行為應得據民法第150條主張阻卻違法，故甲之行為不具侵權行為之違法性，不須賠償乙之損害，A公司在甲之行為不構成侵權行為之情況下，亦不須依民法第28條和甲連帶負責。
3. 結論：甲和A公司得依民法第150條第1項之規定，主張緊急避難阻卻侵權行為之違法，而不須負責賠償乙之損害。

觀念強化

民法第184條規定：

(一) 因故意或過失，不法侵害他人之權利者，負損害賠償責任。

(二) 故意以背於善良風俗之方法，加損害於他人者亦同。違反保護他人之法律，致生損害於他人者，負賠償責任。但能證明其行為無過失者，不在此限。

判斷侵權行為是否成立之要件：

1. 客觀要件：侵害行為、侵害他人法律上權利或利益、損害結果、因果關係、不法（違法）事實。

2. 主觀要件：行為人主觀上必須有故意或過失，或故意以背於善良風俗之方法、故意為保護他人之法律者。
3. 最高法院108年度台上字第2035號請求損害賠償事件，最高法院經由徵詢程序達成統一見解，民國89年5月5日修正施行民法第184條規定，於法人亦有適用。（資料來源：https://www.judicial.gov.tw/tw/cp-1888-269402-dfe87-1.html，最高法院新聞稿）

民法第150條規定：

(一) 因避免自己或他人生命、身體、自由或財產上急迫之危險所為之行為，不負損害賠償之責。但以避免危險所必要，並未逾越危險所能致之損害程度者為限。

(二) 前項情形，其危險之發生，如行為人有責任者，應負損害賠償之責。

緊急避難阻卻違法之檢驗要件：

1. 須為「正對正」之侵害情況：侵權行為人和被侵權人均為無辜之人。
2. 急迫之危險：為侵害行為之前須有急迫之危險情狀存在。
3. 比例原則：須權衡保護之法益（限於生命、身體、自由法益）和受侵害之法益質量、侵害之程度、侵害是否具必要性。

二二、何謂物權的請求權？甲無正當權源占有乙所有未登記之A房屋使用，乙一直不知A房屋為甲所占有，至逾20年後始知上情，乃向甲請求返還該屋，甲可否為時效抗辯？【地特三等】

破題分析 本題考點在於物上請求權之時效抗辯制度，區分有登記不動產和無登記不動產而有所不同。

解題架構 民法第767條、大法官解釋第107、164號意旨。

答 (一) 物權的請求權，指基於物權權利人地位所生之請求權，即所謂「物上請求權」。民法第767條第1項規定所有權人之三種「物上請求權」即為典型之表現：「所有人對於無權占有或侵奪其所有物者，得請求返還之。對於妨害其所有權者，得請求除去之。有妨害其所有權之虞者，得請求防止之。」條文所示之物上請求權包括：占有返還請求權、妨害除去請求權、妨害預防請求權，同條第2項規定：「前項規定，於所有權以外之物權，準用之。」因此，如本於所有權以外之物權權利地位，應亦可行使上開物上請求權。

(二) 甲可為時效抗辯。

1. 按民法第767條第1項前段規定：「所有人對於無權占有或侵奪其所有物者，得請求返還之。」此為所有權人本於其權利地位得以行使之「所有物返還請求權」，惟請求權人怠於行使權利時，依同法第125條前段之規定，請求權將因十五年間不行使而消滅。

2. 再按大法官解釋第107號解釋意旨：「查民法第七百六十九條、第七百七十條，僅對於占有他人未登記之不動產者許其得請求登記為所有人，而關於已登記之不動產，則無相同之規定，足見已登記之不動產，不適用關於取得時效之規定，為適應此項規定，其回復請求權，應無民法第一百二十五條消滅時效之適用。復查民法第七百五十八條規定：「不動產物權，依法律行為而取得、設定、喪失及變更者，非經登記不生效力」，土地法第四十三條規定：「依本法所為之登記，有絕對效力」。若許已登記之不動產所有人回復請求權，得罹於時效而消滅，將使登記制度，失其效用。況已登記之不動產所有權人，既列名於登記簿上，必須依法負擔稅捐，而其占有人又不能依取得時效取得所有權，倘所有權人復得因消滅時效喪失回復請求權，將仍永久負擔義務，顯失情法之平。」164號解釋意旨：「已登記不動產所有人之除去妨害請求權，不在本院釋字第107號解釋範圍之內，但依其性質，亦無民法第一百二十五條消滅時效規定之適用。」如無權占有人所占用者，係已登記有名義人之不動產者，登記名義人之返還請求權並無民法第125條之消滅時效適用；但若係無登記名義人之不動產，該實質所有權人之物上請求權就仍應受到消滅時效之拘束。

3. 本題中，甲所占用者係未登記所有人之不動產A房屋，縱使乙為A房屋之實質所有權人，然依上開大法官解釋意旨，未登記所有權人之不動產所有人，其物上請求權之行使應受到消滅時效之拘束，故甲可對乙之請求為消滅時效之抗辯。

二三、甲為未受監護宣告之成年人，於精神錯亂中所訂立之買賣契約、結婚契約及遺囑，其效力如何？試說明之。【地特三等】

破題分析　本題在測驗民法第75條所謂無意識或精神錯亂中所為者為無行為能力之問題。我國民法對於「無意識或精神錯亂」係明文規定於第75條（總則編第四章法律行為第二節行為能力）、第187條（債編第一章通則第一節債之發生第五款侵權行為）及第996條（親屬編第二章婚姻第二節結婚）；故以法規架構而言，除非於編章中有明文規定其法律效果，不然則應回歸總則編之規定。

解題架構

甲為未受監護宣告之成年人，於精神錯亂中所訂立契約之效力：

(一) 所訂立買賣契約無效（民法第75條）。

(二) 所訂立結婚契約有效但得撤銷（民法第996條）。

(三) 所訂立遺囑無效（民法第75條）。

答　甲為未受監護宣告之成年人，於精神錯亂中所訂立之買賣契約及遺囑無效、結婚契約有效但得依法向法院請求撤銷；論述如下：

(一) 甲於精神錯亂中所訂立之買賣契約無效。

1. 依民法第75條規定「無行為能力人之意思表示，無效；雖非無行為能力人，而其意思表示，係在無意識或精神錯亂中所為者亦同」，故依題意，甲雖未受監護宣告，為完全行為能力人，惟依法規規定，其於精神錯亂中之意思表示為無效。
2. 因甲於精神錯亂中之意思表示無效，即所為法律行為無效，故所訂定之買賣契約無效。

(二) 甲於精神錯亂中所訂立之結婚契約有效，但得依法向法院請求撤銷。

1. 我國民法於親屬編婚姻章節對當事人於無意識或精神錯亂中者有特殊規定，即依民法第996條規定「當事人之一方，於結婚時係在無意識或精神錯亂中者，得於常態回復後六個月內向法院請求撤銷之」。
2. 故依民法第996條規定，甲於精神錯亂所訂定結婚契約有效，但可於常態回復後六個月內向法院請求撤銷。

(三) 甲於精神錯亂中所訂立之遺囑無效。

1. 我國民法於繼承編章並未對於精神錯亂中所訂立之遺囑有特殊規定，故應回歸民法總則編第75條規定，即於精神錯亂中之意思表示為無效。

2. 因甲於精神錯亂中之意思表示無效，即所為法律行為無效，故所訂定之遺囑無效。

二四、甲向乙承租一店面經營自助餐廳，未定期限，約定每月一日支付租金。三個月後，甲發現營運收入未如預期，乃於第三個月的最後一日以意思表示錯誤為理由，表示欲撤銷該租賃契約。乙抗辯甲係動機錯誤，不得撤銷。甲主張其意思表示得轉換為終止契約。甲之主張有無理由？【高考三級】

破題分析　本題之解析重點在於民法第88條之意思表示錯誤到底包不包含動機錯誤，以及動機錯誤之定義為何；還有民法第112條關於轉換之規定應用，以正確解題。

解題架構

(一) 引用民法第88條關於意思表示錯誤得撤銷之規定，並剖析「錯誤」之定義。

(二) 再討論民法第112條法律行為之轉換要件，若意思表示之撤銷無效，得否依民法第112條轉換為終止？

(三) 涵攝本案事實。

(四) 結論。

答 (一) 民法第88條第1項規定：意思表示之內容有錯誤，或表意人若知其事情即不為意思表示者，表意人得將其意思表示撤銷之。但以其錯誤或不知事情，非由表意人自己之過失者為限。本條所指之「錯誤」，包含意思表示內容錯誤，以及意思表示之方式錯誤，不論是哪一種錯誤，都是表意人之內心真意與外在表現不一致之矛盾，但表意人在其意思形成之過程中，若對於決定意思表示特定內容之重要事實認知不正確，由於意思表示的動機存在於表意人之內心，無法在交易過程中顯現，為保護交易安全，表意人不可主張動機錯誤以撤銷意思表示；實務見解認為：民法第88條之規定，係指意思表示之內容或表示行為有錯誤者而言，與為意思表示之動機有錯誤之情形有別，亦明白表示動機錯誤之意思表示不得適用民法第88條撤銷之。

(二) 如法律行為無效，但具備其他法律行為之要件，並因其情形，可認當事人若知其無效，即欲為其他法律行為者，其他法律行為，仍為有效。民法第112條對此訂有明文，此為法律行為之轉換規定，蓋現今社會中交易頻繁，民法第98條又規定：解釋意思表示，應探求當事人之真意，不得拘泥於所用之辭句。當法律行為無效時，將不發生當事人所欲實現之法律效果，但為尊重當事人意思表示之真意，貫徹私法自治原則、節省交易成本，應在一定要件下使該法律行為得轉換為其他行為，使當事人之間的交易仍然生效。法律行為之轉換，依學界通說應具備以下條件：原法律行為無效、原法律行為須具備其他法律行為之要件、須客觀上足認當事人若知原法律行為無效，則欲轉為其他法律行為者。舉例而言，個人對支票表示保證付款並在票據背後簽名之法律行為，雖因違反票據法之規定而無效，若依客觀情事得以判斷當事人之真意，係為該支票之簽發背書，即得將簽名保證之行為轉換成為票據背書之行為而有效。

撤銷契約之意思表示，如因不符合撤銷當初締約意思表示之法律規定要件而無效，表意人如知此撤銷行為無效，則欲轉為終止契約之意思表示以達到解消予相對人之間的交易關係之效果者，依民法第112條之規定，應認為撤銷契約之意思表示具備終止契約之意思表示之要件—兩者均為表意人為達解消契約關係之法律效果，對外所做成者，故兩者之間應得以轉換。

(三) 本題中，甲向乙承租店面，係出於租用以經營自助餐廳之動機，方與乙締結租賃契約；今甲因締約當時對於經營條件評估之錯誤，而向乙表示欲撤銷締約之意思表示，並不符合民法第88條之意思表示錯誤得以撤銷之規定，蓋甲之締約動機錯誤非屬民法第88條得以撤銷之錯誤類型，故甲不得主張依民法第88條撤銷其締結租賃契約之意思表示；然而，客觀上甲欲終止該契約之意思，可由甲對乙之表示內容推知，且甲撤銷契約之表示，也具備了向相對人終止契約的行為要件，依民法第112條之規定，應可將甲之意思解釋為：甲乙之間的租賃契約不再繼續，而將撤銷契約之意思表示轉換成終止契約的意思表示。

(四) 結論：甲固不得依民法第88條主張其締約意思表示錯誤得撤銷，但可依民法第112條之規定，將撤銷契約之意思表示轉換成終止契約的意思表示。

觀念強化 民法第112條：無效之法律行為，若具備他法律行為之要件，並因其情形，可認當事人若知其無效，即欲為他法律行為者，其他法律行為，仍為有效。法律行為之轉換，即無效法律行為之轉換，轉換之要件列示如下：

(一) 須具備他法律行為之要件：無效之行為，若不具備他法律行為之要件，則不能轉換。例如不具備法定方式之結婚，則純然無效，不能轉換為其他法律行為；如果是當事人無行為能力等原因導致民事行為不能成立的，也無轉化的基礎。

(二) 須因其情形，可認為當事人若知其無效，即有欲為他法律行為之意思；法律行為制度之目的，原在對意思表示之內容加以合理的解釋，而幫助行為人達成其目的；當事人若知甲種行為無效，即有欲為乙種行為之意思，自不妨使之轉為乙種行為而生效。

法律行為之轉換，本質上是當事人意思解釋的轉換，如法律有特別規定者，稱為法定轉換，例如民法第1193條規定「密封遺囑，不具備前條所定之方式，而具備第一千一百九十條所定自書遺囑之方式者，有自書遺囑之效力。」即為明例；如自客觀情事得以解釋當事人真意而轉換者，稱為意定轉換。

二五、自然人與法人均有權利能力，其始期與終期為何？甲為某股份有限公司之董事長，代表該公司向乙買受土地一筆，價金為五百萬元，乙屆期未受價金之清償，得否請求甲及該公司給付價金五百萬元？【原民三等】

破題分析 本題所測驗之觀念雖基本，但因大部分人通常都只挑重點念，反而容易疏忽此種基本考題，因此可從考古題著手將相關之基本概念題掌握住。

答 (一) 自然人與法人之權利能力始期與終期，分述如下：

1. 自然人：

(1) 按民法（下同）第6條之規定，人之權利能力，始於出生，終於死亡。

(2) 出生之學說，容有陣痛說、一部產出說、全部產出說、斷帶說、泣聲說以及獨立呼吸說之爭執。通說採獨立呼吸說，即自然人須具備

「出」與「生」二個條件才能享有權利能力。所謂出，指完全脫離母體，所謂生，指有生理活存之事實。

(3)關於自然人死亡之時點，學說不一，我國民法採心臟鼓動停止說。雖最近有採腦死說者，然其所衍生之相關問題，仍尚待醫學界與法學界之再努力共識。

2. 法人：

(1)法人之權利能力依第30條之規定，法人須向主管機關登記方能成立，而取得法人之資格，得為權利義務之主體，亦即設立登記完畢之時，法人始具有權利能力。

(2)所謂完成登記，依實務見解觀之，一經主管機關或法院依法登記於法人登記簿，即成立而取得法人資格。

(3)法人之權利能力終於解散清算終了時，因法人不若自然人之有繼承制度，故必須待清算後，法人之人格才消滅，其權利能力才算終止。

(二) 乙之請求無理由，分述如下：

1. 按第27條之規定，法人須設董事，就一切事務代表法人，並執行法人之事務。甲係某公司之董事長，代表公司與乙訂立買賣土地契約，甲與乙所訂立買賣土地之行為，係該公司之行為，故實際上該買賣契約成立於該公司與乙之間。

2. 從而，乙屆期未受清償，應向該公司請求給付價金，而非主張甲與該公司給付價金。蓋第28條之規定，法人對於其董事或其他有代表權之人因執行職務所加於他人之損害，與該行為人連帶負賠償之責任。亦僅限董事於執行職務上有侵權行為，使連帶負損害賠償責任，其射程範圍不及於締結契約之行為。

3. 是以，乙僅能向該公司請求給付價金。

二六、17歲之甲因沉迷於手機遊戲，將零用錢全數花用於購買遊戲內虛擬寶物。某日，甲將其父乙之筆記型電腦出售予丙，並將取得之價金花用殆盡。乙向丙表示拒絕承認甲之行為，丙則向乙表示其為善意第三人，依法可取得該筆記型電腦之所有權，請附具理由回答丙之主張有無理由。

【高考三級】

破題分析　本題之解析重點在於民法第77、79條，關於未成年人與他人締結契約、法定代理人不予承認時，相關法律行為之效力認定，以及第三人得否依民法第801、948條主張善意受讓動產所有權之問題。

解題架構

(一) 引用民法第77、79條規定，闡述未成年人與他人締結契約，但未獲法定代理人事前允許以及事後承認者，該契約以及交付標的物之物權行為效力為何。

(二) 說明在契約無效之情形下，未成年人依民法第118條無權處分其他人所有物，轉得人能否主張善意受讓的問題。

(三) 涵攝本案事實。

(四) 結論。

答 (一) 民法第77條規定：限制行為能力人為意思表示及受意思表示，應得法定代理人之允許。同法第79條規定，限制行為能力人未得法定代理人之允許，所訂立之契約，須經法定代理人之承認，始生效力。民法對於限制行為能力人之意思表示效力有其限制，是為了保護思慮尚未完全成熟之未成年人，不論是物權行為或是債權行為，如限制行為能力人為法律行為之意思表示，未得法定代理人事前允許時，該意思表示係效力未定；若法定代理人事後拒絕承認，則法律行為自始無效。

(二) 若未成年人在未得其法定代理人同意之下，即與相對人締結契約者，該契約之效力將隨法定代理人之承認與否而浮動；若法定代理人事後拒絕承認，契約即自始無效。未成年人依契約約定交付標的物與相對人者，由於欠缺對標的物之支配權源，此物權行為將構成民法第118條之無權處分：無權利人就權利標的物所為之處分，亦須經有權利人之承認始生效力。若有權利人拒絕承認者，此物權行為亦為無效。然而，相對人不知交付人其實是無權處分人時，依民法第801條「動產之受讓人占有動產，而受關於占有規定之保護者，縱讓與人無移轉所有權之權利，受讓人仍取得其所有權。」、第948條本文「以動產所有權，或其他物權之移轉或設定為目的，而善意受讓該動產之占有者，縱其讓與人無讓與之權利，其占有仍受法律之保護。」，相對人將可本其占有標的物之狀態，主張善意取得該標的物之所有權，此係為保護交易安全和法律狀態的安定性。

(三) 本題中，17歲之甲將其父乙之筆記型電腦出售予丙，此買賣契約後經乙拒絕承認而無效，甲對該筆記型電腦並無所有權，卻仍將電腦交付予丙，此處分行為依民法第118條之定義亦為效力未定，經原所有權人甲拒絕承認後，物權行為亦屬無效。丙雖無法本於有效的債權契約和物權行為保有對電腦之占有，但依民法第801、948條之規定，若丙非因其重大過失而不知甲所處分之筆記型電腦係他人之物者，可主張善意受讓該筆記型電腦，其占有狀態應受保護，原所有權人將不得向其主張民法第767條之物上請求權以請求返還之。

(四) 結論：雖未成年人甲未經法定代理人乙允許而出售乙之筆記型電腦予丙，經乙事後拒絕承認，該買賣契約及交付電腦之物權行為均為無效，然依民法第801、948條之規定，丙若非因重大過失不知甲為無權處分人者，其主張善意受讓係有理由。

觀念強化

動產所有權之善意取得要件：

(一) 標的物須為動產。
(二) 讓與人須為動產占有人。
(三) 讓與人須為無權處分人。
(四) 受讓人受讓動產之占有。
(五) 受讓人須善意（無重大過失）。

二七、甲女已懷孕8個月，民國90年10月8日因X百貨公司週年慶前去參觀、購物，豈知是日乙攜帶槍枝前去X公司尋找董事長丙討債、洩恨，甲為流彈擊中，雖經X公司警衛人員緊急送醫治療，但甲中槍之後一直處於昏迷狀態。一個月後甲情況惡化，醫院評估甲恐不治，乃緊急對甲施以剖腹，並在甲死亡後的半小時順利取出嬰兒A。惟A因甲遭受槍傷關係，出生時即罹患腦神經麻痺致一生弱智。問：

(一) 本案若X、乙、丙有應負損害賠償責任之理由，A可否以自己在胎兒時，即有身體及健康之受害而請求賠償？

(二) A對在其出生前已死之母親甲，得否以自己受有損害，依民法規定，對乙、甲及X公司請求損害賠償？【地特三等（一般行政、一般民政、人事行政）】

破題分析 本題測驗胎兒之權利能力相關問題。

答 (一) A得就為胎兒時，即有身體及健康之受害請求損害賠償

1. A得依民法（下同）第184條第1項前段之規定，因故意或過失，不法侵害他人之權利者，負損害賠償責任。向X、乙、丙請求損害賠償。
2. 理由在於侵權行為損害賠償請求權之成立不以發生加害行為時，被害人已具有權利能力為要件，只須加害行為與本例順產胎兒之「健康權」受侵害間具有相當因果關係即可。
3. 亦即於一般情形，損害賠償請求權於有加害事由時，即行發生，惟於出生前侵害之情形，其損害賠償請求權在時間上延後於被害人出生時，始行發生。

(二) A對其出生前已死之母親甲，以自己受有損害而請求損害賠償

1. 胎兒自受胎至出生間，應具備部分權利能力，得享受權利，且出生時非死產，解除條件並未成就（法定解除條件說），依第7條之規定，胎兒以將來非死產者為限，關於其個人利益之保護，視為既已出生，可資參照。
2. 故本例之胎兒A應得主張第192條第2項，被害人對於第三人負有法定扶養義務者，加害人對於該第三人亦應負損害賠償責任。以及第194條之規定，不法侵害他人致死者，被害人之父、母、子、女及配偶，雖非財產上之損害，亦得請求賠償相當金額之財產及精神上之損害賠償。
3. 最高法院66年台上字第2759號判例之意旨：「不法侵害他人致死者，被害人之子女得請求賠償相當數額之慰撫金，又胎兒以將來非死產者為限，關於其個人利益之保護，視為既已出生，民法第194條、第7條定有明文，慰撫金之數額如何始為相當，應酌量一切情形定之，但不得以子女為胎兒或年幼為不予賠償或減低賠償之依據。」參照。

二八、甲未獲乙之授權，擅自以乙代理人之身分與善意之建築商丙為交易，而以乙之名義向丙購買由丙所蓋之A房地一間，乙在交易現場知悉上情，不為反對表示，則上開買賣之效力如何？丙可否主張甲係無權代理，而認上開買賣契約不生效力？【地特三等】

破題分析 本題是表見代理制度的經典考題，分別測驗表見代理對本人和第三人發生何種效力。

解題架構 民法第103條、第169條等。

答 (一) 上開買賣契約對乙仍生效力。

1. 代理人於代理權限內，以本人名義所為之意思表示，直接對本人發生效力。前項規定，於應向本人為意思表示，而向其代理人為之者，準用之；由自己之行為表示以代理權授與他人，或知他人表示為其代理人而不為反對之表示者，對於第三人應負授權人之責任。民法第103條、第169條本文定有明文。蓋代理制度本屬為擴張本人經濟活動範圍、降低交易成本之機制，為維護交易安全，如代理人未經本人合法授權，但本人對其行為不為反對之表示者，即屬創造一「代理權確實存在」之外觀，此稱為「表見代理」；在表見代理之外觀存在之下，本人對善意信任代理權存在之第三人應負授權人之責任，即契約效力應比照合法代理行為歸屬於本人。
2. 本題中，乙明知未授權予甲，卻在房地交易現場親眼見聞甲以自己代理人之身分，與善意之建商丙締結房地買賣契約；乙在現場不為反對之意思表示，依民法第169條本文之規定，甲以乙之名義與丙締結之房地買賣契約，對乙亦生效力。

(二) 丙應可主張甲係無權代理，撤回上開買賣契約之意思表示。

1. 無代理權人以代理人之名義所為之法律行為，非經本人承認，對於本人不生效力。前項情形，法律行為之相對人，得定相當期限，催告本人確答是否承認，如本人逾期未為確答者，視為拒絕承認；無代理權人所為之法律行為，其相對人於本人未承認前，得撤回之。但為法律行為時，明知其無代理權者，不在此限。民法第170條、第171條定有明文。因此，無代理權之人所為之法律行為，在本人承認前應屬效力未定；相對人得定相當期限催告本人是否承認，亦有權在本人承認之前撤回意思表示，以為權益。

2. 惟如在表見代理的情況下，因相對人信任代理權存在之外觀而為意思表示，依民法第169條所定表見代理之效果，法律行為應已在本人和第三人之間生效，此時第三人是否仍可選擇撤回意思表示？

(1) 否定說：依法條明文規定，表見代理之情形下、法律行為仍在本人與第三人之間生效，故第三人僅能選擇解除契約、不能類推意思表示錯誤之法理撤回意思表示。

(2) 肯定說：法條所稱「應負授權人之責任」，即第三人如主張表見代理行為之效力應及於該本人時，該本人不得以未授與代理權為對抗；然第三人亦得主張其為無權代理，於此情形，在本人承認前，第三人得撤回其行為。然就本人而言，該法律行為仍為無權代理行為，非經承認，不得主張其行為之效力及於自己。易言之，第三人如已撤回其行為，本人不得再予承認，或以之為有權代理而主張其效力及於自己；但若無代理權之情形為第三人所明知，或依情形可得而知，而猶與他人為法律行為者，則係出於第三人之故意或過失，本人自不負授權人之責任。綜上可知，前揭「表見代理」規定，係為「保護善意第三人」而設，故由自己之行為表示以代理權授與他人者，對於第三人應負授權人之責任，必須本人有表見之事實，足使第三人信該他人有代理權之情形存在，且須第三人基此表見之事實，主張本人應負授權人之責任，若第三人不為此項主張，法院不得逕將法律上之效果，歸屬於第三人。

3. 本題中，丙如事後知悉甲係無權代理，雖然在簽訂契約當下確實存在表見代理之外觀，但丙既為應受保護之善意第三人，應仍可選擇讓該法律行為成立、生效或撤回意思表示，使該房地買賣契約不生效力。

二九、甲為受輔助宣告之人，未徵得輔助人乙之同意，擅自接受丙贈與價值新臺幣（下同）500萬元之A地一筆，然A地為戊銀行設有抵押權，以擔保丙欠戊銀行之100萬元債務。另丁將價值5萬元之B鑽戒一枚，以1萬元賣給甲，甲之買受行為亦未經乙同意。試問甲和丙間之贈與契約效力如何？甲和丁間之買賣契約效力如何？【高考三級】

破題分析 本題考點在測驗對於民法第15-2條所指「純獲法律上利益」之瞭解，並判斷甲之行為是否需輔助人同意。即需瞭解贈與契約是否為「純獲法律上利益」？受贈之不動產附有抵押權是否仍為「純獲法律上利益」？以低價買入高價鑽戒之行為是否亦為「純獲法律上利益」之行為？並判斷此行為效力及是否應徵得輔助人之同意。

解題架構

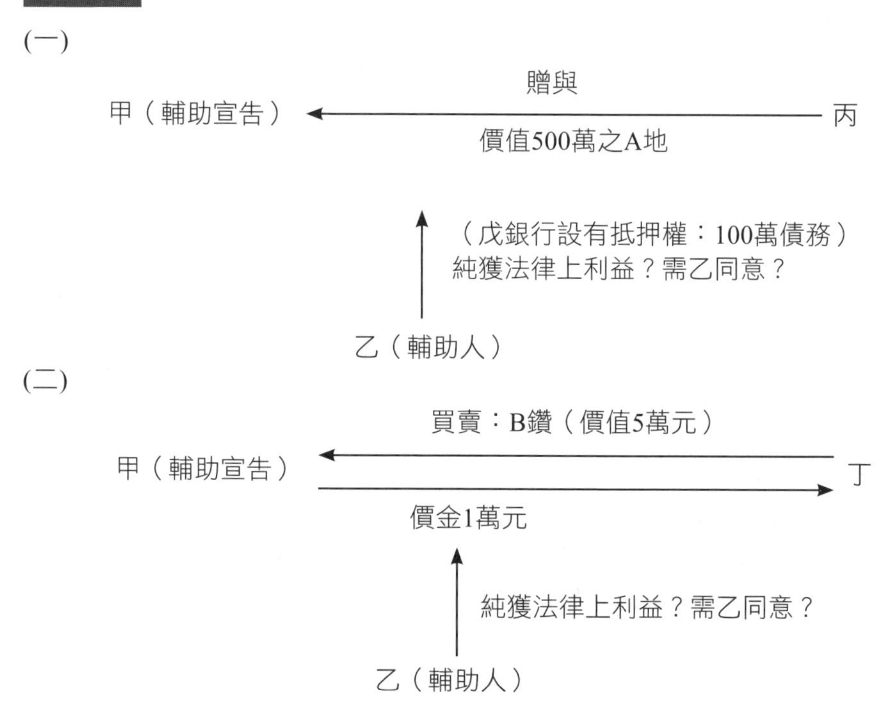

1. 「純獲法律上利益」意涵及判斷標準（民法第15-2條）。
2. 甲丙間贈與契約效力：

(1) 贈與契約為純獲法律上利益之行為（民法第406條）。
(2) 受贈附有抵押權之不動產仍屬純獲法律上利益，無需輔助人同意即有效力（民法第15-2條第1項）。

3. 甲丁間買賣契約效力：
(1) 以低價買入高價鑽戒之行為非屬「純獲法律上利益」之行為。
(2) 鑽石買賣屬重要財產之處分（民法第15-2條第1項第5款），應得輔助人同意始有效力（民法第15-2條第2項準用第79條）。

答 (一) 依民法第15-2條第1項規定「受輔助宣告之人為下列行為時，應經輔助人同意。但純獲法律上利益，或依其年齡及身分、日常生活所必需者，不在此限：一、為獨資、合夥營業或為法人之負責人。二、為消費借貸、消費寄託、保證、贈與或信託。三、為訴訟行為。四、為和解、調解、調處或簽訂仲裁契約。五、為不動產、船舶、航空器、汽車或其他重要財產之處分、設定負擔、買賣、租賃或借貸。六、為遺產分割、遺贈、拋棄繼承權或其他相關權利。七、法院依前條聲請權人或輔助人之聲請，所指定之其他行為。」，即除了該條第1項第1至7款之行為應得輔助人同意，其純獲法律上利益，或依其年齡及身分、日常生活所必需者不在此限。本題甲為受輔助宣告之人，甲丙間成立之贈與契約及甲丁間成立之買賣契約非屬「依其年齡及身分、日常生活所必需者」，故其是否有效，則應先依其契約是否為「純獲法律上利益」而定：

1. 純獲法律上利益之意涵：我國民法所謂「純獲法律上利益」係指限制行為能力人或受輔助宣告之人因其所為法律行為單純取得權利，不負擔任何義務之情形。
2. 純獲法律上利益之判斷標準：採「形式判斷說」而不採實質判斷，即指限制行為能力人或受輔助宣告之人不因其所為之法律行為而在法律上負有義務，縱使經濟上獲有利益卻負有法律上不利義務則非為純獲法律上利益。惟實際上法律行為是否單純取得權利而不負擔任何義務，應視其行為係處分行為或負擔行為而定：

(1) 處分行為：

如所為之法律行為係處分行為，則應視該處分行為之效力是否係使限制行為能力人取得物權或其他財產權，則該處分行為對限制行為能力人而言，即屬純獲法律上利益之行為；反之，若處分行為之效力係使限制行為能力人喪失物權或其他財產權者，則該處分行為對限制行為能力人而言，即非屬純獲法律上利益之行為。

(2)負擔行為：

如所為之法律行為係負擔行為，則應視該負擔行為係一方負擔行為或雙方負擔行為而定：

A. 若為一方負擔行為且由他方始為負擔給付義務者時，則該負擔行為對限制行為能力人而言，係屬純獲法律上利益之行為。

B. 若雙方當事人均負擔給付義務之負擔行為，因其必定因該雙方負擔行為而負有給付義務，故並非純獲法律上利益之行為。

(二) 甲丙間贈與契約係為純獲法律上利益之行為，為有效契約。

1. 甲丙間之贈與行為對甲而言係屬純獲法律上利益之行為：

依民法第406條規定「稱贈與者，謂當事人約定，一方以自己之財產無償給與他方，他方允受之契約」，故贈與契約為一方負擔行為；依本題題意，丙將自己之A地無償贈與甲，甲為無負擔（無金錢所有權移轉之負擔）之受贈方，且甲丙成立贈與契約，使甲取得A土地交付及所有權之移轉請求權，並無負擔任何義務（未負有給付義務），故甲丙間之贈與行為對甲而言係屬純獲法律上利益之行為。

2. 甲受贈附有抵押權之不動產仍屬純獲法律上利益之行為：

我國民法對於受贈設有抵押權的房屋，是否為「純獲法律上利益」係採肯定見解，即抵押權之負擔並未課予不利益；亦即本題甲於取得土地所有權後，若戊銀行（債權人）要實現抵押權，甲也不受抵押權追及效力所及，無負擔任何義務，故認為甲受贈行為屬「純獲法律上利益」。

3. 綜上，本題甲丙間贈與契約屬民法第15-2條第1項規定「純獲法律上利益」之行為，無需輔助人乙同意，故甲丙間贈與契約有效。

(三) 甲丁間之買賣契約則非屬純獲法律上利益之行為，效力未定，應得輔助人同意始為有效。

1. 甲丁間之買賣行為對甲而言非屬純獲法律上利益之行為：

(1)依民法第345條第1項「稱買賣者，謂當事人約定一方移轉財產權於他方，他方支付價金之契約」，故本題出賣人丁負有交付鑽石義務，而甲則負有交付價金之義務，故買賣契約屬雙方負擔行為，且此買賣契約對甲而言負有給付價金義務，故非屬純獲法律上利益之行為。

(2)以低價買入高價鑽戒之行為仍非屬「純獲法律上利益」：本題甲以1萬元價金購得價值5萬元之鑽石，雖得到經濟上之利益，惟純獲法律上利益判斷係採「形式判斷說」而不採實質判斷，故雖甲以低價買入高價鑽石，此買賣行為仍非屬純獲法律上利益之行為。

2. 鑽石買賣屬重要財產之處分，故契約效力未定，應得輔助人同意始有效力。

(1)因甲丁間買賣行為非屬純獲法律上利益行為，依民法第15-2條第1項規定則應屬第5款所謂重要財產之處分，應經輔助人同意。

(2)因甲並未徵得輔助人乙同意即與丁進行買賣，故依同條第2項規定「第78條至第83條規定，於未依前項規定得輔助人同意之情形，準用之」，故準用第79條「限制行為能力人未得法定代理人之允許，所訂立之契約，須經法定代理人之承認，始生效力」之規定，甲丁間買賣契約於未徵得輔助人乙同意前效力未定。

3. 綜上，本題甲丁間買賣行為非屬純獲法律上利益之行為，且因未先徵得輔助人同意故效力未定，應得輔助人同意後此契約始生效力。

觀念強化

(一) 除輔助宣告之人外，考生另因瞭解關於限制行為能力人於純獲法律上利益行為之相關法規規定。

(二) 考生可延伸思考：除贈與土地外，若係贈與房屋設有抵押權之效力？或該房屋有租賃契約時，效力如何？或輔助宣告之人未得輔助人同意即購買高價物品贈與限制行為能力人，其效力為何？

相關考題

(一) 甲男乙女為夫妻，育有一子A。甲男於60歲，被醫生診斷罹患阿茲海默症，情況開始惡化後，法院在乙女之聲請下，對甲男為輔助之宣告。一日，甲男在其好友丙的請求下，為丙男向第三人借款擔任保證人，簽訂保證契約。請問甲男之輔助人應如何產生？該保證契約的效力為何？【地特四等】

(二) 甲為受輔助宣告之人，在未知會任何人之情形下，將其僅有之A屋出租乙，收取租金作為生活費，試問該租賃契約之效力如何？【地特三等】

(三) 甲為受輔助宣告之人，贈與其汽車給乙，乙又將該車出賣給丙，並依讓與合意交付之。甲之輔助人丁不知甲乙間之法律行為，並嗣後得知甲受乙脅迫而贈與該車，丙明知甲受乙脅迫之事，但不知甲為受輔助宣告之人。試問：甲得否向丙請求返還該車？【高考三級】

三十、16歲之知名美妝部落客甲，得其法定代理人之同意獨立開設網路商店A，販售甲於網路上所推薦之美妝產品，並僱用18歲之乙負責客服事宜。甲雖具有高知名度與高人氣，但網購市場競爭激烈，A店的生意不如預期，勉強達到損益兩平。甲因此鬱鬱寡歡，決定變賣其因繼承取得之B畫，以換取赴歐散心的旅費，而授權予乙，要求乙代理甲將B畫出售。乙遂以甲之名義，與善意第三人丙就B畫訂立買賣契約。試問：此買賣契約效力如何？【地特三等】

破題分析 本題在測驗限制行為能力人為意思表示及受意思表示之考點。即考生判斷買賣契約效力前，須先判斷甲之授權行為是否因其為限制行為能力人而無效，乙是否為無權代理人。

解題架構

(一) 甲之行為能力（民法第77條、民法第85條、民法第167條、民法第78條）：
  1. 甲開設網路商及雇用乙之效力。甲變賣B畫及授權乙為代理人之效力。
  2. 甲變賣B畫及授權乙為代理人之效力。

(二) 乙以甲之名義與丙訂定之買賣契約效力（民法第104條、民法第170條）：
  1. 乙是否為無權代理。
  2. 乙以甲名義與丙訂定之買賣契約效力。

答 乙以甲名義與善意第三人丙訂定之買賣契約效力未定，須經甲得其法定代理人允許後所為之承認，方能使契約有效力，論述如下：

(一) 甲開設商店有行為能力，但出售B畫部分仍為限制行為能力人且授權乙為代理人之單獨行為無效。

1. 甲開設網路商部分有行為能力，故得雇用乙負責客服。

16歲之甲為未成年人，依民法第13條第2項規定為限制行為能力人，故甲開設網路商店應依民法第77條本文「限制行為能力人為意思表示及受意思表示，應得法定代理人之允許」及民法第85條第1項「法定代理人允許限制行為能力人獨立營業者，限制行為能力人，關於其營業，有行為能力」規定，依題意，甲開設網路商店係經法定代理人同意而開設，故甲於經營此網路商店部分有行為能力，故甲得雇用乙負責客服。

2. 甲變賣B畫部分仍屬限制行為能力，其授權乙為代理人之單獨行為無效。

(1)甲變賣B畫部分與法定代理人同意其開設網路商店部分無關，故就出賣B畫部分仍為限制行為能力人，依民法第77條規定應得法定代理人之允許。

(2)依題意，甲欲出售B畫既未得法定代理人同意，即授與代理權予18歲的乙，因授權行為係單獨行為，故依民法第78條規定「限制行為能力人未得法定代理人之允許，所為之單獨行為，無效」，即甲之授權行為無效。

(二) 乙為無權代理，故乙以甲之名義與丙訂定之買賣契約效力未定，須經甲之法定代理人之承認方有效力。

1. 乙為限制行為能力人並不影響所為或所受意思表示之效力，惟甲之授權行為無效，故乙無法有效取得代理權。

(1)依民法第104條規定「代理人所為或所受意思表示之效力，不因其為限制行為能力人而受影響」，故18歲的乙雖為限制行為能力人並不影響所為或所受意思表示之效力。

(2)惟因甲為限制行為能力人，其於未得法定代理人允許之授權行為無效，故因甲之授權行為無效，致乙因此無法有效取得代理權。

2. 因乙係無權代理，故以甲名義與丙訂定之買賣契約效力未定，且須經甲得其法定代理人允許後所為之承認方能使契約有效力。

(1)因乙未有效取得代理權故為無權代理人，依民法第170條規定「無代理權人以代理人之名義所為之法律行為，非經本人承認，對於本人不生效力」，故此買賣契約須經甲本人承認始生效力。

(2)惟又因甲為限制行為能力人，故依民法第77條規定所為意思表示及受意思表示應得法定代理人允許，故甲需得法定代理人允許後對此契約承認，才能使買賣契約具有效力。

三一、甲男雖已婚，然仍與乙女發生婚外情而同居，同居期間，甲男將同居之房屋買下，並登記於乙女名下，但與乙女立下書面協議，約定乙女將來如不繼續與甲男同居，則該贈與契約失效，乙女應無條件返還該屋予甲。一年後，甲、乙二人關係生變而終止婚外情及同居事實。甲男依據先前之協議，請求乙女移轉該屋所有權，乙女拒絕。請問：甲男之請求有無理由？【中華電信專業職(三)晉升(二)】

答 甲之請求無理由，茲分述如下：

(一) 甲之贈與乃附解除條件之贈與：

1. 按民法（下同）所稱贈與者，謂當事人約定，一方以自己之財產無償給與他方，他方允受之契約。甲將房屋無償給與乙，乃係贈與行為。

2. 惟附繼續與甲同居之條件，倘不繼續同居，則該贈與失其效力，依第99條第2項之規定，附解除條件之法律行為，於條件成就時，失其效力。故為附解除條件之贈與行為。

(二) 該解除條件違反公序良俗

1. 基於私法自治原則，法律行為以得附條件為原則，包括負擔行為及處分行為。但基於公益或私益的考量，應使某種法律行為不得附條件，學說上稱為不許附條件的法律行為，或禁忌條件之法律行為。

2. 公益不許附條件者，指婚姻、收養、離婚、認領等身分行為而言，禁止理由在於維護公序良俗。本案之解除條件，在於繼續履行婚外情關係與同居義務，應認屬有違公序良俗而無效。

(三) 條件無效不影響贈與契約效力

1. 在不許附條件之法律行為，如附以條件時，不能一概認為其法律行為全部無效，應視該行為性質，參酌第111條但書之規定：「但除去該部分亦可成立者，則其他部分，仍為有效。」

2. 從而，縱使該解除條件無效，仍不影響贈與契約之效力，故該贈與契約有效。

(四) 結論：甲對乙之贈與房屋行為成立生效，縱使該解除條件違反公序良俗而不生效力，仍不影響贈與契約之成立。是以，乙受領房屋仍屬有法律上原因，從而甲之請求無理由。

三二、甲為受輔助宣告之人，贈與其汽車給乙，乙又將該車出賣給丙，並依讓與合意交付之。甲之輔助人丁不知甲乙間之法律行為，並嗣後得知甲受乙脅迫而贈與該車，丙明知甲受乙脅迫之事，但不知甲為受輔助宣告之人。試問：甲得否向丙請求返還該車？【高考三級】

破題分析　本題之解析重點在於民法輔助宣告制度之規定應用，以及第三人得否主張善意受讓動產所有權之問題。

解題架構

引用民法第15-2條關於輔助宣告之規定，並說明在行為人受輔助宣告之情形下，相對人依民法第118條無權處分其所有物，轉得人能否主張善意受讓的問題。

答　(一) 民法第15-2條第1項第二款規定：受輔助宣告之人為下列行為時，應經輔助人同意。但純獲法律上利益，或依其年齡及身分、日常生活所必需者，不在此限：二、為消費借貸、消費寄託、保證、贈與或信託。如受輔助宣告之人未經輔助人同意而為贈與行為者，依同條第二項規定，應準用第78條至第83條之法律效果，由於贈與屬於契約行為，準用民法第79條之規定下，受輔助宣告之人未得輔佐人之允許，所訂立之契約，須經輔佐人之承認，始生效力。

因此，在輔佐人承認贈與行為之前，受輔助宣告之人所為之贈與行為均屬效力未定；如果輔助人拒絕承認，則此贈與行為應為自始無效，受贈人如將贈與物轉讓予轉得人係民法第118條之無權處分；贈與物之轉得人如不知此等情事者，可能得以主張民法第948條，依善意受讓原則取得該贈與物。然而，若轉得人有重大過失而不知此情事，或明知贈與物的原始所有人之意思表示有瑕疵者，則不能主張其有取得物之善意，也無法主張第948條以保有贈與物之所有權，此時，贈與物之原始所有人即得以向轉得人主張民法第767條。請求返還所有物。

(二) 本題中，甲贈與汽車予乙之行為，依民法第15-2條第1項第2款規定，本應經輔助人之同意方能有效；今輔助人事後方知此等情事，既未承認甲之贈與行為，又獲悉甲贈與汽車之表示係被乙脅迫，不論從甲之身心狀況或受脅迫之情事觀察，甲贈與他人汽車之意思表示均係不完整、不自由的，依民法第15-2條以及第92條之立法意旨，表意人對意思表示之內容認知完整、意志自由，其對外意思表示方能致生法律效果。因此，甲贈與汽車予乙之意思表示，因輔助人之拒絕承認自始無效；乙未取得汽車之所有權，所為轉讓予丙之行為，屬於民法第118條之無權處分，效力未定，以題意觀之，如甲之輔助人拒絕承認甲之贈與行為，乙再將汽車轉讓予丙之行為亦屬無效。丙雖不知原始所有權人甲有受輔助宣告之情事，但明知甲之意思表示係受脅迫而為之者，應認丙不具民法第948條所謂之受讓善意，丙不能主張依民法第948條得以善意取得該汽車，原所有權人甲得向丙主張民法第767條之物上請求權，請求返還該汽車。

(三) 結論：因甲贈與汽車之意思表示未受其輔助人事後承認，又係受脅迫而為之，不論從意思表示之完整性或自由性觀之，甲之意思表示均應認為無效，否則即有違反民法第關於輔助宣告制度及意思表示因受脅迫而得撤銷之立法意旨。丙自無權處分之乙處轉得該汽車，然因丙主觀上明知甲之意思表示係受脅迫所為，丙並非民法第948條之善意受讓人，故甲得向丙主張民法第767條請求返還該汽車，丙不得主張善意取得而保留之。

觀念強化

(一) 民法第15-2條

(I) 受輔助宣告之人為下列行為時，應經輔助人同意。但純獲法律上利益，或依其年齡及身分、日常生活所必需者，不在此限：

1. 為獨資、合夥營業或為法人之負責人。
2. 為消費借貸、消費寄託、保證、贈與或信託。
3. 為訴訟行為。
4. 為和解、調解、調處或簽訂仲裁契約。
5. 為不動產、船舶、航空器、汽車或其他重要財產之處分、設定負擔、買賣、租賃或借貸。

6. 為遺產分割、遺贈、拋棄繼承權或其他相關權利。

7. 法院依前條聲請權人或輔助人之聲請，所指定之其他行為。

(II) 第七十八條至第八十三條規定，於未依前項規定得輔助人同意之情形，準用之。

(III) 第八十五條規定，於輔助人同意受輔助宣告之人為第一項第一款行為時，準用之。

(IV) 第一項所列應經同意之行為，無損害受輔助宣告之人利益之虞，而輔助人仍不為同意時，受輔助宣告之人得逕行聲請法院許可後為之。

(二) 民法第92條

(I) 因被詐欺或被脅迫而為意思表示者，表意人得撤銷其意思表示。但詐欺係由第三人所為者，以相對人明知其事實或可得而知者為限，始得撤銷之。

(II) 被詐欺而為之意思表示，其撤銷不得以之對抗善意第三人。

第三部分 近年試題及解析

108 身障特考三等（一般行政、人事行政）

一、甲經營事業有成，與妻育有一幼女，家庭生活幸福美滿。甲欲聘請管家，提供膳宿（於甲家內），要求應有相關證照且無犯罪前科。甲僱用具備相關證照之乙，約定僱用期間2年。某日甲意外發現，乙曾有性侵兒童之前科。試問：

(一) 甲依民法規定對乙有何權利可以主張？

(二) 嗣後，甲另透過人力仲介公司聘請丙為管家，為此共支付2萬元費用。試問，甲就此對乙有何權利可以主張？

破題分析

(一) 甲係受乙詐欺而與其締結契約，故直接引用民法第92條規定即可。

(二) 需引用平常考試不常見的民法第113條規定，並考慮法律上損害賠償之範圍是否包括題示情況。

解題架構

(一)

引用民法第92條之規定 → 涵攝至題目之情況 → 得出結論

(二)

引用民法第113條、第216條之規定 → 涵攝至題目之情況 → 得出結論

答 (一) 甲得依民法第92條之規定，向乙主張撤銷意思表示，並依民法第179條請求乙返還受僱期間所領得之薪水。

1. 按因被詐欺或被脅迫而為意思表示者，表意人得撤銷其意思表示。法律行為經撤銷者，視為自始無效；無效法律行為之當事人，於行為當時知其無效，或可得而知者，應負回復原狀或損害賠償之責任。民法第92條第1項、第114條以及第113條定有明文。
2. 依題示，乙於應徵工作時，應已清楚自己之應徵資格不符，卻詐欺甲、使甲陷於錯誤而與其簽訂僱傭契約，待甲發現有詐欺情事時，應得依民法第92條第1項前段規定撤銷僱傭契約，該僱傭契約應歸於自始無效；乙為該無效法律行為之當事人，且於行為當時即可得而知該僱傭契約可能經撤銷而歸於無效，因此應依民法第113條之規定，返還受僱期間所領受之薪水（回復原狀），並賠償甲因此所受之損害。

(二)

1. 按無效法律行為之當事人，於行為當時知其無效，或可得而知者，應負回復原狀或損害賠償之責任。民法第113條定有明文。再按，損害賠償，除法律另有規定或契約另有訂定外，應以填補債權人所受損害及所失利益為限。民法第216條規定參照。此處所指之「所受損害」，即現存財產因損害事實之發生而被減少，屬於積極的損害。依實務見解（最高法院48年台上字第1934號判決），承攬之工程因承攬人違約未予完成，導致定作人應另行標建，須多支付定作之酬金，此因承攬人違約而受之損失，是其請求賠償者，顯屬一種積極損害；同理，因受僱人未能履行僱傭契約而致僱用人須另行支付之費用，亦應屬於積極損害，應由受僱人賠償之。
2. 本題中，甲因受乙之詐欺、撤銷該僱傭契約，又必須另行支付仲介費用請人力仲介公司為其物色新管家者，其所支出的仲介費用2萬元應屬積極損害，得請求乙賠償之。

二、甲登記為A屋所有人，明知A屋為凶宅。A屋因為凶宅，故其市價僅500萬元，但設若A屋非凶宅，則市價800萬元。甲出賣A屋於乙，約定價金800萬元。乙不知A屋為凶宅，且就其不知亦無過失。甲交付A屋且移轉其所有權於乙，登記乙為A屋所有人。乙支付約定價金800萬元於甲。試問：乙得如何向甲為主張？

破題分析 本題涉及債各（買賣）及債總之請求權基礎運用，由於並不相互排斥、也並非只能擇一請求，因此還是必須全部寫出來。

解題架構

(一) 先考慮契約定性是否為民法債編各論明定之契約類型→是（買賣）→運用債各規定之請求權基礎（民法第359條、第360條）。

(二) 考慮本題中是否有債總的請求權基礎運用→有（法定之債，侵權行為）→ 運用債總規定之請求權基礎（民法第184條）。

答 (一) 乙得依民法第359條、第360條規定，解除買賣契約、請求回復原狀，或請求減少價金，或請求甲賠償其因此所受之損害。

1. 按物之出賣人對於買受人，應擔保其物依民法第373條之規定危險移轉於買受人時無滅失或減少其價值之瑕疵，亦無滅失或減少其通常效用或契約預定效用之瑕疵；買賣因物有瑕疵，而出賣人依前五條之規定，應負擔保之責者，買受人得解除其契約或請求減少其價金。但依情形，解除契約顯失公平者，買受人僅得請求減少價金。買賣之物，缺少出賣人所保證之品質者，買受人得不解除契約或請求減少價金，而請求不履行之損害賠償；出賣人故意不告知物之瑕疵者亦同。民法第354條第1項、第359條、第360條定有明文。

2. 再按，買賣標的之成屋是否曾發生自殺或致死等非自然死亡情事，即俗稱之「凶宅」，屬於買賣契約成立前應查明及告知之事項，於簽立書面契約時，亦為契約應記載之事項，倘未予記載，將影響契約之效力。堪認非自然死亡因素雖未對房屋造成直接物理性之損壞或使用效用之降低，惟衡之我國民情，一般社會大眾對於凶宅，仍難免有嫌惡、畏懼之心理，對居住其內之住戶，易造成心理之負面影響，礙及生活品質，故凶宅在房地產交易市場之接受度及買賣價格或出租收益，明顯低於相同地段、環境之標的，乃眾所周知之事。最高法院104年度台上字第1789號民事判決意旨參照。

3. 本案中，買賣標的物具備「凶宅」之性質，堪認其於房市交易上之價值已經產生重大之減損，屬於「物之瑕疵」之一種；甲故意、消極不告知乙關於買賣標的物之瑕疵，乙自得依民法第359條、第360條要求甲負起瑕疵擔保責任，乙得要求減少買賣價金，亦得選擇解除契約、依民法第259條規定，請求甲返還受領之給付，或得逕依民法第360條之規定，請求甲賠償乙因此所受之損害。

(二) 乙亦得依民法第184條第1項後段規定，向甲請求損害賠償。

1. 按故意以背於善良風俗之方法，加損害於他人者，應負損害賠償責任。民法第184條第1項後段定有明文。再按目前實務見解，均認房屋內有非自然死亡之情事發生者，雖未對房屋造成直接物理性之損壞或降低使用效能、未限制所有權之行使，而不該當於民法第184條第1項前段所欲保護之權利侵害，惟衡諸我國民情，一般社會大眾對於凶宅，難免有嫌惡、畏懼之心理，在房地產交易市場之接受度及買賣價格或出租收益，明顯低於相同地段、環境之標的。因此，「凶宅」之現象應視為一種「純粹經濟上損失」，應在行為人符合第184條第1項後段規定、即有「故意」以違背善良風俗之方式，造成相對人之「純粹經濟上損失」者，方有賠償損害之必要。

2. 本題中，甲雖對乙負有告知義務，卻故意、消極不告知乙關於買賣標的物有足以減損其經濟上價值之瑕疵，使乙因受詐欺而陷於錯誤，進而為買賣之意思表示，多付了比市價高出300萬之買賣價金。甲之行為應已經該當於民法第184條第1項後段「故意以背於善良風俗之方法，加損害於他人」之侵權行為，因此應對乙負損害賠償責任。

108 身障特考三等（地政）

A將所有的甲土地出售給B，兩人並向地政機關申請登記。但因地政機關的錯誤，誤將乙土地登記給B。乙土地所有權人C得知此事，得如何根據民法向B請求？

破題分析 本題須思考契約三要素：「當事人」、「意思表示」、「標的」，意思表示的錯誤可以用民法第88條、第92條撤銷之，但當事人或標的錯誤時，便產生契約效果與當事人合意內容不符的情況，而且債之效力不拘束契約以外之第三人。

解題架構 確認題目中契約之要素：標的錯誤，效果是否拘束C→契約效力不拘束C，B佔有土地無法律上原因→C得以所有權人之身分，向B主張返還無法律上原因所受有之利益（土地）。

答 C得依據民法第767條第1項、第179條之規定，請求B返還乙土地。

(一) 按所有人對於無權占有或侵奪其所有物者，得請求返還之。對於妨害其所有權者，得請求除去之。有妨害其所有權之虞者，得請求防止之。民法第767條第1項規定參照。此規定稱為所有物返還（妨害除去、侵害防止）請求權，故不動產所有權人如遇有所有權之侵害、妨害或有受妨害之虞者，均得依本條項規定向無權之人請求。

(二) 再按，民事買賣關係之雙方當事人，應就買賣契約之標的物、價金等契約之要素達成意思表示合致，如一方履行之內容與意思表示合致之內容不符時，除探究該方有無債務不履行之缺失之外，他方對於第三人而言，亦無法律上原因以保有與原本買賣契約不符之給付。此時，權利受損害之第三人應得依民法第179條，向該受有給付之人請求返還無法律上原因所受之利益。

(三) 本題中，A和B係就「甲土地」達成買賣之合意，惟B所受領之標的卻是「乙土地」。於此，B與乙土地所有權人C之間，並沒有以「乙土地」為交易標的之買賣契約，因此B受登記為乙土地之所有權人者，並無法律上原因，同時亦侵害C之所有權。C得依據民法第767條第1項、第179條之規定，請求B返還乙土地。

108 鐵路特考高員級（運輸營業）

( ) **1** 甲受監護宣告後，依民法不具有何種能力？ (A)權利能力 (B)行為能力 (C)責任能力 (D)識別能力。

( ) **2** 下列同屬一人之二物，何者具有主物與從物之關係？ (A)房屋與其旁之車庫 (B)房屋與其內之書房 (C)房屋與其內之落地燈 (D)房屋與其座落之基地。

( ) **3** 甲有一幾可亂真之仿梵谷名畫，乙知之。某日乙遇見愛買畫之丙，乃向丙謊稱甲所持有梵谷油畫為真品，因缺錢願以低於市價許多之價格變現，丙得知不疑有他，乃向甲表示透過乙之介紹，願意出價新臺幣500萬元向甲購買。嗣後丙始知該畫為複製品，丙是否得主張撤銷該買賣契約？ (A)可，因為甲可得而知乙之詐欺行為，故丙得撤銷該意思表示 (B)可，縱使甲不知乙向丙為詐欺，甲亦要承擔乙之詐欺行為 (C)不可，契約當事人為甲與丙，第三人之詐欺行為不影響契約之成立 (D)不可，買賣係基於丙之自願，非被脅迫，故不得撤銷意思表示。

( ) **4** 滿77歲之甲獨居在家，其子乙在2008年元旦假期回家探視，甲仍建在。元旦過後，其子乙國外出差，待其回國之後，同年1月20日回老家探視時，甲已不見，且從家裡的跡象觀之，甲應該失蹤多日了。經報警，警察訪視附近鄰居，鄰居表示1月15日離家後就不見甲之蹤影。試問：甲死亡宣告裁判內之死亡日期，以何者為正確？ (A)2014年1月15日凌晨12點 (B)2014年1月20日凌晨12點 (C)2015年1月20日凌晨12點 (D)2015年1月15日凌晨12點。

解答與解析（答案標示為#者，表官方曾公告更正該題答案）

1 (B)。民法第15條：「受監護宣告之人，無行為能力。」

2 (A)。民法第68條：「I.非主物之成分，常助主物之效用，而同屬於一人者，為從物。但交易上有特別習慣者，依其習慣。II.主物之處分，及於從物。」

3 (A)。民法第92條：「因被詐欺或被脅迫而為意思表示者，表意人得撤銷其意思表示。但詐欺係由第三人所為者，以相對人明知其事實或可得而知者為限，始得撤銷之。被詐欺而為之意思表示，其撤銷不得以之對抗善意第三人。」

4 (A)。民法第8條第1項：「失蹤人失蹤滿七年後，法院得因利害關係人或檢察官之聲請，為死亡之宣告。」
民法第8條第2項：「失蹤人為八十歲以上者，得於失蹤滿三年後，為死亡之宣告。」
所以77歲的甲，3年後就80歲，再加上3年。所以共6年。

108 鐵路特考員級（運輸營業）

(　　) **1** 下列何者屬於「定著物」？　(A)野臺戲棚　(B)紀念碑　(C)蘋果樹　(D)樣品屋。

(　　) **2** 二人以上同時遇難，不能證明死亡之先後時，關於其死亡時間之規定，下列敘述何者正確？　(A)視為同時死亡　(B)推定同時死亡　(C)推定年長者先死亡　(D)視為年長者先死亡。

(　　) **3** 下列關於時效期間之敘述，何者錯誤？　(A)甲積欠小吃店的飲食費，請求權時效期間為2年　(B)乙積欠租車公司之汽車租金，請求權時效期間為5年　(C)丙積欠銀行之信用卡循環利息，請求權時效期間為5年　(D)丁積欠銀行之房屋貸款本金，請求權時效期間為15年。

解答與解析（答案標示為#者，表官方曾公告更正該題答案）

1 (B)。 民法第66條：「I.稱不動產者，謂土地及其定著物。II.不動產之出產物，尚未分離者，為該不動產之部分。」

2 (B)。 民法第11條：「二人以上同時遇難，不能證明其死亡之先後時，推定其為同時死亡。」

3 (B)。

(A)民法第127條：「左列各款請求權，因二年間不行使而消滅：一、旅店、飲食店及娛樂場之住宿費、飲食費、座費、消費物之代價及其墊款。……」

(B)民法第127條：「左列各款請求權，因二年間不行使而消滅：……三、以租賃動產為營業者之租價。」

(C)民法第126條：「利息、紅利、租金、贍養費、退職金及其他一年或不及一年之定期給付債權，其各期給付請求權，因五年間不行使而消滅。」

(D)民法第125條：「請求權，因十五年間不行使而消滅。但法律所定期間較短者，依其規定。」

108 高考三級（一般行政、一般民政、人事行政）

一、甲向乙無息借款新臺幣（下同）900萬元，清償日為民國（下同）93年4月30日，惟甲屆期並未返還借款。乙為保全上述借款債權，先於93年5月8日向法院就甲名下財產聲請假扣押裁定獲准，再於同年月16日持法院上述裁定聲請對甲之財產為假扣押強制執行、執行查封完成。嗣乙於108年5月13日訴請甲清償借款，甲旋提出消滅時效之抗辯並拒絕返還借款。對此，乙聲稱本件為消滅時效中斷之情形，自無罹於時效可言；縱令時效中斷之事由終止，其請求權亦未罹於時效等語。問誰的主張有理？

破題分析 本題考點是消滅時效中斷之事由，即民法第129條、第137條規定，並涉及民法第137條對於「中斷事由終止」之實務見解：消滅時效因執行假扣押而中斷者，自查封完成時起，時效方重行起算。

解題架構 引用民法第129條、第137條規定→引用實務見解，推論：消滅時效因執行假扣押而中斷者，自查封完成時起，時效方重行起算→涵攝至本題情況。

答 乙之主張有理由。

(一) 按請求權，因十五年間不行使而消滅。但法律所定期間較短者，依其規定；消滅時效，因左列事由而中斷：1.請求。2.承認。3.起訴。左列事項，與起訴有同一效力：1.依督促程序，聲請發支付命令。2.聲請調解或提付仲裁。3.申報和解債權或破產債權。4.告知訴訟。5.開始執行行為或聲請強制執行。民法第125條、第129條定有明文，其中第129條第2項第五款之「開始執行行為或聲請強制執行」，係指債權人取得執行名義而為執行程序或聲請執行，依實務見解係包括債權人取得假扣押裁定而聲請強制執行者。

(二) 再按，時效中斷者，自中斷事由終止時，重行起算。民法第137條第1項定有明文。消滅時效因假扣押強制執行而中斷者，於法院實施假扣押之執行程序，例如查封、通知登記機關為查封登記、強制管理、對於假扣押之動產實施緊急換價提存其價金、提存執行假扣押所收取之金錢（強制執行法第133條前段）等行為完成時，其中斷事由終止，時效重行起算。最高法院民事判決103年度台上字第344號意旨參照。

(三) 本題中，乙對甲取得假扣押裁定，於93年5月16日完成查封程序；依上開實務見解，時效中斷事由終止，請求權時效重行起算，故乙對甲之請求權時效起算時點為93年5月16日，至108年5月16日方罹於時效。乙於108年5月13日向甲請求清償借款，應還在時效期間內，故甲之抗辯無理由。

二、甲以乙之人頭名義設立A砂石公司（以下簡稱A公司），甲為A公司之實質負責人，竟盜採丙所有之B地砂石，以供A公司開採加工及買賣交易。嗣丙發現上情，就其砂石遭盜採所受之損害，訴請甲與A 公司連帶負賠償責任，有無理由？

破題分析 本題考點：實質負責人是否為民法第28條規定之法人之董事或其他具有代表權人？

解題架構 引用民法第28條、第184條規定→引用實務見解，推論：實質負責人亦為民法第28條規定之法人之董事或其他具有代表權人，進而應依民法第28條規定，與法人負連帶損害賠償責任→涵攝至本題情況。

答 丙之主張有理由。

(一) 按因故意或過失，不法侵害他人之權利者，負損害賠償責任。故意以背於善良風俗之方法，加損害於他人者亦同。法人對於其董事或其他有代表權之人因執行職務所加於他人之損害，與該行為人連帶負賠償之責任。民法第184條第1項、第28條規定參照。

(二) 再按，民法第28條所謂法人之董事，或「其他有代表權」之人，是否包含實質負責人？依目前法院實務見解，民法第28條所定「其他有代表權之人」，不限於依章程任命之代表人，即實質擔任法人領導職務之人，其因執行職務加於他人之損害時，法人應與該行為人連帶負賠償責任。

(三) 本題中，雖A砂石公司之登記代表人並非甲，但甲是實際執行業務之人，其因執行職務、盜採丙所有之B地砂石造成丙之損害者，丙自得依民法第184條、第28條規定，對侵權行為之加害人甲請求損害賠償，同時請求A公司為甲之侵權行為連帶負責。

108 高考三級（戶政）

代理人甲一方面以本人乙之名義代理乙以新臺幣（下同）一百萬元出賣乙所有之A古董一件，同時又代理丙以丙之名義及同一價格買受此古董，則此買賣契約之效力如何？又代理人丁一方面以本人戊之名義清償戊對庚之一百萬元債務，同時又代理庚以庚之名義受領此項給付，則其效力又如何？

破題分析 本題考點是雙方代理行為，即民法第106條規定，雙方代理行為並非一律無效，依實務見解仍應賦予本人承認權，而專為履行債務之行為，更為民法第106條但書明訂有效。

解題架構 引用民法第106條規定→分別論述：雙方代理自己與本人從事買賣行為，和雙方代理自己與本人之履行債務行為，效力各為何。

答 (一) 甲代理雙方成立之買賣契約屬效力未定。

1. 按代理人非經本人之許諾，不得為本人與自己之法律行為，亦不得既為第三人之代理人，而為本人與第三人之法律行為。但其法律行為，係專履行債務者，不在此限。蓋為避免利益衝突，並防止代理人立場偏頗，民法第106條明定如非經本人許諾，原則上禁止「雙方代理」；實務見解更認為，民法第106條關於禁止雙方代理之規定於意定代理及法定代理均有其適用，惟單純為清償債務者即不在此限。
2. 再按，代理人違反民法第106條規定者，代理行為是否一律為無效？參照民法第170條規定，在無權代理之情況下，代理行為係效力未定，需視本人是否事後承認之；則代理人違反雙方代理之規定，在不違反本人之利益下，本人亦應於此有承認權，較能衡平保護交易安全以及交易雙方之權益。實務上。最高法院85年台上字第106號判決亦採此見解。
3. 本題中，代理人甲同時為兩位授予代理權人乙、丙成立買賣契約之行為，在未經本人許諾之情況下，代理行為應為效力未定。

(二) 丁代理債權人庚、債務人戊雙方之清償行為有效。

承上所述，民法第106條但書所定之「專為履行債務」行為，因僅使債務發生消滅之效果，對本人之權益不生影響，故雙方代理行為例外有效。此處所指之「債務」，包含本人與代理人間之債務，以及本人與相對人（第三人）間之債務。因此，丁代理庚、戊之債務清償行為，應屬有效。

108 普考（戶政）

一、甲授與代理權予乙，欲乙代理甲向丙購買A物一件，若乙係以自己名義向丙購買A物一件，此買賣效力是否及於甲？又丁授與代理權予戊，欲戊代理丁向庚購買B物一件，並給予戊授權書。在戊未購買前，丁發現戊不能信賴，遂向戊表示撤回前開授權，惟忘記將授權書索回，旋戊出示授權書，以丁之名義向庚購買B物一件，則該買賣效力是否及於丁？

破題分析

(一) 本題爭點：顯名代理與隱名代理之區別。

(二) 本題爭點：無權代理、表見代理之制度說明，以及各自對交易相對人之影響。

解題架構

(一) 闡述顯名代理與隱名代理，對本人發生效力之要件差異：隱名代理之情況下，必須依客觀狀況確認該出名人是否有代理本人之意思、交易相對人是否知悉涵攝至本題情況。

(二) 分別引用民法第107條、第169條之規定涵攝至本題情況。

答 (一) 應視客觀情況下，可否推知乙係代理甲，且丙主觀上明知或可得而知此事，決定買賣契約之效力是否及於甲。

1. 代理制度，依代理人是以本人名義對外為法律行為或是以自己名義對外為法律行為，區分為「顯名代理」與「隱名代理」；「隱名代理」之定義，乃指代理人為代理行為時，雖未載明被代理人（本人）之名義，僅以代理人自己名義為之，如其情形可推知其有代理本人之意思，而為相對人明知或可得而知者，亦生對本人發生代理之效果。
2. 本題中應區別：乙以自己名義向丙購買A物品時，客觀上是否可推知乙有代理甲之意思，且丙主觀上是否明知乙係代理甲、或可得而知？如依客觀情況可推知乙係代理甲，且丙亦明知或可得而知此情者，縱使乙以自己名義向丙購買A物，此買賣效力亦及於甲。

(二) 買賣契約之效力是否及於丁，應視庚是否明知或可得而知戊並無代理丁之權限而定。

1. 按代理權之限制及撤回，不得以之對抗善意第三人。但第三人因過失而不知其事實者，不在此限。民法第107條定有明文。此係為保護交易安全而設之規定，蓋代理權授予之制度係為擴張本人之經濟活動範圍，使本人享有更大限度的交易上便利，然亦不應使交易相對人承擔不對等之風險。民法上所謂代理，係指本人以代理權授與他人，由他人代理本人為法律行為，該代理人之意思表示對本人發生效力而言。故必先有代理權之授與，而後始有民法第一百零七條前段「代理權之限制及撤回，不得以之對抗善意第三人」規定之適用。

2. 再按，由自己之行為表示以代理權授與他人，或知他人表示為其代理人而不為反對之表示者，對於第三人應負授權人之責任。但第三人明知其無代理權或可得而知者，不在此限，民法第169條規定參照。民法第169條規定之表見代理，係為保護第三人而設，本人如有使第三人信以為其有以代理權授與他人之行為，而與該他人交易，即應使本人負授權人責任，而此項表見代理云者，原是指代理人雖無代理權，而有可使人信其有代理權之情形而言，與民法第107條所定代理權之限制及撤回之情形無關。

3. 本題中，丁先授予戊代理權、爾後又撤回，但卻忘記取回授權書，使戊之法律行為具有代理丁之外觀，且此可歸責於丁本人，故不論是依民法第107條之規定或第169條之規定（關於民法第107條與第169條規定在此種情況是否應區別適用，學說見解認為，民法第107條與第169條都是屬於表見代理的規定，本題中，丁曾經授予代理權、又撤回代理權之情形，係屬表見代理的一種類型，應得適用民法第107條之規定；然實務見解（最高法院70年台上字第3515號判例）認為民法第107條之規定是屬於「無權（越權）代理」的態樣，應該跟民法第169條區別適用。然而，表見代理其實是在無權代理項下的概念，只是表見代理特別強調：無權代理人對外具有本人授予代理權之外觀，且此種外觀係可歸責於本人之行為所致者。），如果交易相對人庚係善意、非因過失而不知戊無代理丁之權限，則應解為該買賣契約之效力及於丁本人，反之則不及。

108 地方特考三等（一般行政、一般民政、人事行政）

一、甲為A裝潢設計公司的董事，某日B大樓之住戶乙拜託A公司於其頂樓打造空中花園，A公司欣然同意，於談妥報酬及確認設計圖後，即由甲負責施工。甲明知若未確實施工，可能會導致漏水，但為了增加A公司的利潤，於施作防水層時偷工減料且未做好排水措施，導致乙的空中花園完工後，乙的鄰居丙即飽受漏水之苦。除丙的天花板因漏水而有所毀損，且居住環境變得潮濕，丙也因漏水的水滴聲不絕於耳而難以安眠。請問，丙得向甲及A公司主張何種權利？

答 (一) 丙向得甲請求侵權行為損害賠償。

1. 依民法第184條：「I.因故意或過失，不法侵害他人之權利者，負損害賠償責任。故意以背於善良風俗之方法，加損害於他人者亦同。II.違反保護他人之法律，致生損害於他人者，負賠償責任。但能證明其行為無過失者，不在此限。」另依民法第195條第1項：「不法侵害他人之身體、健康、名譽、自由、信用、隱私、貞操，或不法侵害其他人格法益而情節重大者，被害人雖非財產上之損害，亦得請求賠償相當之金額。其名譽被侵害者，並得請求回復名譽之適當處分。」
2. 依題示，丙因為甲的不當施工而導致其所有的房屋受損，且居住環境也因此受到損害，該當於民法第184條中關於侵權行為之要件，且丙也因為漏水而輾轉難眠，此為丙之居住安寧權受到侵害，應依民法第195條之規定向甲請求損害賠償。

(二) 丙向A請求連帶損害責任之賠償。

1. 依民法第28條：「法人對於其董事或其他有代表權之人因執行職務所加於他人之損害，與該行為人連帶負賠償之責任。」民法第188條第1項：「受僱人因執行職務，不法侵害他人之權利者，由僱用人與行為人連帶負損害賠償責任。但選任受僱人及監督其職務之執行，已盡相當之注意或縱加以相當之注意而仍不免發生損害者，僱用人不負賠償責任。」另依實務見解（最高法院108年度台上字第2035號判決意旨）認為：「法人，依民法第26條至第28條規定，為權利之主體，有享受權利之能力；為從事目的事業之必要，有行為能力，亦有責任能力。又依同法第28條、第188條規定，法人侵權行為損害賠償責任之成立，係於其董事或其他有代表權人，因執行職務所加於他人之損害，或其受僱人因執行職務，不法侵害他人之權利時，始與各該行為人連帶負賠償之責任；為從事目的事業之必要，有行為能力，亦有責任能力。又依同法第28條、第188條規定，法人侵權行為損害賠償責任之成立，係於其董事或其他有代表權人，因執行職務所加於他人之損害，或其受僱人因執行職務，不法侵害他人之權利時，始與各該行為人連帶負賠償之責任。惟民法關於侵權行為，於第184條定有一般性規定，依該條規定文義及立法說明，並未限於自然人始有適用；而法人，係以社員之結合或獨立財產為中心之組織團體，基於其目的，以組織從事活動，自得統合其構成員之意思與活動，為其自己之團體意思及行為。再者，現代社會工商興盛，科技發達，法人企業不乏經營規模龐大，構成員眾多，組織複雜，分工精細，且利用科技機器設備處理營運業務之情形，特定侵害結果之發生，常係統合諸多行為與機器設備共同作用之結果，並非特定自然人之單一行為所得致生，倘法人之侵權行為責任，均須藉由其代表機關或受僱人之侵權行為始得成立，不僅使其代表人或受僱人承擔甚重之對外責任，亦使被害人於請求賠償時，須特定、指明並證明該法人企業組織內部之加害人及其行為內容，並承擔特殊事故（如公害、職災、醫療事件等）無法確知加害人及其歸責事由之風險，於法人之代表人、受僱人之行為，不符民法第28條、第188條規定要件時，縱該法人於損害之發生有其他歸責事由，仍得脫免賠償責任，於被害人之保護，殊屬不周。法人既藉由其組織活動，追求並獲取利益，復具分散風險之能力，自應自己負擔其組織活動所生之損害賠償責任，認其有適用民法第184條規定，負自己之侵權行為責任，俾符公平。為從事目的事業之必要，有行為能力，亦有責任能力。又依同法第28條、第188條規定，法人侵權行為損害賠償責任之成立，係於其董事或其他有代表權人，因執行職務所加於他人之損害，或其受僱人因執行職務，不法侵害他人之權利時，始與各該行為人連帶負賠償之責任。惟民法關於侵權行為，於第184條定有一般性規定，依該條規定文義及立法說明，並未限於自然人始有適用；而法人，係以社員之結合或獨立財產為中心之組織團體，基於其目的，以組織從事活動，自得統合其構成員之意思與活動，為其自己之團體意思及行為。

2. 甲為A公司之董事，為其客觀上有使第三人相信甲有權利代表A公司執行職務之權限，且由題示觀之，甲之不當施工與導致建物漏水間具有其因果關係，故依前述規定，丙得向A請求連帶損害責任之賠償。

二、甲有名畫一幅，委託丙代為出售該畫，並授予代理權於丙。乙的下屬丁得知乙甚為喜歡該畫，便瞞著乙私下威脅丙，「若不將該畫出售於乙，即殺害之」。丙受此脅迫心生恐懼，便以甲之名義將該畫出售予乙，並交付該畫。一年後，丙得知丁已去世，隨即向甲坦承係因受丁之脅迫方將該畫出售予乙。然此時乙已將該畫售予不知情的戊，並已為交付。試問，於上開情形中甲未受脅迫，甲可否向戊請求返還該畫？

答 甲不得向戊請求返還A畫：

(一) 依民法第92條：「因被詐欺或被脅迫而為意思表示者，表意人得撤銷其意思表示。但詐欺係由第三人所為者，以相對人明知其事實或可得而知者為限，始得撤銷之。被詐欺而為之意思表示，其撤銷不得以之對抗善意第三人。」、民法第93條：「前條之撤銷，應於發見詐欺或脅迫終止後，一年內為之。但自意思表示後，經過十年，不得撤銷。」及民法第105條：「代理人之意思表示，因其意思欠缺、被詐欺、被脅迫，或明知其事情或可得而知其事情，致其效力受影響時，其事實之有無，應就代理人決之。但代理人之代理權係以法律行為授與者，其意思表示，如依照本人所指示之意思而為時，其事實之有無，應就本人決之。」

(二) 依民法第801條：「動產之受讓人占有動產，而受關於占有規定之保護者，縱讓與人無移轉所有權之權利，受讓人仍取得其所有權。」、民法第948條：「以動產所有權，或其他物權之移轉或設定為目的，而善意受讓該動產之占有者，縱其讓與人無讓與之權利，其占有仍受法律之保護。但受讓人明知或因重大過失而不知讓與人無讓與之權利者，不在此限。」戊應為善意之受讓人，受占有規定保護；查本題所述，一年後，丙得知丁已去世，隨即向甲坦承係因受丁之脅迫方將該畫出售予乙，依民法第93條：「前條之撤銷，應於發見詐欺或脅迫終止後，一年內為之。但自意思表示後，經過十年，不得撤銷。」該形成權並未罹於時效，自得視為丙撤銷該出售畫作之意思表示，故該畫之所有權人似仍為甲，然戊為善意不知情依民法第801條及第948條之規定善意取得該畫之所有權，因此甲即喪失該畫所有權而非所有權人，不得向戊請求返還該畫。

108 地方特考三等（財稅行政、法制、商業行政）

(　　) **1** 未成年人為下列何種法律行為時，無須得其法定代理人之同意？ (A)結婚之未成年人兩願離婚 (B)購買重型機車 (C)15歲之未成年人所為之遺囑 (D)16歲之未成年人用詐術使人信其有行為能力而訂立之買賣。

(　　) **2** 下列何者並非物之成分，而是民法上獨立之物？ (A)生長於果樹上之芒果 (B)建築於房屋中之鋼樑 (C)放置於試管內之動物胚胎 (D)埋藏於礦山下之礦石。

(　　) **3** 下列關於民法財團法人之敘述，何者錯誤？ (A)財團法人對無代表權之董事之侵權行為仍須負連帶賠償責任 (B)於財團法人依法申請設立登記前捐助人死亡，捐助人之繼承人得撤回捐助人生前之捐助行為 (C)因情事變更，致財團之目的不能達到時，主管機關得無庸斟酌捐助人之意思，逕行解散之 (D)遺囑捐助人之繼承人不論財團法人是否已經申請設立，均不得撤回其遺囑捐助行為。

(　　) **4** 下列關於消滅時效期間起算之敘述，何者錯誤？ (A)請求權之行使有法律上之障礙時，消滅時效不開始起算 (B)附停止條件或始期之請求權，自條件成就時或期限屆至時起算 (C)請求權未定有清償期時，除法律另有規定或契約另有訂定外，以權利成立時起算 (D)以不作為為目的之請求權，自義務人之不作為義務成立時起算。

(　　) **5** 權利人於相當期間內不行使其權利，如有足以使義務人正當信任權利人已不欲行使權利，或不欲債務人履行義務之特別情事，其後權利人再行使權利者，其所行使之權利發生何種效力？ (A)取得時效 (B)權利失效 (C)既判力之效力 (D)情事變更之效力。

解答與解析（答案標示為#者，表官方曾公告更正該題答案）

1 (D)。
(A)民法第12條：「滿十八歲為成年。」（因為現在已無未成年結婚之規定，故自不生未成年離婚之問題。）
(B)民法第77條：「限制行為能力人為意思表示及受意思表示，應得法定代理人之允許。」
(C)民法第1186條：「I.無行為能力人，不得為遺囑。II.限制行為能力人，無須經法定代理人之允許，得為遺囑。但未滿十六歲者，不得為遺囑。」
(D)民法第83條：「限制行為能力人用詐術使人信其為有行為能力人或已得法定代理人之允許者，其法律行為為有效。」

2 (C)。 民法第68條：「I.非主物之成分，常助主物之效用，而同屬於一人者，為從物。但交易上有特別習慣者，依其習慣。II.主物之處分，及於從物。」

3 (C)。 (C)民法第65條：「因情事變更，致財團之目的不能達到時，主管機關得斟酌捐助人之意思，變更其目的及其必要之組織，或解散之。」

4 (D)。 民法第128條：「消滅時效，自請求權可行使時起算。以不行為為目的之請求權，自為行為時起算。」

5 (B)。 最高法院於97年台上字950號判決：「按權利固得自由行使，義務本應隨時履行，惟權利人於相當期間內不行使其權利，並因其行為造成特殊之情況，足引起義務人之正當信任，認為權利人已不欲行使其權利，或不欲義務人履行其義務，於此情形，經盱衡該權利之性質、法律行為之種類、當事人之關係、經濟社會狀況、當時之時空背景及其他主、客觀等因素，綜合考量，依一般社會之通念，可認其權利之再為行使有違『誠信原則』者，自得因義務人就該有利於己之事實為舉證，使權利人之權利受到一定之限制而不得行使，此源於『誠信原則』，實為禁止權利濫用，以軟化權利效能而為特殊救濟形態之『權利失效原則』，究與消滅時效之規定未盡相同，審判法院當不得因已有消滅時效之規定即逕予拒斥其適用，且應依職權為必要之調查審認，始不失民法揭櫫『誠信原則』之真諦，並符合訴訟法同受有『誠信原則』規範之適用。」

108 地方特考四等（戶政）

在臺灣之甲欲將其收藏之名畫出賣予在大陸之臺商友人乙。試申論下列問題：

(一) 若甲與乙以手機聯絡，由於通訊不良而斷訊，在出價時乙雖無法完全明瞭，惟仍在雜訊中倉促應允之，該買賣契約效力為何？

(二) 若甲以手機發送簡訊給乙，乙在開車中無法閱讀，事後發現部分文字係亂碼，使得乙不能完全了解甲之意思，其買賣契約效力如何？

答 (一) 該買賣契約為有效。

1. 依民法第153條之規定：「當事人互相表示意思一致者，無論其為明示或默示，契約即為成立。當事人對於必要之點，意思一致，而對於非必要之點，未經表示意思者，推定其契約為成立，關於該非必要之點，當事人意思不一致時，法院應依其事件之性質定之。」依題示，甲和乙之間於手機連絡時斷訊，乙雖無法完全明瞭，但仍與甲達成合致之意思表示。
2. 惟另依民法第88條規定：「I.意思表示之內容有錯誤，或表意人若知其事情即不為意思表示者，表意人得將其意思表示撤銷之。但以其錯誤或不知事情，非由表意人自己之過失者為限。II.當事人之資格或物之性質，若交易上認為重要者，其錯誤，視為意思表示內容之錯誤。」若乙認為，該手機訊號不良而導致其意思表示之錯誤，可將其意思表示撤銷之。即乙可撤銷其欲購買甲名畫之意思表示，但題目上並未明示其有認為該訊號不良導致意思表示錯誤而影響到交易，故該契約為有效。

(二) 該契約為有效或效力未定。

1. 民法第88條規定：「I.意思表示之內容有錯誤，或表意人若知其事情即不為意思表示者，表意人得將其意思表示撤銷之。但以其錯誤或不知事情，非由表意人自己之過失者為限。II.當事人之資格或物之性質，若交易上認為重要者，其錯誤，視為意思表示內容之錯誤。」甲乙間用手機連絡時，因部分文字亂碼而導致乙無法完全了解甲之意思，依前述規定，可認為該部分為交易上之重要事項。

2. 本題所述之情形，顯非由表意人之過失為限，故乙認為該部分為意思表示錯誤時，得撤銷契約。綜上所述，若乙仍和甲為合致之意思表示，依民法第153條認該買賣契約有效；若乙認該文字為亂碼的部分為交易的重要成分，則乙可依民法第88條撤銷其欲購買名畫之意思表示。

108 地方特考四等（財稅行政、商業行政）

( ) **1** 關於違章建築物之法律性質，下列敘述何者正確？
(A)動產 (B)不動產
(C)既非動產亦非不動產 (D)按起造人之意思決定。

( ) **2** 甲將房屋出租予乙，約定租至丙死亡時為止，此項租賃契約之附款為何？
(A)附有終期 (B)附有始期
(C)附有停止條件 (D)附有解除條件。

( ) **3** 過年時，16歲的甲未得其父母同意之情形下，收下祖父所贈送之紅包。該紅包贈與契約之效力為何？
(A)不成立 (B)有效
(C)無效 (D)效力未定。

( ) **4** 特殊災難發生後，救難組織在災區為臨時安置災民所搭建之組合屋，其性質為：
(A)動產 (B)不動產
(C)土地之成分 (D)土地之從物。

( ) **5** 下列何者非屬社團法人？
(A)政黨 (B)公司
(C)合夥 (D)律師公會。

( ) **6** 甲向乙購買筆記型電腦一部。甲向乙請求交付電腦之權利，因幾年間不行使而消滅？
(A)1年 (B)2年
(C)5年 (D)15年。

解答與解析（答案標示為#者，表官方曾公告更正該題答案）

1 (B)。 民法第66條：「I.稱不動產者，謂土地及其定著物。II.不動產之出產物，尚未分離者，為該不動產之部分。」違章建築在法律上的狀態雖為違法，但不影響其為一不動產之性質。

2 (A)。 民法第102條第2項：「附終期之法律行為，於期限屆滿時，失其效力。」本題所指「約定租至丙死亡時為止」，而死亡必然發生為期限而非條件，因此即為契約之終期，故此項租賃契約之附款為附有終期之附款。

3 (B)。 民法第77條：「限制行為能力人為意思表示及受意思表示，應得法定代理人之允許。但純獲法律上利益，或依其年齡及身分、日常生活所必需者，不在此限。」甲為限制行為能力人，收受祖父所贈送之紅包為純獲法律上利益，故該紅包贈與契約之效力為有效。

4 (A)。 民法第66條：「I.稱不動產者，謂土地及其定著物。II.不動產之出產物，尚未分離者，為該不動產之部分。」
民法第67條：「稱動產者，為前條所稱不動產以外之物。」
題目中所指之組合屋並非固著於地面之不動產，故依民法第67條，其為動產。

5 (C)。 (C)合夥為民法債編各論中之有名契約。

6 (D)。 民法第125條：「請求權，因十五年間不行使而消滅。但法律所定期間較短者，依其規定。」本題中所指，甲向乙請求交付電腦之權利，非屬較短之期間，故回歸15年之規定。

109 身障特考三等（一般行政）

一、甲以未定期限之僱傭契約關係任職於乙公司十餘年後，因個人職涯生活規劃，乃依法向其任職部門之主管丙提出辭呈，丙於受理當日即將甲之辭呈轉交乙公司的人事部門主管。數日後，甲因原規劃生變，乃於乙公司人事單位尚未正式發布甲之辭職人事令前，向乙公司表示撤回前述之辭呈。請附理由說明甲以原辭呈已經撤回，故與乙公司間之僱傭契約仍有效的主張是否有理？

答 (一) 公司間之僱傭契約仍有效的主張為無理。

(二) 民法第95條第1項：「非對話而為意思表示者，其意思表示，以通知達到相對人時，發生效力。但撤回之通知，同時或先時到達者，不在此限。」甲向乙公司提出辭呈的行為為非對話之意思表示，該辭呈到達主管丙時，丙即刻轉交予人事主管，故該辭呈已生效力。縱然甲於人事單位發布甲之辭職人事令之前撤回離職申請，該辭呈也應達到相對人時發生效力，故甲不得以原辭呈已經撤回，而甲與乙公司之僱傭關係仍存在。

(三) 惟若乙公司的人事令須以人事單位發布後才生效，另依民法第98條規定：「解釋意思表示，應探求當事人之真意，不得拘泥於所用之辭句。」，可將前述狀況解釋為該撤回辭呈之意思表示在發布人事令前已到達人事單位，依民法第95條但書：「但撤回之通知，同時或先時到達者，不在此限。」故該僱傭契約關係仍然存在。

二、甲為開設事務所，與乙約定由乙完成事務所內部之設計及裝潢工作、並於工作完成日給付約定之報酬。乙於民國107年7月14日完成工作後，即刻向甲請求依約給付乙之設計及裝潢服務費等，其後亦曾分別於同年8月14日、同年9月9日函請甲付款，但遭甲於107年7月19日、同年8月25日、同年9月16日三度以函文主張因乙遲延完工，應扣減服務費用等為由，拒絕乙之請求。經一段時間後，乙於109年8月10日向甲請求上述款項時，甲以乙之請求權已罹於時效為由，拒絕給付。甲之主張是否有理？

答 甲不得主張乙之請求權已罹於時效為由，拒絕給付報酬。

(一) 民法第125條：「請求權，因十五年間不行使而消滅。但法律所定期間較短者，依其規定。」另依民法第127條：「七、技師、承攬人之報酬及其墊款。」本題甲與乙之間為依承攬契約，故應依民法第127條之規定，適用短期之二年請求權時效。

(二) 依題示，乙已多次向甲請求付款，依民法第128條前段：「消滅時效，自請求權可行使時起算。」及民法第129條第1項：「消滅時效，因左列事由而中斷：一、請求。」乙最後函請甲付款之時間為107年9月9日，依前述規定，乙之請求權時效應從中斷事由終止時之107年9月9日開始起算，此有民法第137條第1項明文規定，且題目中並無註明乙有無在請求後六個月內起訴，視為不中斷，另乙於109年8月10日還未罹於時效消滅時向甲請求上述款項，甲以乙之請求權已罹於時效為由，拒絕給付並無理由。

109 身障特考四等（財稅行政）

( ) **1** 下列何者屬於無效或效力未定之書面法律行為？ (A)甲在其本票的簽名處，僅簽名字，未簽姓 (B)甲委託乙代為開會，其授權書中，未填寫授權事項，僅有其親筆簽名 (C)甲訂立人事保證契約時，以其慣有的黑貓圖代替簽名，經友人乙及丙在該圖旁，另為親手簽名證明 (D)甲偷友人乙的印章，以乙的名義，將乙所有之A屋讓售他人所訂立之買賣契約。

( ) **2** 甲70歲、乙45歲，為夫妻，生有A、B兩子女。甲、乙為登山愛好者，某次一起登山時遇山難，待救難隊找到兩人時，兩人已死亡。下列敘述何者錯誤？ (A)甲年紀已大，如無法確認兩人死亡之確切時點，推定甲先乙死亡 (B)因無法確認兩人死亡時點，推定兩人同時死亡 (C)甲、乙兩人因同時罹難，不相互繼承 (D)甲、乙兩人之遺產，分別由其子女A、B繼承。

( ) **3** 下列何種行為不屬於法律上有意義之行為，而不具法律效力？ (A)6歲甲在垃圾桶撿到別人丟棄的玩具帶回家玩的拾起占有行為 (B)21歲乙買高鐵票搭高鐵之買票行為 (C)速食餐廳接單後，其外送員丙之送貨行為 (D)女友丁身體不舒服在宿舍休息，上課時，戊幫女友丁拿上課講義。

( ) **4** 17歲的甲在父親乙的同意下，在速食餐廳打工賺錢，下列何種行為應經法定代理人同意？ (A)用自己的薪資，購買昂貴的新型手機 (B)甲在速食餐廳打工期間，因故請假之行為 (C)用自己的薪資買上課用教科書 (D)用自己的薪資上網訂民宿到臺南玩，訂購之A民宿，一夜住宿費用新臺幣1,500元。

( ) **5** 下列物品間，何者成立主從物關係？ (A)甲的電腦滑鼠壞掉，跟好友乙借來其舊滑鼠使用，約定等甲買新滑鼠再還。甲的電腦與乙的舊滑鼠間 (B)甲客廳中的餐桌與餐桌上的吊燈間 (C)甲的廚房的鍋具與瓦斯爐間 (D)甲所有的無人駕駛飛機與其遙控器間。

( ) **6** 甲在乙的土地上種植果樹，關於何人得採收果實一事，屬於下列何種關係？ (A)收取天然孳息之權利 (B)收取法定孳息之權利 (C)從物與主物分離 (D)動產與動產之混合。

解答與解析（答案標示為#者，表官方曾公告更正該題答案）

1 (D)。 民法第170條第1項：「無代理權人以代理人之名義所為之法律行為，非經本人承認，對於本人不生效力」，甲未經授權以本人乙之名義訂立買賣契約讓受乙之A屋給他人，為無權代理行為，因此該契約在乙承認前屬效力未定。

2 (A)。 民法第11條：「二人以上同時遇難，不能證明其死亡之先後時，推定其為同時死亡。」承前規定，甲乙應被推定為同時死亡，故不應推定甲先死亡。

3 (D)。
(A)甲之行為為無主物先占。
(B)乙和高鐵公司間締結一買賣契約。
(C)丙和速食餐廳締結承攬契約。
(D)戊幫丁拿上課講義，為一事實行為。

4 (A)。 (A)民法第79條：「限制行為能力人未得法定代理人之允許，所訂立之契約，須經法定代理人之承認，始生效力。」
(B)(C)(D)民法第77條：「限制行為能力人為意思表示及受意思表示，應得法定代理人之允許。但純獲法律上利益，或依其年齡及身分、日常生活所必需者，不在此限。」

5 (D)。 民法第68條：「I.非主物之成分，常助主物之效用，而同屬於一人者，為從物。但交易上有特別習慣者，依其習慣。II.主物之處分，及於從物。」(D)之無人駕駛飛機若無利用其遙控器，也無法使用，故此二物為主物從物成分。

6 (A)。 民法第69條第1項：「稱天然孳息者，謂果實、動物之產物及其他依物之用法所收穫之出產物。」
民法第70條第1項：「有收取天然孳息權利之人，其權利存續期間內，取得與原物分離之孳息。」

109 鐵路特考高員級（運輸營業）

( ) **1** 關於期日與期間之計算，下列敘述，何者錯誤？ (A)停車場以時計費，若停車者非準點進入，應以分或秒為起算點，此乃民法規定之即時起算 (B)民事審判程序所定之期日及期間，除有特別訂定外，其計算依民法之規定 (C)月或年，非連續計算者，每月為30日，每年為365日 (D)出生之月、日無從確定時，推定其為1月1日出生。

( ) **2** 甲告知乙：「明年春節，贈與歐洲七日旅遊團費」。甲乙間贈與契約之附款，性質為何？ (A)附負擔之贈與 (B)附停止條件之贈與 (C)附確定期限之贈與 (D)附不確定期限之贈與。

( ) **3** 甲在乙的飲食店白吃白喝後，欲趁機溜走，乙乃立即扣留甲的機車。乙所為之行為原則上可稱為： (A)自助行為 (B)不當得利 (C)正當防衛 (D)緊急避難。

解答與解析（答案標示為#者，表官方曾公告更正該題答案）

1 (D)。
(A)民法第120條第1項：「以時定期間者，即時起算。」
(B)民法第119條：「法令、審判或法律行為所定之期日及期間，除有特別訂定外，其計算依本章之規定。」
(C)民法第123條第2項：「月或年非連續計算者，每月為三十日，每年為三百六十五日。」
(D)民法第124條第2項：「出生之月、日無從確定時，推定其為七月一日出生。知其出生之月，而不知出生之日者，推定其為該月十五日出生。」

2 (C)。 民法第102條第1項：「附始期之法律行為，於期限屆至時，發生效力。」

3 (A)。 民法第151條：「為保護自己權利，對於他人之自由或財產施以拘束、押收或毀損者，不負損害賠償之責。但以不及受法院或其他有關機關援助，並非於其時為之，則請求權不得實行或其實行顯有困難者為限。」

109 鐵路特考員級（運輸營業）

(　　) 1 甲為法人乙之董事。某日，甲於執行法人職務時，對丙造成損害。下列關於乙之責任敘述，何者正確？　(A)除非乙可證明選任、監督甲並無過失，否則應與甲負連帶責任　(B)乙原則上無須負責，除非丙可證明乙選任、監督甲有過失　(C)乙與甲連帶負賠償之責任　(D)因董事係法人之外的獨立個體，故乙無須為甲之行為負責。

(　　) 2 依民法規定，下列關於要約之敘述，何者錯誤？　(A)必要之點須確定或可得確定　(B)對話要約效力之發生，採了解主義　(C)非對話要約效力之發生，採到達主義　(D)非對話之要約，須送達相對人手中始能謂為到達。

(　　) 3 甲到花蓮旅行，在花蓮車站附近之機車出租店，租用1輛機車，積欠租價新臺幣1千元。機車出租店對甲之租價請求權，其消滅時效期間為幾年？　(A)2年　(B)5年　(C)10年　(D)15年。

(　　) 4 甲以電話恐嚇乙，使乙將土地1筆低價賣給丙。乙出賣土地之意思表示，其效力為何？　(A)有效，但得解除之　(B)效力未定　(C)有效，但得撤銷之　(D)無效。

(　　) 5 下列何者，非法律行為之一般成立要件？　(A)當事人　(B)標的　(C)行為能力　(D)意思表示。

(　　) 6 下列何者，不屬於民法第69條第1項所稱之天然孳息？　(A)牛乳　(B)葡萄　(C)房租　(D)雞蛋。

解答與解析（答案標示為#者，表官方曾公告更正該題答案）

1 (C)。 民法第28條：「法人對於其董事或其他有代表權之人因執行職務所加於他人之損害，與該行為人連帶負賠償之責任。」

2 (D)。 民法第95條第1項：「非對話而為意思表示者，其意思表示，以通知達到相對人時，發生效力。但撤回之通知，同時或先時到達者，不在此限。」

3 (A)。 民法第127條：「左列各款請求權，因二年間不行使而消滅：三、以租賃動產為營業者之租價。」

4 (C)。 民法第92條前段：「因被詐欺或被脅迫而為意思表示者，表意人得撤銷其意思表示。但詐欺係由第三人所為者，以相對人明知其事實或可得而知者為限，始得撤銷之。」

5 (C)。(C)限制行為人也可為法律行為，故行為能力非屬成立要件。

6 (C)。(C)屬法定孳息。
民法第69條第1項：「稱天然孳息者，謂果實、動物之產物及其他依物之用法所收穫之出產物。」
民法第69條第2項：「稱法定孳息者，謂利息、租金及其他因法律關係所得之收益。」

109 高考三級(一般行政、一般民政、人事行政)

一、甲欲出售其已經使用半年的A牌手機一支，乙知悉後表明有意購買，並同時對甲表示授與代理權予十七歲之丙，由丙全權處理手機買賣事宜。乙將此事告知丙並委託丙處理，在代理權的部分則限制丙僅於新臺幣兩萬元之範圍內得代理乙為法律行為，丙在其法定代理人丁不知情下表示同意。若丙代理乙與甲締結手機之買賣契約，以新臺幣兩萬五千元之價格成交，試說明：甲、乙、丙、丁間之法律關係。

答 (一) 乙授權代理權予未成年人丙之行為有效。

1. 依民法第167條規定：「代理權係以法律行為授與者，其授與應向代理人或向代理人對之為代理行為之第三人，以意思表示為之。」、民法第104條：「代理人所為或所受意思表示之效力，不因其為限制行為能力人而受影響。」前述規定即未成年於代理關係者及何謂代理權授予之定義，合先敘明。
2. 民法第153條第1項：「當事人互相表示意思一致者，無論其為明示或默示，契約即為成立。」承前所述，因不受限於並為未成年人，就算丁不知情其代理行為，丙之代理行為仍然有效，甲及乙之間契約成立。

(二) 丙與甲乙之關係：

1. 依民法第103條第1項規定：「I.代理人於代理權限內，以本人名義所為之意思表示，直接對本人發生效力。II.前項規定，於應向本人為意思表示，而向其代理人為之者，準用之。」承上所述，乙授權予丙之代理權為有效，故丙以乙名義為之的法律行為皆直接對乙發生效力。另依民法第107條：「代理權之限制及撤回，不得以之對抗善意第三人。但第三人因過失而不知其事實者，不在此限。」依題示，代理權限制之部分從外觀上，並未能讓善意第三人以外觀能直接得知，故不得以此限制甲，甲乙之間契約有效。
2. 若甲為過失而不知事實時，丙之行為需經乙之同意，方生效力，此為民法第170條第1項：「無代理權人以代理人之名義所為之法律行為，非經本人承認，對於本人不生效力。」規定明定。

二、甲向好友乙借用M牌珍珠項鍊參加聚會，因該項鍊光彩奪目成為眾人談論的焦點，同在聚會場所的丙以為項鍊為甲所有，即詢問甲是否願意割愛，甲表示同意，以二十萬元出賣給丙，並於一個禮拜後將項鍊交付給丙。不久之後乙請求甲返還項鍊，甲據實以告，乙堅持要拿回項鍊。試說明：甲、乙、丙三人之法律關係。

答 (一) 甲為無權處分人。

依題所示，乙僅將自己的M牌珍珠項鍊借給甲參加聚會，並未有授權予甲將項鍊出售之意。故甲為一無權處分人，民法第118條第1項：「無權利人就權利標的物所為之處分，經有權利人之承認始生效力。」然因本題所示，乙堅持要拿回項鍊，即可將此視為乙拒絕承認甲為有權處分之意思表示。

(二) 丙為善意第三人。

1. 依題所示，丙以為項鍊為甲所有，即詢問甲是否願意割愛。由前述文字可見，丙為一善意第三人，合先敘明。依民法第801條：「動產之受讓人占有動產，而受關於占有規定之保護者，縱讓與人無移轉所有權之權利，受讓人仍取得其所有權。」規定，縱然動產之讓與人未有移轉動產之權利，善意受讓人仍取得動產之所有權。本題中，丙為善意受讓人，縱然甲無移轉該動產之權利，丙仍取得該項鍊之所有權。
2. 然另依民法第948條：「I.以動產所有權，或其他物權之移轉或設定為目的，而善意受讓該動產之占有者，縱其讓與人無讓與之權利，其占有仍受法律之保護。但受讓人明知或因重大過失而不知讓與人無讓與之權利者，不在此限。II.動產占有之受讓，係依第七百六十一條第二項規定為之者，以受讓人受現實交付且交付時善意為限，始受前項規定之保護。」規定，若丙為一惡意善有人，則該無權處分則無法對抗丙之惡意第三人。

109 高考三級（公平交易管理）

(　　) **1** 下列何規定中之習慣係指習慣法，具法源性，有補充法律之效力？(A)依習慣或依其事件之性質，承諾無須通知者，在相當時期內，有可認為承諾之事實時，其契約為成立　(B)利息不得滾入原本再生利息。但當事人以書面約定，利息遲付逾一年後，經催告而不償還時，債權人得將遲付之利息滾入原本者，依其約定。前項規定，如商業上另有習慣者，不適用之　(C)物權除依法律或習慣外，不得創設　(D)水流如因事變在鄰地阻塞，土地所有人得以自己之費用，為必要疏通之工事。但鄰地所有人受有利益者，應按其受益之程度，負擔相當之費用。前項費用之負擔，另有習慣者，從其習慣。

(　　) **2** 關於死亡宣告經撤銷之效力，下列敘述何者錯誤？　(A)撤銷宣告死亡裁定，不問對於何人均有效力　(B)撤銷宣告死亡裁定確定前之所有行為，均不受影響　(C)因死亡宣告而取得財產者，如因撤銷宣告死亡裁定失其權利者，僅於現受利益之限度內，負歸還財產之責　(D)撤銷宣告死亡之裁定，利害關係人或檢察官得聲請之。

(　　) **3** 35歲之甲授與代理權予17歲之乙，全權委託乙出賣甲所有之中古遊戲機。丙明知該中古遊戲機乃具有高度收藏價值之物，卻詐騙乙稱該機沒有什麼市場價值，與乙締結以低價買進該機之契約。就此情形，下列敘述，何者正確？　(A)乙為限制行為能力人，其與丙締結之契約，非經甲承認，對甲不生效力　(B)締結本契約時，是否有受詐欺之事實，應就乙決之　(C)締結本契約時，是否有受詐欺之事實，應就甲決之　(D)締結本契約時，是否有受詐欺之事實，應就甲、乙共同決之。（改）

( ) **4** 甲現年17歲未婚，關於其所為法律行為之效力，下列敘述何者錯誤？ (A)甲無須經法定代理人之允許，得為遺囑 (B)乙授與甲代理權，須經甲的法定代理人同意，授權行為方為有效 (C)甲欲與丙結婚，應得甲的法定代理人之同意 (D)甲與丙結婚後一年，欲與丙兩願離婚，應得甲的法定代理人之同意。

( ) **5** 甲為財團法人，其章程明定目的事業範圍為醫療服務與醫學研究，甲之權利能力與行為能力之敘述，下列何者錯誤？ (A)甲之權利能力受到法令的限制 (B)甲有行為能力，由甲的董事代為法律行為 (C)甲享有名譽權，名譽權受侵害者，得請求慰撫金 (D)甲之權利能力，依民法之規定，得不必受到章程所訂事業目的之限制。

( ) **6** 甲允許其17歲之子乙於夜市租借場所販賣手工精品。某日，乙與丙商談一批手工精品之價格及進貨事宜等時，丙預先與第三人丁共謀，由丁在旁敲邊鼓，慫恿乙應儘速與丙締約。乙禁不起丁之吹噓，乃與丙締約，惟乙取得締約之精品後，發覺該批貨品品質低劣全無價值，始知遭騙。就此情形，下列敘述，何者正確？ (A)因詐欺乙之行為係由丁所為，與丙無涉，乙不得撤銷其與丙締約之意思表示 (B)因詐欺係由丙與丁聯手所為，乙得撤銷其與丙締約之意思表示 (C)乙為限制行為能力人，其與丙締結之契約未經甲同意，自始無效 (D)乙就販賣精品之營業，有行為能力，但其受丙、丁聯手詐欺所為之意思表示，自始無效。

( ) **7** 就甲駕駛車輛時，因其故意撞擊有父母子女配偶之乙的情形，下列敘述，何者正確？ (A)如乙因而死亡，僅乙之繼承人得向甲請求賠償慰撫金 (B)如乙因而成為植物人並受監護宣告，乙之父母得向甲請求賠償慰撫金 (C)如乙對甲另有金錢債務、且已屆清償期，甲得以其對乙應負之損害賠償債務，主張抵銷 (D)如乙因而死亡，其配偶已懷胎但尚未出生之胎兒，因不具權利能力，不得向甲請求賠償損害。

(　　) **8** 甲將乙寄託於甲處之名牌手錶，以甲所有之名義與丙締結買賣契約、並已為交付。如丙於締約及受領時均明知該手錶並非甲所有，下列敘述，何者正確？ (A)買賣契約有效，物權行為無效 (B)買賣契約與物權行為均無效 (C)買賣契約有效，物權行為效力未定 (D)買賣契約與物權行為均效力未定。

解答與解析 (答案標示為#者，表官方曾公告更正該題答案)

1 (C)。 民法第1條：「民事，法律所未規定者，依習慣；無習慣者，依法理。」民法第2條：「民事所適用之習慣，以不背於公共秩序或善良風俗者為限。」民法第757條：「物權除依法律或習慣外，不得創設。」

2 (B)。 家事事件法第163條第1項規定：撤銷或變更宣告死亡裁定之裁定，不問對於何人均有效力。但裁定確定前之善意行為，不受影響，因此僅有善意行為不受影響。

3 (B)。 (A)民法第79條：「限制行為能力人未得法定代理人之允許，所訂立之契約，須經法定代理人之承認，始生效力。」甲非乙之法定代理人，故無需甲之承認。

(B)(C)(D)民法第105條：「代理人之意思表示，因其意思欠缺、被詐欺、被脅迫，或明知其事情或可得而知其事情，致其效力受影響時，其事實之有無，應就代理人決之。但代理人之代理權係以法律行為授與者，其意思表示，如依照本人所指示之意思而為時，其事實之有無，應就本人決之。」

4 (B)。民法第13條第2項：「滿七歲以上之未成年人，有限制行為能力。」

(B)民法第104條：「代理人所為或所受意思表示之效力，不因其為限制行為能力人而受影響。」，民法第77條：「限制行為能力人為意思表示及受意思表示，應得法定代理人之允許。但純獲法律上利益，或依其年齡及身分、日常生活所必需者，不在此限」，被授予代理權並不因此具有任何義務，因此為無損益中性行為，可類推民法第77條但書規定，不以取得法定代理人之允許為必要。

5 (C)。 (A)(C)(D)民法第26條：「法人於法令限制內，有享受權利負擔義務之能力。但專屬於自然人之權利義務，不在此限。」名譽權雖非專屬自然人的權利，法人也可享有之，但通說實務多認為法人不會有精神痛苦，因此不得請求非財產上損害賠償，因此甲財團法人名譽權受侵害時不得請求慰撫金。

(B)民法第27條第1項：「法人應設董事。董事有數人者，法人事務之執行，除章程另有規定外，取決於全體董事過半數之同意。」

6 (B)。 民法第13條第2項：「滿七歲以上之未成年人，有限制行為能力。」
民法第85條第1項：「法定代理人允許限制行為能力人獨立營業者，限制行為能力人，關於其營業，有行為能力。」
民法第92條：「因被詐欺或被脅迫而為意思表示者，表意人得撤銷其意思表示。但詐欺係由第三人所為者，以相對人明知其事實或可得而知者為限，始得撤銷之。被詐欺而為之意思表示，其撤銷不得以之對抗善意第三人。」

7 (B)。 民法第195條第1項：「不法侵害他人之身體、健康、名譽、自由、信用、隱私、貞操，或不法侵害其他人格法益而情節重大者，被害人雖非財產上之損害，亦得請求賠償相當之金額。其名譽被侵害者，並得請求回復名譽之適當處分。」
民法第195條第3項：「前二項規定，於不法侵害他人基於父、母、子、女或配偶關係之身分法益而情節重大者，準用之。」

8 (C)。 買債契約：債之相對性，債權契約僅拘束契約當事人，且不會產生物權變動，不以有處分權為必要，因此甲雖非手錶所有權人，買賣之債權契約仍有效。
物權行為：民法第118條第1項：「無權利人就權利標的物所為之處分，經有權利人之承認始生效力。」，因此物權行為於所有權人乙未承認前效力未定。

解答與解析

109 普考（財稅行政、商業行政）

(　) **1** 甲欲購買乙之國畫A，隔日致電予乙，向乙表示購買國畫A之意願，乙稱另有他人亦有意購買，待其考慮2日。甲向乙所為購買國畫A之意思表示，何時發生效力？ (A)乙了解甲欲購買國畫A之意時 (B)乙答應甲出賣國畫A時 (C)甲欲購買乙之國畫A時 (D)甲、乙訂立買賣國畫A契約時。

(　) **2** 乙欲購買丙的A畫，又不便出名購買，於是委託17歲甲，以甲之名義幫忙處理A畫的買賣。下列敘述，何者錯誤？ (A)甲乙間之代理關係，屬於隱名代理 (B)甲乙間之委任契約，須有甲之法定代理人之事前同意或事後承認，始有效成立 (C)甲雖17歲，但在甲乙間為隱名代理關係下，甲縱使未事先取得法定代理人之同意，仍得以代理乙之意思，以自己的名義與丙訂立有效的A畫買賣契約 (D)法院實務認為，甲乙間隱名代理關係，僅在丙知情或可得而知之情形，始發生代理之效力。

(　) **3** 50歲的甲因精神上疾病，受輔助宣告，下列甲所為之行為中，何者須事先取得輔助人乙之同意？ (A)到百貨公司買價值新臺幣（下同）2,000元之新衣 (B)與30歲之丙結婚 (C)簽署同意醫師丁建議之盲腸炎手術 (D)對A公益團體捐助30萬元。

(　) **4** 甲家住基隆，隨船出海捕魚，後因遇強烈颱風，因此遇難，雖然有關單位出動救難船隊，並未尋獲甲，亦未打撈到甲的屍體，甲的家屬依規定向法院聲請甲的死亡宣告，法院依聲請與客觀事實裁定宣告甲死亡。惟甲事實上隨浪衝到某小島，但也在該小島定居下來，並未與家人連絡。甲在20年後，再度回到基隆的老家。下列關於甲之死亡宣告之敘述，何者正確？ (A)如甲的配偶乙在甲被宣告死亡後1年，與丙結婚。當甲再度回家後，乙丙婚姻無效 (B)甲經法院死亡宣告後，與甲有關之公、私法關係都會因死亡宣告而終止 (C)甲經法院死亡宣告後，而喪失權利能力 (D)如甲的配偶乙在甲被宣告死亡後1年，與丙結婚。甲之死亡宣告一旦撤銷後，乙與丙之婚姻為重婚。

(　　) 5 17歲的甲在其法定代理人之同意下，受僱於乙公司，乙授權甲為其代理人，負責該公司之A材料之進貨契約。下列敘述，何者錯誤？　(A)甲乙間之僱傭契約，須有法定代理人之同意，始有效成立　(B)在僱傭契約有效成立之下，甲得依職務幫乙購買A材料，不須事先經法定代理人之同意　(C)甲在乙公司所賺得之薪資，為其所有，甲完全不用得到父母之同意，即可自行花用　(D)縱使甲之法定代理人曾同意甲得受僱於乙，甲之法定代理人仍得因甲的不適任，單方撤銷其同意。

(　　) 6 下列何者屬於無效或效力未定之法律行為？　(A)國小五年級的甲，拿爸媽給他的悠遊卡到便利商店買飯糰　(B)17歲的大學生甲，在父母反對的情況下，上網登錄為外送平台的送貨員，並經該平台之同意，成為其配送合作夥伴　(C)15歲的甲使用壓歲錢，購買該學期的數學參考書與測驗練習卷　(D)6歲的甲，使用幼稚園旁的投幣式公用電話，打電話給媽媽。

解答與解析（答案標示為#者，表官方曾公告更正該題答案）

1 (A)。 民法第94條：「對話人為意思表示者，其意思表示，以相對人了解時，發生效力。」

2 (C)。民法第13條第2項：「滿七歲以上之未成年人，有限制行為能力。」
民法第77條前段：「限制行為能力人為意思表示及受意思表示，應得法定代理人之允許。」
民法第104條：「代理人所為或所受意思表示之效力，不因其為限制行為能力人而受影響。」
本題中丙並非明知或可得而知甲乙間隱名代理之關係，不發生代理之效力，因而意思表示和契約成立於甲丙間，故(C)應視為一未成年人甲所訂定之契約，應得法定代理人之同意。

3 (D)。 民法第15條之1第1項：「對於因精神障礙或其他心智缺陷，致其為意思表示或受意思表示，或辨識其意思表示效果之能力，顯有不足者，法院得因本人、配偶、四親等內之親屬、最近一年有同居事實之其他親屬、檢察官、主管機關或社會福利機構之聲請，為輔助之宣告。」
民法第15條之2：「I.受輔助宣告之人為下列行為時，應經輔助人同意。但純獲法律上利益，或依其年齡及身分、日常生活所必需者，不在此限：一、為獨資、合夥營業或為法人之負責人。二、為消費借貸、消費寄託、保證、贈與或信託。三、為訴訟行為。四、為和解、調解、調處或簽訂仲裁契約。五、為不動產、船舶、航空器、汽車或其他重要財產之處分、設定負擔、買賣、租賃或借貸。六、為遺產分割、遺贈、拋棄繼承權或其他相關權利。七、法院依前條聲請權人或輔助人之聲請，所指定之其他行為。第七十八條至第八十三條規定，於未依前項規定得輔助人同意之情形，準用之。II.第八十五條規定，於輔助人同意受輔助宣告之人為第一項第一款行為時，準用之。III.第一項所列應經同意之行為，無損害受輔助宣告之人利益之虞，而輔助人仍不為同意時，受輔助宣告之人得逕行聲請法院許可後為之。」

4 (D)。 家事事件法第163條第1項規定：「撤銷或變更宣告死亡裁定之裁定，不問對於何人均有效力。但裁定確定前之善意行為，不受影響。」因而乙和丙若皆為善意則不受影響，結婚有效。

5 (C)。民法第13條第2項：「滿七歲以上之未成年人，有限制行為能力。」民法第77條：「限制行為能力人為意思表示及受意思表示，應得法定代理人之允許。但純獲法律上利益，或依其年齡及身分、日常生活所必需者，不在此限。」承前規定，故甲之薪資不得自行運用。

6 (B)。 民法第13條第2項：「滿七歲以上之未成年人，有限制行為能力。」
民法第77條：「限制行為能力人為意思表示及受意思表示，應得法定代理人之允許。但純獲法律上利益，或依其年齡及身分、日常生活所必需者，不在此限。」承前規定，未成年之甲與平台締結契約為其工作，非屬純獲法律上利益，故應得法定代理人之同意。

109 普考（戶政）

一、A男因辨識其意思表示效果之能力顯有不足，由其配偶B聲請法院為輔助之宣告，並由配偶B擔任A之輔助人，試申論下列問題：

(一) 受輔助宣告之人A，而為遺囑公證之請求，是否應經輔助人B同意？

(二) 若輔助人B不同意受輔助宣告之人，而為遺囑公證之請求，A可否依據民法請求救濟之？

答 (一) A未經輔助人同意得為遺囑公證之請求。理由如下：

1. 民法（下同）第15-1條第1項規定：「對於因精神障礙或其他心智缺陷，致其為意思表示或受意思表示，或辨識其意思表示效果之能力，顯有不足者，法院得因本人、配偶、四親等內之親屬、最近一年有同居事實之其他親屬、檢察官、主管機關或社會福利機構之聲請，為輔助之宣告。」第15-2條第1項規定：「受輔助宣告之人為下列行為時，應經輔助人同意。但純獲法律上利益，或依其年齡及身分、日常生活所必需者，不在此限：一、為獨資、合夥營業或為法人之負責人。二、為消費借貸、消費寄託、保證、贈與或信託。三、為訴訟行為。四、為和解、調解、調處或簽訂仲裁契約。五、為不動產、船舶、航空器、汽車或其他重要財產之處分、設定負擔、買賣、租賃或借貸。六、為遺產分割、遺贈、拋棄繼承權或其他相關權利。七、法院依前條聲請權人或輔助人之聲請，所指定之其他行為。」
2. 第1186條第2項規定：「限制行為能力人，無須經法定代理人之允許，得為遺囑。但未滿十六歲者，不得為遺囑。」甲為受輔助宣告人，非限制行為能力人，雖不得直接適用第1186條第2項規定，亦未於第15-2條第1項明文禁止受輔助宣告人在未經輔助人同意下不得立遺囑。再觀第15-2條規定第1項之立法理由謂：「……受輔助宣告之人僅係因精神障礙或其他心智缺陷，致其為意思表示或受意思表示，或辨識其所為意思表示效果之能力，顯有不足，並不因輔助宣告而喪失行為能力，惟為保護其權益，於為重要之法律行為時，應經輔助人同意，爰於第一項列舉應經輔助人同意之行為。但純獲法律上利益，或依其年齡及身分、日常生活所必需者，則予排除適用，以符實際。……另同項第六款之『其他相關權利』，係指與繼承相關之其他權利，例如受遺贈權、繼承回復請求權以及遺贈財產之扣減權（民法第1125條）等。……」等語。顯見上開第15-2條規定，係列舉應經同意事項而排除其他。再者，第15-2條第1項第6款列舉的「遺產分割」、「遺贈」、「拋棄繼承」之規定係涉及「遺產減少、遺產外流」的情況，但如果是立遺囑分配遺產給繼承人，那也只是把遺產做分配，並沒有遺產外流、總額減少的情形發生，並無須經輔助人同意的必要。

3. 另亦有採否定意見者，認為受輔助宣告人立遺囑需要經過輔助人同意，其理由是基於保護受輔助宣告人，將立遺囑規類為重大財產處分行為，而認為需經輔助人同意。筆者在此採肯定說，即認滿16歲以上之受輔助宣告人，應類推第1186條第2項規定，除有涉及遺贈使遺產分配予非繼承人之情況，應無須輔助人之同意為遺囑並經公證。

(二) 受輔宣告人得依第15-2條第4項之規定，逕行聲請法院許可後為之。

1. 第15-2條第4項規定：「第一項所列應經同意之行為，無損害受輔助宣告之人利益之虞，而輔助人仍不為同意時，受輔助宣告之人得逕行聲請法院許可後為之。」
2. 本題筆者認受輔助宣告人為遺囑之公證毋須經輔助人之同意。然如認應經輔助人之同意，則輔助人不為同意時，受輔宣告人得依第15-2條第4項之規定，逕行聲請法院許可後為之。

二、被害人於民國（以下同）100年2月1日發生車禍後，陸續就診支付醫藥費用新臺幣（下同）30萬元，並於102年2月1日向加害人取得該筆款項。嗣被害人因同一損害持續就診，至104年1月31日止又支付醫藥費用20萬元，向加害人請求賠償遭拒。被害人遂於104年2月1日提起訴訟，請求加害人給付該筆醫療費用，其損害賠償請求權是否罹於時效？

答 (一) 民法（下同）第184條第1項規定：「因故意或過失，不法侵害他人之權利者，負損害賠償責任。故意以背於善良風俗之方法，加損害於他人者亦同。」第197條規定：「因侵權行為所生之損害賠償請求權，自請求權人知有損害及賠償義務人時起，二年間不行使而消滅，自有侵權行為時起，逾十年者亦同。

損害賠償之義務人，因侵權行為受利益，致被害人受損害者，於前項時效完成後，仍應依關於不當得利之規定，返還其所受之利益於被害人。」

(二) 臺灣高等法院暨所屬法院103年法律座談會民事類提案第2號法律問題即討論：「被害人於100年2月1日發生車禍後，陸續就診支付醫藥費用新臺幣（下同）30萬元，並於102年2月1日向加害人取得該筆款項。嗣被害人因同一損害持續就診，至104年1月31日止又支付醫藥費用20萬元，經向加害人請求賠償遭拒。被害人遂於104年2月1日提起訴訟，請求加害人給付該筆醫療費用，其損害賠償請求權是否罹於時效？」其討論意見分別有否定說與肯定說：

1. 甲說：否定說：民法第197條第1項規定：「因侵權行為所生之損害賠償請求權，自請求權人知有損害及賠償義務人時起，2年間不行使而消滅。自有侵權行為時起，逾10年者亦同。」該條項所稱「自請求權人知有損害時起」之主觀「知」的條件，如係一次之加害行為，致他人於損害後尚不斷發生後續性之損害，該損害為屬不可分（質之累積），或為一侵害狀態之繼續延續者，固應分別以被害人知悉損害程度呈現底定（損害顯在化）或不法侵害之行為終了時起算其時效。惟加害人之侵權行為係持續發生（加害之持續不斷），致加害之結果

（損害）持續不斷，若各該不法侵害行為及損害結果係現實各自獨立存在，並可相互區別（量之分割）者，被害人之損害賠償請求權，即隨各該損害不斷漸次發生，自應就各該不斷發生之獨立行為所生之損害，分別以被害人已否知悉而各自論斷其時效之起算時點，始符合民法第197條第1項規定之趣旨，且不失該條為兼顧法秩序安定性及當事人利益平衡之立法目的（參照最高法院94年度台上字第148號、臺灣高等法院102年度醫上字第4號、臺灣高等法院臺中分院100年度醫上更(一)字第2號、96年度勞再易字第4號判決、陳洸岳，繼續性侵權行為之短期消滅時效的起算時，臺灣本土法學雜誌，第38期，2002年9月，第108-111頁）。

2. 乙說：肯定說：民法第197條第1項所謂知有損害，即知悉受有何項損害而言，至對於損害額則無認識之必要，故以後損害額變更而於請求權消滅時效之進行並無影響（參照最高法院49年台上字第2652號判例、98年度台上字第2377號、臺灣高等法院97年度勞上字第6號、90年度重訴字第86號、臺灣高等法院臺中分院102年度上易字第208號判決）。
3. 其審查意見則謂：採甲說。惟乙說所引最高法院98年度台上字第2377號、臺灣高等法院97年度勞上字第6號裁判意旨，係分別可預見及不可預見情形而為論述，未可以肯定說同列。

(三) 綜上，本題中被害人之損害賠償請求權，依上述法律座談會意見，並未罹於時效。

三、試申論我國最高法院見解對事實上夫妻關係得否類推適用夫妻身分上及財產上或婚姻普通效力之法律關係？

答 (一) 最高法院98年度台上字第2185號民事判決要旨謂：「準用必法律有準用明文；若法律無準用規定，於相類似事件，欲為相同處理，僅得類推適用某一法律規定，而非準用。關於僅為結婚登記而未成立婚姻關係之事實上夫妻，法未明定其財產準用夫妻財產制相關規定，原審謂應準用婚姻規定，於法已有未合。」

(二) 最高法院104年度台上字第1398號民事判決要旨謂：「所謂事實上夫妻，係指男女共同生活雖欠缺婚姻要件，但有以發生夫妻身分關係之意思，且對外以夫妻形式經營婚姻共同生活之結合關係，而得以類推適用夫妻身分上及財產上法律關係之規定。」

(三) 綜上所述，實務上就事實上夫妻關係得否類推適用夫妻身分上及財產上或婚姻普通效力之法律關係，係有否定說和肯定說兩種見解。又臺灣高等法院104年度重家上字第8號民事判決要旨謂：「按我國民法親屬篇未羅列婚姻不成立之類型，而結婚為身分契約之一種，以男女雙方間具有形成夫妻身分關係之合意為成立之前提，當事人互相表示意思一致者，無論其為明示或默示，契約即為成立。是男女雙方有締結婚姻契約之合意，婚姻即為成立，僅因身分關係之發生具有高度公益性，有公示公開之必要，民法特於第982條規定結婚之形式要件，該形式要件如有欠缺，婚姻應為無效。從而雙方至戶政機關辦理結婚登記，顯見雙方合意結婚，則系爭婚姻雖欠缺修正前民法第982條第1項規定之公開儀式要件，應為結婚無效，然並非婚姻不成立。」等語，可見目前實務上就事實上夫妻得否類推適用夫妻身分上及財產上或婚姻普通效力之法律關係，偏向肯定說之方向。

109 地方特考三等（戶政）

一、甲自南部北上就讀大學，寄住在舅父母家中。大學畢業後，甲擬準備國家考試，當公務人員。其舅母乙極為贊同，而依法立一自書遺囑，內載甲在準備國家考試期間，每月給1萬元之營養費。甲之舅父丙亦不甘示弱，為鼓勵甲早日考上國家考試，也即刻依法立一自書遺囑，言明甲考上之後，贈送10萬元之旅費，出國觀光。因甲之努力，於丙立遺囑一年後，考上國家考試。其後又過一年，乙與丙在出國考察業務時，出車禍雙雙死亡。試問：乙與丙各自所立之遺囑，其內容所附附款之性質為何？該遺囑是否發生效力？

答 (一) 乙所訂附款之性質為「解除條件」；丙所訂附款之性質為「停止條件」。理由如下：

1. 民法（下同）第99條第1項、第2項規定：「附停止條件之法律行為，於條件成就時，發生效力。附解除條件之法律行為，於條件成就時，失其效力。」第102條第1項、第2項則規定：「附始期之法律行為，於期限屆至時，發生效力。附終期之法律行為，於期限屆滿時，失其效力。」此為民法中對影響法律行為生效的兩個附款之規定。所謂條件係指當事人以將來客觀上不確定的事實之發生與否而決定該法律行為效力；而期限則係指以確定事實或時間的到來而決定該法律行為的效力。
2. 本題中，甲之舅母乙及舅父丙分別以「準備國家考試期間」及「考上國家考試」為遺囑之附款，此二者總結而言，係以「甲是否考上國家考試」之事實發生，決定乙、丙二人法律行為之效力，此屬不確定之事實，故為「條件」而非「期限」。
3. 綜上，乙所訂之條件，係「在甲準備國家考期間給甲每月1萬元營養費」，則待甲考上國家考試後，此「給甲每月1萬元營養費」之約定即失其效力，故屬「解除條件」。而丙所訂之條件則係「考上國家考後贈甲10萬元旅費」，須待甲考上國家考試後，方發生效力，故屬「停止條件」。

(二) 乙之部分失效，丙之部分有效。理由如下：

1. 第1199條規定：「遺囑自遺囑人死亡時發生效力。」第1200條規定：「遺囑所定遺贈，附有停止條件者，自條件成就時，發生效力。」本題中，甲考上國家考試後一年，乙、丙方因車禍雙雙死亡，故其遺囑生效時點為甲考上國家考試後一年。
2. 依上開規定，乙遺囑生效時，解除條件附款亦因甲業已考上而成就，故失其效力。又丙遺囑生效時，其遺囑中附款之條件早已達成，已非「將來不確定之法律事實」，故依丙之遺囑，等同無條件贈與甲10萬元出國旅費。

二、甲女有一弟乙，受有先天性輕度心智障礙，因父母雙亡，由甲女照顧，並經法院為輔助宣告，並選任甲女為輔助人。其後甲女與丙男結婚，婚後生下丁男。甲女於丁男3歲時，未經丙男同意，逕自持丙男之身分證與印章，於戶政機關單獨辦理丁男之身分證。此時乙男亦遺失其身分證，乃親自向戶政機關辦理補發，但未經甲女之同意。試問：

(一) 甲女辦理丁男身分證之行為是否有效？

(二) 乙男辦理身分證之行為是否有效？請敘明理由回答。

答 (一) 甲未經丙之同意逕自持丙男之身分證與印章，單獨為丁辦理身分證之行為無效。理由如下：

1. 民法（下同）第1086條第1項規定：「父母為其未成年子女之法定代理人。」第1089條第1規定：「對於未成年子女之權利義務，除法律另有規定外，由父母共同行使或負擔之。父母之一方不能行使權利時，由他方行使之。父母不能共同負擔義務時，由有能力者負擔之。」
2. 本題中，甲、丙為丁之父母，依上開規定，除有法律另有規定、或一方有不能行使權利、又或不能共同負擔義務之狀況，均應由甲、丙共同行使法定代理人之權利義務。因此本題中甲未經丙之同意逕自持丙男之身分證與印章，單獨為丁辦理身分證之行為無效。

(二) 乙自行請領身分證之行為有效。理由如下：

1. 第15-2條第1項規定：「受輔助宣告之人為下列行為時，應經輔助人同意。但純獲法律上利益，或依其年齡及身分、日常生活所必需者，不在此限：

 一、為獨資、合夥營業或為法人之負責人。

 二、為消費借貸、消費寄託、保證、贈與或信託。

 三、為訴訟行為。

 四、為和解、調解、調處或簽訂仲裁契約。

 五、為不動產、船舶、航空器、汽車或其他重要財產之處分、設定負擔、買賣、租賃或借貸。

 六、為遺產分割、遺贈、拋棄繼承權或其他相關權利。

 七、法院依前條聲請權人或輔助人之聲請，所指定之其他行為。」

2. 又法務部法律決字第0970028237號函要旨謂：「受輔助宣告之人不因輔助宣告而喪失行為能力，惟為保護其權益，於為重要之法律行為時，應經輔助人同意，又按民法規定，輔助人並非受輔助宣告之人之法定代理人。是以受輔助宣告之人辦理各項戶籍登記業務時，應視為完全行為能力人，具有行政程序之行為能力。」該函之說明第二項謂：「按97年5月23日修正公布，定自98年11月23日施行之民法（以下稱修正後民法）第15條之2第1項序文規定：『受輔助宣告之人為下列行為時，應經輔助人同意。但純獲法律上利益，或依其年齡及身分、日常生活所必需者，不在此限：』其立法說明略以：受輔助宣告之人不因輔助宣告而喪失行為能力，惟為保護其權益，於為重要之法律行為時，應經輔助人同意，又按修正後民法第1113條之1規定，輔助人及有關輔助之職務，並未準用同法第1098條第1項之規定，亦即輔助人並非受輔助宣告之人之法定代理人。……」等語。

3. 綜上，本題中乙雖受輔助宣告，並選任甲為輔助人，依上開函釋意旨，甲僅於乙為重要法律行為時予以輔助，非乙之法定代理人。就請領身分證乙事，屬戶籍登記事項，乙應視為完全行為能力人，故毋庸經甲之同意。故乙自行請領身分證之行為有效。

109 地方特考三等（地政）

一、A和18歲的未成年人B商談土地買賣事宜。因該筆土地上有抵押權登記，而B的父親C認為B尚無能力處理，故表示反對。但B卻仍不顧父親反對，和A完成買賣，並完成價金交付，因此B急於取得土地所有權，而A也表示願意全力配合。問：A、B兩人為土地所有權移轉登記時，是否須得C之同意？

答 A、B二人所為土地所有權移轉登記毋需C之同意。理由如下：

(一) 民法（下同）現行第12條規定：「滿二十歲為成年。」第13條第2項規定：「滿七歲以上之未成年人，有限制行為能力。」則本題中B現年18歲，依現行之規定，為限制行為能力人。

（※請注意110年1月13日修正，並於112年1月1日施行之民法第12條規定為：「滿十八歲為成年。」）

(二) 又第77條規定：「限制行為能力人為意思表示及受意思表示，應得法定代理人之允許。但純獲法律上利益，或依其年齡及身分、日常生活所必需者，不在此限。」第79條規定：「限制行為能力人未得法定代理人之允許，所訂立之契約，須經法定代理人之承認，始生效力。」

(三) 本題中，A與B間之土地買賣事宜，除兩人間有土地買賣契約之債權行為外，尚包括土地所有權移轉及價金交付兩項物權行為。就契約是否成立之債權行為及價金交付之物權行為部分，因B為限制行為能力人，且此二行為並未使B純獲法律上利益，亦非B依其年齡及身分、日常生活所必需者，故均應依第79條規定，應經B之法定代理人C之允許，方得有效。

(四) 至A將土地所有權移轉予B部分，是否使B純獲法律上利益，則因該筆土地上尚有抵押權而有疑義。依內政部內授中辦地字第0920004814號函釋之內容第二項謂：「二、另民法第860條規定：『稱抵押權者，謂對於債務人或第三人不移轉占有而供擔保之不動產，得就其賣得價金受清償之權。』，是抵押權係為擔保物權，抵押權人對於抵押物，僅得就其賣得價金受清償之權，而無權要求抵押物之繼受人亦承擔其債權，故土地所有權人將其土地贈與其未成年子女，該贈與標的雖已設定有抵押權，惟在解釋上仍應認為係純獲法律上之利益，蓋受贈人雖應容忍債權人對於抵押物為強制執行，但並不因而負任何法律上之義務，受有法律上之不利益（王澤鑑著『民法學說與判例研究』第四十三頁參照），併予說明。」

(五) 準此，則A、B二人所為土地所有權移轉登記，因對B而言係純獲法律上之利益，故毋需C之同意。

二、A、B兩人結婚多年。A夫在外工作，B妻則是家庭主婦。某次A夫至國外出差，但因國外戰亂，失蹤而生死不明，B妻及其子女因而陷入生活困難，於是B妻在A夫失蹤半年後，想以自己名義處分A夫所有的土地，以換得日常生活費用。有無可能？

答 B不得以自己名義處分A之土地。理由如下：

(一) 民法（下同）第8條第1項、第3項規定：「失蹤人失蹤滿七年後，法院得因利害關係人或檢察官之聲請，為死亡之宣告。」、「失蹤人為遭遇特別災難者，得於特別災難終了滿一年後，為死亡之宣告。」其立法意旨謂：「……若其失蹤之原因，係遭遇特別災難，如水火兵疫之類……」等語，顯見第8條第3項之「特別災難」包括戰亂兵災等，合先敘明。

(二) 第1003條第1項規定：「夫妻於日常家務，互為代理人。」第1005條規定：「夫妻未以契約訂立夫妻財產制者，除本法另有規定外，以法定財產制，為其夫妻財產制。」第1018條規定：「夫或妻各自管理、使用、收益及處分其財產。」

(三) 本題中，A因國外戰亂，失蹤半年，依第8條之規定，尚無法為死亡宣告之聲請，則A之財產，B尚不得以繼承人之身分繼承；且依第1018條之規定，夫或妻各自管理、使用、收益及處分其財產；又第1003條所謂「日常家務夫妻互為代理人」部分，依最高法院110年度台上字第1145號民事判決要旨謂：「夫妻因婚姻而形成生活共同體，為實現共同生活，所衍生夫妻一方對於他方事業之協力義務之履行，除另有協議外，仍應於適當範圍內且係為他方之利益而為之。且夫妻於日常家務互為代理人，所稱之日常家務，係指一般家庭日常所處理之事項而言。」綜上，B實無由以自己之名義處分A之財產。

(四) 而第10條規定：「失蹤人失蹤後，未受死亡宣告前，其財產之管理，除其他法律另有規定者外，依家事事件法之規定。」家事事件法第143條第1項規定：「失蹤人未置財產管理人者，其財產管理人依下列順序定之：一、配偶。二、父母。三、成年子女。四、與失蹤人同居之祖父母。五、家長。」因此B可依家事事件法之規定，聲請法院選任自己為A之財產管理人，即得管理A之財產，然仍須依家事事件法第151條規定：「財產管理人應以善良管理人之注意，保存財產，並得為有利於失蹤人之利用或改良行為。但其利用或改良有變更財產性質之虞者，非經法院許可，不得為之。」為管理行為。

(五) 準此，B不得以自己名義處分A之土地。

三、A死亡，留有繼承人配偶B及未成年子女C。B想分割A所遺留的土地，並向地政機關為遺產繼承及分割登記，有無可能？

答 (一) 民法（下同）第1138條第1款規定：「遺產繼承人，除配偶外，依左列順序定之：一、直系血親卑親屬。」第1144條第1款規定：「配偶有相互繼承遺產之權，其應繼分，依左列各款定之：一、與第1138條所定第一順序之繼承人同為繼承時，其應繼分與他繼承人平均。」本題中，甲死亡後，其繼承人為其配偶B及未成年子女C，合先敘明。

(二) 第1086條規定：「父母為其未成年子女之法定代理人。父母之行為與未成年子女之利益相反，依法不得代理時，法院得依父母、未成年子女、主管機關、社會福利機構或其他利害關係人之聲請或依職權，為子女選任特別代理人。」其96年5月23日之修正理由謂：「三、本條第二項所定「依法不得代理」係採廣義，包括民法第一百零六條禁止自己代理或雙方代理之情形，以及其他一切因利益衝突，法律上禁止代理之情形。又所定『主管機關』，或為社會福利主管機關、戶政機關、地政機關或其他機關，應依該利益相反事件所涉業務機關而定，如遺產分割登記時，地政機關為主管機關。」

(三) 本題B和C同為A之繼承人，又B為C之法定代理人，則如為遺產分割時，將陷入自己代理之情況，應依第1186條第2項之規定，聲請法院為C選任特別代理人後方始為之。

109 地方特考三等(一般行政、一般民政、人事行政)

一、甲經營二手精品店，並聘請乙擔任門市銷售一職，但未授與乙代理權。顧客丙明知，精品店所出賣之A皮包為H牌之真品，其卻向乙偽稱該皮包為贗品。乙則以新臺幣(下同)1萬元廉價將A皮包出賣並交付予丙。經鑑定，A皮包為真品，價值20萬。試問：甲向丙行使撤銷權，並向丙請求返還A皮包，是否有理由？

答 甲向丙行使撤銷權，並向丙請求返還A皮包為有理由。

(一) 甲和乙之間無代理權，惟不可以此對抗丙：

1. 依提示，甲並未授予乙代理權，故其不符合民法第103條第1項：「代理人於代理權限內，以本人名義所為之意思表示，直接對本人發生效力。」的情形。另依民法第170條第1項：「無代理權人以代理人之名義所為之法律行為，非經本人承認，對於本人不生效力。」

2. 承上所述，甲聘請乙擔任門市銷售一職，惟並未授權給乙代理權，故甲可以主張其並未授權予乙，而該項乙與丙之間的行為不生效力。惟依一般社會通念可得知，乙任職於甲所經營之二手店面，應已獲得甲之授權，依民法第169條：「由自己之行為表示以代理權授與他人，或知他人表示為其代理人而不為反對之表示者，對於第三人應負授權人之責任。但第三人明知其無代理權或可得而知者，不在此限。」甲應負起相關責任，不得以此主張對抗第三人。

(二) 甲請求丙返還A皮包為有理由：

1. 民法第105條：「代理人之意思表示，因其意思欠缺、被詐欺、被脅迫，或明知其事情或可得而知其事情，致其效力受影響時，其事實之有無，應就代理人決之。但代理人之代理權係以法律行為授與者，其意思表示，如依照本人所指示之意思而為時，其事實之有無，應就本人決之。」

2. 依題示，乙出售A皮包的行為為受丙之詐欺所為，依民法第92條：「I.因被詐欺或被脅迫而為意思表示者，表意人得撤銷其意思表示。

但詐欺係由第三人所為者，以相對人明知其事實或可得而知者為限，始得撤銷之。II.被詐欺而為之意思表示，其撤銷不得以之對抗善意第三人。」丙並非善意第三人，且承上題所述，甲應負起表見代理授權人之責任，故甲可行駛撤銷權，向丙請求歸還A皮包。

二、甲之母病逝，甲繼承A土地一筆與B名畫一幅。因甲罹患精神疾病，偶爾會難以自控之情形，甲為免自己受騙，致A地與B畫落入他人手中或為不利益處分，遂和其兄長乙虛偽訂立A土地之買賣契約，並將A地所有權移轉登記到乙名義下。約定甲仍是保有使用管理A地之權利，俟甲病情穩定後，乙再將A地所有權移轉登記予甲。另就B畫部分，甲授權乙出租B畫三年，每個月租金不得少於新臺幣3萬，乙將B畫以每月2萬元出租給善意不知之丙。
試問：
(一) 甲、乙間法律行為之效力如何？
(二) 甲、丙間租賃契約之效力如何？

答 (一) 甲、乙間法律行為之效力如下：
甲乙間之買賣契約無效。依民法第87條規定：「表意人與相對人通謀而為虛偽意思表示者，其意思表示無效。但不得以其無效對抗善意第三人。」依題示，甲與其兄長乙訂定買賣契約，其屬因通謀虛偽意思表示而訂定之買賣契約，故A地之所有權人仍屬於甲。

(二) 甲、丙間租賃契約之效力如下：
依民法第103條：「I.代理人於代理權限內，以本人名義所為之意思表示，直接對本人發生效力。II.前項規定，於應向本人為意思表示，而向其代理人為之者，準用之。」依題示，甲授權乙出租B畫三年，每個月租金不得少於新臺幣3萬，乙將B畫以每月2萬元出租給善意不知之丙。承前規定，乙之代理行為並未於甲所授權之代理權限內為之，不應對本人發生效力。惟另依民法第107條：「代理權之限制及撤回，不得以之對抗善意第三人。但第三人因過失而不知其事實者，不在此限。」依題示，丙為善意第三人，依前述規定，應不得對抗丙，故甲丙之間的租賃契約為有效。

地方特考四等(戶政)

甲夫與乙妻育有A、B、C三名子女,甲與A依法訂有「意定監護契約」。試問:

(一) 甲若因年老而有心智缺陷,時常答非所問,家人的名字全部叫錯或忘記,A應如何讓該意定監護契約發生效力?

(二) A於意定監護契約發生效力後,得否以甲名下的財產投資股票和期貨?

(三) 於意定監護契約發生效力後,甲若將10萬元送給鄰居丙,A得否要求丙返還10萬元予甲?

(四) A若於意定監護契約發生效力後,將甲名下300萬元存款提領並存入自己的銀行戶頭裡,導致甲無法自行支付醫療及看護費用,如何才可由其他人擔任監護人?

答 (一)

1. 民法(下同)第1113-2條第1項規定:「稱意定監護者,謂本人與受任人約定,於本人受監護宣告時,受任人允為擔任監護人之契約。」
   第1113-3條規定:「意定監護契約之訂立或變更,應由公證人作成公證書始為成立。公證人作成公證書後七日內,以書面通知本人住所地之法院。
   前項公證,應有本人及受任人在場,向公證人表明其合意,始得為之。
   意定監護契約於本人受監護宣告時,發生效力。」
2. 第14條第1項規定:「對於因精神障礙或其他心智缺陷,致不能為意思表示或受意思表示,或不能辨識其意思表示之效果者,法院得因本人、配偶、四親等內之親屬、最近一年有同居事實之其他親屬、檢察官、主管機關、社會福利機構、輔助人、意定監護受任人或其他利害關係人之聲請,為監護之宣告。」
3. 綜上,依第1113-3條第3項規定,意定監護契約於本人受監護宣告時發生效力。因此甲與A所定之意定監護契約,應符合第1113-3條第1項、第2項規定,方始成立。又在甲因年老而有心智缺陷之狀態時,A應依第14條第1項之規定為甲聲請監護宣告後,甲與A所定之意定監護契約即能依第1113-3條第3項規定發生效力。

(二) A得否為以甲名下之財產投資股票和期貨，應視甲與A所定之意定監護契約中有無第1113-9條規定之約定。說明如下：

1. 第1101條第3項規定：「監護人不得以受監護人之財產為投資。但購買公債、國庫券、中央銀行儲蓄券、金融債券、可轉讓定期存單、金融機構承兌匯票或保證商業本票，不在此限。」

   第1113-9條規定：「意定監護契約約定受任人執行監護職務不受第一千一百零一條第二項、第三項規定限制者，從其約定。」

2. 本題中，並未明言甲與A所定之意定監護契約中，A執行監護職務是否受第1101條第2項、第3條規定之限制。如有排除限制之約定，則A自得以甲名下之財產投資股票和期貨；若無，則A執行監護職務自應受第1101條第3項之限制，不得以甲名下之財產投資股票和期貨。

(三) A得本於甲之法定代理人之身分，請求丙返還。說明如下：

1. 第15條規定：「受監護宣告之人，無行為能力。」第75條規定：「無行為能力人之意思表示，無效；雖非無行為能力人，而其意思表示，係在無意識或精神錯亂中所為者亦同。」第76條規定：「無行為能力人由法定代理人代為意思表示，並代受意思表示。」

2. 本題中，甲因受監護宣告而使意定監護契約發生效力，則甲為無行為能力人，故依上開規定，甲對鄰居丙所為贈與契約或物權行為均為無效，A自得本於法定代理人之身分，請求丙返還。

(四) 法院得依聲請權人之聲請，改定適當之監護人。說明如下：

1. 第1113-10條規定：「意定監護，除本節有規定者外，準用關於成年人監護之規定。」而第1113條規定：「成年人之監護，除本節有規定者外，準用關於未成年人監護之規定。」第1106-1條第1項規定：「有事實足認監護人不符受監護人之最佳利益，或有顯不適任之情事者，法院得依前條第一項聲請權人之聲請，改定適當之監護人，不受第一千零九十四條第一項規定之限制。」

2. 本題中A若於意定監護契約發生效力後，將甲名下300萬元存款提領並存入自己的銀行戶頭裡，導致甲無法自行支付醫療及看護費用，則依第1113-10條準用第1113條規定，再準用第1106-1條第1項規定，A顯有不適任之情事，則法院得依聲請權人之聲請，改定適當之監護人。

109 原民特考三等（一般行政、一般民政、人事行政）

一、19歲未成年人A，自認再過幾天就成年，遂未經父母同意，以特價新臺幣（下同）1萬元擅自向B購買新發售的電動遊戲主機，雙方約定下星期交機。A認為以低價購得自己喜愛的遊戲機，頗為得意。一星期後，A已達20歲成年。因為其他品牌新機即將上市，因此A不想再向B購買遊戲機。但B卻堅持A必須給付1萬元價金，是否有理？

◆ 民法有關成人年齡修正案三讀通過時間110年12月25日
成人年齡從20歲降為18歲，施行日期為：112年1月1日。
本題是修法前考題，因要符合該題欲考爭點，故調整題目年齡為17歲，成年年齡為18歲，以供讀者演練之用。

答 (一) A於訂約時為17歲之未成年人，其法律行為之效力分述如下：

1. 依民法第12條：「滿十八歲為成年。」、第13條第2項：「滿七歲以上之未成年人，有限制行為能力。」依題示，A向B以意思表示欲購買遊戲機時為未成年人，合先敘明。
2. 依民法第79條規定：「限制行為能力人未得法定代理人之允許，所訂立之契約，須經法定代理人之承認，始生效力。」承前所述，A於未成年時所訂定之契約因未經法定代理人承認，故屬效力未定。

(二) B堅持A必須給付1萬元價金為無理由：

1. 依民法第81條：「限制行為能力人所訂立之契約，於限制行為能力原因消滅後，承認其所訂立之契約者，其承認與法定代理人之承認有同一效力。」依題示，A已表明不想再向B購買遊戲機，承前規定並針對該規定反推，A於成年後不承認該筆契約，該契約不生效力。
2. 故本題中之契約已不生效力，B堅持A必須給付1萬元價金為無理由。

二、A看新聞報導，認為B的土地即將有都更計畫，且自忖可以由銀行獲得高額貸款，遂向B出價一坪新臺幣（下同）20萬元購買，B同意之。但在簽約時，兩人不察，不慎將買賣價金記載為一坪2萬元，且銀行認為A的財務狀況不佳，而拒絕貸款。試問A、B如何主張？

答 (一) 依民法第88條：「I.意思表示之內容有錯誤，或表意人若知其事情即不為意思表示者，表意人得將其意思表示撤銷之。但以其錯誤或不知事情，非由表意人自己之過失者為限。II.當事人之資格或物之性質，若交易上認為重要者，其錯誤，視為意思表示內容之錯誤。」

(二) 承前規定，A、及B兩人得主張意思表示錯誤而撤銷契約，依題示，A及B兩人在簽約時因一時不察，不慎將買賣價金記載為一坪2萬元，且該處為價金之誤寫誤算，在意思表示上視為重要性質之錯誤，但此錯誤為其過失而生，故不可撤銷。

(三) 另依民法第91條：「依第八十八條及第八十九條之規定撤銷意思表示時，表意人對於信其意思表示為有效而受損害之相對人或第三人，應負賠償責任。但其撤銷之原因，受害人明知或可得而知者，不在此限。」，A及B因A被銀行拒絕貸款及並無從題目上窺得A、B所受損害，故無從請求損害賠償之處。

109 司法特考三等（檢察事務官、偵查實務組）

為了購買A牌某型筆記型電腦，甲透過網路搜尋的方式，發現乙網路購物商城正在特價促銷，因此在該商城的網頁中下標訂購一台。因該型筆記型電腦剛上市，市場反應又十分熱烈，乙網路購物商城補貨不及，導致遲遲無法向甲確認出貨，甲等不及，即向乙請求交付A牌某型筆記型電腦，請問有無理由？

答 甲不得請求乙交付筆記型電腦，本題爭點分述如下：

(一) 依民法第153條：「I.當事人互相表示意思一致者，無論其為明示或默示，契約即為成立。II.當事人對於必要之點，意思一致，而對於非必要之點，未經表示意思者，推定其契約為成立，關於該非必要之點，當事人意思不一致時，法院應依其事件之性質定之。」承前規定所述，契約之成立係以依方對他方以要約之形式，雙方對此邀約達到意思表示合致後，該契約即告成立。

(二) 另與要約相對且需分別者為要約之引誘，依民法第154條規定：「I.契約之要約人，因要約而受拘束。但要約當時預先聲明不受拘束，或依其情形或事件之性質，可認當事人無受其拘束之意思者，不在此限。II.貨物標定賣價陳列者，視為要約。但價目表之寄送，不視為要約。」有論者認為，出賣人應受其網路賣場所作標註之限制，視為對不特定人之要約，惟本文以為，係爭對不特定多數人為標價之行為應同為價目表寄送，同邀約之引誘。

(三) 本題甲向乙請求交付A牌某型筆記型電腦，因網路拍賣之訊息非屬要約之意思表示，故甲無理由向乙請求交付筆記型電腦。

110 身障特考三等（一般行政、一般民政）

一、甲為A地所有人，該地市價1億。乙是甲之男友，兩人同居長達10年之久，形同夫妻。丙是乙之女同事，年輕貌美，家族頗有財富。丙知悉甲與乙之同居關係。甲、乙與丙三人週末常一起練習網球。乙未經甲同意，出示A地之土地所有權狀於丙面前，以自己為甲之代理人，以甲之名義，出賣A地於丙，約定價金1億5千萬元。丙就此買賣支付土地鑑價費用、地政士費用與律師諮詢費用共5萬元。丙請求甲移轉A地所有權，並交付A地給自己。甲拒絕承認這筆A地買賣。試問：丙就此對乙，有何權利可資主張？

答 (一) 甲與乙之間的關係：

1. 依民法第103條第1項：「代理人於代理權限內，以本人名義所為之意思表示，直接對本人發生效力。」依題示，甲並未受權給乙代理權，依前述規定，乙為無權代理。
2. 依民法第169條規定：「由自己之行為表示以代理權授與他人，或知他人表示為其代理人而不為反對之表示者，對於第三人應負授權人之責任。但第三人明知其無代理權或可得而知者，不在此限。」然甲乙之間是否成立表見代理？目前學說對於表見代理採權利外觀理論，係指需要有代理權之外觀存在，方可為表見代理，本題中乙未經甲同意出示權狀予丙，此行為並不能讓人信其有代理權，故不能論其成立表見代理之情事。

(二) 丙與乙之間之關係：

1. 依民法第170條第1項規定：「無代理權人以代理人之名義所為之法律行為，非經本人承認，對於本人不生效力。」乙相對於甲而言，為其無權代理人，依題示，甲拒絕這筆買賣，故此筆買賣對本人不生效力。
2. 承上，乙為無權代理人，依民法第110條：「無代理權人，以他人之代理人名義所為之法律行為，對於善意之相對人，負損害賠償之責。」丙不知其為無權代理人，故可向乙請求損害賠償。

二、甲是A腳踏車所有人，A腳踏車市價1萬元。甲年屆退休，平常鮮少使用網路，雖有臉書帳號，但亦鮮少使用。甲在其臉書上表示，欲出賣A腳踏車。甲本欲以價金1萬元，出賣A腳踏車，但卻在臉書上標錯價金，僅標寫成1千元。乙見聞甲在其臉書上出賣A腳踏車一事，隨即與甲聯絡，願以甲所標示之價金購買A腳踏車。甲亦隨即應允乙此事。甲與乙兩人並約定面交A腳踏車與價金事宜。甲與乙於約定期日與地點碰面。甲於乙面前提出A腳踏車，乙隨即於甲面前提出約定價金1千元。甲堅持是以1萬元價金出賣A腳踏車，乙則堅持甲是以1千元出賣A腳踏車。經甲與乙兩人查證，甲之臉書確實標示價金1千元。乙為A腳踏車面交之事，支付高鐵來回費用2千元。試問：甲與乙就此，各有何權利可資主張？

答 本題所涉探討如下：

(一) 依民法第88條規定：「I.意思表示之內容有錯誤，或表意人若知其事情即不為意思表示者，表意人得將其意思表示撤銷之。但以其錯誤或不知事情，非由表意人自己之過失者為限。II.當事人之資格或物之性質，若交易上認為重要者，其錯誤，視為意思表示內容之錯誤。」依題示，甲本欲以價金1萬元，出賣A腳踏車，惟標價標成1000元，且甲之臉書確實標示價金1千元。承前所述，甲所為之意思表示錯誤。惟依前述規定，該錯誤為甲之過失所致，故不可撤銷。

(二) 承前所述，因該錯誤為甲之過失，甲不得撤銷買賣契約，依民法第348條第1項：「物之出賣人，負交付其物於買受人，並使其取得該物所有權之義務。」乙得請求甲交付A車並移轉所有權，並支付價金予甲，甲有請求乙支付價金的義務。

110 鐵路特考高員級（運輸營業）

甲、申論題

一、17歲之甲與寡母相依為命，隱瞞其母受僱於知情之油漆粉刷工程商乙。某日，乙承攬丙住家之牆壁重新油漆粉刷之工作後，帶甲一起前去丙住處工作。甲乙於丙住處油漆牆壁時，甲因飢餓難耐，趁乙不注意，偷偷食用丙冰箱內之食物，待甲乙完成工作離開後，丙始發現冰箱內已無食物可供食用，立即勃然大怒。請詳述理由及法律依據，回答下列問題：

(一) 甲與乙間之僱傭契約有效嗎？

(二) 丙對甲有何權利可主張？

(三) 丙對乙有何權利可主張？

答 (一) 甲、乙間僱傭契約之效力未定，說明如下：

1. 現行民法（下同）第12條規定：「滿二十歲為成年。」
（※110年1月13日修正、112年1月1日施行之第12條規定：「滿十八歲為成年。」）
第13條第2項規定：「滿七歲以上之未成年人，有限制行為能力。」
第77條規定：「限制行為能力人為意思表示及受意思表示，應得法定代理人之允許。但純獲法律上利益，或依其年齡及身分、日常生活所必需者，不在此限。」
第79條規定：「限制行為能力人未得法定代理人之允許，所訂立之契約，須經法定代理人之承認，始生效力。」
2. 本題中甲年僅17歲，依上述規定為限制行為能力之人，故其與乙間之僱傭契約，並未讓其母知情，則依第79條之規定，應得甲之法定代理人即其寡母之承認始生效力。其母承認前，效力未定。
3. 又第80條規定：「前條契約相對人，得定一個月以上之期限，催告法定代理人，確答是否承認。於前項期限內，法定代理人不為確答者，視為拒絕承認。」故乙得定一個月以上期限，催告甲之寡母確答是否承認，如未於期限內確答，視為拒絕承認。

4. 應注意，題意中未為明確說明，但依第83條規定：「限制行為能力人用詐術使人信其為有行為能力人或已得法定代理人之允許者，其法律行為為有效。」如甲用詐術使乙信其為有行為能力，或已得法定代理人之允許，則甲乙之僱傭契約有效。

(二) 丙得依民法第184條主張甲應負侵權行為損害賠償責任。說明如下：

1. 第184條規定：「因故意或過失，不法侵害他人之權利者，負損害賠償責任。故意以背於善良風俗之方法，加損害於他人者亦同。
違反保護他人之法律，致生損害於他人者，負賠償責任。但能證明其行為無過失者，不在此限。」
2. 本題中甲偷偷食用丙冰箱內之食物，為偷竊行為，則丙得依上開第184條主張甲應負侵權行為損害賠償責任。
3. 第187條第1項規定：「無行為能力人或限制行為能力人，不法侵害他人之權利者，以行為時有識別能力為限，與其法定代理人連帶負損害賠償責任。行為時無識別能力者，由其法定代理人負損害賠償責任。」本題中甲為限制行為能力人，依上開規定，其母亦連帶損害賠償責任。

(三) 丙得依上開第188條第1項主張乙應連帶負侵權行為損害賠償責任。

1. 第188條第1項規定：「受僱人因執行職務，不法侵害他人之權利者，由僱用人與行為人連帶負損害賠償責任。但選任受僱人及監督其職務之執行，已盡相當之注意或縱加以相當之注意而仍不免發生損害者，僱用人不負賠償責任。」
2. 因甲受僱於乙，則依上開規定，丙亦得請求乙連帶負損害賠償責任。

二、甲自有土地一筆，為某縣政府乙徵收，補償金發放完竣後，因乙所屬之行政人員疏失，致未辦理所有權移轉登記。甲死亡後，其子丙不知該地已遭徵收，於辦妥繼承登記後，將該地設定普通抵押權於不知情之丁，向其借貸新臺幣600萬元。請詳述理由及法律依據，回答下列問題：

(一) 丙取得該土地所有權嗎？

(二) 丁取得該土地之抵押權嗎？

(三) 乙有何權利可主張？

答 (一)

1. 民法（下同）第758條第1項規定：「不動產物權，依法律行為而取得、設定、喪失及變更者，非經登記，不生效力。」
第759條規定：「因繼承、強制執行、徵收、法院之判決或其他非因法律行為，於登記前已取得不動產物權者，應經登記，始得處分其物權。」
第770條規定：「以所有之意思，十年間和平、公然、繼續占有他人未登記之不動產，而其占有之始為善意並無過失者，得請求登記為所有人。」
2. 本題中，甲本來所有的土地係經乙政府徵收，然因疏失未辦理所有權移轉登記。可見乙政府取得土地非依法律行為，而係因徵收，故不適用援引第758條第1項之規定，應依第759條規定，然仍取得土地之所有權，僅係因未經登記而不得處分其物權。
3. 又甲之子丙因不知情而辦理繼承登記，然因第759條規定，仍非土地所有權人，且依第770條之規定已登記之不動產不適用時效取得，因此縱於十年後丙仍無法請求登記為所有權人。

(二)

1. 第770條規定：「以所有之意思，十年間和平、公然、繼續占有他人未登記之不動產，而其占有之始為善意並無過失者，得請求登記為所有人。」
第772條規定：「前五條之規定，於所有權以外財產權之取得，準用之。於已登記之不動產，亦同。」
2. 本題中，甲之子丙因不知情而辦理繼承登記，然因第759條規定，仍非土地所有權人，故其設定抵押權於不知情之丁，丁亦得依上述第770條、第772條準用之規定，於十年後請求登記為抵押權人。
3. 而依民法第759條第2項規定：「因信賴不動產登記之善意第三人，已依法律行為為物權變動之登記者，其變動之效力，不因原登記物權之不實而受影響。」本題丁不知情為善意信賴土地登記上丙為土地所有權人之善意第三人，因此亦可主張善意取得該土地之抵押權，併予敘明。

(三)

1. 第767條規定：「所有人對於無權占有或侵奪其所有物者，得請求返還之。對於妨害其所有權者，得請求除去之。有妨害其所有權之虞者，得請求防止之。
前項規定，於所有權以外之物權，準用之。」

2. 本題中，乙政府依第759條規定為土地所有權人，則自得依上開第767條第1項、第2項規定，請求去除丙之所有權登記。

乙、測驗題

( ) **1** 下列何者不屬於民事習慣法的要件？ (A)社會上有反覆施行的事實 (B)人民對之有法的確信 (C)不得違反公序良俗 (D)法院曾經作成判例。

( ) **2** 甲與乙在約定之貨物買賣契約書中，就買賣總價款前後書寫不一致，分別有：「應付總價款新臺幣一百五十萬元」，「應付總價款US＄one and a half million」，「應付總價款新臺幣一百萬元」，以及「應付總價款US＄10,000,00」之表示。而法院於不能決定當事人之原意時，該買賣之總價款應以何者為準？
(A)US＄10,000,00 (B)新臺幣一百萬元
(C)US＄one and a half million (D)新臺幣一百五十萬元。

( ) **3** 甲向乙購買20尾魚苗，價金新臺幣2,000元，若乙交付時，魚苗已帶有疾病。下列敘述何者正確？ (A)乙之給付成立加害給付，甲得請求乙另行交付健康的魚苗 (B)甲得請求乙另行交付健康之魚苗，並得請求遲延之損害賠償 (C)魚苗已帶有疾病，則甲與乙之契約無效 (D)若甲不知情，將魚苗放入自己的魚池中，導致甲原來所飼養的小魚染病，甲須依侵權行為請求乙賠償，無法透過契約來主張權利。

( ) **4** 關於出賣人之瑕疵擔保責任，下列敘述何者正確？
(A)物之出賣人，僅負物之瑕疵擔保責任，不負權利瑕疵擔保責任
(B)債權之出賣人，對於債務人之支付能力，除契約另有訂定外，不負擔保責任
(C)買受人因物有瑕疵，而得解除契約者，其解除權，自物之交付時起經過5年而消滅；惟於出賣人故意不告知瑕疵者，不適用之
(D)買賣之物，缺少出賣人所保證之品質者，買受人得不解除契約或請求減少價金，而請求不履行之損害賠償；出賣人保證無瑕疵者亦同。

(　　) **5** 下列關於附負擔贈與之敘述，何者正確？
(A)贈與附有負擔者，如贈與人已為給付而受贈人不履行其負擔時，贈與人得請求受贈人履行其負擔，但不得撤銷贈與
(B)附有負擔之贈與，其贈與之物或權利如有瑕疵，縱使贈與人故意不告知其瑕疵或保證其無瑕疵者，贈與人不負擔保責任
(C)負擔以公益為目的者，於贈與人死亡後，僅贈與人之繼承人得請求受贈人履行其負擔
(D)附有負擔之贈與，其贈與不足償其負擔者，受贈人僅於贈與之價值限度內，有履行其負擔之責任。

(　　) **6** 甲將A屋出租給乙，訂租期4年之書面契約，並將A屋交付給乙，供乙居住。租賃期限尚未屆滿前，甲將A屋連同土地贈與給丙，但尚未辦畢所有權移轉登記。下列敘述何者正確？　(A)甲將A屋連同土地贈與給丙後，乙即得對丙主張租賃權對丙繼續存在，丙亦得請求乙給付租金　(B)若甲將A屋連同土地所有權移轉給丙後，乙即得對丙主張民法第425條第1項有關買賣不破租賃規定之適用　(C)在甲將租賃物交付給乙之前，若甲將A屋連同土地所有權移轉給丙後，乙得向丙主張民法第425條第1項有關買賣不破租賃規定之適用　(D)甲與乙之租賃契約未經公證，無民法第425條第1項有關買賣不破租賃規定之適用。

(　　) **7** 下列關於委任契約終止之敘述，何者錯誤？　(A)當事人之任何一方，得隨時終止委任契約　(B)當事人之一方，於不利於他方之時期終止契約者，該契約終止行為無效　(C)當事人之一方有債務不履行時，他方得終止委任契約，並請求不履行之損害賠償　(D)任意終止權之行使，亦為委任契約消滅之原因。

(　　) **8** 甲以所有之意思，15年間和平、公然、繼續占有乙之未登記土地，下列何者不是時效取得中斷之事由？　(A)甲嗣後變為不以所有之意思而占有乙未登記之土地　(B)甲嗣後變為非和平或非公然占有乙未登記之土地　(C)非基於甲之意思而喪失土地之占有，但嗣後回復其占有者　(D)依民法第767條規定，乙起訴請求甲返還未登記之土地。

( ) **9** 甲向乙借新臺幣1,000萬元，以甲所有之A地為乙設定普通抵押權。嗣後甲將A地之一部分登記為B地，讓與其一部所有權予丙，債務清償期屆至，甲無力清償債務。下列敘述何者正確？ (A)乙之普通抵押權效力不及於B地，不得聲請法院拍賣B地 (B)乙應先拍賣A地，拍賣價金不足清償時，乙始得拍賣B地 (C)乙得聲請法院拍賣B地，並就拍賣B地所得價金優先受償 (D)乙應聲請法院同時拍賣A、B地，並就賣得價金依比例受償。

( ) **10** 下列何者不得主張民法第962條之占有保護請求權？ (A)占有輔助人 (B)無權占有人 (C)間接占有人 (D)直接占有人。

( ) **11** 下列關於成年監護之敘述，何者正確？ (A)受監護宣告之人應由社會福利主管機關為其設置監護人至少二名，共同行使監護權 (B)法院應依職權就將受監護宣告人之最近二年內為事實上同居之同居人、六親等內之旁系血親或受僱人，裁定選任監護人 (C)監護人於執行有關受監護人之生活、護養療治及財產管理之職務時，應尊重受監護人之意思，並考量其身心狀態與生活狀況 (D)法院應優先從照護受監護宣告之法人或機構及其代表人、負責人、或與該法人或機構有僱傭、委任或其他類似關係人，選任其為監護人。

( ) **12** 社團法人之社員有社員權，區分為共益權及自益權，下列何者為自益權？ (A)出席權 (B)表決權 (C)決議撤銷權 (D)使用設備權。

( ) **13** 下列何者，屬於無權利能力者？ (A)植物人 (B)腦性麻痺者 (C)籌備中之法人 (D)受監護宣告之人。

( ) **14** 甲委任乙向丙購買A畫，乙以自己名義向丙購買該A畫。乙之購買行為為何？ (A)代理行為 (B)透過乙之購買行為，甲得直接取得所有權 (C)非代理行為 (D)複代理行為。

( ) **15** 下列何者非屬於時效不完成之事由？ (A)風災停班停課 (B)被公司派遣出國無法返國處理 (C)法定代理關係消滅 (D)婚姻關係消滅。

解答與解析（答案標示為#者，表官方曾公告更正該題答案）

1 (D)。 習慣法的要件有三：反覆施行之事實、有法的確信且不得違反公序良俗。
(D)之敘述錯誤，本題答案應選(D)。

2 (B)。 民法第4條規定：「關於一定之數量，同時以文字及號碼表示者，其文字與號碼有不符合時，如法院不能決定何者為當事人之原意，應以文字為準。」
第5條規定：「關於一定之數量，以文字或號碼為數次之表示者，其表示有不符合時，如法院不能決定何者為當事人之原意，應以最低額為準。」
因此應以「文字最低額為準」，本題答案應選(B)。

3 (B)。 民法第227條規定：「因可歸責於債務人之事由，致為不完全給付者，債權人得依關於給付遲延或給付不能之規定行使其權利。
因不完全給付而生前項以外之損害者，債權人並得請求賠償。」
本題答案應選(B)。

4 (B)。 民法第352條規定：「債權之出賣人，對於債務人之支付能力，除契約另有訂定外，不負擔保責任，出賣人就債務人之支付能力，負擔保責任者，推定其擔保債權移轉時債務人之支付能力。」
本題答案應選(B)。

5 (D)。 (A)(D)民法（下同）第413條規定：「附有負擔之贈與，其贈與不足償其負擔者，受贈人僅於贈與之價值限度內，有履行其負擔之責任。」
(B)第414條規定：「附有負擔之贈與，其贈與之物或權利如有瑕疵，贈與人於受贈人負擔之限度內，負與出賣人同一之擔保責任。」
(C)第412條第2項規定：「負擔以公益為目的者，於贈與人死亡後，主管機關或檢察官得請求受贈人履行其負擔。」
本題答案應選(D)。

6 (B)。 民法第425條第1項規定：「出租人於租賃物交付後，承租人占有中，縱將其所有權讓與第三人，其租賃契約，對於受讓人仍繼續存在。」
本題答案應選(B)。

7 (B)。 (A)(D)民法（下同）第549條第1項規定：「當事人之任何一方，得隨時終止委任契約。」
(B)第549條第2項規定：「當事人之一方，於不利於他方之時期終止契約者，應負損害賠償責任。但因非可歸責於該當事人之事由，致不得不終止契約者，不在此限。」
(B)之敘述錯誤，本題答案應選(B)。

8 (C)。 民法（下同）第769條規定：「以所有之意思，二十年間和平、公然、繼續占有他人未登記之不動產者，得請求登記為所有人。」
第770條規定：「以所有之意思，十年間和平、公然、繼續占有他人未登記之不動產，而其占有之始為善意並無過失者，得請求登記為所有人。」
第771條第1項規定占有人有下列情形之一者，其所有權之取得時效中斷，而第4款規定：「非基於自己之意思而喪失其占有。但依第九百四十九條或第九百六十二條規定，回復其占有者，不在此限。」，因此(C)選項時效不中斷本題答案應選(C)。

9 **(C)**。 民法（下同）第860條規定：「稱普通抵押權者，謂債權人對於債務人或第三人不移轉占有而供其債權擔保之不動產，得就該不動產賣得價金優先受償之權。」
第869條第1項規定：「抵押之不動產如經分割，或讓與其一部，或擔保一債權之數不動產而以其一讓與他人者，其抵押權不因此而受影響。」
本題答案應選(C)。

10 **(A)**。 民法第962條規定：「占有人，其占有被侵奪者，得請求返還其占有物；占有被妨害者，得請求除去其妨害；占有有被妨害之虞者，得請求防止其妨害。」
占有人不含占有輔助人，本題答案應選(A)。

11 **(C)**。 民法第1112條規定：「監護人於執行有關受監護人之生活、護養療治及財產管理之職務時，應尊重受監護人之意思，並考量其身心狀態與生活狀況。」
本題答案應選(C)。

12 **(D)**。 自益權是指股東或社員以自己的利益為目的而行使的權利，如請求分紅的權利，請求分配剩餘財產的權利。這類權利無需其他股東的配合即可以行使。
本題答案應選(D)。

13 **(C)**。籌備中之法人尚未取得法人格，故無權利能力。
本題答案應選(C)。

14 **(C)**。 民法第103條第1項規定：「代理人於代理權限內，以本人名義所為之意思表示，直接對本人發生效力。」
本題乙以自己之名義向丙購買(A)畫，自非代理行為，本題答案應選(C)。

15 **(B)**。 民法第139條規定：「時效之期間終止時，因天災或其他不可避之事變，致不能中斷其時效者，自其妨礙事由消滅時起，一個月內，其時效不完成。」
本題答案應選(B)。

110 鐵路特考員級（運輸營業）

甲、申論題

一、甲詐欺乙致乙將A名畫低價賣與丙，甲並脅迫丁與自己結婚。試問：乙、丙間之買賣及甲、丁間之結婚，其效力各如何？

答 (一)

1. 民法（下同）第92條規定：「因被詐欺或被脅迫而為意思表示者，表意人得撤銷其意思表示。但詐欺係由第三人所為者，以相對人明知其事實或可得而知者為限，始得撤銷之。
   被詐欺而為之意思表示，其撤銷不得以之對抗善意第三人。
   第93條規定：「前條之撤銷，應於發見詐欺或脅迫終止後，一年內為之。但自意思表示後，經過十年，不得撤銷。」
2. 本題中，甲詐欺乙致乙以低價賣與丙。但題意未明說丙是否知情，如丙知情或可得而知者，則乙可依第92條、第93條規定撤銷其出賣名畫A之意思表示。如丙係善意，則乙不得主張撤銷。

(二)

1. 第997條規定：「因被詐欺或被脅迫而結婚者，得於發見詐欺或脅迫終止後，六個月內向法院請求撤銷之。」
2. 本題中甲脅迫丁與之結婚，則依上開規定，丁得於脅迫終止後六個月內請求法院撤銷與丁之婚姻。

二、甲用新臺幣（下同）3,000元買了一對耳環，但在上班途中不慎將左耳環掉落在臺鐵車廂內，將右耳環掉落在乙駕駛之計程車內。嗣後，左耳環為臺鐵員工丙負責清潔車廂時拾得，右耳環為計程車乘客丁拾得，且兩個耳環均於依法招領後，物歸原主。試問：

(一) 何人得向甲請求遺失物拾得之報酬？

(二) 若甲有懸賞廣告，表示願給予拾得並返還耳環者，一耳各2,000元，則前小題之請求權人，最多得請求多少報酬？

答 (一)

1. 民法（下同）第803條第1項規定：「拾得遺失物者應從速通知遺失人、所有人、其他有受領權之人或報告警察、自治機關。報告時，應將其物一併交存。但於機關、學校、團體或其他公共場所拾得者，亦得報告於各該場所之管理機關、團體或其負責人、管理人，並將其物交存。」

   第805條第1項、第2項規定：「遺失物自通知或最後招領之日起六個月內，有受領權之人認領時，拾得人、招領人、警察或自治機關，於通知、招領及保管之費用受償後，應將其物返還之。

   有受領權之人認領遺失物時，拾得人得請求報酬。但不得超過其物財產上價值十分之一；其不具有財產上價值者，拾得人亦得請求相當之報酬。」

2. 本題中掉落之耳環分別為丙和丁拾得，則依第805條第2項，丙、丁似皆得分別向甲請求報酬，然民法第805條之1第1款規定在公眾得出入之場所或供公眾往來之交通設備內，由其管理人或受僱人拾得遺失物不得請求報酬，而丙為台鐵員工為台鐵之受僱人不得請求報酬，因此僅有乘客丁得請求。

(二)

1. 第164條第1項、第2項規定：「以廣告聲明對完成一定行為之人給與報酬者，為懸賞廣告。廣告人對於完成該行為之人，負給付報酬之義務。
2. 數人先後分別完成前項行為時，由最先完成該行為之人，取得報酬請求權；數人共同或同時分別完成行為時，由行為人共同取得報酬請求權。」
3. 依上述規定，丙、丁得分別向甲請求各2000元之報酬。

乙、測驗題

( ) **1** 下列何種權利屬於抗辯權？ (A)因消滅時效完成之拒絕給付權 (B)意思表示之撤銷權 (C)意思表示之撤回權 (D)債務人之抵銷權。

( ) **2** 經許可設立之社團法人A，原任董事甲經改選後由乙取代，在變更董事登記前，甲仍以董事身分代表A與第三人丙訂立買賣契約。下列敘述何者正確？ (A)乙得對丙主張買賣契約無效 (B)買賣契約為得撤銷 (C)丙得請求A履行買賣契約 (D)甲應自己履行買賣契約。

( ) **3** 甲於路上發現一戴有項圈之走失的貴賓犬，但因一時飼主不明，乃先行帶回家中照顧。下列敘述何者正確？ (A)甲得對飼主請求該犬之飼料費 (B)甲僅須負與處理自己事務相同程度之注意義務照顧該犬 (C)該犬跳出甲之住宅的圍牆，咬傷路人乙時，甲不須對乙負賠償責任 (D)被該犬咬傷之乙為請求甲賠償其所受損害，乙應證明甲管束該犬有過失。

( ) **4** 甲將A物出售予乙，嗣乙將A物轉賣丙，乙並囑甲將A物直接交付予丙。下列敘述何者錯誤？ (A)倘若乙丙間之買賣契約無效，乙得向丙主張A物之不當得利返還 (B)倘若甲乙間之買賣契約無效，甲得向乙依不當得利主張返還A物之價額 (C)倘若甲乙及乙丙間之買賣契約皆屬無效，則甲得代位乙行使其對丙之不當得利返還請求權 (D)倘若甲乙約定，丙對甲有直接請求給付A物之權利，如甲乙間之買賣契約無效時，甲得向丙請求A物之不當得利返還。

( ) **5** 甲為避免債權人之強制執行，與乙通謀虛偽意思表示，將甲所有A地之所有權移轉登記於乙名下。嗣後甲主張通謀虛偽意思表示無效，請求乙協同辦理所有權塗銷登記，甲得向乙主張何種權利？ (A)所有物返還請求權 (B)所有權妨害除去請求權 (C)所有權妨害防止請求權 (D)所有權濫用之自力救濟。

( ) **6** 甲將過期之雜誌，拋棄於垃圾堆，17歲之乙，以所有意思，占有該雜誌，下列敘述何者正確？ (A)乙拾得甲之遺失物 (B)乙先占無主之動產 (C)乙之法律行為無效 (D)乙已構成侵權行為。

( ) **7** 甲、乙為兄弟，丙、丁為姊妹。甲、丙結婚，乙、丁之親屬關係為何？ (A)無親屬關係 (B)二親等旁系姻親 (C)四親等旁系姻親 (D)五親等旁系姻親。

( ) **8** 甲男與乙女結婚後，無法生育。丙女未婚生子丁。甲、乙、丙合謀偽造丁之出生證明書，將乙填為丁之生母，並由甲、乙為丁辦理出生登記，甲、乙在登記上成為丁之父、母。多年後，甲、乙、丙均死亡，若丁能證明上述事實，則丁得繼承何人之遺產？ (A)丙 (B)乙 (C)甲 (D)甲、乙。

( ) **9** 下列何者得為遺囑之見證人？ (A)受監護宣告之成年人 (B)18歲之未成年人 (C)受輔助宣告之成年人 (D)受遺贈人兄長之成年子女。

( ) **10** 甲乙為夫妻，無子女。丙丁為甲之父母。甲死亡時，留有動產與不動產。乙分得價值新臺幣（下同）600萬元之不動產，丙、丁各分得價值300萬元之動產。惟丙所分得之遺產有瑕疵，經評估後僅價值100萬元。丙得向乙請求多少金額之損害賠償？ (A)0元 (B)50萬元 (C)100萬元 (D)200萬元。

( ) **11** 依民法規定，失蹤人為遭遇特別災難者，最快得於特別災難終了滿幾年後，為死亡之宣告？ (A)7年 (B)3年 (C)2年 (D)1年。

( ) **12** 甲以電話向乙訂購20盒月餅，甲訂購月餅之意思表示何時生效？ (A)乙接到電話時 (B)甲講完電話時 (C)甲掛好電話時 (D)乙了解訂購內容時。

( ) **13** 下列關於消滅時效之敘述，何者錯誤？
(A)債權人與債務人得就時效期間，事先約定拋棄其時效利益
(B)懲罰性違約金之債權，於因可歸責於債務人事由而債務不履行時，即發生而獨立存在，非民法第146條所稱之從權利，其請求權與原本請求權各自獨立，應適用15年之消滅時效
(C)承攬A安裝設備工程，A工程已於民國（下同）107年7月25日完成，經業主驗收通過。承攬人請求實際施作A工程款，於108年12月19日起訴，未罹於時效
(D)消滅時效自請求權可行使時起算，乃指權利人得行使請求權之狀態而言，至於義務人實際上能否為給付，則非所問。

(　　) **14** 宅急便業者甲之送貨員乙，於貨物宅配途中，因趕路疏忽而與違規右轉之機車騎士丙發生擦撞，丙倒地後，遭後方疏於注意車前狀況的丁車輾壓，此車禍事故造成乙所駕駛之貨車受損、丙之機車全毀及身體多處粉碎性骨折。下列敘述何者正確？
(A)乙因趕路疏忽造成丙之損害，已逾越甲得以監督其職務執行之範圍，故甲對於丙之損害，無須負賠償之責
(B)因丙乃違規右轉，其違規行為亦為車禍事故之共同原因，故對於自己之車損與體傷，不得向乙、丁請求損害賠償
(C)因甲為乙之僱用人，應與丁共同對於丙之車損與體傷負賠償之責
(D)甲負僱用人推定過失責任，故對丙賠償後，不得再向受僱人乙求償。

(　　) **15** 甲向乙承租乙所有之A屋自住。下列敘述何者錯誤？
(A)甲應以善良管理人之注意，保管A屋
(B)甲之友人丙來訪，並借宿A屋。若因丙應負責之事由致A屋毀損，則甲縱無過失，仍應負損害賠償責任
(C)若甲乙並無禁止轉租A屋之約定，嗣後甲將A屋其中1間房間轉租予第三人丙，則對於因丙應負責之事由所生之損害，甲無須負賠償責任
(D)若A屋因甲未盡善良管理人之注意，致失火而滅失者，如未有特別約定，則甲對乙不負損害賠償責任。

(　　) **16** 甲夫乙妻育有共同未成年子女丙，但甲乙大吵後分居逾6個月，丙甲仍共同生活。下列敘述何者正確？
(A)甲乙分居逾6個月，同居義務消滅
(B)甲乙並非離婚，故民法未規定關於丙權利義務之行使或負擔
(C)丙為未成年人，因有與父母同居之義務，故丙負有輪流與甲乙共同生活之義務
(D)甲乙已難以維持共同生活，則甲乙均得聲請法院宣告改用分別財產制。

解答與解析（答案標示為#者，表官方曾公告更正該題答案）

1 (A)。 抗辯權就是對抗權利人所行使權利的權利，即債務人對抗債權人行使請求權之權利，債務人可據以拒絕為應為行為。
民法第125條規定：「請求權，因十五年間不行使而消滅。但法律所定期間較短者，依其規定。」本條所謂「請求權因不行使而消滅」，係指債權人主張請求權時，債務人得以時效為抗辯。本題答案應選(A)。

2 (C)。 法人董事在未卸任前，為法人之代表人，且依民法第31條規定已登記之事項未變更前不得對抗第三人，故甲以董事身分代表A與第三人丙簽訂買賣契約直接對法人A產生效力，丙得請求A履行買賣契約。
本題答案應選(C)。

3 (A)。 民法第176條第1項規定：「管理事務，利於本人，並不違反本人明示或可得推知之意思者，管理人為本人支出必要或有益之費用，或負擔債務，或受損害時，得請求本人償還其費用及自支出時起之利息，或清償其所負擔之債務，或賠償其損害。」
本題答案應選(A)。

4 (D)。 此案例為給付型不當得利，通說實務認為給付關係分別發生於甲乙、乙丙間，為保障兩兩間之抗辯，因此不當得利僅發生於甲乙、乙丙間，縱甲乙間之契約無效甲亦僅得對給付關係之相對人乙主張不當得利，因此(D)錯誤。

5 (B)。 民法（下同）第87條第1項規定：「表意人與相對人通謀而為虛偽意思表示者，其意思表示無效。但不得以其無效對抗善意第三人。」
第767條第1項規定：「所有人對於無權占有或侵奪其所有物者，得請求返還之。對於妨害其所有權者，得請求除去之。有妨害其所有權之虞者，得請求防止之。」
本題係為去除甲、乙間通謀虛偽之意思表示，本題答案應選(B)。

6 (B)。 本題中甲丟棄過期之雜誌，等於拋棄對該批雜誌之所有權，故乙以所有之意思占有該雜誌，係對無主物之先占，而無主物先占為事實行為，本不以有完全行為能力為必要，因此17歲限制行為能力之乙仍可無主物先占取得雜誌之所有權，本題答案應選(B)。

7 (A)。 民法第969條規定：「稱姻親者，謂血親之配偶、配偶之血親及配偶之血親之配偶。」
本題中，甲和丁、丙和乙是姻親，但乙和丁間沒有親屬關係。本題答案應選(A)。

8 **(A)**。 民法第1065條第2項非婚生子女與其生母之關係,視為婚生子女,無須認領。」因此丁視為丙的婚生子女,無須經認領。
本題答案應選(A)。

9 **(D)**。 民法第1198條規定:「下列之人,不得為遺囑見證人:
一、未成年人。
二、受監護或輔助宣告之人。
三、繼承人及其配偶或其直系血親。
四、受遺贈人及其配偶或其直系血親。
五、為公證人或代行公證職務人之同居人助理人或受僱人。」
本題答案應選(D)。
(請注意:民法第12條於110年1月13日修正公布,修正後法條如下:「滿十八歲為成年。」故本題(B)選項與現行法規有出入,應修正為「17歲之未成年人」,才不影響答題。)

10 **(C)**。 民法(下同)第1138條第2款規定:「遺產繼承人,除配偶外,依左列順序定之:……二、父母。」
第1144條第2款規定:「配偶有相互繼承遺產之權,其應繼分,依左列各款定之:……二、與第1138條所定第二順序或第三順序之繼承人同為繼承時,其應繼分為遺產二分之一。」
本題中,乙為甲之配偶,應繼分為1/2,丙、丁各1/4。則甲之遺產應有1200萬元(600萬+300萬+300萬)。後丙分得之遺產僅有100萬元,則甲之遺產因此只值1000萬元,則乙可分得500萬元,丙、丁應各得250萬元。則丙得向乙請求之金額為600萬-500萬元=100萬元。
本題答案應選(C)。

11 **(D)**。 民法第8條第3項規定:「失蹤人為遭遇特別災難者,得於特別災難終了滿一年後,為死亡之宣告。」
本題答案應選(D)。

12 **(D)**。 民法第94條規定:「對話人為意思表示者,其意思表示,以相對人了解時,發生效力。」
本題答案應選(D)。

13 **(A)**。消滅時效不得預先拋棄。(A)之敘述錯誤,本題答案應選(A)。

14 **(C)**。 民法第188條第1項規定:「受僱人因執行職務,不法侵害他人之權利者,由僱用人與行為人連帶負損害賠償責任。但選任受僱人及監督其職務之執行,已盡相當之注意或縱加以相當之注意而仍不免發生損害者,僱用人不負賠償責任。」
本題答案應選(C)。

15 **(C)**。 民法第444條規定:「承租人依前條之規定,將租賃物轉租於他人者,其與出租人間之租賃關係,仍為繼續。
因次承租人應負責之事由所生之損害,承租人負賠償責任。」
(C)之敘述錯誤,本題答案應選(C)。

16 **(D)**。 民法第1010條規定：「夫妻之一方有左列各款情形之一時，法院因他方之請求，得宣告改用分別財產制：

一、依法應給付家庭生活費用而不給付時。

二、夫或妻之財產不足清償其債務時。

三、依法應得他方同意所為之財產處分，他方無正當理由拒絕同意時。

四、有管理權之一方對於共同財產之管理顯有不當，經他方請求改善而不改善時。

五、因不當減少其婚後財產，而對他方剩餘財產分配請求權有侵害之虞時。

六、有其他重大事由時。

夫妻之總財產不足清償總債務或夫妻難於維持共同生活，不同居已達六個月以上時，前項規定於夫妻均適用之。」

本題答案應選(D)。

110 高考三級（一般行政、一般民政、人事行政）

一、十七歲丙男徵得父母親甲、乙同意，自己尋找一份汽車修護工學徒的工作。丙與經營M修車廠的丁談妥工作及報酬，約定自下週一開始工作。丙於週末，到丁推薦之戊經營的二手車行購買A車，以作為將來上班的交通工具；雙方約定價金24萬元分為24期支付，下個月初支付第一期，A車於三個月後丙滿18歲且考取駕照隔日交車。試問：丙所訂立二份契約之效力如何？

答 (一) 丙、丁間僱傭契約為有效，說明如下：

1. 民法（下同）第482條規定：「稱僱傭者，謂當事人約定，一方於一定或不定之期限內為他方服勞務，他方給付報酬之契約。」本題中丙、丁間就丙到丁之修車廠工作、由丁給付報酬之契約為僱傭契約，合先敘明。
2. 現行第12條規定：「滿二十歲為成年。」第13條第2項規定：「滿七歲以上之未成年人，有限制行為能力。」第79條規定：「限制行為能力人未得法定代理人之允許，所訂立之契約，須經法定代理人之承認，始生效力。」
3. 本題丙現年17歲，為限制行為能力人。其經父母甲、乙之同意自己尋找一份汽車修護工學徒的工作，因此就丙、丁間的僱傭契約，業經丙之法定代理人甲、乙事先表示同意，故系爭僱傭契約依第79條規定，自屬有效。

(二) 丙、戊間就A車之買賣契約之效力，說明如下：

1. 第77條規定：「限制行為能力人為意思表示及受意思表示，應得法定代理人之允許。但純獲法律上利益，或依其年齡及身分、日常生活所必需者，不在此限。」第81條第1項規定：「限制行為能力人於限制原因消滅後，承認其所訂立之契約者，其承認與法定代理人之承認，有同一效力。」

2. 本題中丙為限制行為能力人，其所訂立之契約應經法定代理人之允許始生效力，已如前述。因此丙、戊間就A車之買賣契約，依第79條規定觀之，在未得甲、乙之允許前效力未定。
3. 然如丙購買A車係依第77條但書規定，為「依其年齡及身分、日常生活所必需者」則不在此限。本題中丙購買A車係為工作代步用，似可認為日常生活所必需，然依A車之價值及契約之價金觀之，恐非17歲少年之年齡所應負擔者，此部分管見認為無第77條但書之適用。
4. 又目前現行之民法仍以20歲為成年，縱三個月後丙滿18歲，仍為限制行為能力人，尚無第81條第1項規定之適用。
5. 綜上，應認丙、戊間就A車之買賣契約為效力未定。

※**110年1月13日修訂、112年1月1日施行之民法第12條規定：「滿十八歲為成年。」**如果是在修正後的民法第12條的情況下考量，又可參照民法第81條第1項：「限制行為能力人於限制原因消滅後，承認其所訂立之契約者，其承認與法定代理人之承認，有同一效力。」因此，在修正後的民法第12條情況下，3個月後交車時丙已成年，屬默示意思表示，契約便有效力。

二、民國（以下同）107年12月1日，甲向商人乙購買一部M機器，價金新臺幣（以下同）100萬元，於當日，甲付20萬元，乙完成M的權利移轉及交付；甲卻未依約於次日給付餘款80萬元。甲後因辦理投資移民，長時間居住國外，直到110年2月又返國居住。109年10月1日，乙曾發電子郵件向甲要求清償剩餘款項及法定的遲延利息；甲未回覆。110年6月1日，乙找到甲本人，當面再次要求清償剩餘款項及法定的遲延利息。對剩餘款項及遲延利息，甲均拒絕返還，是否有理由？

答 (一) 民法（下同）第125條規定：「請求權，因十五年間不行使而消滅。但法律所定期間較短者，依其規定。」第127條第8款規定：「左列各款請求權，因二年間不行使而消滅：……八、商人、製造人、手工業人所供給之商品及產物之代價。」

(二) 最高法院102年度台上字第524號民事判決要旨亦謂：「民法第一百二十七條第八款之所以將商人供給商品之代價，規定適用二年之短期時效，主要乃著眼於該項商品或產物代價債權，多發生於日常頻繁之交易，亦即平日具慣常性之行為，故賦與較短之時效期間以促從速確定。……」等語。

(三) 本題之情況，甲、乙間就系爭M機器之買賣性質，應非屬日常頻繁之交易，故不宜賦與較短之時效期間，仍應適用第125條之一般請求權時效。因此本題甲不得以第127條第8款之規定主張罹於時效。

110 高考三級（公平交易管理）

甲、申論題

一、乙現年19歲，為A屋之所有權人。甲向乙承租A屋，供其受僱人丙作為居住之處所，租金每月新臺幣1萬元，甲、乙雙方因此成立租賃契約。甲乃命丙直接自乙處受讓A屋之占有，進而搬遷入住。稍後，乙之父母得知乙將A屋出租予甲之情事，乃向甲表示拒絕同意甲與乙間之租賃契約。然而，丙卻始終不知乙係限制行為能力人以及甲乙間租賃契約之效力因此受影響之情事。並且，丙已在A屋居住長達1個月之久。試問，此時甲與乙間之法律關係如何？（註：110年1月13日修訂、112年1月1日施行之民法第12條規定：「滿十八歲為成年。」本題是修法前考題，因要符合該題欲考爭點，故應調整題目「乙之現年為17歲」。）

答 (一) 民法（下同）第79條規定：「限制行為能力人未得法定代理人之允許，所訂立之契約，須經法定代理人之承認，始生效力。」

第80條規定：「前條契約相對人，得定一個月以上之期限，催告法定代理人，確答是否承認。

於前項期限內，法定代理人不為確答者，視為拒絕承認。」

本題中，乙為限制行為能力人，其父母向甲表示拒絕同意甲與乙間之租賃契約，則甲、乙間就A屋之租賃契約無效。

(二) 第179條規定：「無法律上之原因而受利益，致他人受損害者，應返還其利益。雖有法律上之原因，而其後已不存在者，亦同。」本題中甲、乙之租賃契約無效，則甲無權占有A屋，乙亦應返還已收之租金予甲。

(三) 第767條第1項規定：「所有人對於無權占有或侵奪其所有物者，得請求返還之。對於妨害其所有權者，得請求除去之。有妨害其所有權之虞者，得請求防止之。」本題中，丙為甲之占有輔助人，則乙得依第767條第1項之物上請求權，請求丙遷讓房屋。

(四) 又丙業已在A屋中居住一個月，即對A屋有使用收益一個月，且其是甲之占有輔助人，乙得依第179條規定，請求甲交付相當於一個月租金之不當得利。

二、甲與乙共有A地，其應有部分各為1/2，惟甲與丙通謀虛偽意思表示將甲之應有部分移轉登記予丙。稍後，丙將此應有部分出賣予善意之丁，價金新臺幣10萬元。丙同時將該應有部分移轉登記予丁，丁亦支付價金10萬元予丙。試問，此時甲與丙間之法律關係如何？

答 (一) 民法（下同）第819條第1項規定：「各共有人，得自由處分其應有部分。」因此甲得自由處分其與乙共有之A地之應有部分。

(二) 第87條第1項規定：「表意人與相對人通謀而為虛偽意思表示者，其意思表示無效。但不得以其無效對抗善意第三人。」本題中甲、丙間就系爭應有部分係以通謀虛偽之意思表示為買賣，係第87條第1項前段規定，其意思表示無效。然其後丙將系爭應有部分出售予善意之丁，則甲不能以其與丙間就買賣系爭應有部分之無效意思表示對抗善意之丁，因此甲不得依第767條物上請求權請求善意之丁返還系爭應有部分之所有權。

(三) 第179條規定：「無法律上之原因而受利益，致他人受損害者，應返還其利益。雖有法律上之原因，而其後已不存在者，亦同。」

甲、丙間就就系爭應有部分之買賣，既因係通謀虛意思表示而使買賣契約無效，則丙自得依第179條規定，請求甲返還系爭應有部分之買賣價金。

又如前所述，甲不得依第767條物上請求權請求善意之丁返還系爭應有部分之所有權，依第181條規定：「不當得利之受領人，除返還其所受之利益外，如本於該利益更有所取得者，並應返還。但依其利益之性質或其他情形不能返還者，應償還其價額。」甲得依第179條及第181條之規定，請求丙返還相當於系爭應有部分出賣予丁之利益。

乙、測驗題

( ) **1** 甲乃A地所有人，並登記為A地所有人。A地上有一棵百年櫻花樹。甲將A地出租且交付於乙。試問，下列敘述何者錯誤？ (A)乙乃A地上之櫻花樹所有人 (B)乙得依租賃契約占有使用收益A地 (C)乙乃A地之有權占有人 (D)乙乃A地之直接占有人。

( ) **2** 依民法第66條第1項規定，不動產僅限於土地與定著物。試問，下列何者並非不動產？ (A)農地 (B)捷運站 (C)臨時鋪設之軌道 (D)高壓電塔。

( ) **3** 甲乃A腳踏車所有人。A腳踏車市價10萬元。乙未經甲之同意，以甲之名義出賣A腳踏車於丙，約定價金5萬元。丙不知乙未經甲同意而出賣A腳踏車一事。甲得知此事之後，以存證信函通知丙：甲不允許且亦不承認乙出賣A腳踏車出賣一事。試問，下列敘述何者錯誤？ (A)甲仍然是A腳踏車所有人 (B)甲對丙不負有移轉A腳踏車所有權之義務 (C)甲對丙不負有表見代理之授權人責任 (D)甲應賠償丙因此所受的損害。

( ) **4** 依民法第73條規定，法律行為，不依法定方式者，無效。下列何者並非法定要式行為？ (A)旅遊契約 (B)合會契約 (C)終身定期金契約 (D)人事保證契約。

( ) **5** 稱物權行為者，謂以物權變動為直接內容之法律行為。試問，下列何者並非物權行為？ (A)抵押權之設定 (B)所有權之移轉 (C)分別共有物應有部分之讓與 (D)遺失物拾得。

( ) **6** 甲乃A車所有人。甲出賣A車於乙。關於甲如何移轉A車所有權於乙，下列敘述何者錯誤？ (A)甲得以現實交付之方式，移轉A車所有權於乙 (B)甲得以占有改定之方式，移轉A車所有權於乙 (C)甲得以指示交付之方式，移轉A車所有權於乙 (D)甲得以完成登記之方式，移轉A車所有權於乙。

(　　) **7** 甲乃A長笛所有人。甲出賣A長笛於乙，雙方約定價金10萬元，但甲在A長笛買賣契約書上少寫一個0，寫成價金1萬元。甲就此有重大過失。試問，下列敘述何者正確？ (A)甲不得撤銷其A長笛買賣契約 (B)乙乃A長笛所有人 (C)甲對乙負信賴利益損害賠償責任 (D)A長笛買賣契約無效。

(　　) **8** 甲乃A鑽錶所有人。甲對乙負有100萬元借款債務。甲以A鑽錶設定質權於乙，用以擔保該筆100萬元借款債務。關於質權人之權利，下列敘述何者正確？ (A)乙未經甲之同意，得出租A鑽錶於他人 (B)乙未經甲之同意，得為非保存之必要而使用A鑽錶 (C)乙對無權占有A鑽錶之第三人，得行使物上請求權，請求返還A鑽錶於自己 (D)乙不負有保管A鑽錶之義務。

(　　) **9** 甲乃A地所有人，並登記為A地所有人。甲以A地設定未定有期限之典權於乙。關於典權人乙之權利，下列敘述何者錯誤？ (A)乙得將其典權讓與他人 (B)乙得將A地轉典 (C)甲將典物出賣於他人時，乙有以相同條件留買之權 (D)甲自出典後經過二十年不回贖者，乙即取得典物所有權。

(　　) **10** 甲乃A地所有人，並登記為A地所有人。乙乃B地所有人，並登記為B地所有人。A地與B地兩地相鄰。甲為避免乙在B地上建築高樓，妨礙於A地之眺望，便與乙約定，於B地上設定定有期限之不動產役權，以供役A地；甲應按期支付乙地租若干。甲因此取得對B地之不動產役權，並登記為B地之不動產役權人。關於不動產役權人甲之權利，下列敘述何者錯誤？ (A)甲得在B地上為設置，並應維持設置 (B)甲得以其在B地上之不動產役權，設定權利抵押權 (C)甲因行使或維持其權利，得為必要之附隨行為 (D)甲因行使不動產役權之方法有變更之必要，以不甚妨礙乙在B地行使權利者為限，得以自己之費用，請求變更之。

(　　) **11** 甲、乙與丙三人合夥經營餐廳，合夥股份各三分之一。關於合夥人之權利，下列敘述何者正確？　(A)甲得自由轉讓其合夥股份於第三人　(B)甲得隨時請求合夥財產之分析　(C)甲得請求乙丙二位合夥人償還其因執行合夥事務所支出之費用　(D)甲得自由處分合夥財產。

(　　) **12** 甲委任乙，為其處理A地出賣事宜，約定報酬若干。試問，關於受任人之義務，下列敘述何者錯誤？　(A)乙應依甲之指示，處理A地出賣事務　(B)乙應以與處理自己事務為同一之注意，處理A地出賣事務　(C)乙應將A地出賣事務進行之狀況，報告甲　(D)乙應自己處理A地出賣事務。

(　　) **13** 甲以土地仲介為業。乙乃A地所有人，並登記為A地所有人。甲與乙成立居間契約，由甲媒介乙出賣A地於丙。試問，關於居間人之義務，下列敘述何者錯誤？　(A)甲就其媒介所成立之契約，有為乙給付或受領給付之義務　(B)甲就A地買賣事項，應就其所知，據實報告於乙與丙　(C)甲就A地買賣事項及乙與丙之履行能力或訂立該約之能力，有調查之義務　(D)甲對乙負有誠實義務。

(　　) **14** 若將與代理相關情形分成以下5種情況：(1)本人已授與代理權；(2)由自己之行為表示以代理權授與他人者；(3)知他人表示為其代理人而不為反對之表示者；(4)以本人名義為法律行為；(5)第三人並非明知其無代理權或並非可得而知者。下列何種組合能最正確表達構成表見代理之要件？

(A)(1)(2)(3)(4)(5)　　(B)(2)(3)(4)(5)

(C)(2)(3)(4)　　(D)(1)(4)(5)。

(　　) **15** 甲有限量跑車A、B各一輛，就出售A車事務與乙訂定有償委任契約，並授與其代理權。乙以甲本人名義代理同時出售A車及B車予丙，兩筆交易均經雙方訂約同意。下列敘述，何者錯誤？　(A)就A車之買賣，甲應移轉A車財產權並交付予丙　(B)若A車買賣訂約後，甲終止甲丙間委任契約，甲仍應移轉A車財產權並交付予丙　(C)乙出售B車買賣契約之法律行為，如經甲承認，對於甲生效力　(D)如甲即時拒絕承認乙出售B車行為，B車買賣契約於乙丙間仍為有效。

(　　) **16** 下列選項中關於撤銷法律行為之行使方式，何者與其他選項不同？(A)贈與契約生效後，贈與物之權利未移轉前，贈與人得撤銷其贈與　(B)債務人所為之無償行為，有害及債權者，債權人撤銷該無償行為　(C)夫或妻於婚姻關係存續中就其婚後財產所為之無償行為，有害及法定財產制關係消滅後他方之剩餘財產分配請求權者，他方撤銷該無償行為　(D)收養子女，違反第1074條（單獨收養）之規定者，收養者之配偶撤銷該收養行為。

(　　) **17** 關於民事請求權行使之消滅時效，下列敘述，何者錯誤？　(A)因侵權行為所生之損害賠償請求權，自請求權人知有損害及賠償義務人時起，二年間不行使而消滅　(B)定作人之修補費用償還請求權，因瑕疵發見後二年間不行使而消滅　(C)承攬人之報酬請求權因二年間不行使而消滅　(D)出租人就租賃物所受損害對於承租人之賠償請求權，因二年間不行使而消滅。

(　　) **18** 下列契約關係中有關不可抗力情形與責任承擔之敘述，何者錯誤？(A)在債務遲延中，債務人對於因不可抗力而生之損害，亦應負責。但債務人證明縱不遲延給付，而仍不免發生損害者，不在此限　(B)於承攬契約中，定作人所供給之材料，因不可抗力而毀損、滅失者，承攬人不負其責　(C)於寄託契約中，旅店或其他供客人住宿為目的之場所主人，因不可抗力致生對於客人所攜帶物品之毀損、喪失，亦應負責　(D)於旅客運送契約中，旅客運送人對於旅客因運送所受之傷害及運送之遲到應負責任。但因旅客之過失，或其傷害係因不可抗力所致者，不在此限。

(　　) **19** 甲出售珍藏的A蟠龍花瓶一只予乙，甲商得乙同意，約定由雙方信賴的朋友先檢查花瓶無誤後，甲可繼續占有A花瓶用於展覽一週，於展期結束始須返還予乙，屆時乙才須給付買賣價金。豈料於展期中發生地震致A花瓶滅失。下列敘述，何者正確？　(A)以不能之給付（滅失的A花瓶）為標的者，買賣契約無效　(B)甲得解除買賣契約　(C)乙應給付買賣價金　(D)甲應另行給付同品質、同種類之花瓶。

( ) **20** 甲對乙負有100萬元借款債務。丙就甲對乙所負該筆借款債務，乃連帶保證人。試問，關於連帶保證人之地位，下列敘述何者錯誤？ (A)丙乃保證人 (B)丙乃連帶債務人 (C)丙對乙不享有先訴抗辯權 (D)丙與乙乃共同保證人。

( ) **21** 甲現年17歲未婚，將原本應繳交的英文補習費5000元向丙公司購買線上遊戲點數，父親（法定代理人）乙知情後大怒，隨即向丙公司主張拒絕承認該交易及退費，丙公司則以甲已同意點數購買契約中關於「購買者不得以因未成年或其他任何理由申請退費」條款，以及難以得知購買者實際年齡等理由，拒絕退費。下列敘述，何者正確？ (A)甲購買線上遊戲點數，屬日常生活所必需，無需得乙之允許，購買行為有效 (B)甲支付5000元購買點數係乙已允許甲處分之財產，購買行為有效 (C)甲既已同意購買契約，基於尊重契約自由原則，丙公司無需退費 (D)甲丙間之遊戲點數購買契約，因乙拒絕承認該契約而不生效，丙公司應退費。

( ) **22** 關於建築物區分所有之相關規定，下列敘述，何者錯誤？ (A)區分所有權人對於他區分所有權人之二手煙有嚴重侵入其專有部分時，得依相鄰關係禁止之 (B)大廈之機電室，屬於共用部分 (C)大廈之主要樑柱雖屬共用部分，但不得作為約定專用部分使用 (D)區分所有權人專有之空間，若依全體區分所有權人規約約定專用於兒童遊憩活動場地使用時，屬於約定專用部分。

( ) **23** 土地及其土地上之建築物，同屬於一人所有，因強制執行之拍賣，其土地與建築物之拍定人各異時，下列敘述，何者正確？ (A)推定已有地上權之設定 (B)視為已有地上權之設定 (C)拍定人間視為已有租賃關係存在 (D)土地之拍定人應依相鄰關係之規定，容忍建築物之拍定人使用該地。

( ) **24** 下列何種權利不得設定抵押權？ (A)地上權 (B)典權 (C)不動產役權 (D)公寓大廈之區分所有權。

(　　) **25** 關於最高限額抵押權之規定與實務見解，下列敘述何者正確？(A)設定最高限額抵押權時，若所擔保債權尚未發生者，其設定無效 (B)約定設定最高限額抵押權以擔保一定期間內債權者，若於期間內所擔保債權消滅者，最高限額抵押權亦隨同消滅 (C)最高限額抵押權不因抵押權人、抵押人或債務人死亡而受影響 (D)最高限額抵押權在原債權確定前，若所擔保債權讓與他人者，最高限額抵押權亦隨同移轉。

解答與解析（答案標示為#者，表官方曾公告更正該題答案）

1 (A)。 民法第66條第2項規定：「不動產之出產物，尚未分離者，為該不動產之部分。」本題櫻花樹為A地之一部分，且非乙所種下，故甲乃係櫻花樹所有權人。

(A)之敘述錯誤，本題答案應選(A)。

2 (C)。 司法院釋字第93號解釋文謂：「輕便軌道除係臨時敷設者外，凡繼續附著於土地而達其一定經濟上之目的者，應認為不動產。」

本題答案應選(C)。

3 (D)。 民法（下同）第170條第1項規定：「無代理權人以代理人之名義所為之法律行為，非經本人承認，對於本人不生效力。」本題中甲不允許亦不承認乙出賣甲所有A腳踏車之事，乙為無代理權人，其出賣A腳踏車之行為自對甲不生效力，故應由乙對丙為損害賠償，非由甲為之。

(D)之敘述錯誤，本題答案應選(D)。

4 (A)。 (A)民法（下同）第514-1條規定：「稱旅遊營業人者，謂以提供旅客旅遊服務為營業而收取旅遊費用之人。前項旅遊服務，係指安排旅程及提供交通、膳宿、導遊或其他有關之服務。」

(B)第709條規定：「稱合會者，謂由會首邀集二人以上為會員，互約交付會款及標取合會金之契約。其僅由會首與會員為約定者，亦成立合會。前項合會金，係指會首及會員應交付之全部會款。會款得為金錢或其他代替物。」

(C)第729條規定：「稱終身定期金契約者，謂當事人約定，一方於自己或他方或第三人生存期內，定期以金錢給付他方或第三人之契約。」第730條規定：「終身定期金契約之訂立，應以書面為之。」

(D)第756-1條規定：「稱人事保證者，謂當事人約定，一方於他方之受僱人將來因職務上之行為而應對他方為損害賠償時，由其代負賠償責任之契約。前項契約，應以書面為之。」
本題答案應選(A)。

5 (D)。遺失物拾得為事實行為。本題答案應選(D)。

6 (D)。 民法第761條規定：「動產物權之讓與，非將動產交付，不生效力。但受讓人已占有動產者，於讓與合意時，即生效力。
讓與動產物權，而讓與人仍繼續占有動產者，讓與人與受讓人間，得訂立契約，使受讓人因此取得間接占有，以代交付。
讓與動產物權，如其動產由第三人占有時，讓與人得以對於第三人之返還請求權，讓與於受讓人，以代交付。」
汽車為動產，非經交付不生物權讓與效力。
(D)之敘述錯誤，本題答案應選(D)。

7 (A)。 民法第88條第1項規定：「意思表示之內容有錯誤，或表意人若知其事情即不為意思表示者，表意人得將其意思表示撤銷之。但以其錯誤或不知事情，非由表意人自己之過失者為限。」
本題答案應選(A)。

8 (C)。 民法（下同）第884條規定：「稱動產質權者，謂債權人對於債務人或第三人移轉占有而供其債權擔保之動產，得就該動產賣得價金優先受償之權。」
第767條規定：「所有人對於無權占有或侵奪其所有物者，得請求返還之。對於妨害其所有權者，得請求除去之。有妨害其所有權之虞者，得請求防止之。
前項規定，於所有權以外之物權，準用之。」
本題答案應選(C)。

9 (D)。 民法（下同）第911條規定：「稱典權者，謂支付典價在他人之不動產為使用、收益，於他人不回贖時，取得該不動產所有權之權。」
第912條規定：「典權約定期限不得逾三十年。逾三十年者縮短為三十年。」
(D)之敘述錯誤，本題答案應選(D)。

10 (B)。 民法（下同）第851條規定：「稱不動產役權者，謂以他人不動產供自己不動產通行、汲水、採光、眺望、電信或其他以特定便宜之用為目的之權。」
第900條規定：「稱權利質權者，謂以可讓與之債權或其他權利為標的物之質權。」
(B)之敘述錯誤，本題答案應選(B)。

11 (C)。 民法第678條第1項規定：「合夥人因合夥事務所支出之費用，得請求償還。」
本題答案應選(C)。

12 **(B)**。 民法第535條規定：「受任人處理委任事務，應依委任人之指示，並與處理自己事務為同一之注意，其受有報酬者，應以善良管理人之注意為之。」
(B)之敘述錯誤，本題答案應選(B)。

13 **(A)**。 民法（下同）第565條規定：「稱居間者，謂當事人約定，一方為他方報告訂約之機會或為訂約之媒介，他方給付報酬之契約。」
第571條規定：「居間人違反其對於委託人之義務，而為利於委託人之相對人之行為，或違反誠實及信用方法，由相對人收受利益者，不得向委託人請求報酬及償還費用。」
(A)之敘述錯誤，本題答案應選(A)。

14 **(B)**。 民法第169條規定：「由自己之行為表示以代理權授與他人，或知他人表示為其代理人而不為反對之表示者，對於第三人應負授權人之責任。但第三人明知其無代理權或可得而知者，不在此限。」
本題答案應選(B)。

15 **(D)**。 民法第170條規定：「無代理權人以代理人之名義所為之法律行為，非經本人承認，對於本人不生效力。」
本題甲僅就A車部分授權予乙，就B車部分，乙為無代理權人，因此乙、丙間就B車之買賣契約非經甲之承認，對甲不生效力。
(D)之敘述錯誤，本題答案應選(D)。

16 **(A)**。 選項(B)(C)(D)之撤銷行為均須向法院聲請，僅選項(A)得以意思表示為之。
本題答案應選(A)。

17 **(B)**。 民法第514條第1項規定：「定作人之瑕疵修補請求權、修補費用償還請求權、減少報酬請求權、損害賠償請求權或契約解除權，均因瑕疵發見後一年間不行使而消滅。」
(B)之敘述錯誤，本題答案應選(B)。

18 **(C)**。 民法第606條規定：「旅店或其他供客人住宿為目的之場所主人，對於客人所攜帶物品之毀損、喪失，應負責任。但因不可抗力或因物之性質或因客人自己或其伴侶、隨從或來賓之故意或過失所致者，不在此限。」
(C)之敘述錯誤，本題答案應選(C)。

19 **(C)**。 本題中，甲就花瓶，因經雙方約定之友人檢查無誤，故等同已交付花瓶予乙，乙自應為對待給付（給付價金）。
本題答案應選(C)。

20 **(D)**。本題中，乙為債權人，非保證人或債務人之地位。
(D)之敘述錯誤，本題答案應選(D)。

21 **(D)**。 民法（下同）第79條規定：「限制行為能力人未得法定代理人之允許，所訂立之契約，須經法定代理人之承認，始生效力。」

第71條規定：「法律行為，違反強制或禁止之規定者，無效。但其規定並不以之為無效者，不在此限。」
本題中丙公司之特約違反法律規定，故無效。
本題答案應選(D)。

22 (D)。 民法第799條第2項、第3項規定：「前項專有部分，指區分所有建築物在構造上及使用上可獨立，且得單獨為所有權之標的者。共有部分，指區分所有建築物專有部分以外之其他部分及不屬於專有部分之附屬物。
專有部分得經其所有人之同意，依規約之約定供區分所有建築物之所有人共同使用；共有部分除法律另有規定外，得經規約之約定供區分所有建築物之特定所有人使用。」
(D)之敘述錯誤，本題答案應選(D)。

23 (B)。 民法第838-1條規定：「土地及其土地上之建築物，同屬於一人所有，因強制執行之拍賣，其土地與建築物之拍定人各異時，視為已有地上權之設定，其地租、期間及範圍由當事人協議定之；不能協議者，得請求法院以判決定之。其僅以土地或建築物為拍賣時，亦同。」
本題答案應選(B)。

24 (C)。 民法第851條規定：「稱不動產役權者，謂以他人不動產供自己不動產通行、汲水、採光、眺望、電信或其他以特定便宜之用為目的之權。」
其性質無法再設定抵押權。本題答案應選(C)。

25 (C)。 民法第881-11條規定：「最高限額抵押權不因抵押權人、抵押人或債務人死亡而受影響。但經約定為原債權確定之事由者，不在此限。」
本題答案應選(C)。

110 高考三級（戶政）

一、16歲的甲男與國中同學同齡之乙男透過手機上之通訊軟體用互傳訊息，甲傳給乙的內容為：「因考上明星高中，獲得祖父贈與一台A牌電腦，市價新臺幣（下同）30000元，但我其實更想要手機」。乙遂回發訊息，內容為：「我願意以25000元向你購買該A牌電腦」，但卻誤打成35000元。乙隨後發現有誤，而將該訊息收回，但甲已經已讀。試問：

(一) 甲為買手機想要現金，雖訊息被乙收回，仍回覆乙先前訊息，表示願意以35000元之價金將該電腦賣給乙，則甲、乙之意思表示是否達成合致？

(二) 乙可否因錯誤而撤銷該意思表示？

(三) 該契約之效力如何？

答 (一) 甲、乙就該A牌電腦已依35000元之意思表示達成合致。說明如下：

1. 民法（下同）第95條第1項規定：「非對話而為意思表示者，其意思表示，以通知達到相對人時，發生效力。但撤回之通知，同時或先時到達者，不在此限。」
2. 本題中甲以通訊軟體與乙互為意思表示，乙誤報價35000元之訊息先到達於甲，甲已讀後乙方將35000元之訊息收回，依上述第95條第1項本文之規定，其訊息業已發生效力，故甲、乙就該A牌電腦已依35000元之意思表示達成合致。

(二) 乙不得依第88條第1項因錯誤而撤銷該意思表示。說明如下：

1. 第88條第1項規定：「意思表示之內容有錯誤，或表意人若知其事情即不為意思表示者，表意人得將其意思表示撤銷之。但以其錯誤或不知事情，非由表意人自己之過失者為限。」
2. 本題中，乙為錯誤之訊息，乃係自身誤打所致，並無第88條第1項所謂「以其錯誤或不知事情，非由表意人自己之過失」之狀況，故乙不得依第88條第1項因錯誤而撤銷該意思表示。

(三) 甲、乙之契約效力未定，理由如下：

1. 現行第12條規定：「滿二十歲為成年。」第13條第1項、第2項規定：「未滿七歲之未成年人，無行為能力。滿七歲以上之未成年人，有限制行為能力。」本題中，甲、乙均為限制行為能力人。（※110年1月13日修正、112年1月1日施行之第12條規定：「滿十八歲為成年。」）
2. 第79條規定：「限制行為能力人未得法定代理人之允許，所訂立之契約，須經法定代理人之承認，始生效力。」
3. 本題中甲、乙雖然第(一)項所述，已達意思合致，然因兩人均為限制行為能力人，未得法定代理人之允許所訂之契約，依第79條規定，效力未定。

二、甲男志在擔任公務員，因努力於公務員之國家考試，年過半百仍未婚。在偶然機會下，認識單身之乙女。二人同居一段時間之後，乙懷有甲男之子丙。於丙尚未出生前，甲立即以意思表示認領丙，並向戶政機關為登記。試問：

(一) 戶政機關可否受理甲之認領登記？

(二) 乙於丙出生後先辦理出生登記，其後卻與甲為丙之姓氏，應從父姓或母姓意見不合，在戶政人員面前爭論不修，則丙應如何從姓？

(三) 甲、乙於辦理丙之出生登記前，兩人已書面約定變更丙從甲姓，於丙成年前，甲、乙可否合意再以書面變更丙從乙姓？

答 (一)

1. 民法（下同）第1065條第1項規定：「非婚生子女經生父認領者，視為婚生子女。其經生父撫育者，視為認領。」
   臺灣高等法院102年度家上字第269號判決要旨謂：「……認領之有無以生父有無承認非婚生子女為自己之親生子女之事實為斷，不以該子女改從父姓或辦理認領之戶籍登記為要件。」顯見我國實務認為「認領」之性質為意思表示，行政登記之有無不影響認領之有無。
2. 又第1069條規定：「非婚生子女認領之效力，溯及於出生時。但第三人已得之權利，不因此而受影響。」因此由於丙尚未出生，甲之認領須待丙出生後，方屬有效。在戶籍登記上，亦因丙尚未出生，無法為相關之登記，仍須待丙出生為出生登記後，方得為認領登記。

(二)

1. 第1059條第1項規定：「父母於子女出生登記前，應以書面約定子女從父姓或母姓。未約定或約定不成者，於戶政事務所抽籤決定之。」
2. 因此甲、乙就丙之姓氏無法達成約定，應於戶政事務所抽籤決定之。

(三)

1. 第1059條第2項、第4項規定：「子女經出生登記後，於未成年前，得由父母以書面約定變更為父姓或母姓。」、「前二項之變更，各以一次為限。」
2. 綜上，於丙成年前，甲、乙不得合意再以書面變更丙從乙姓。

三、甲男與乙女為夫妻，生下丙男與丁女。丙長大後與戊女結婚，生下A與B二女，丁長大後嫁給己男，也生下C男。甲尚有其母庚。丙曾於大學畢業考取駕照時，為買車與甲發生衝突，故意對甲下重手，被宣判殺人未遂之二年徒刑。丁為C出國留學之事，與庚發生爭執，並對庚重大辱罵，而被甲認為不孝，聲明將來不得繼承其財產。一年後甲、乙不幸於一場空難同時死亡。試問：甲留下1200萬元之財產應如何繼承？

答 (一) 民法（下同）第1138條第1、2款規定：「遺產繼承人，除配偶外，依左列順序定之：一、直系血親卑親屬。二、父母。」

第1139條規定：「前條所定第一順序之繼承人，以親等近者為先。」

第1145條第1項第1款第5款規定：「有左列各款情事之一者，喪失其繼承權：一、故意致被繼承人或應繼承人於死或雖未致死因而受刑之宣告者。……五、對於被繼承人有重大之虐待或侮辱情事，經被繼承人表示其不得繼承者。」

第1140條規定：「第一千一百三十八條所定第一順序之繼承人，有於繼承開始前死亡或喪失繼承權者，由其直系血親卑親屬代位繼承其應繼分。」

(二) 本題中乙與甲同時罹難，丙、丁同列為第1138條第一順序之繼承人。然丙曾故意對甲下重手，被宣判殺人未遂之二年徒刑。依第1145條第1項第1款規定，喪失繼承權。則依第1140條之規定，其子女A、B得代位繼承其應繼分。而丁雖曾對庚重大辱罵，而被甲認為不孝，聲明將來不得繼承其財產，然本題之被繼承人係甲非庚，故無第1145條第1項第5款之適用，不因此喪失繼承權。又因尚有第一順位繼承人，庚為甲之母，係列為第二順位，無法繼承。綜上，本題甲之繼承人為丁和代位繼承人A、B。

(三) 依第1144條第1款之規定：「配偶有相互繼承遺產之權，其應繼分，依左列各款定之：一、與第1138條所定第一順序之繼承人同為繼承時，其應繼分與他繼承人平均。」

本題中乙已死亡，則本應由丙、丁繼承甲之遺產，則丙、丁之應繼分原應各為1/2，然因丙喪失繼承權，由A、B代位繼承其應繼分，故A、B和丁之應繼分應各為1/4、1/4和1/2，可各得300萬、300萬和600萬元甲之遺產。

110 高考三級（地政）

甲名下有A地與B車，甲又興建未辦保存登記之C屋。惡意之乙以所有之意思，16年間和平、公然、繼續占有A地、B車、以及C屋。今甲依個別所有物返還請求權之規定，訴請乙返還其各該財產。對此，乙抗辯前揭請求權均已罹於消滅時效，復執其亦得因時效取得A地、B車、以及C屋之所有權，而拒絕返還。試附條文與理由，說明甲訴請乙返還上開財產，各有無理由？

答 (一) 甲得訴請乙返還A地，理由如下：

1. 民法（下同）第767條第1項規定：「所有人對於無權占有或侵奪其所有物者，得請求返還之。對於妨害其所有權者，得請求除去之。有妨害其所有權之虞者，得請求防止之。」
   第125條規定：「請求權，因十五年間不行使而消滅。但法律所定期間較短者，依其規定。」
   又司法院釋字第107號解釋謂：「已登記不動產所有人之回復請求權，無民法第125條消滅時效規定之適用。」
2. 本題甲所有之A地，係已登記所有人之不動產，故依上開釋字第107號解釋，甲對A地之所有物返還請求權，並無第125條規定15年消滅時效之適用，故乙對A地主張時效取得並無理由，甲得訴請乙返還A地。

(二) 乙不得主張時效取得，甲得依第767條請求乙返還C屋，理由如下：

1. 第769條規定：「以所有之意思，二十年間和平、公然、繼續占有他人未登記之不動產者，得請求登記為所有人。」第770條規定：「以所有之意思，十年間和平、公然、繼續占有他人未登記之不動產，而其占有之始為善意並無過失者，得請求登記為所有人。」
2. 又依第769條之立法理由謂：「……本條為規定取得占有他人不動產之時效。凡以所有之意思，二十年間和平繼續占有他人未登記之不動產者，得請求登記為所有人。蓋依本法第七百五十八條之規定，對於不動產物權，係採登記要件主義，故雖以所有之意思，於二十年間和平繼續占有他人未登記之不動產，仍非請求登記，不能有效也。」等語。修正理由則謂：「原規定關於不動產所有權取得時效之要件，除自主占有外，僅規定須和平、繼續占有，至於『公然占有』是否為要件之一，則付闕如。惟學者通說以為占有他人不動產，不得以隱秘之方式為之，必須公然占有，始有對占有加以保護之必要。況我國民法第七百六十八條關於因時效取得動產所有權，亦以『公然占有』為要件。爰增列『公然占有』為不動產所有權取得時效之要件。」等語。

3. 再者，最高法院68年度第13次民事庭會議決議(三)謂：「占有人依民法第七百六十九條、第七百七十條規定，取得所有權時，其未經登記之原所有權即行消滅（本院二十三年上字第二四二八號判例），蓋取得時效係依占有之事實而取得權利，並非使原所有人負擔義務。故原所有人並不負擔「應同意占有人登記為所有人」之義務。條文所謂『得請求登記為所有人』非謂得請求原所有人同意登記為所有人之意，係指得請求地政機關登記為所有人……」等語。

4. 本題中C屋為未經登記之不動產，乙占有C屋已逾16年，然其占有之始為惡意，依第769條規定，尚不得主張時效取得。又依上開最高法院68年度第13次民事庭會議決議(三)之決議要旨中所引用之最高法院23年上字第2428號判例內容觀之，顯見迨取得時效期滿，其未經登記之原所有權方始消滅。因此縱甲之物上請求權已罹於消滅時效，仍得主張請求B返還金C屋，僅B得依第125條主張時效抗辯。

(三) 乙得主張時效取得B車，理由如下：

1. 第768條規定：「以所有之意思，十年間和平、公然、繼續占有他人之動產者，取得其所有權。」第768-1條規定：「以所有之意思，五年間和平、公然、繼續占有他人之動產，而其占有之始為善意並無過失者，取得其所有權。」

2. 本題中，乙占有B車已逾16年，然其占有之始為惡意，依第768條之規定，已逾10年，故乙仍得主張時效取得B車之所有權。

110 普考（戶政）

一、A育有18歲兒子B及17歲女兒C，因世居於臺南，故三人均以臺南市為戶籍地。B之後擅自離家，並在桃園和甲女同居、工作。而C在得到A同意下，和乙男結婚，兩人居住於高雄。試問B、C兩人的住所地為何？（註：110年1月13日修訂、112年1月1日施行之民法第12條規定：「滿十八歲為成年。」本題是修法前考題，因要符合該題欲考爭點，故應調整題目「A育有17歲兒子B及16歲女兒C」。）

答 (一) 民法（下同）第12條規定：「滿二十歲為成年。」第13條規定：「未滿七歲之未成年人，無行為能力。滿七歲以上之未成年人，有限制行為能力。未成年人已結婚者，有行為能力。」
第981條規定：「未成年人結婚，應得法定代理人之同意。」

(二) 本題中，B年僅17歲，依現行民法為未成年人，則依第1060條規定：「未成年之子女，以其父母之住所為住所。」其住所仍應以其父母A之住所地即台南市為住所地。

(三) 又C雖未達20歲，但其經A同意與乙結婚，故依第981條，其婚姻有效。又依第13條第3項規定，其有行為能力。則第1002條第1項規定：「夫妻之住所，由雙方共同協議之；未為協議或協議不成時，得聲請法院定之。」則C與乙結婚後居住於高雄，則依第1002條第1項，兩人應有協議，故應依高雄為其住所地。

※110年1月13日修訂、112年1月1日施行之民法第12條規定：「滿十八歲為成年。」
民法第980條規定：「男女未滿十八歲者，不得結婚。」並刪除民法第981條規定（結婚年齡和成年年齡皆修正為18歲，因此無未成年結婚之問題而刪除），因此(三)若依新修法則C不得結婚而以其父母A之住所地台南為其住所地。

二、A男是18歲限制行為能力人，與B女偷嚐禁果，而導致17歲B女懷孕，生下一女甲。A得知此事，卻極力撇清，不承認該小孩，但A的父親C，卻堅持希望小孩將來可以從父姓。此外，B女也希望小孩可以登記為父姓，但B女的母親D卻不贊成。試問甲女有無從父姓的可能？（註：110年1月13日修訂、112年1月1日施行之民法第12條規定：「滿十八歲為成年。」）

答 (一) 民法（下同）第1059-1條規定：「非婚生子女從母姓。經生父認領者，適用前條第二項至第四項之規定。非婚生子女經生父認領，而有下列各款情形之一，法院得依父母之一方或子女之請求，為子女之利益，宣告變更子女之姓氏為父姓或母姓：

一、父母之一方或雙方死亡者。

二、父母之一方或雙方生死不明滿三年者。

三、子女之姓氏與任權利義務行使或負擔之父或母不一致者。

四、父母之一方顯有未盡保護或教養義務之情事者。」

第1059-1條第2項至第4項規定：「子女經出生登記後，於未成年前，得由父母以書面約定變更為父姓或母姓。子女已成年者，得變更為父姓或母姓。前二項之變更，各以一次為限。」

(二) 本題中，A、B未結婚，故所生之甲女為非婚生子女，又A極力撇清，不承認該小孩，則依第1067條第1項規定「有事實足認其為非婚生子女之生父者，非婚生子女或其生母或其他法定代理人，得向生父提起認領之訴。」B女得提起強制認領之訴，待判決確定A應認領甲女後，再得依第1059-1條之規定，雙方協議約定變更甲女之姓氏，或如有依第1059-1條第2項各款情事，由再向法院提起子女姓氏變更之訴。

三、A男、B女兩人結婚，生有一子C。因A男吸毒，B女向法院請求判決離婚獲准，法院並判決由B單獨行使親權。爾後B女發現自己罹患重病，因此以遺囑指定好友D為C的監護人。試問B死亡後，誰是C的法定代理人？

答 (一) 民法（下同）第1089條規定：「對於未成年子女之權利義務，除法律另有規定外，由父母共同行使或負擔之。父母之一方不能行使權利時，由他方行使之。父母不能共同負擔義務時，由有能力者負擔之。
父母對於未成年子女重大事項權利之行使意思不一致時，得請求法院依子女之最佳利益酌定之。
法院為前項裁判前，應聽取未成年子女、主管機關或社會福利機構之意見。」

(二) 第1092條規定：「父母對其未成年之子女，得因特定事項，於一定期限內，以書面委託他人行使監護之職務。」第1093條第1項規定：「最後行使、負擔對於未成年子女之權利、義務之父或母，得以遺囑指定監護人。」

(三) 本題中，雖法院判決由B單獨行使親權，然依第1089條規定，迨B死亡後，A應得行使其權利，故B無法依第1093條第1項規定，以最後行使、負擔對於未成年子女之權利、義務之父或母之身分以遺囑指定監護人。

(四) 綜上，本題C之法定代理人為A。

四、80歲的A男，因年紀已大，意識有時模糊，且因擁有龐大地產，故女兒B向法院為「輔助宣告」獲准，並以B為輔助人。A男居住在長照之家，和長照之家負責人50歲的C長期相處，兩人遂決定要結婚，A男有意將戶籍遷入C住處。B反對A的再婚，並有意代理A要將A的戶籍遷入自己的住處。試問誰有道理？

答 (一) 民法（下同）第15-2條第1項規定：「受輔助宣告之人為下列行為時，應經輔助人同意。但純獲法律上利益，或依其年齡及身分、日常生活所必需者，不在此限：一、為獨資、合夥營業或為法人之負責人。二、為消費借貸、消費寄託、保證、贈與或信託。三、為訴訟行為。四、為和解、調解、調處或簽訂仲裁契約。五、為不動產、船舶、航空器、汽車或其他重要財產之處分、設定負擔、買賣、租賃或借貸。六、為遺產分割、遺贈、拋棄繼承權或其他相關權利。七、法院依前條聲請權人或輔助人之聲請，所指定之其他行為。」

其於97年之修正理由謂：「……二、受輔助宣告之人僅係因精神障礙或其他心智缺陷，致其為意思表示或受意思表示，或辨識其所為意思表示效果之能力，顯有不足，並不因輔助宣告而喪失行為能力，惟為保護其權益，於為重要之法律行為時，應經輔助人同意，爰於第一項列舉應經輔助人同意之行為。但純獲法律上利益，或依其年齡及身分、日常生活所必需者，則予排除適用，以符實際。……」等語。

(二) 由上述可知，本題中B為輔助人，就A之事務，僅係就第15-2條第1項各款情事有同意權，A仍有行為能力。又A之再婚與遷居非第15-2條第1項規定之各款情事，因此B之反對為無理由。

111 身障特考三等（一般行政）

一、22歲之甲將A電腦借給16歲之乙。其後乙將該電腦出賣、讓與及交付給21歲之丙。事後證實丙知悉乙並非該電腦之所有人，試問：甲、乙與乙、丙之間所為各該法律行為之效力如何？

答 (一) 依民法第464條：「稱使用借貸者，謂當事人一方以物交付他方，而約定他方於無償使用後返還其物之契約。」民法第468條：「I.借用人應以善良管理人之注意，保管借用物。II.借用人違反前項義務，致借用物毀損、滅失者，負損害賠償責任。但依約定之方法或依物之性質而定之方法使用借用物，致有變更或毀損者，不負責任。」民法第470條：「I.借用人應於契約所定期限屆滿時，返還借用物；未定期限者，應於依借貸之目的使用完畢時返還之。但經過相當時期，可推定借用人已使用完畢者，貸與人亦得為返還之請求。II.借貸未定期限，亦不能依借貸之目的而定其期限者，貸與人得隨時請求返還借用物。」民法第13條：「I.未滿七歲之未成年人，無行為能力。II.滿七歲以上之未成年人，有限制行為能力。」

(二) 甲將A電腦借給乙之行為，依民法第464條之規定，屬使用借貸之行為，且依民法第468條及第470條之規定，借用人應以善良管理人之注意義務保管借用物，並在借貸使用期限屆滿後返還借用物，如無期限者，以借貸目的使用消滅時返還之。依本題題示及民法第13條第2項，乙為限制行為能力人。另依民法第77條之定，限制行為能力人為意思表示及受意思表示，應得法定代理人之允許，若法定代理人不允許，則該使用借貸契約不成立；反之，亦同。

(三) 民法第77條：「限制行為能力人為意思表示及受意思表示，應得法定代理人之允許。但純獲法律上利益，或依其年齡及身分、日常生活所必需者，不在此限。」民法第118條：「I.無權利人就權利標的物所為之處分，經有權利人之承認始生效力。II.無權利人就權利標的物為處分後，取得其權利者，其處分自始有效。但原權利人或第三人已取得之利益，不因此而受影響。III.前項情形，若數處分相牴觸時，以其最初之處分為有效。」民法第767條：「I.所有人對於無權占有或侵奪其所有物者，得請求返還之。對於妨害其所有權者，得請求除去之。有妨害其所有權之虞者，得請求防止之。II.前項規定，於所有權以外之物權，準用之。」

(四) 按提示，以出賣電腦予丙之行為並未得甲之允許，依民法第118條之規定，屬無權處分，需經有權利人承認後始生效力。另本題中乙為限制行為能力人，該買賣契約需法定代理人承認後始生效力，故本題中乙及丙之間為一效力未定之買賣契約。另按本題所示，丙為惡意第三人，故乙可依民法第767條第1項之所有物返還請求權請求丙返還電腦，乙並返還價金予丙。

二、30歲之甲委任並授與17歲之乙處理其A商號事務之代理權，乙於受委任契約之期間，依代理人之身分以甲之名義以新臺幣20萬元之價金向丙購買B貨物，事後發現甲與乙間的有償委任契約因乙之法定代理人拒絕承認而無效，試問：甲、丙間法律行為效力如何？

答 (一) 民法第13條：「I.未滿七歲之未成年人，無行為能力。II.滿七歲以上之未成年人，有限制行為能力。」民法第77條：「限制行為能力人為意思表示及受意思表示，應得法定代理人之允許。但純獲法律上利益，或依其年齡及身分、日常生活所必需者，不在此限。」民法第79條：「限制行為能力人未得法定代理人之允許，所訂立之契約，須經法定代理人之承認，始生效力。」

民法第104條：「代理人所為或所受意思表示之效力，不因其為限制行為能力人而受影響。」民法第103條：「I.代理人於代理權限內，以本人名義所為之意思表示，直接對本人發生效力。II.前項規定，於應向本人為意思表示，而向其代理人為之者，準用之。」

(二) 依民法第103條及104條規定，代理權在權限範圍之內，以本人名義所為之意思表示，直接對本人發生效力，不會因為代理人為限制行為能力人而受影響，然依題示，雖乙之法定代理人拒絕承認該委任契約，然該契約並不會影響代理行為，故甲及丙之間授予代理權之關係為有效。

111 身障特考三等（戶政）

父甲贈與二十張台積電股票，給其四歲之子乙，並以乙之名義存放於A銀行之保險箱內。半年後，甲因經商失敗，其債權人丙就該二十張台積電股票，在民法上可以主張那些權利？

答 (一) 民法第13條第1項：「未滿七歲之未成年人，無行為能力。」民法第1086條第1項：「父母為其未成年子女之法定代理人。」民法第106條：「代理人非經本人之許諾，不得為本人與自己之法律行為，亦不得既為第三人之代理人，而為本人與第三人之法律行為。但其法律行為，係專履行債務者，不在此限。」民法第244條：「I.債務人所為之無償行為，有害及債權者，債權人得聲請法院撤銷之。II.債務人所為之有償行為，於行為時明知有損害於債權人之權利者，以受益人於受益時亦知其情事者為限，債權人得聲請法院撤銷之。III.債務人之行為非以財產為標的，或僅有害於以給付特定物為標的之債權者，不適用前二項之規定。IV.債權人依第一項或第二項之規定聲請法院撤銷時，得並聲請命受益人或轉得人回復原狀。但轉得人於轉得時不知有撤銷原因者，不在此限。」

(二) 按題示，甲四歲之子乙依民法第13條第1項，為無行為能力人須依民法第1086條，由父母為法定代理人。另依民法第106條規定，代理人非經本人許諾，不得為本人與自己之法律行為，亦不得為第三人之代理人，而為本人與第三人之法律行為，自己代理與雙方代理屬被禁止之代理行為，乃為避免利益衝突之情況發生，前揭情況之效力可類推適用無權代理，非經本人承認前，效力未定。然乙接受甲之台積電股票贈與並存放至保險箱為純獲法律上之利益，無上述自己代理之利益衝突問題，通說實務認為此時應目的性限縮民法第106條之適用而例外不受限制，因此此行為為有效。

另依民法第244條之規定，債務人所為之無償行為，有害及債權者，債權人得聲請法院撤銷之；甲贈與乙20張股票當下並未規避其對丙之債務，則丙不得向法院起訴撤銷該行為。

111 鐵路特考高員級（運輸營業）

( ) **1** 下列何項行為，非屬單獨行為？
(A)以公益服務為目的而設立社團法人
(B)以設立財團法人為目的而捐助財產
(C)物權法上之拋棄行為
(D)親屬法上之任意認領行為。

( ) **2** 下列何種情形，包含負擔行為與處分行為？
(A)甲將A地出售於乙，並交付該地於乙占有使用
(B)甲將A地出租於乙，並交付該地於乙占有使用
(C)甲向乙借貸新臺幣（下同）500萬元，乙因此讓與500萬元於甲
(D)甲所有之A地與乙之B地相鄰，甲乙約定雙方得相互通行對方之土地。

( ) **3** 下列關於契約成立之敘述，何者正確？
(A)當事人互相表示意思一致者，無論其為明示或默示，契約即為成立
(B)當事人對於必要之點，意思一致，而對於非必要之點，未經表示意思者，視為其契約為成立
(C)當事人對於必要之點，意思一致，而對於非必要之點，意思不一致者，仍得就個案事實，推定其契約為成立
(D)契約之要約人，因要約而受拘束；價目表之寄送，視為要約。

( ) **4** 下列契約，何者為要式契約？
(A)一年以上之動產租賃契約 (B)僱傭契約
(C)終身定期金契約 (D)保證契約。

( ) **5** 下列何者不得作為物權之標的？
(A)打字機 (B)漫畫書
(C)大廈電梯 (D)鐵皮屋。

解答與解析（答案標示為#者，表官方曾公告更正該題答案）

1 (A)。 單獨行為：由單方意思表示即可成立之行為
(A)成立社團法人需要多人參與方可成立。
(B)(C)(D)的行為態樣需要多人才可成立

2 (C)。 負擔行為：債權行為。
處分行為：物權行為、準物權行為。
(C)兼具債權行為和準物權行為。

3 (A)。 民法第153條：「當事人互相表示意思一致者，無論其為明示或默示，契約即為成立。」

4 (C)。 民第730條：「終身定期金契約之訂立，應以書面為之。」

5 (C)。 大廈電梯為大廈中不可分離之一部分，故不可獨立的作為動產或不動產。

111 鐵路特考員級（運輸營業）

甲、申論題

甲授與代理權給17歲的乙，請乙幫甲尋找並代為購買一輛合適的二手重型機車。乙代理甲向車主丙購買M機車，約定價金新臺幣（以下同）36,000元；乙將甲交給他的6,000元支付給丙，餘款約定由甲直接給丙，丙則將M機車及相關證件交付予乙。嗣後，當丙向甲要求支付30,000元時，甲卻以乙僅有限制行為能力，未能有效受領授權表示及代理甲訂定M買賣契約，而拒絕付款。依民法規定，甲得否拒絕丙的付款要求？

答 (一) 依民法第77條：「限制行為能力人為意思表示及受意思表示，應得法定代理人之允許。但純獲法律上利益，或依其年齡及身分、日常生活所必需者，不在此限。」及民法第103條：「I.代理人於代理權限內，以本人名義所為之意思表示，直接對本人發生效力。II.前項規定，於應向本人為意思表示，而向其代理人為之者，準用之。」、民法第104條：「代理人所為或所受意思表示之效力，不因其為限制行為能力人而受影響。」

(二) 本題中，本人甲授予代理權予限制行為能力人乙，因授予代理權之行為直接發生在甲和丙之間，對於乙無實際利益及損害，其代理行為不受影響，故甲不得以乙無代理權而拒絕付款。

乙、選擇題

(　　) **1** 下列當事人間，何者不屬法定代理關係？
(A)輔助人與受輔助宣告人間　(B)監護人與受監護宣告人間
(C)父母與其未成年子女間　(D)夫妻於日常家務範圍內。

( ) **2** 關於不動產物權登記之效力，下列敘述何者錯誤？
(A)登記有推定力 (B)登記有既判力
(C)登記有公示力 (D)登記有公信力。

( ) **3** 甲、乙共有A地，應有部分相同，甲、乙共同將A地出租予丙建築房屋，嗣後甲欲將其應有部分讓售丁。關於甲之應有部分讓售行為，下列敘述何者正確？
(A)甲之應有部分讓售行為有效
(B)甲之應有部分讓售行為無效
(C)甲之應有部分讓售行為，得撤銷
(D)甲未得乙同意，處分自己應有部分行為係無效。

( ) **4** 依民法規定，下列關於文字與號碼表示之敘述，何者錯誤？
(A)關於一定之數量，同時以文字及號碼表示者，其文字與號碼有不符合時，如法院不能決定何者為當事人之原意，應以文字為準
(B)關於一定之數量，以號碼為數次之表示者，其表示有不符合時，如法院不能決定何者為當事人之原意，應以最低額為準
(C)關於一定之數量，以文字或號碼為數次之表示者，其表示有不符合時，如法院不能決定何者為當事人之原意，應以最高額為準
(D)關於一定之數量，以文字為數次之表示者，其表示有不符合時， 如法院不能決定何者為當事人之原意，應以最低額為準。

( ) **5** 17歲未婚之甲所為之下列法律行為，何者有效？
(A)免除好友乙新臺幣1萬元之借貸債務
(B)贈送丙1輛高級腳踏車
(C)購買高額人壽保險
(D)接受鄰居丁贈與之六法全書。

( ) **6** 下列關於時效不完成事由之敘述，何者錯誤？
(A)起訴後，嗣又撤回該訴，時效不完成
(B)天災之發生，時效不完成
(C)夫妻間權利關係，婚姻關係消滅後1年內，時效不完成
(D)財產之繼承權，繼承人未確定前，時效不完成。

( ) **7** 下列何種情形之侵權行為責任，在被害人因為應負責任之人舉證免責而不能受損害賠償時，民法規定法院得斟酌被害人經濟狀況等情形，要求該應負責任之人仍負衡平責任？ (A)僱用人之責任 (B)定作人之責任 (C)工作物所有人之責任 (D)商品製造人之責任。

( ) **8** 下列情形，何者不得依民法第184條第1項前段規定，請求侵權行為之損害賠償？
(A)知名麵店甲因為水公司施工停水，停止營業3天，導致乙無法團購轉賣
(B)丙所購買偷工減料之房屋於地震中倒塌，致丙身體受傷
(C)丁因其子被殺害後所支出之殯葬費新臺幣10萬元
(D)戊因為遭逢車禍，驚嚇過度，夜夜難眠，造成精神傷害。

( ) **9** 下列關於契約成立之敘述，何者正確？
(A)甲於某聚餐場合中，向鄰座乙表示欲向其購買高粱酒1箱，乙聞言至聚餐結束均未向甲作出回應。1週後，甲收到乙所寄之高粱酒1箱，契約即成立
(B)甲致電寄送價目表之店家乙，向乙表示欲購買價目表上之A商品，契約即成立
(C)承諾之通知，按其傳達方法，通常在相當時期內可達到而遲到，其情形為要約人甲明知時，甲若未向相對人乙即發遲到之通知，則乙之承諾視為未遲到，契約成立
(D)甲將乙之要約擴張而承諾，契約即成立。

( ) **10** 甲向乙購買乙甫完工且色澤獨一之A水晶雕飾。雙方約定，甲當場先向乙支付價金新臺幣（下同）2萬元，而乙應於隔日上午10點交付A晶雕飾予甲。不料當晚發生強烈地震，導致存放於乙宅庫房之A水晶雕飾亦遭震毀。經查，A水晶雕飾已無修復可能。下列敘述何者正確？
(A)乙應以金錢賠償甲之損害
(B)甲乙之A水晶雕飾買賣契約，係以不能之給付為契約標的，其契約為無效
(C)甲得依關於不當得利之規定，請求乙返還已支付之2萬元
(D)因給付有確定期限，故乙自期限屆滿時起，負遲延責任。

解答與解析（答案標示為#者，表官方曾公告更正該題答案）

1 (A)。 (A)民法第15條之2：「受輔助宣告之人為下列行為時，應經輔助人同意。但純獲法律上利益，或依其年齡及身分、日常生活所必需者，不在此限：……」其條文用語使用同意之字眼，故非為法定代理之關係。

2 (B)。 (B)既判例為確定判決之效力，民事訴訟法第400條第1項：「除別有規定外，確定之終局判決就經裁判之訴訟標的，有既判力。」本題用排除法，故選(B)。

3 (A)。 民法第819條第1項：「各共有人，得自由處分其應有部分。」

4 (C)。 民法第4條：「關於一定之數量，同時以文字及號碼表示者，其文字與號碼有不符合時，如法院不能決定何者為當事人之原意，應以文字為準。」

民法第5條：「關於一定之數量，以文字或號碼為數次之表示者，其表示有不符合時，如法院不能決定何者為當事人之原意，應以最低額為準。」

5 (D)。 民法第77條：「限制行為能力人為意思表示及受意思表示，應得法定代理人之允許。但純獲法律上利益，或依其年齡及身分、日常生活所必需者，不在此限。」

(D)為純獲法律上利益，故選(D)。

6 (A)。 民法第129條：「I.消滅時效，因左列事由而中斷：一、請求。二、承認。三、起訴。II.左列事項，與起訴有同一效力：一、依督促程序，聲請發支付命令。二、聲請調解或提付仲裁。三、申報和解債權或破產債權。四、告知訴訟。五、開始執行行為或聲請強制執行。」民法第131條規定：「時效因起訴而中斷者，若撤回其訴，或因不合法而受駁回之裁判，其裁判確定，視為不中斷」，因此(A)為不中斷非不完成。

7 (A)。 民法第188條：「I.受僱人因執行職務，不法侵害他人之權利者，由僱用人與行為人連帶負損害賠償責任。但選任受僱人及監督其職務之執行，已盡相當之注意或縱加以相當之注意而仍不免發生損害者，僱用人不負賠償責任。

II.如被害人依前項但書之規定，不能受損害賠償時，法院因其聲請，得斟酌僱用人與被害人之經濟狀況，令僱用人為全部或一部之損害賠償。

III.僱用人賠償損害時，對於為侵權行為之受僱人，有求償權。」

8 (A)。 民法第184條第1項：「I.因故意或過失，不法侵害他人之權利者，負損害賠償責任。故意以背於善良風俗之方法，加損害於他人者亦同。

II.違反保護他人之法律，致生損害於他人者，負賠償責任。但能證明其行為無過失者，不在此限。」
(A)乙所受之損失為純粹經濟上損失，故不屬民法第184條之保護法益。

9 **(C)**。 民法第153條第1項：「當事人互相表示意思一致者，無論其為明示或默示，契約即為成立。」
民法第156條：「對話為要約者，非立時承諾，即失其拘束力。」
民法第159條：「I.承諾之通知，按其傳達方法，通常在相當時期內可達到而遲到，其情形為要約人可得而知者，應向相對人即發遲到之通知。
II.要約人怠於為前項通知者，其承諾視為未遲到。」

10 **(C)**。 民法第225條：「I.因不可歸責於債務人之事由，致給付不能者，債務人免給付義務。II.債務人因前項給付不能之事由，對第三人有損害賠償請求權者，債權人得向債務人請求讓與其損害賠償請求權，或交付其所受領之賠償物。」且依民法第266條第1、2項規定：「因不可歸責於雙方當事人之事由，致一方之給付全部不能者，他方免為對待給付之義務；如僅一部不能者，應按其比例減少對待給付。」
「前項情形，已為全部或一部之對待給付者，得依關於不當得利之規定，請求返還。」
乙無交付水晶之義務，且乙已收2萬元價金，故應依不當得利規定返還價金予甲。

111 高考三級（一般行政、一般民政、人事行政）

一、甲在墾丁夜市外圍經營機車行，從事機車維修，以及機車買賣與租賃等營業活動。乙是A機車所有人。乙騎乘A機車至墾丁遊玩。未料A機車在當地突然故障。乙便將A機車交由甲維修，維修費用共5千元。甲是B機車所有人。甲出租且交付B機車於乙，約定租期一週，租金5千元。甲與乙並未約定，乙應預付租金於甲。甲以乙之機車在自己手上，故而並未請求乙先支付租金與維修費用。一週後，乙趁甲外出買便當，一時不在機車店內之際，將B機車停放妥當於甲之機車店內，並騎乘A機車遠離墾丁。6年後，乙再次至墾丁遊玩，恰巧為甲所撞見。試問，甲請求乙支付5千元租金與5千元維修費用，有無理由？

答 (一) 民法第491條：「I.如依情形，非受報酬即不為完成其工作者，視為允與報酬。II.未定報酬額者，按照價目表所定給付之；無價目表者，按照習慣給付。」

民法第127條第7款：「左列各款請求權，因二年間不行使而消滅：……七、技師、承攬人之報酬及其墊款。」民法第421條第1項：「稱租賃者，謂當事人約定，一方以物租與他方使用收益，他方支付租金之契約。」民法第127條第3款：「左列各款請求權，因二年間不行使而消滅：……三、以租賃動產為營業者之租價。」

民法第128條：「消滅時效，自請求權可行使時起算。以不行為為目的之請求權，自為行為時起算。」民法第144條第1項：「時效完成後，債務人得拒絕給付。」

(二) 甲修理乙之機車，依民法第491條規定，該行為樣態為承攬，係指謂當事人約定，一方為他方完成工作，俟工作完成後，一方給付報酬之契約。另依民法第127條第7款，甲對乙之報酬請求權時效為兩年。另按甲將其所有之機車租予遊客乙，其行為態樣依民法第421條第1項規定為租賃，另依民法第127條第3款，租賃之請求權時效為兩年。

(三) 末依民法第128條指出，消滅時效自請求權可行使時起算，因此甲對乙可請求交付維修費及租金，惟乙可主張現已超過2年之請求權時效，乙得拒絕給付。

二、甲是乙公司的董事長。甲在其董事長任期時，以自己是乙公司董事長的名義，自丙購得A車，乙公司是買受人，丙是出賣人，約定價金5百萬元。丙將A車過戶登記在乙公司名下，並將A車交付於乙公司所僱用的司機丁。試問：丙請求乙公司支付價金5百萬元，有無理由？設若甲在與丙訂定A車買賣契約之際，早已卸任乙公司之董事長一職，則丙請求乙公司支付5百萬元價金，有無理由？

答 (一) 依民法第27條第2項規定：「董事就法人一切事務，對外代表法人。董事有數人者，除章程另有規定外，各董事均得代表法人。」目前通說採取法人實在說，意即董事之行為與法人之效力同，董事所為之行為代表公司。本題中，甲是乙公司之董事長，其對外完全代表乙公司，故本題中，甲以乙公司董事長的名義向丙購買A車，其契約有效成立，丙乙交付A車，乙公司應依約交付500萬價金，故丙之請求有理由。

(二) 依民法第27條第2項規定：「董事就法人一切事務，對外代表法人。董事有數人者，除章程另有規定外，各董事均得代表法人。」意指董事有代表公司對外為一切行為之權限，惟依提示，甲於訂約時已非乙公司之董事長，即為無權限對外代表公司之人。依目前實務見解，代表行為可類推適用民法中關於代理之規定，另依民法第170條第1項，無代理權人以代理人之名義所為之法律行為，非經本人承認，對於本人不生效力。此時丙與乙公司之購車合約因甲無權限而效力未定，須俟乙公司承認後方可生效，若此時丙請求乙公司支付5百萬元價金，須俟乙公司承認買賣契約後方有理由請求。

111 高考三級（公平交易管理）

甲、申論題

一、甲與乙於民國（以下同）105年間締結建築物設計及監造服務之承攬契約（下稱系爭服務契約），並約定其間按工作進度支付依總工程款之一定比例計算的報酬。建物完工後，於108年12月31日依系爭服務契約結算的結果，甲尚應支付予乙尾款新臺幣（以下同）80萬元，但甲遲未給付。經乙於109年7月15日、8月15日、9月15日三度函請甲依約給付前述款項時，甲於同年7月19日、8月25日、9月16日函覆，均表示依系爭服務契約之約定，其有對乙因違約而生之扣減與罰款金額計30萬元，並表示就該部分金額為抵銷。乙因數度請求未見效果，乃於111年7月5日向法院起訴請求甲支付50萬元，甲於訴訟過程中則抗辯該債權已罹於時效而拒絕給付。甲之主張是否有理？

答 (一) 關於請求權時效之部分：

1. 依民法第125條：「請求權，因十五年間不行使而消滅。但法律所定期間較短者，依其規定。」、民法第127條第7款：「左列各款請求權，因二年間不行使而消滅：……七、技師、承攬人之報酬及其墊款。」另依民法第490條第1項規定：「稱承攬者，謂當事人約定，一方為他方完成一定之工作，他方俟工作完成，給付報酬之契約。」
2. 依本案之題示，乙工作完於108年12月31日結算之結果，甲仍須給付乙80萬工程款，消滅時效以此日期起算2年。

(二) 甲對乙的債權已罹於消滅時效，甲之主張有理：

1. 依民法第129條：「I.消滅時效，因左列事由而中斷：一、請求。二、承認。三、起訴。II.左列事項，與起訴有同一效力：一、依督促程序，聲請發支付命令。二、聲請調解或提付仲裁。三、申報和解債權或破產債權。四、告知訴訟。五、開始執行行為或聲請強制執行。」、民法第130條：「時效因請求而中斷者，若於請求後六個月內不起訴，視為不中斷。」

2. 依題示，乙於109年7月15日、8月15日、9月15日函請甲依約給付前述款項，此時消滅時效因請求而中斷，惟乙遲至111年7月5日向法院起訴請求甲支付50萬元，並未於6個月內起訴，其請求給付當時已逾消滅時效，故甲可依民法第144條第1項：「時效完成後，債務人得拒絕給付。」拒絕給付其款項。

乙、測驗題

( ) **1** 甲庭院樹木茂密、樹枝橫出圍牆，並觸及人行道上方的配電纜線。颱風即將來襲前夕，乙為避免可能因前開情形而導致電線走火或附近區域停電，並保障甲之安全，遂對於碰觸配電纜線之樹枝等進行修剪。甲知悉後甚為憤怒，遂向乙請求損害賠償。下列敘述，何者錯誤？
(A)乙之行為因符合緊急避難之規定，故無不法
(B)乙修剪樹枝若未逾越必要程度時，甲之主張為無理由
(C)乙之行為屬於為免除本人之生命、身體或財產上急迫危險之緊急管理
(D)乙對於因緊急管理所生之損害，除有故意者外，不負賠償之責。

( ) **2** 甲現年17歲，在法定代理人不知情之情況下，甲所為之下列行為，何者有效？
(A)甲拒絕乙表示以五千元出售動漫套書之要約
(B)甲受領丙授與代理權之意思表示
(C)甲贈與丁腳踏車一台
(D)甲拋棄其所有A車一部之所有權。

( ) **3** 以公益為目的之法人解散時，關於其賸餘財產之歸屬，下列敘述何者錯誤？
(A)不得歸屬於自然人
(B)不得歸屬以營利為目的之團體
(C)法律另有規定者，依其規定
(D)無法律或章程之規定或總會之決議時，歸屬於法人之中央目的事業主管機關。

( ) **4** 甲受丁脅迫，贈與乙某名錶，並依讓與合意交付之；乙隨即轉售給善意的丙，並依讓與合意交付之。經查，乙並不知甲受丁脅迫之情事。關於當事人間之法律關係之敘述，下列何者正確？
(A)甲得主張撤銷其與乙之贈與契約，其撤銷並得對抗善意之丙
(B)甲係受第三人丁脅迫，乙非明知或可得而知，甲不得主張撤銷其與乙之贈與契約
(C)丙不得依民法第801條及第948條規定主張動產善意取得
(D)乙、丙間之買賣契約與物權契約，均為無效。

( ) **5** 下列當事人間之約款，何者因違反法律之強制或禁止規定而無效？
(A)甲將汽車出售給乙，並約定買回之期限為六年
(B)丙承租丁之土地建築房屋，訂定不動產租賃契約，約定期限三十年
(C)戊與己締結買賣契約，並約定雙方間的請求權不受時效規定之限制
(D)庚承攬辛之建物興建工程，並約定如庚故意不告知其工作之瑕疵者，其瑕疵發現期間，延長為十年。

( ) **6** 未成年人甲，經其父母允許後，承攬乙發包之油漆工程，父母卻因意外不幸雙亡，甲對乙之報酬請求權，於時效期間終止前六個月內，發生無法定代理人之情形，其請求權時效之狀態，下列敘述何者正確？
(A)自甲無法定代理人時起，時效停止進行
(B)自甲無法定代理人時起，時效中斷，重行起算
(C)自甲的法定代理人就職之日起，六個月內，其時效不完成
(D)自甲成為行為能力人時起，時效中斷，重行起算。

( ) **7** 甲、乙、丙三人為A公司董事，後經總會決議由甲擔任代表人。乙為公司擴廠之需，代表A向丁承租土地二十年，並於其上蓋有B廠房。然乙為節省支出，囑咐工廠主任戊減少廠區灑水防火等消防安全設備，豈料某日因員工己操作疏失造成機械爆炸引發火災，火勢蔓延鄰地燒毀鄰地所有人庚之C屋。下列敘述，何者錯誤？

(A)乙代表權遭剝奪，未經登記，則丁與A間之租賃契約有效
(B)乙非代表人，故A 對於乙之侵權行為，無須負連帶賠償責任
(C)A於賠償損害後，對於為侵權行為之己，有求償權
(D)庚得依民法第184 條逕對A請求損害賠償。

(　　) **8** 40歲的甲施行詐術使20歲的乙於3月1日將甫繼承之傳家骨董白玉觀音僅以2萬元賤賣給乙，雙方約定於5月1日交付骨董瓷器及價金；後乙於4月15日受監護之宣告，但雙方仍依約在5月1日交付價金及骨董白玉觀音。下列敘述，何者正確？
(A)乙係因甲之詐欺行為，將傳家骨董白玉觀音以2萬元出售給甲，契約自始當然無效
(B)乙於5月1日移轉骨董白玉觀音所有權予甲之物權行為無效，但受領甲交付價金之物權行為，有效
(C)若乙於5月10日向甲表示撤銷因受詐欺所為出賣骨董白玉觀音之意思表示，則甲於5月1日已取得的骨董白玉觀音，自動喪失所有權，所有權歸於乙
(D)對於乙受詐欺所為之買賣契約，於發見詐欺後一年內，得由其監護人撤銷該買賣契約。

(　　) **9** 下列何者性質上為公法人？　(A)農會　(B)農田水利會　(C)北港朝天宮　(D)祭祀公業法人。

解答與解析（答案標示為#者，表官方曾公告更正該題答案）

1 (D)。 民法第175條規定：「管理人為免除本人之生命、身體或財產上之急迫危險，而為事務之管理者，對於因其管理所生之損害，除有惡意或重大過失者外，不負賠償之責。」因此除故意外，重大過失亦須賠償。

2 (B)。 (A)民法第79條：「限制行為能力人未得法定代理人之允許，所訂立之契約，須經法定代理人之承認，始生效力。」
(B)通説認為被授予代理權並不因此產生任何義務為「無損益中性行為」，因此可類推民法第77條但書規定，不以取得法定代理人允許為必要。
(C)(D)民法第77條：「限制行為能力人為意思表示及受意思表示，應得

法定代理人之允許。但純獲法律上利益，或依其年齡及身分、日常生活所必需者，不在此限。」，民法第78條：「限制行為能力人未得法定代理人之允許，所為之單獨行為，無效」，此處需注意當事人為誰。

3 (D)。 民法第44條：「I.法人解散後，除法律另有規定外，於清償債務後，其賸餘財產之歸屬，應依其章程之規定，或總會之決議。但以公益為目的之法人解散時，其賸餘財產不得歸屬於自然人或以營利為目的之團體。II.如無前項法律或章程之規定或總會之決議時，其賸餘財產歸屬於法人住所所在地之地方自治團體。」

4 (A)。 民法第92條：「I.因被詐欺或被脅迫而為意思表示者，表意人得撤銷其意思表示。但詐欺係由第三人所為者，以相對人明知其事實或可得而知者為限，始得撤銷之。II.被詐欺而為之意思表示，其撤銷不得以之對抗善意第三人。」

5 (C)。 民法第71條規定：「法律行為，違反強制或禁止之規定者，無效。但其規定並不以之為無效者，不在此限。」民法第147條規定：「時效期間，不得以法律行為加長或減短之，並不得預先拋棄時效之利益。」此為強制規定，因此事先約定不受時效限制為拋棄時效利益而無效。

6 (C)。 民法第141條：「無行為能力人或限制行為能力人之權利，於時效期間終止前六個月內，若無法定代理人者，自其成為行為能力人或其法定代理人就職時起，六個月內，其時效不完成。」

7 (B)。 民法第27條第2項：「董事就法人一切事務，對外代表法人。董事有數人者，除章程另有規定外，各董事均得代表法人。」故(B)之選項錯誤。

8 (D)。 民法第93條：「前條之撤銷，應於發見詐欺或脅迫終止後，一年內為之。但自意思表示後，經過十年，不得撤銷。」

9 (#)。 原解答為農田水利會，其於2020年10月1日改制成農田水利署。

111 高考三級（地政）

甲嗾使其比特犬追咬老翁乙，行人丙路見不平，乃奪取路人丁之手杖打犬。結果比特犬被打傷而逃；然丁之手杖打犬時，應聲折斷。乙之長衫亦被比特犬所咬破，而免於犬咬之災。試申論丙對於甲之比特犬傷、丁之杖斷、乙之長衫破損，各應負擔損害賠償責任否？

答 (一) 丙對甲應負之責任：

1. 依民法第184條第1項規定：「I.因故意或過失，不法侵害他人之權利者，負損害賠償責任。故意以背於善良風俗之方法，加損害於他人者亦同。II.違反保護他人之法律，致生損害於他人者，負賠償責任。但能證明其行為無過失者，不在此限。」另按民法第149條：「對於現時不法之侵害，為防衛自己或他人之權利所為之行為，不負損害賠償之責。但已逾越必要程度者，仍應負相當賠償之責。」
2. 依題示，本案乃甲故意讓其比特犬追咬老翁乙，丙為了避免乙被追咬而打甲之彼特犬，此行為符合正當防衛之態樣，合先敘明。另按正當防衛之精神，乃行為在一定程度內不需負損害賠償責任，丙之行為防衛了乙之身體法益，故丙得對甲主張阻卻違法，不需賠償甲之損失。

(二) 丙對丁應負之責任：

1. 依民法第184條第1項規定：「I.因故意或過失，不法侵害他人之權利者，負損害賠償責任。故意以背於善良風俗之方法，加損害於他人者亦同。II.違反保護他人之法律，致生損害於他人者，負賠償責任。但能證明其行為無過失者，不在此限。」另按民法第150條：「因避免自己或他人生命、身體、自由或財產上急迫之危險所為之行為，不負損害賠償之責。但以避免危險所必要，並未逾越危險所能致之損害程度者為限。」
2. 依題示，本題係丙為了防免乙之身體法益遭受侵害而奪取丁之手杖打狗，身體法益之保護優先於財產法益，其行為符合正當防衛之要件且並未逾越必要之程度，故丙可主張阻卻違法，不需對丁負損害賠償責任，賠償丁之手杖損失。

(三) 丙對乙應負之責任：

1. 依民法第184條第1項規定：「I.因故意或過失，不法侵害他人之權利者，負損害賠償責任。故意以背於善良風俗之方法，加損害於他人者亦同。II.違反保護他人之法律，致生損害於他人者，負賠償責任。但能證明其行為無過失者，不在此限。」另按民法第149條：「對於現時不法之侵害，為防衛自己或他人之權利所為之行為，不負損害賠償之責。但已逾越必要程度者，仍應負相當賠償之責。」
2. 乙之長衫亦被比特犬所咬破，而免於犬咬之災，此情況非屬丙所造成，發生之原因和結果之間無因果關係，不成立侵權行為。

111 普考（戶政）

甲男經營A公司，育有8歲之乙女。甲先贈與、並過戶其名下市值新臺幣（下同）4,000萬元之B房地予乙。其後，甲再以乙之法定代理人的身分，以乙之名義與丙銀行簽立保證書，承諾就A公司向丙銀行所借之2,000萬元借款債務及其利息等從屬於主債務之負擔，負連帶保證責任。嗣A公司未依約清償，丙銀行遂訴請乙連帶清償上開借款本息3,000萬元。試附條文與理由，說明：

(一) 甲贈與並過戶B房地予乙之法律行為的效力為何？

(二) 甲以乙之名義訂立保證契約的效力又如何？

答 (一) 甲贈與並過戶B房地予乙之法律行為有效，說明如下：

1. 民法（下同）第13條第2項規定：「滿七歲以上之未成年人，有限制行為能力。」

   第77條規定：「限制行為能力人為意思表示及受意思表示，應得法定代理人之允許。但純獲法律上利益，或依其年齡及身分、日常生活所必需者，不在此限。」

   第1086條規定：「父母為其未成年子女之法定代理人。

   父母之行為與未成年子女之利益相反，依法不得代理時，法院得依父母、未成年子女、主管機關、社會福利機構或其他利害關係人之聲請或依職權，為子女選任特別代理人。」

   第106條規定：「代理人非經本人之許諾，不得為本人與自己之法律行為，亦不得既為第三人之代理人，而為本人與第三人之法律行為。但其法律行為，係專履行債務者，不在此限。」

2. 本題中，乙為甲之女，8歲，依法為限制行為能力人，

   (1) 其如以本人名義與甲訂立贈與契約並完成過戶B房地之物權行為，依第77條但書之規定，係純獲法律上之利益（未負負擔之贈與），故為有效。

(2) 如甲依第1086條第1項規定，以乙之法定代理人身分與自己訂立贈與契約並完成過戶之物權行為，則有第106條自己代理之情況，然因本題中，甲係贈與B房地予乙，對乙屬純獲法律上之利益，已如前所述，並無造成甲與乙利益相反之狀況，依通說見解，認父母為未成年子女之利益所為之自己代理或雙方代理，並不因之無效，故甲得代理乙，與自己訂立贈與契約並完成過戶之物權行為。

3. 綜上所述，甲贈與並過戶B房地予乙之法律行為係屬有效。

(二) 甲以乙之名義訂立保證契約應為無效，說明如下：

1. 第1087條規定：「未成年子女，因繼承、贈與或其他無償取得之財產，為其特有財產。」
   第1088條規定：「未成年子女之特有財產，由父母共同管理。父母對於未成年子女之特有財產，有使用、收益之權。但非為子女之利益，不得處分之。」。

2. 而最高法院56年度台上字第232號民事判決要旨謂：「法定代理人代立連帶保證契約，即屬處分未成年人特有財產行為，父母對於子女之特有財產，非為子女之利益，本不得處分，民法第1088條第2項定有明文。所謂『不得處分』，其法律上之效果應屬絕對不生效力，若解釋對第三人有效，不免違背法意，因此應依一般通說，認為屬於無權代理，不生效力。」
   又最高法院98年度台上字第1234號民事判決要旨謂：「按父母對於未成年子女之特有財產，有使用、收益之權。但非為子女之利益，不得處分之，民法第1088條第2項定有明文。準此，父母非為子女之利益而以未成年子女之名義為保證等財產上之法律行為，使子女僅負擔法律上之義務，並未享有相當之法律上權利，固不能對其子女發生效力，惟究非因此剝奪限制行為能力之未成年子女對其特有財產之處分權或以其本人名義為保證等財產上行為之權限，祇不過在該未成年人為保證等（法律）行為時，應適用民法第77條至第85條之相關規定而已。」

3. 依上開規定及判決要旨觀之，本題中甲以乙之名義訂立保證契約，使乙負擔法律上之義務，並未享有相當之法律上權利，故該保證契約應為無效。

111 地特三等（戶政）

甲男之父乙於甲幼年時離家失蹤，經其母向法院為死亡宣告。甲其後白手起家，創建A公司，擁有資產千萬，及個人財產數十棟房產。但唯一之獨子丙，卻因與其妻出遊遇車禍事故，妻當場死亡，丙則傷及腦部智力受損，由甲向法院聲請監護宣告。其後甲再娶丁女，由丁照顧丙。一日丙趁丁不注意時，溜出家門，購買彩券後，竟中獎金一百萬元。一週後，甲因心臟病突發去世，此時丁已懷有胎兒戊，乙也歸來向法院撤銷死亡宣告。試附理由說明下列問題：

(一) 丙購買彩券之效力如何？

(二) 乙、丙、戊與A公司是否具有繼承能力，具備繼承甲之遺產資格？

答 (一) 丙購買彩券之行為無效，理由如下：

1. 民法（下同）第14條第1項規定：「對於因精神障礙或其他心智缺陷，致不能為意思表示或受意思表示，或不能辨識其意思表示之效果者，法院得因本人、配偶、四親等內之親屬、最近一年有同居事實之其他親屬、檢察官、主管機關、社會福利機構、輔助人、意定監護受任人或其他利害關係人之聲請，為監護之宣告。」
   第15條規定：「受監護宣告之人，無行為能力。」
   第75條規定：「無行為能力人之意思表示，無效；雖非無行為能力人，而其意思表示，係在無意識或精神錯亂中所為者亦同。」
2. 本題中，丙因車禍傷及腦部智力受損，經其父甲向法院聲請監護宣告，則依上開第15條之規定，丙為無行為能力人；則依第75條規定，丙所為之意思表示無效，故即使彩券中獎，然丙購買彩券之法律行為仍屬無效。

(二) 乙、丙、戊與A公司是否具有繼承能力，分述如下：第1138條規定：「遺產繼承人，除配偶外，依左列順序定之：一、直系血親卑親屬。二、父母。三、兄弟姊妹。四、祖父母。」，合先敘明。

1. 乙具有繼承能力，得為甲之繼承人，理由如下：
   (1) 第9條規定：「受死亡宣告者，以判決內所確定死亡之時，推定其為死亡。」
   家事事件法第160條規定：「宣告死亡裁定確定後，發現受宣告死亡之人尚生存或確定死亡之時不當者，得聲請撤銷或變更宣告死亡之裁定。」
   (2) 本題中，死亡宣告係使失蹤人失蹤前相關私法法律關係得以終結，然乙雖受死亡宣告，事實上仍生存，則其本人仍具有權利能力，又其歸來後向法院撤銷死亡宣告，則乙為甲之父親，自具有繼承能力，得為甲之繼承人。
2. 丙得為甲之繼承人，理由如下：
   (1) 第6條規定：「人之權利能力，始於出生，終於死亡。」
   (2) 依前第(一)項所述，丙受監護宣告，為無行為能力人，然其受限制者僅其意思表示能力，非權利能力受限制，故丙為甲之子女，自具有繼承能力，得為甲之繼承人。
3. 戊得為甲之繼承人，理由如下：
   (1) 第7條規定：「胎兒以將來非死產者為限，關於其個人利益之保護，視為既已出生。」就本條有關「非死產者為限」部分規定，一般採解除條件說，即胎兒雖尚未出生，但已開始享有權利能力，得依法主張其權益，惟若將來死產，則係解除條件成就，溯及既往喪失權利能力。
   (2) 本題中戊為胎兒，依第1063條規定：「妻之受胎，係在婚姻關係存續中者，推定其所生子女為婚生子女。」其係為甲、丁婚姻關係存續中所受胎，推定戊為甲、丁之婚生子女。則依第7條之規定，戊以非死產為解除條件，自具有繼承能力，得為甲之繼承人。
4. A公司不具有繼承能力，理由如下：第26條規定：「法人於法令限制內，有享受權利負擔義務之能力。但專屬於自然人之權利義務，不在此限。」A公司為法人，而繼承能力係專屬於自然人之權利義務，因此A公司自不具有繼承能力。

地特四等（戶政）

試申論法律行為之無效、得撤銷與效力未定，三者有何區別？

答

	無效	得撤銷	效力未定
意義	因法律行為欠缺生效要件，而自始、確定、當然、絕對不發生法律行為效力。	法律行為因有瑕疵，故賦予撤銷權人得行使撤銷權，使原為有效之法律行為溯及既往歸於消滅。	指法律行為因欠缺生效要件以外之要件，如須得他人事先同意而未得其同意時，該法律行為之效力處於不確定狀態，須待他人為同意或不同意之意思表示後方為有效或無效者。
方式	因不具備法律行為之要件而自動無效	以意思表示為之	待意思表示後效力方定
範圍	原則上為法律行為一部無效者，全部無效。然有例外： 民法（下同）第111條規定：「法律行為之一部分無效者，全部皆為無效。但除去該部分亦可成立者，則其他部分，仍為有效。」	經撤銷部分之法律行為溯及既往，自始無效。	補充他人之意思表示要件後，如為有效，則該行為全部有效；如為無效，則全部無效。

	無效	得撤銷	效力未定
民法相關規定例示	第71條規定：「法律行為，違反強制或禁止之規定者，無效。但其規定並不以之為無效者，不在此限。」 第72條規定：「法律行為，有背於公共秩序或善良風俗者，無效。」	第74條第1項規定：「法律行為，係乘他人之急迫、輕率或無經驗，使其為財產上之給付或為給付之約定，依當時情形顯失公平者，法院得因利害關係人之聲請，撤銷其法律行為或減輕其給付。」	第79條規定：「限制行為能力人未得法定代理人之允許，所訂立之契約，須經法定代理人之承認，始生效力。」

112 高考三級（公平交易管理）

(　　) **1** 下列何者非屬「事實行為（非表示行為）」？　(A)無主物先占　(B)加工　(C)無因管理　(D)拋棄。

(　　) **2** 甲公司與乙員工協商達成資遣離職合意，事後乙主張該離職係違法資遣，所簽署交回公司之離職通知書，其真意係為受領資遣費而作未來扣抵薪資之用，其無欲為該離職意思表示所拘束，未有資遣離職合意情形。經查，甲不知乙有此真意保留，試問乙所為離職之意思表示之效力？　(A)有效　(B)無效　(C)有效，但乙得撤銷　(D)效力未定。

(　　) **3** 下列何種法律行為得予以撤銷？　(A)10歲的甲未得法定代理人乙之允許，拋棄生日時受贈的腳踏車　(B)丙、丁間違反禁止直系血親結婚規定所為結婚行為　(C)戊與己僅以口頭約定期間5年之人事保證契約　(D)庚為免債權人辛求償，故意將名下財產僅有之A地贈與給不知情的第三人。

(　　) **4** 甲將自己所有的A屋租與乙供營業使用，約定租到乙死亡為止，乙應於每月5日前以現金支付甲租金新臺幣1萬元，並以字據訂立之。關於甲乙間之租賃契約效力，下列敘述，何者正確？　(A)該租賃契約為附解除條件之契約，一旦乙死亡，契約失其效力，甲可取回A屋　(B)該租賃契約為附停止條件之契約，一旦乙死亡，契約失其效力，甲可取回A屋　(C)該租賃契約為定有期限之租賃契約　(D)租賃契約具有保護承租人之公益性，不得附條件，亦不得附期限。

(　　) **5** 下列何種情形屬於內心的意思與外部的表示不一致？　(A)表意人因被詐欺而為意思表示　(B)表意人因對標的物之性質有誤認而為意思表示　(C)真意保留　(D)無代理權人以本人名義所為的意思表示。

解答與解析（答案標示為#者，表官方曾公告更正該題答案）

1 (D)。事實行為係指行為人的行為外觀不必表達出內心的意思，只要事實上有這種行為出現，就會發生法律上效果。

而拋棄係屬單獨行為，單獨行為係指不需要對方接受，可以自己單獨做出有法律效果的法律行為。其仍為意思表示，非屬事實行為。

2 (A)。民法第86條規定：「表意人無欲為其意思表示所拘束之意，而為意思表示者，其意思表示，不因之無效。但其情形為相對人所明知者，不在此限。」

本題答案應選擇(A)。

3 (D)。

(A)民法（下同）第77條規定：「限制行為能力人為意思表示及受意思表示，應得法定代理人之允許。但純獲法律上利益，或依其年齡及身分、日常生活所必需者，不在此限。」

(B)第983條第1項第1款規定：「與左列親屬，不得結婚：一、直系血親及直系姻親。」

第988條第2款規定：「結婚有下列情形之一者，無效：……二、違反第983條規定。」

(C)第756-1條規定：「稱人事保證者，謂當事人約定，一方於他方之受僱人將來因職務上之行為而應對他方為損害賠償時，由其代負賠償責任之契約。

前項契約，應以書面為之。」因人事保證契約以書面為之為生效要件，故未以書面為之，則該契約無效。

(D)民法第244條第1項規定：「債務人所為之無償行為，有害及債權者，債權人得聲請法院撤銷之。」

4 (C)。民法第102條第2項規定：「附終期之法律行為，於期限屆滿時，失其效力。」本題答案應選擇(C)。

5 (C)。民法第86條規定：「表意人無欲為其意思表示所拘束之意，而為意思表示者，其意思表示，不因之無效。但其情形為相對人所明知者，不在此限。」

此即所謂「真意保留」，其內心之意思與外部表示不一致，本題答案應選擇(C)。

112 高考三級（一般行政）

一、乙持有甲的不雅照，並以此要求甲將其珍藏多年的珍珠項鍊贈與乙，乙取得該項鍊後依約定交還甲的不雅照片。甲思考多日後決定報警，於報警後主張撤銷其對乙的贈與，並要求乙返還該珍珠項鍊，但乙表示已將該項鍊出售並交付與丙，試說明甲可否向丙請求返還該珍珠項鍊？

答 甲可否請求丙返還珍珠項鍊分述如下：

(一) 按民法第92條第2項規定被詐欺而為之意思表示，其撤銷不得以之對抗善意第三人，而通說認為本項未規定脅迫不可對抗善意第三人乃刻意為之非立法漏洞，蓋脅迫之意思瑕疵較詐欺更之為嚴重，為保護受脅迫之人因此其撤銷仍可對抗善意第三人，依此若為脅迫不受不得對抗善意第三人之限制。

(二) 次按民法第801條及第948條規定受讓人若非明知或重大過失不知讓與人無讓與之權時，受讓人之占有及受讓所有權即受到保護而可善意取得動產之所有權。

(三) 惟受脅迫撤銷之意思表示可否對抗善意取得容有疑義：

1. 有認為受脅迫之意思瑕疵過於重大，且可對抗第三人，若仍可使第三人善意取得即無法達到此保護受脅迫之人的立法目的，應認為此為善意取得之特別規定。
2. 惟本文認為民法第92條所規定者為意思表示，而善意取得所規定者為物權行為，此兩規定各自獨立互相不受影響，且縱然可善意取得亦非使脅迫可對抗善意第三人之規定為具文，蓋如受脅迫之債權買賣之情形即無法善意取得，此時仍可適用受脅迫撤銷之規定而優先保障善意第三人，且民法第92條為總則編之規定，而善意取得為物權編之規定，難認為總則之規定為物權之特別規定，反之善意取得為對於物權之特有規定。

(四) 因此查本題中若丙明知該珍珠項鍊為乙以不雅照要求甲贈與此威脅行為所取得，丙即非善意第三人，且若為明知則撤銷後不僅乙無珍珠項鍊之處分權且丙無法善意取得，甲即可依民法第767條第1項前段以所有人之身分請求丙返還珍珠項鍊。

(五) 反之若丙為善意不知時，縱甲可撤銷其移轉珍珠項鍊所有權於乙之意思表示而使物權行為無效，然乙處分甲之珍珠項鍊雖為無權處分丙仍可善意取得珍珠項鍊所有權，此時珍珠項鍊所有權人為丙而非甲，甲不得依民法第767條第1項前段所有物返還請求權向丙請求返還珍珠項鍊於己。

二、甲欠乙鉅額賭債，為躲避乙追債，甲與丙就甲的房屋約定假裝作成買賣契約，並辦理所有權移轉登記。嗣後，丙卻將該房屋出售與丁，並辦理所有權移轉登記。試說明乙可否向甲請求清償債務？甲可否向丁請求返還房屋所有權？

答 本題涉及賭債之性質及通謀虛偽意思表示之效力，分述如下：

(一) 乙不得向甲請求清償債務

1. 按民法第71條、第72條分別規定法律行為違反強制或禁止規定者無效及法律行為違反公共秩序或善良風俗者無效。
2. 而本題中甲乙間之債務為賭債，然賭博行為不僅違反刑法賭博罪之禁止規定，且亦屬違反公序良俗，因此約定賭輸者應付錢之約定無效，因而「賭債非債」，債權自始無效，乙不得向甲請求清償此債務。

(二) 甲可否向丁請求返還房屋所有權分述如下：

1. 按民法第87條第1項規定表意人與相對人通謀而為虛偽意思表示者，其意思表示無效。但不得以其無效對抗善意第三人。
2. 次按民法第759條之1第2項規定因信賴不動產登記之善意第三人，已依法律行為為物權變動之登記者，其變動之效力，不因原登記物權之不實而受影響。

3. 本題中甲丙間甲裝作成買賣契約及移轉登記為甲乙間之通謀虛偽意思表示而無訂立買賣契約及移轉房屋所有權之真意，應皆屬無效。
4. 然若丁為善意不知甲丙無移轉房屋所有權之真意時，丁即為善意第三人，應而可主張甲丙間移轉房屋所有權仍為有效而不得以無效對抗之，且亦可不主張甲丙間移轉房屋所有權之行為有效，而依照善意取得之規定因信賴登記為丙而善意取得房屋所有權。
5. 反之若丁為惡意明知時，其不僅不得主張甲丙間移轉房屋所有權之行為有效，且因其非善意亦無法善意取得房屋所有權。
6. 綜上所述，丁若為惡意即無法取得房屋所有權，甲仍為房屋之所有權人，因此甲可依民法第767條第1項中段妨礙排除請求權塗銷移轉登記並主張自己仍為房屋所有權人。
7. 反之丁善意則取得房屋所有權，甲不得請求塗銷移轉登記及請求丁返還房屋所有權。

112 高考三級(戶政)

甲向乙購買A屋,簽約時因A屋被第三人假扣押,乃約定於民國(以下同)90年5月1日辦理所有權移轉登記,尾款則於塗銷假扣押登記時給付。嗣於100年5月1日A屋假扣押登記塗銷後,乙仍拒辦A屋所有權移轉登記。甲乃於110年5月1日起訴,依買賣契約請求乙應將A屋所有權移轉登記與甲。試問:乙以甲之A屋所有權移轉登記請求權已因時效消滅為抗辯,是否有理由?

答 乙抗辯甲之請求權已罹於時效為理由,說明如下:

(一) 民法(下同)第125條規定:「請求權,因十五年間不行使而消滅。但法律所定期間較短者,依其規定。」

第128條規定:「消滅時效,自請求權可行使時起算。以不行為為目的之請求權,自為行為時起算。」

(二) 本題中A屋因被第三人假扣押,而約定於90年5月1日辦理所有權移轉登記,尾款於塗銷假扣押登記時給付。100年5月1日A屋假扣押登記塗銷後,乙仍拒辦A屋所有權移轉登記,甲乃於110年5月1日起訴請求乙依買賣契約將A屋所有權移轉登記予甲。則本題何時為第128條所謂「請求權可行使時起算」,實務有兩種見解:

1. 最高法院107年度台上字第2428號民事判決要旨謂:「不動產經法院囑託辦理查封登記後,在未為塗銷登記前,登記機關既應停止與其權利有關之新登記,則對該不動產相關權利登記之請求,即處於給付不能之狀態,故法院不得命為相關權利之登記。」由此要旨觀之,請求權可得行使時,應為塗銷登記後,本題中即為100年5月1日,依此,則甲之請求權尚未罹於時效。

2. 最高法院89年度台上字第1219號民事判決要旨謂:「民法第一百二十八條規定,消滅時效,自請求權可行使時起算。所謂可行使,係指請求權人行使其請求權無法律上之障礙而言,如債權未附停止條件或無期限者,以債權成立時即得行使,故其消滅時效應自債權成立時起算。」而最高法院109年度台上字第1816號民事判決亦謂：「消滅時效自請求權可行使時起算，所謂請求權可行使時，乃指權利人得行使請求權之狀態，其行使請求權已無法律上之障礙而言。至於義務人實際上能否為給付，則非所問。」依上開要旨觀之，本題中所謂「請求權可行使時」為債權契約成立時，即為90年5月1日。依此，則甲之請求權已罹於時效。

3. 管見認為，依實務多數見解均認為，所謂「請求權可行使」，係指請求權人行使其請求權無法律上之障礙而言，依最高法院89年度台上字第1219號民事判決要旨，本題中債權契約成立，甲之請求權即得行使，故消滅時效應自年5月1日成立，故乙抗辯甲之請求權已罹於時效為有理由。

112 高考三級（地政）

一、老翁A因為年長，智力漸失，被女兒B向法院聲請輔助宣告，審理中，A趁機授與代理權給地政士好友C，委由其代為過戶不動產所有權給土地掮客。之後法院對A輔助宣告確定，並以B為輔助人。B想以輔助人身分，阻止C代理A過戶不動產，是否可行？附具理由說明之。

答 (一) A授與代理權予C之行為有效，說明如下：

1. 民法（下同）第15-1條第1項規定：「對於因精神障礙或其他心智缺陷，致其為意思表示或受意思表示，或辨識其意思表示效果之能力，顯有不足者，法院得因本人、配偶、四親等內之親屬、最近一年有同居事實之其他親屬、檢察官、主管機關或社會福利機構之聲請，為輔助之宣告。」
2. 本題中，A係於受輔助宣告前即將過戶不動產所有權之代理權委託予C，縱A嗣後經輔助宣告，然其授予代理權之行為係在輔助宣告前，則該授與代理權之行為效力不受輔助宣告之影響，故授與代理權之行為有效。

(二) B無法以輔助人身分阻止C代理A過戶不動產，說明如下：

1. 第15-2條規定：「受輔助宣告之人為下列行為時，應經輔助人同意。但純獲法律上利益，或依其年齡及身分、日常生活所必需者，不在此限：
   一、為獨資、合夥營業或為法人之負責人。
   二、為消費借貸、消費寄託、保證、贈與或信託。
   三、為訴訟行為。
   四、為和解、調解、調處或簽訂仲裁契約。
   五、為不動產、船舶、航空器、汽車或其他重要財產之處分、設定負擔、買賣、租賃或借貸。
   六、為遺產分割、遺贈、拋棄繼承權或其他相關權利。
   七、法院依前條聲請權人或輔助人之聲請，所指定之其他行為。

第78條至第83條規定，於未依前項規定得輔助人同意之情形，準用之。

第85條規定，於輔助人同意受輔助宣告之人為第一項第一款行為時，準用之。

第一項所列應經同意之行為，無損害受輔助宣告之人利益之虞，而輔助人仍不為同意時，受輔助宣告之人得逕行聲請法院許可後為之。」

第1113-1條規定：「受輔助宣告之人，應置輔助人。

輔助人及有關輔助之職務，準用第1095條、第1096條、第1098條第2項、……之規定。」

第1098條規定：「監護人於監護權限內，為受監護人之法定代理人。

監護人之行為與受監護人之利益相反或依法不得代理時，法院得因監護人、受監護人、主管機關、社會福利機構或其他利害關係人之聲請或依職權，為受監護人選任特別代理人。」

2. 本題中，A授與代理權給C之行為係受輔助宣告前，故為有效，已如前述，故B不得以第15-2條之規定以輔助人身分以意思表示就該代理權授與行為為任何限制。
3. 又依第1113-1條第2項輔助宣告相關準用規定，可知輔助人及有關輔助之職務，並未準用第1098條第1項規定，換言之，輔助人非如監護人般，為受輔助宣告人之法定代理人，B不得代理A撤回授與代理權之意思表示。綜上，B不得以輔助人身分阻止C代理A過戶不動產。

二、A因年老失智，被法院監護宣告，並以B為監護人。在一次健康檢查時，A被發現初期癌症，有必要進行光子刀治療。但光子刀治療費用甚高，因此監護人B有意出售A的土地，以籌措醫療費用。但該土地位於山區，尋找買主不易。正巧監護人B有意退休後，隱居山間，就想自己購買該筆土地。B有無可能由A處取得該筆土地的所有權？

答 B欲代A出售系爭不動產並取得該不動產之所有權，應依第1101條第2項規定，聲請法院許可，否則不得為之。說明如下：

(一) 民法（下同）第14條第1項規定：「對於因精神障礙或其他心智缺陷，致不能為意思表示或受意思表示，或不能辨識其意思表示之效果者，法院得因本人、配偶、四親等內之親屬、最近一年有同居事實之其他親屬、檢察官、主管機關、社會福利機構、輔助人、意定監護受任人或其他利害關係人之聲請，為監護之宣告。」

第15條規定：「受監護宣告之人，無行為能力。」

第1098條第1項規定：「監護人於監護權限內，為受監護人之法定代理人。」

第106條規定：「代理人非經本人之許諾，不得為本人與自己之法律行為，亦不得既為第三人之代理人，而為本人與第三人之法律行為。但其法律行為，係專履行債務者，不在此限。」。

第1098條第2項：「監護人之行為與受監護人之利益相反或依法不得代理時，法院得因監護人、受監護人、主管機關、社會福利機構或其他利害關係人之聲請或依職權，為受監護人選任特別代理人。」

(二) 本題中，B為A之監護人，依上開規定，則B為A之代理人，其有意出售A之土地籌措醫療費用，並有意自己購買該筆土地，則涉及自己代理而有利益衝突之問題，應依民法第1098條第2項向法院聲請選任特別代理人。

(三) 第1101條第2項規定：「監護人為下列行為，非經法院許可，不生效力：

一、代理受監護人購置或處分不動產。

二、代理受監護人，就供其居住之建築物或其基地出租、供他人使用或終止租賃。」

其於97年5月2日之修正理由說明二謂：「二、本次修正以法院取代親屬會議，將監護改由法院監督，其修正理由已見修正條文第1099條說明一（即認現代社會親屬會議已漸式微），爰將原條文『監護人應將受監護人之財產狀況，向親屬會議每年至少詳細報告一次。』之規定，予以刪除。」

(四) 因此本題中，B欲處分並由A處取得系爭土地之所有權，應依上開規定聲請選任特別代理人代理A並經法院許可，否則不生效力。

112 普考（戶政）

試申論民法不當得利規定，附加利息之時效期間，解釋上為五年或十五年？

答 其應適用15年之時效，理由如下：

(一) 民法（下同）第182條規定：「不當得利之受領人，不知無法律上之原因，而其所受之利益已不存在者，免負返還或償還價額之責任。

受領人於受領時，知無法律上之原因或其後知之者，應將受領時所得之利益，或知無法律上之原因時所現存之利益，附加利息，一併償還；如有損害，並應賠償。」

因此，所謂民法上不當得利規定之附加利息，即指第182條第2項所謂之附加利息。

(二) 又第125條規定：「請求權，因十五年間不行使而消滅。但法律所定期間較短者，依其規定。」

第126條規定：「利息、紅利、租金、贍養費、退職金及其他一年或不及一年之定期給付債權，其各期給付請求權，因五年間不行使而消滅。」

(三) 就返還不當得利之請求時效，通說認為適用第125條，然第182條第2項規定之「附加利息」，名為「利息」，則其請求權時效應適用第125條之15年時效或第126條之5年時效，則有疑義。

(四) 最高法院106年度台上字第1438號民事判決要旨謂：「按不當得利之受領人，依照民法第182條第2項規定，受領時不知無法律上之原因，其後知之者，受領人應將知悉時所現存之利益，與返還利益前之附加利息，一併償還。又前開規定係就不當得利受領人返還不當得利範圍為規定，該附加利息與現存利益同為不當得利性質，並非法定遲延利息，在受領人返還其所受之利益前，仍應附加利息，此與債務人享有同時履行抗辯權者，在行使抗辯權以後，因不發生遲延責任，而不生遲延利息之情形，尚屬有間。」

又最高法院93年度台上字第1853號民事判決要旨亦謂：「利息、紅利、租金、贍養費、退職金及其他一年或不及一年之定期給付債權，其各期給付之請求權，因五年間不行使而消滅，固為民法第一百二十六條所明定，惟查民法第一百八十二條所定之附加利息，係受領人受領利益時，就該利益使用所產生之利益，該附加利息性質上仍屬不當得利，僅其數額可以利息之計算方式來確定，是該附加利息如得以非利息計算之方式上確定其金額，亦無不可計為返還之範圍。準此，該附加利息之請求權消滅時效，仍應適用民法第一百二十五條所定十五年之時效。上訴人辯稱上開附加利息應適用民法第一百二十六條所定五年短期消滅時效云云，並不可採。」

(五) 由上開民事判決要旨觀之，在實務上認為，第182條第2項所謂「附加利息」，其性質非屬遲延利息，而仍屬為不當得利，故其請求權時效應依不當得利，適用第125條之15年時效。管見從之。

112 地特三等（一般行政）

一、17歲之甲將其壓歲錢新臺幣10萬元放入錢包，並持之向乙銀樓購買鑽戒一只，計畫於一週後將該鑽戒贈送給女友丙。購買鑽戒後，甲前往書局購買一本英漢辭典，價金新臺幣800元，供自己學習英語之用。試問上述兩個買賣契約之效力為何？

答 本題涉及限制行為能力人之法律行為，分述如下：

(一) 甲乙間購買鑽戒之契約效力未定

1. 按民法第13條第2項規定滿七歲之未成年人有限制行為能力，次按民法第77條規定限制行為能力人為意思表示及受意思表示，應得法定代理人之允許。但純獲法律上利益，或依其年齡及身分、日常生活所必需者，不在此限，再按民法第79條規定限制行為能力人未得法定代理人之允許，所訂立之契約，須經法定代理人之承認，始生效力。
2. 因此查本題甲17歲為滿7歲未滿18歲之未成年人而有限制行為能力，因此其意思表示應得法定代理人之允許，而本題甲向乙銀樓購買鑽戒未經法定代理人之允許，且購買鑽戒為有償非純獲法律上利益，且亦非17歲之人依其年齡或日常生活所必需者，此購買鑽戒的買賣契約應經甲之法定代理人之允許始生效力，而屬效力未定。

(二) 甲於書局購買英漢辭典之買賣契約有效

如前所述，甲為限制行為能力人，因此其訂立契約原則應經法定代理人之允許，惟英漢辭典屬17歲之高中生依其年齡及身分，日常上課學習所必需者，因而甲於書店購買英漢辭典之買賣契約例外不需甲之法定代理人允許即生效力，甲於書局購買英漢辭典之買賣契約應屬有效。

二、積欠乙新臺幣2,000萬元工程款之甲得知乙準備向其訴訟求償後，為避免其名下之A屋日後被法院強制執行，甲旋即與丙共謀，將A屋以假買賣之方式出賣給丙，並完成所有權移轉登記。日後，甲之經濟能力好轉，並清償其對乙之欠款。然丙已將A屋出租給不知情之丁，租期10年，該租約並經公證。試問甲得否向丁請求返還A屋？

答 甲不得向丁請求返還A屋

按民法第87條規定表意人與相對人通謀而為虛偽意思表示者，其意思表示無效。但不得以其無效對抗善意第三人，然本條之「善意第三人」之範圍學說實務上容有疑義：

(一) 有認為此「善意第三人」應僅包含權利義務會受無效變動之人，而如租賃契約之承租人縱其出租人因租賃標的物所有權移轉無效而無權出租，然租賃契約為債權契約，租賃契約之權利義務不因此而受影響，承租人仍可向出租人請求履行交付租賃物並使其使用收益。

(二) 惟本文認為上述解釋似有增加法所無之限制，文義上並未限制需為權利義務受變動之人始為「善意第三人」，且承租人通常為弱勢更應保障其權益，不得僅因其為債權契約而非物權契約而異其效力，且從風險分配之角度言，通謀虛偽之人比善意之承租人更有控制及避免承租無權出租的標的物，且有預見之可能，應由通謀虛偽之人承擔此風險而不可對抗善意之承租的第三人，因此「善意第三人」應亦可包含善意承租之第三人。

(三) 因此查本題甲丙就A屋之移轉登記為避免被法院執行而假買賣之通謀行為，依民法第87條第1項本文為無效，但丁為不知情以為丙為A屋所有權人之善意承租的第三人，為民法第87條第1項但書之「善意第三人」，可主張甲丙間就A屋之移轉登記為有效，丙為A屋之所有權人，而就A屋為有權出租，甲不得依A屋所有人身分主張丁為無權占有向丁請求返還A屋。

112 地特三等（戶政）

A男和B女結婚多年，因腦溢血中風，故無法順利處理自己事務，經法院為輔助宣告，而以其父C為輔助人。一年後，A、B產下一女，雙方協議從母姓，也打算計畫變更夫妻財產制為分別財產制，但卻都為C所反對。C向法院聲請，宣告兩項協議都必須得到輔助人同意，是否有理？試申述之。

答 本題涉及受輔助宣告之人應得輔助人同意事項之範圍，分述如下：

AB之女協議從母姓不需得輔助人之同意，然變更為分別財產制應經輔助人同意。

(一) 按民法第1059條第1項規定子女應由父母雙方書面約定從父姓或母姓，次按民法第1012條規定夫妻於婚姻關係存續中，得以契約廢止其財產契約，或改用他種約定財產制，再按民法第15條之2第1項第7款規定除第1至6款之事項外經輔助人向法院聲請之其他事項亦應經輔助人同意。

(二) 本題中協議子女之姓氏及財產制之變更是否屬民法第15條之2第1項第7款可由輔助人聲請為應經輔助人同意之事項容有疑義：

1. 有認為既本款並未限制可向法院聲請事項之種類，因此不論何種事項皆應尊重聲請人對於被輔助人之規畫而皆可藉由聲請應由輔助人同意始得為之。
2. 惟本文認為何種事項可藉由聲請應經輔助人同意始得為之應探求輔助宣告之立法目的經有體系解釋之，而輔助宣告之目的為藉由輔助人之把關保障受輔助宣告之人財產行為，因此可限制之行為應以財產行為為限。
3. 且從體系解釋之角度而言民法第15條之2第1項第1至6款皆屬財產行為，因而可得之立法者所規範可由聲請限制之行為僅限於財產行為而言不包含身分行為，蓋單純之身分行為並無使受輔助人財產受侵害之可能發生，應尊重受輔助宣告人之意思自主，僅要受輔助宣告之人具有意思能力即可單獨為之，不得藉由聲請限制應經輔助人之同意。

(三) 因此查本題就協議AB之女姓氏為單純之身分行為，不得藉由輔助人C之聲請而限制為應經其同意始得為之。

(四) 然就改用分別財產制之行為則非單純之身分行為，蓋若改用分別財產制則將使法定財產制消滅，而將使民法第1030條之1第1項剩餘財產分配請求權發生，因此亦涉及財產行為，C向法院聲請應由輔助人同意始得為之有理由。

112 地特三等（地政）

甲向乙電信公司申請行動電話服務，雙方約定：「限制退租期間為30個月，30個月期間限選用1399型以上4G手機方案資費，如違反專案資費之規定或退租或被銷號時，申請人應支付乙電信公司終端設備補貼款新臺幣（以下同）2萬元，並按比例逐日遞減。」嗣因甲於未滿合約限制期間即未依約繳納電信費，亦未至門市辦理終止租用手續，迄至民國（以下同）104年1月16日視為終止行動電話服務契約。乙電信公司於109年2月1日對甲提起訴訟，請求給付補貼款2萬元。甲在法院開庭時，主張本件時效已經消滅，故無須給付乙電信公司費用，是否有理由？

答 本題涉及違約金之性質及時效計算，分述如下：

(一) 手機資費已罹於時效

1. 按民法第127條第8款規定商人、製造人、手工業人所供給之商品及產物之代價為社會常態交易，因此其請求權應盡速主張，而適用2年之短期時效。

2. 而本題中甲欠乙公司之手機資費實務上認為屬於商人供給商品之代價，因此依民法第127條第8款適用2年之短期時效，因而於104年1月16日終止契約後，至109年2月1日已屬罹於時效。

(二) 補貼款2萬元未罹於時效

1. 補貼款違約金之時效為15年

(1) 按民法第126條規定利息、紅利、租金、贍養費、退職金及其他一年或不及一年之定期給付債權，其各期給付請求權，因5年間不行使而消滅，然實務上最高法院107年第3次民事庭會議決議認為因違約金債權於債務人違約始會發生，因此非屬本條之「定期給付」債權，因此應適用民法第125條之15年時效。

(2) 因此查本題中雖補貼款之約定為逐日遞減，為以日計算，然仍以違約始會發生而非屬定期給付之債權，時效為民法第125條之15年，於109年2月1日請求時仍未逾15年，因而未罹於時效。

2. 補貼款違約金之請求權不因手機資費罹於時效而受影響

(1) 按民法第146條規定主權利時效消滅者其效力及於從權利，然違約金債權是否屬本條之從權利容有疑義。

(2) 有認為違約金和主債權有主從關係，蓋違約金債權以主債權存在為前提，因此屬本條之從權利，主權利罹於時效違約金債權亦隨同消滅。

(3) 惟107年第3次民事庭決議認為消滅時效完成，債務人僅取得為拒絕給付之抗辯權而已，其請求並非當然消滅，主債權已罹於時效，但於債務人為時效抗辯前，其違約金債權仍會發生，而已發生之違約金並非民法第146條所稱之從權利，其請求權與原本請求權各自獨立，消滅時效亦分別起算，原本請求權雖已罹於消滅時效，已發生之違約金請求權並不因而隨同消滅。

(4) 因此查本題縱主債權之資費債權已罹於時效，然因補貼款之違約金債權非屬從權利，自不受資費債權罹於時效之影響。

(三) 甲主張本件時效已經消滅，故無須給付乙電信公司費用無理由

綜上，補貼款之違約金債權既未逾15年之時效，亦不受手機資費債權罹於時效而受影響，甲主張無須給付電信公司費用即無理由。

112 地特四等（戶政）

甲以其五歲之子乙的名義購買A屋，試問：

(一) 該代理之法律行為是否有效？

(二) 乙十六歲時，就讀高職餐飲管理科，甲同意乙開設一家專賣定食簡餐的小店，因經驗不足，買進了成本太高的大明蝦作為食材，有虧損倒閉的可能，被甲禁止其再買進該種明蝦作料理販售，但乙仍再度向水產商人丁訂購了一批明蝦。不知情的丁於出貨後，得否向乙收取明蝦的貨款？

(三) 乙十六歲時，尚未考到機車駕照即騎乘甲之機車外出，想要找同學討論功課，未料乙居然在路上把一位正在外出散步的老先生丙撞死了。丙已喪偶，家中已成年的獨生子戊出面處理喪葬事宜。乙之侵權行為能力為何？

答 本題涉及法定代理界線、限制行為能力人之行為及責任能力，分述如下：

(一) 代理行為是否有效分述如下：

1. 按民法第1086條第1項規定父母為未成年人之法定代理人，次按民法第1088條第2項規定父母對於未成年子女之特有財產，有使用、收益之權。但非為子女之利益，不得處分之。

2. 因此實務上有認為若未成年人父母濫用代理權依照第1088條保障未成年子女利益之意旨將使代理行為無效。

3. 惟本文認為民法第1088條第2項所規定者乃「父母自行處分子女財產之行為」之處分行為的效力，而非規定代理行為使法律效果歸屬於為成年人規定，因此應回歸代理章節之規定，若父母濫用代理權為權利濫用屬無權代理，依民法第170條規定屬無權代理效力未定，應待子女成年後決定是否承認代理之效力。

4. 因此查本題中此代理行為是否有效首應探究購買A屋對於乙是否有利，亦即應探究該筆交易價格是否合理，乙是否有錢給付價金而不致債務不履行等，而屬對於乙之利益為之，若是則為有權代理，代理行為有效。

5. 然若此代理屬對於子女不利則屬代理權之濫用而效力未定，須待乙於滿18歲成年後決定是否承認以其名義購買A屋之效力。

(二) 丁仍得向乙收款

1. 按民法第77條規定限制行為能力人為意思表示及受意思表示，應得法定代理人之允許。但純獲法律上利益，或依其年齡及身分、日常生活所必需者，不在此限，而本題中乙16歲為滿7歲未滿18歲之限制行為能力人，開設小店之行為非屬純獲法律上利益且非依16歲之高中生之年齡及身分、日常生活所必需。
2. 惟次按民法第85條第1項規定法定代理人允許限制行為能力人獨立營業者，限制行為能力人，關於其營業，有行為能力，本題中法定代理人甲既同意乙開設專賣定食簡餐的小店，因此就營業之必要行為包含向丁進貨之範圍內有完全之行為能力。
3. 然民法第85條第2項亦有規定限制行為能力人，就其營業有不勝任之情形時，法定代理人得將其允許撤銷或限制之，因此因乙經驗不足而買進成本太高之明蝦而有倒閉之可能屬營業有不勝任之情形，法定代理人甲有權限制乙不得再買進該種明蝦。
4. 然基於保障和此種營業行為受限制之未成年人的交易相對人之交易安全，民法第85條第2項但書規定此種限制不得對抗善意第三人。
5. 因此查本題中丁不知情屬善意第三人，乙丁間之買賣明蝦契約仍屬有效，丁仍得向乙收取明蝦的貨款。

(三) 乙有完全之侵權行為能力

1. 按民法第187條第1項前段規定無行為能力人或限制行為能力人，不法侵害他人之權利者，以行為時有識別能力為限，與其法定代理人連帶負損害賠償責任。行為時無識別能力者，由其法定代理人負損害賠償責任，由此可證侵權行為能力以有識別能力為前提。
2. 而識別能力通說實務上以是否可辨識其行為違法以及依其辨識而為行為之能力為認定標準，而和是否有行為能力無涉，蓋此和行為能力為保護未成年人之目的兼顧交易安全，而以抽象之年齡標準認定是否為有行為能力不同，因此縱為無行為能力或限制行為能力之人亦可能有完全之識別能力，而應具體個案認定之。

3. 查本題中乙為16歲，依民法第13條第2項為限制行為能力之人，然依一般16歲之人日常生活經驗應可知未有駕照不可騎機車，並可能因而造成其他用路人及使用交通之人危險，應屬可辨識其無照駕駛之行為違法且亦有選擇不騎車之能力，因而具有完全之識別能力，乙因無照駕駛撞死丙應具有完全之侵權行為能力。

113 身障特考三等（一般行政）

一、甲自國外返國，搭乘於機場攬客而僅領有普通駕駛執照之乙所駕駛的車輛返家。抵達目的地後，因甲行李既多且重，乙乃要求甲於約定之車資外另再支付搬運費，雙方因此發生爭論。甲心生不悅，主張乙違反道路交通管理處罰條例第22條第1項中「禁止領有普通駕駛執照，而以駕駛為職業」之規定（依該規定，違反者應受罰鍰之處分），因而契約無效，並拒絕給付車資。甲之主張是否有理？

答 本題涉及效力規定和取締規定之區分，分述如下：

甲之主張無理由

(一) 按民法第71條規定法律行為違反強制或禁止規定者無效，然學說實務上認為本條僅有違反「效力規定」時始有本條無效之適用，而不包含違反「取締規定」，蓋強制或禁止規定眾多，若一概認為僅要違反即屬無效則過度侵害私法自治，然就取締規定和效力規定的區分標準為何容有疑義：

1. 有認為應以規定違反本身是否有規定其法律效果區分之，若有即是立法者對於規定的違反另有安排，應尊重立法者之立法決定，例如規定本身若有另處以裁罰則應認為立法者認為僅是違反行政法上之義務而於私法關係上仍為有效，反之效力即回歸民法第71條而無效。

2. 惟本文認為應以「是否應使之無效始得達成立法目的」，蓋基於契約嚴守、契約神聖原則上應尊重當事人間之私法自治，僅於不得以時始得干涉之，然和規定本身是否另有法律效果無涉，很多強制禁止規定者本身為行政及刑事法，因此未對民事效力有所規定，因此不應認為立法者對此有例外安排，縱有法律效果仍可能適用民法第71條規定而無效。

(二) 查本題乙違反道路交通管理處罰條例第22條第1項中「禁止領有普通駕駛執照，而以駕駛為職業」之規定，而該規定本身有違反者應受罰鍰之法律效果，惟如前所述，不因此而為取締規定而無民法第71條無效之適用，然就此規定的違反「以駕駛為職業」的行為本身並不違法，而是處罰未領有特殊執照逕自為駕駛職業之行為，因此僅要處以罰鍰督促即可達到要有執照始得為之的立法目的，不以使「以駕駛為職業」此等本身不違法之行為為無效之必要，因此為取締規定，且甲乙間之契約本身僅有「由乙駕駛車輛運送甲」之內容，此法律行為並無違反禁止規定，甲主張因乙違反道路交通管理處罰條例第22條第1項中「禁止領有普通駕駛執照，而以駕駛為職業」即使甲乙間之契約無效並拒付車資為無理由。

二、甲向乙購買A屋，為避免遭課徵累進地價稅，於甲並無將A屋贈與其子丙之意思下，但經丙同意後，甲、乙約定將A屋移轉登記在丙的名下，並完成登記，而甲則仍繼續管理使用A屋。甲、丙間之借名登記契約是否有效？又，如丙利用其為A屋登記名義人之地位，未經甲之同意即將A屋出讓予丁，並完成移轉登記。丙之所為是否為有權處分？

答 本題涉及借名登記契約之效力及出名人處分借名登記標的物之效力，分述如下：

(一) 甲丙間之借名登記契約有效

1. 按借名登記契約是否有效學說實務上容有疑義：

(1) 有認為借名登記契約內容及目的多為避免保全處分、投機、規避法律等，本身即屬脫法行為，因此應依民法第72條違反公共秩序善良風俗而無效。

(2) 惟本文認為借名登記之目的眾多不一而足，亦有合法節稅等合法目的，不可一概而論，因此不必然無效，反之基於契約自由原則、私法自治，若借名登記之目的或內容未違反公共秩序或善良風俗即應認為有效。

2. 查本題中雖甲丙未有將A屋贈與丙之意思而為借名登記契約，但其目的及內容僅為避免課徵累進地價稅之合法節稅為正當目的，並無違反公共秩序或善良風俗，因此應認為甲丙間之借名登記契約合法有效。

(二) 丙處分A屋於丁為有權處分

1. 按不動產借名登記中出名人未經借名人同意處分借名物之效力為何容有疑義：

   (1) 實務上最高法院106年第3次民事庭決議認為基於借名登記契約乃借名人和出名人之「內部約定」，其效力不及於第三人，且為貫徹公示的登記制度保護第三人之交易安全，應認為出名人為借名物之所有權人，因此處分自為有權處分。

   (2) 學說上亦有認為借名登記之借名人和出名人並無移轉借名物所有權之讓與合意，因此借名物之所有權人仍為借名人，出名人未經借名人同意之處分為無權處分，且一概認為出名人對借名物所為之處分為有權處分將過度保護惡意第三人，而善意第三人仍可藉由民法第759條之1第2項信賴不動產登記名義人為出名人而善意取得，並無保護不周之疑義。

   (3) 本文認為上述見解皆有見的，然應區分不同情況，若借名物之移轉登記是由借名人移轉登記至出名人，則借名人和出名人間並無讓與合意，借名物所有權人仍為出名人，未經借名人同意之處分為無權處分。

   (4) 反之，若借名物之移轉登記是由第三人移轉登記至出名人，則所有權應是從第三人移轉至出名人，借名人自始非借名物之所有權人，出名人為借名物之所有權人，所為之處分亦為有權處分。

2. 查本題中甲丙間之借名登記契約內容為由A屋所有權人乙借名登記至出名人丙，屬由第三人移轉登記至出名人，因此丙自乙取得A屋所有權而為A屋之所有權人，出名人丙未經借名人甲同意移轉A屋所有權於丁之處分為有權處分。

113 高考三級（公平交易管理）

甲、申論題

一、乙向甲承租A屋，租金每月新臺幣（下同）1萬元。於租期即將屆滿之際，甲業已向乙表示不再續租，惟乙於租期屆滿後仍繼續占有使用A屋，並將A屋出租予善意之丙，租金每月2萬元。嗣後，甲向丙請求返還A屋，並表示於丙返還A屋前，應依每月租金2萬元之標準，按丙業已使用A屋之月數向甲支付租金。丙則以其業已按月支付租金予乙為抗辯。試問：此時甲與乙間、甲與丙間、乙與丙間之法律關係各為何？

答 本題涉及甲乙丙間之法律關係，分述如下：

(一) 甲與乙間之法律關係

1. 甲乙間租賃契約已終止

(1) 按民法第451條規定「租賃期限屆滿後，承租人仍為租賃物之使用收益，而出租人不即表示反對之意思者，視為以不定期限繼續契約」。

(2) 本題中甲於租賃期限屆滿前已向乙表示不續約，因此無本條之默示更新之適用，於期限屆至後乙即不得使用收益A屋。

2. 甲得向乙主張侵權行為及不法管理

(1) 承前所述，乙既無使用A屋之權而繼續使用，且租於丙，即侵害甲對A屋使用收益之所有權權能，為侵害甲之民法第184條第1項前段之「權利」，甲可向乙主張侵權行為。

(2) 次按民法第177條第1、2項規定「管理事務不合於前條之規定時，本人仍得享有因管理所得之利益」「前項規定，於管理人明知為他人之事務，而為自己之利益管理之者，準用之」，本題中乙明知使用A屋為甲之事務及權利仍為自己利益租於丙，因此甲可向乙主張不法管理請求乙所取得租於丙之租金每月2萬元。

3. 甲不得向乙主張不當得利請求丙支付乙之每個月2萬元租金

按民法第179條不當得利以「無法律上原因」為要件，然本題中丙支付乙每月2萬元租金為基於乙丙間之租賃契約，因此乙受領丙給付之每月2萬元租金為「有法律上原因」，甲不得主張此為不當得利。

(二) 甲與丙間之法律關係

1. 甲得向丙請求返還A屋

(1) 按民法第767條第1項前段規定所有人對於無權占有其所有物者得請求返還之，而本題中丙為承租人之租賃契約成立於乙丙間，基於債之相對性自不得向甲主張其對A屋為有權占有。

(2) 次按學說實務上債之相對性例外之「占有連鎖」亦是以「原契約仍有效」、「轉租契約亦有效」、「次出租人有權出租」之要件下始為成立，而本題中甲乙間之租賃契約既已屆滿未續約則不符合「原契約仍有效」之要件，不符合「占有連鎖」，丙對甲而言屬無權占有，甲可請求丙返還A屋。

2. 甲不得請求丙依每月租金2萬元之標準，按丙業已使用A屋之月數向甲支付租金

(1) 按民法第952條規定善意占有人於推定其為適法所有之權利範圍內，得為占有物之使用、收益，次按民法第179條規定「無法律上原因」受有利益致他人受損害者應成立不當得利，然通說實務認為若為善意占有人推定適法使用收益之範圍內民法第952條之規定即為「法律上原因」，自不成立不當得利，然學說上亦有認為要以所有之意思而「自主占有」始有民法第952條之適用，併予敘明。

(2) 查本題中丙不知乙無權出租A屋而善意租用A屋為善意占有人，於甲請求丙返還前得就A屋為使用收益，甲丙間自不成立不當得利，甲不得請求丙給付請求丙返還A屋前之使用A屋的租金。

(三) 乙與丙間之法律關係

1. 丙得向乙主張終止乙丙間之租賃契約

(1) 按民法第435條第1、2項規定因不可歸責承租人之事由而租賃物毀損滅失致不能達成租賃目的時承租人可終止租賃契約，次按民法第436條規定於承租人因第三人就租賃物主張權利，致不能為約定之使用、收益者準用之。

(2) 查本題中因A屋之所有人甲對租賃物A屋主張權利使承租人丙不能使用收益且不可歸責於丙，丙可終止乙丙間之租賃契約。

2. 丙可向乙主張債務不履行之損害賠償

(1) 按民法第227條第1項規定可歸責於債務人之不完全給付時債權人可依給付不能之規定行使權利而得請求損害賠償。

(2) 查本題中乙無法使丙繼續使用A屋乃為可歸責於乙之出租非自己所有之物之事由，丙可依給付不能之規定向乙主張債務不履行之損害賠償。

二、甲委請乙在甲所有之A地上搭建一鐵皮屋，雙方約定報酬額為新臺幣10萬元，由甲提供材料。惟因乙之疏失保管不慎，令甲所提供之材料全數滅失。乙乃向甲表示，其因此應免除搭建鐵皮屋之給付義務。試問：甲與乙間之法律關係為何？

答 本題涉及給付不能之給付義務免除和債務人之可歸責性之關聯及損害賠償和侵權行為，分述如下：

(一) 按民法第225條第1項規定因不可歸責於債務人之事由，致給付不能者，債務人免給付義務，次按民法第226條第1項規定因可歸責於債務人之事由，致給付不能者，債權人得請求賠償損害，似以「可否歸責」分別規定給付不能之法律效果，僅於不可歸責於債務人時始可免除給付義務，而若可歸責於債務人時債務人則仍有給付之義務。

(二) 惟本文認為可歸責於債務人之給付不能亦應可免除給付義務，此乃漏未規範，蓋給付不能意旨債務人無法依契約履行，不管可否歸責於債務人若陷於給付不能皆已無法履行給付義務，因此若不免除給付義務亦無給付之可能，保有給付義務並無意義，且和可否歸責債務人無涉，縱為可歸責於債務人之給付不能亦應類推民法第225條第1項免除債務人之給付義務。

(三) 因此查本題中縱由定作人甲提供之材料因為承攬人乙保管不慎滅失為可歸責於承攬人（債務人）乙產生之給付不能，然因甲乙間約定由甲提供材料，而材料滅失導致乙無法搭建鐵皮屋為給付不能，乙仍可依類推民法第225條第1項規定免除搭建鐵皮屋之給付義務。

(四) 惟若定作人甲可再提供材料則就未陷於給付不能，此時承攬人乙即不可免除給付義務，併予敘明。

(五) 然不論甲是否願意再提供材料，乙對於甲提供之材料保管不慎滅失皆為過失侵害定作人甲之材料所有權應構成侵權行為，甲可依侵權行為向乙就此部分請求損害賠償。

(六) 而若甲不願意再提供材料使乙搭建鐵皮屋時，則甲亦可依民法第226條第1項依可歸責於債務人乙之給付不能規定向乙請求履行利益之損害賠償。

乙、測驗題

( ) **1** 甲剛歸化為我國籍，不諳中文，惟其6歲之子乙、及8歲之女丙，均具中文書寫能力。今甲辦理依法應訂立書面文字之法律行為，下列敘述，何者錯誤？ (A)得許甲使乙代寫書面文字，甲於自己姓名下加蓋印章 (B)應由甲自行書寫文字，並自己書寫姓名，始生效力 (C)得許甲使丙代寫書面文字，甲再親自簽名 (D)得許甲使乙代寫書面文字，甲再按指印代簽名，並經兩位成人在文件上簽名證明。

( ) **2** 甲出賣並交付其A地予乙，乙已支付價金，但甲尚未為所有權移轉登記。A地嗣經丙市政府徵收，甲已受領徵收補償費。下列敘述，何者錯誤？ (A)乙得依不當得利向甲請求返還徵收補償費 (B)丙得請求乙返還A地 (C)乙得請求甲交付其所受領之徵收補償費 (D)A地之價金危險由乙負擔。

( ) **3** 甲涉嫌詐騙組織犯罪，經羈押在案，因此委任乙律師，為其刑事辯護，約定報酬若干元。關於甲與乙之權利與義務。下列敘述，何者錯誤？ (A)乙應將辯護事務進行之狀況，報告甲 (B)乙原則上應自己處理辯護事務 (C)乙處理辯護事務，應以善良管理人之注意為之 (D)乙不得隨時終止該辯護委任。

( ) **4** 下列何者為我國之習慣法？ (A)不動產讓與擔保 (B)保留買回房屋時須經原代筆人批註老契 (C)出賣房屋時近鄰有優先承買權 (D)童養媳攔產。

(　　) **5** 甲名下有A地、B車，甲並於A地上建造未辦保存登記之C屋。乙於甲旅居國外期間，逕自占有、使用A地、B車及C屋達十六年。甲回國見狀，訴請乙返還前揭房地車輛，詎乙提出消滅時效之抗辯。下列敘述，何者正確？　(A)甲訴請乙返還B車係屬有理，惟訴請返還C屋並無理由　(B)甲訴請乙返還A地與C屋，均屬有理　(C)甲訴請乙返還B車與C屋，均屬無理　(D)甲訴請乙返還C屋係屬有理，惟訴請返還A地並無理由。

(　　) **6** 甲出賣其A地予乙，A地與價金均已交付，但尚未辦理所有權移轉登記。越十五年，乙訴請甲移轉A地所有權予自己，甲不但提出消滅時效之抗辯，而且對乙請求占有A地之不當得利，又依所有物返還請求權主張乙應返還A地於甲。下列敘述，何者正確？　(A)甲主張乙應返還A地係屬有理，但其時效抗辯並無理由　(B)甲之時效抗辯與對乙請求不當得利均屬有理　(C)甲對乙請求不當得利係屬有理，但其時效抗辯並無理由　(D)甲之時效抗辯係屬有理，但請求乙返還A地並無理由。

(　　) **7** 下列何種請求權，不因十五年間不行使而消滅？　(A)履行婚約請求權　(B)請求協同辦理地上權設定登記　(C)請求無權代理人負損害賠償責任　(D)請求履行不動產協議分割契約。

(　　) **8** 消滅時效，不因下列何種事由而中斷？　(A)起訴　(B)預告　(C)承認　(D)請求。

(　　) **9** 甲先將其A地出租並交付乙，租期四年，供乙在A地上種植草莓，甲又旋將A地設定農育權於丙，期限五年，供丙種植芭樂。下列敘述，何者錯誤？　(A)甲將A地交付乙之行為，乃法律行為　(B)乙於甲將A地設定農育權予丙後，乙應向丙支付A地之租金　(C)甲就A地設定農育權於丙，妨礙乙對A地之使用收益　(D)A地租賃契約，對於丙仍繼續存在。

(　　) **10** 甲為避免其名下之A地遭債權人乙查封，甲即與丙為通謀虛偽意思表示，將A地讓售於丙，丙嗣又將該地出賣予善意之丁，均已完成所有權移轉登記。下列敘述，何者錯誤？　(A)丁可取得A地所有權　(B)乙得主張甲、丙間之A地買賣契約與讓與行為均屬無效　(C)甲、丙不得以其意思表示無效對抗丁　(D)乙得代位甲訴請丁塗銷A地之所有權移轉登記。

(　　) **11** 下列何者，須經移轉占有，始生效力？　(A)動產質權　(B)不動產抵押權　(C)典權　(D)不動產役權。

(　　) **12** 下列何者並無標的物之孳息收取權？　(A)典權人　(B)留置權人　(C)區分地上權人　(D)質權人。

(　　) **13** 甲向乙借款新臺幣100萬元，應付利息，約定利率為週年百分之二十，甲並就其土地設定普通抵押權予乙，俾擔保前揭借款本息。下列何者非屬抵押權所全部擔保之範圍？　(A)原債權　(B)遲延利息　(C)違約金　(D)利息。

(　　) **14** 甲未得乙之同意，擅取乙之A車，並以自己名義將之讓售於善意且非因重大過失不知其事的丙。下列敘述，何者正確？　(A)甲無權代理乙出賣並讓與A車之法律行為，乃效力未定　(B)丙得請求乙應負表見代理之履行責任　(C)甲無權處分乙之A車予丙之行為，洵屬無效　(D)丙可善意取得A車之所有權。

(　　) **15** 下列何者須得共有人全體之同意，始得為之？　(A)處分共有之車輛　(B)請求回復共有之土地　(C)就共有土地之應有部分設定抵押權　(D)管理共有之房屋。

(　　) **16** 甲在自己土地上種植芒果樹，某日颳大風，部分芒果自落於甲之土地，部分芒果自落於乙之土地，其他芒果則自落於公用道路。下列敘述，何者錯誤？　(A)芒果自落於公共道路者，屬公眾所有　(B)甲之芒果樹，為土地之構成部分　(C)芒果自落於乙之土地者，屬乙所有　(D)芒果自落於甲之土地者，屬甲所有。

( ) **17** 臺鐵列車長甲於車廂內拾得旅客乙遺失之現金新臺幣（下同）5萬元，旋交存車站辦理公告招領。乙翌日發現其現金遺失，即至車站認領取回之。下列敘述，何者正確？ (A)乙遺失之現金乃無主物，甲得以所有之意思而占有，取得其所有權 (B)甲於乙認領其所遺失之現金時，得向乙請求不超過5千元之報酬 (C)因甲為該班列車之管理人或臺鐵之受僱人，甲不得請求報酬 (D)甲對乙之報酬請求權，因一年間不行使而消滅。

( ) **18** 下列何者應以書面為之？ (A)借貸 (B)人事保證 (C)和解 (D)贈與。

( ) **19** 下列何者不負善良管理人之注意義務？ (A)受任人處理有償委任事務之義務 (B)承租人保管租賃物之義務 (C)贈與人就其贈與物之瑕疵擔保義務 (D)借用人保管借用物之義務。

( ) **20** 某貨品之出賣人甲因過失而對買受人乙給付遲延，在甲給付遲延中，因不可抗力而滅失該貨品，致不能給付。下列敘述，何者正確？ (A)甲因不可抗力而免責 (B)買賣之價金危險，應由乙負擔 (C)甲、乙之買賣契約當然消滅 (D)乙得向甲請求不履行之損害賠償。

( ) **21** 甲、乙兩人共同向丙借款新臺幣（下同）100萬元，清償期已屆至。甲欲對丙清償上開借款，惟丙因出國一年而受領遲延。今丙回國，下列敘述，何者正確？ (A)丙對甲受領遲延後，丙向甲僅得請求償還50萬元 (B)丙對甲受領遲延之效力，不及於乙 (C)丙向乙僅得請求償還50萬元 (D)丙得請求甲、乙連帶償還100萬元。

( ) **22** 甲對乙有債權，立有借據，雙方約定甲不得讓與該債權予第三人，乙並邀集丙擔任其債務之保證人。嗣甲將該債權出賣予善意之丁，甲、丁已為債權讓與之合意，丁並將債權讓與之情事通知乙，惟甲尚未交付丁借據。下列情形，何者錯誤？ (A)甲、丁間之債權讓與行為，於丁通知乙時始生效力 (B)丁得請求甲交付借據 (C)丙之保證隨同移轉於丁 (D)乙不得援引禁止讓與債權之約定來對抗丁。

( ) **23** 甲積欠乙債務若干，清償期屆至，迄今未償還。雙方合意以甲名下之某土地抵償前揭債務，惟未辦該地所有權移轉登記。下列敘述，何者正確？ (A)此為代物清償 (B)此為抵銷 (C)尚未發生清償債務之效力 (D)須由乙指定甲應抵充之債務。

( ) **24** 甲擬於其土地上興建房屋，約定由承攬人乙供給材料及完成建造，報酬若干，乙已完工交付該屋。一年後，甲發現該屋為海砂屋，遂對乙依物之瑕疵擔保責任主張權利，乙提出已罹於發見期間之抗辯。下列敘述，何者正確？ (A)乙之抗辯無理 (B)乙供給之材料價額，推定不在承攬報酬之內 (C)乙之承攬報酬請求權因五年間不行使而消滅 (D)海砂屋為權利瑕疵。

( ) **25** 甲名下有A地，乙向甲承租A地建造B屋，租期四十年。乙嗣將其B屋讓售予丙，乙未對甲告知上情，旋即辦理B屋所有權移轉登記。下列敘述，何者錯誤？ (A)乙於租地建屋契約成立後，得請求甲為地上權之登記 (B)租地建屋契約之期限，縮短為二十年 (C)租地建屋契約對於丙，仍繼續存在 (D)乙將B屋所有權移轉登記予丙，不得對抗甲。

解答與解析（答案標示為#者，表官方曾公告更正該題答案）

1 (B)。 (A)民法第3條第1、2、3項規定「依法律之規定，有使用文字之必要者，得不由本人自寫，但必須親自簽名」「如有用印章代簽名者，其蓋章與簽名生同等之效力」「如以指印、十字或其他符號代簽名者，在文件上，經二人簽名證明，亦與簽名生同等之效力」(A)(C)(D)正確(B)錯誤。

2 (A)。 (A)A地既然仍登記為甲所有，且不動產為登記生效主義，甲仍為A地所有權人，而權益歸屬上補償費應給付給所有權人甲，因此甲受領補償費即有法律上原因，乙不得向甲主張不當得利。(B)丙徵收之後即為A地所有權人，且買賣契約在甲乙間，基於債之相對性乙不得向丙主張有權占有，因此丙可依民法第767條第1項前段向占有人乙請求返還A地。(C)實務通說認為徵收補償費為原土地之利益變得，而可類推民法第225條第2項代償請求權之規定，因此乙可向甲請求交付徵收補償費。(D)民法第373條前段規定「買賣標的物之利益及危險，自交付時起，均由買受人承受負擔」，因此甲將A地交付乙後即由乙負擔價金危險。

3 (D)。 (A)民法第540條規定「受任人應將委任事務進行之狀況，報告委任人」。(B)民法第537條規定「受任人應自己處理委任事務。但經委任人之同意或另有習慣或有不得已之事由者，得使第三人代為處理」。(C)民法第535條規定「受任人處理委任事務，應依委任人之指示，並與處理自己事務為同一之注意，其受有報酬者，應以善良管理人之注意為之」，甲乙間約定報酬為有償，因此乙應以善良管理人注意義務為之。(D)民法第549條第1項規定「當事人之任何一方，得隨時終止委任契約」，因此受任人乙仍可隨時終止委任，僅可能負同條第2項之損害賠償責任。

4 (A)。 習慣法需有兩要件「多年慣行的事實」、「普通一般人對於這個事實的確信和遵守」。(A)民間多使用讓與擔保具有事實上慣行，法院普遍承認亦具有法之確性屬習慣法(B)(C)(D)則不符合。

5 (C)。 民法第125條規定「請求權，因十五年間不行使而消滅。但法律所定期間較短者，依其規定」，而民法第767條第1項前段之所有物返還請求權未有特別規定因而原則上時效為15年，惟大法官釋字第107號解釋認為為了貫徹登記制度，因此「已登記之不動產」無民法第125條15年之時效規定適用，然本題中C屋未為保存登記，因此屬「未登記之不動產」仍有15年時效之適用，因此B車C屋皆受15年時效之限制，僅已登記之A地甲向乙請求返還有理由。

6 (D)。 (A)買賣契約買受人的標的物交付之請求權亦有民法第125條15年消滅時效之適用，甲之時效抗辯有理由，但基於甲乙間之買賣契約乙占有A地對甲而言屬有權占有，乙非無權占有人，甲主張乙應返還A地無理由。(B)民法第373條規定「買賣標的物之利益及危險，自交付時起，均由買受人承受負擔」，因此甲交付A地予乙時即可享有使用A地之利益，為有法律上原因不成立不當得利。(C)不當得利無理由，時效抗辯有理由。

7 (A)。 實務上認為請求權因15年間不行使而消滅為民法第125條所明定，但若請求權著重於身分關係者即無該條之適用。履行婚約請求權純係身分關係之請求權，自無時效消滅之可言，而(B)(C)(D)皆屬財產行為自仍有15年時效之適用。

8 (B)。 民法第129條第1項規定「消滅時效，因左列事由而中斷：一、請求。二、承認。三、起訴」，故不包含預告。

9 (A)。 民法第425條第1、2項規定「出租人於租賃物交付後，承租人占有中，縱將其所有權讓與第三人，其租賃契約，對於受讓人仍繼續存在。」「前項規定，於未經公證之不動產租賃契約，其期限逾五年或未定期限者，不適用之」，民法第426條規定「出租人就租賃物設定物權，致妨礙承租人之使用收益者，準用第四百二十五條之規定」，本題中甲將A地租給乙並且租期只有4年因此仍有民法第425條第1項規定之適用，而甲後又將A地設定農育權給丙為設定物權妨礙乙之租賃權依民法第426條規定準用第425條第1項規定乙之租賃權對於丙仍繼續存在。(A)交付為事實行為。(B)如上所述，因此甲乙間之租賃契約法定契約承擔於乙丙間，丙為出租人乙為承租人，乙應交付租金予丙。(C)如上所述。

10 (D)。 (A)民法第759條之1第2項規定「因信賴不動產登記之善意第三人，已依法律行為為物權變動之登記者，其變動之效力，不因原登記物權之不實而受影響」，因此丁可以善意取得A地所有權，或依民法第87條第1項規定「表意人與相對人通謀而為虛偽意思表示者，其意思表示無效。但不得以其無效對抗善意第三人」主張對丁而言甲丙間之移轉有效為有權處分取得A地所有權。(B)民法第87條第1項規定「表意人與相對人通謀而為虛偽意思表示者，其意思表示無效。但不得以其無效對抗善意第三人」，因此乙可主張甲丙間之通謀虛偽買賣及移轉登記無效。(C)民法第87條第1項規定「表意人與相對人通謀而為虛偽意思表示者，其意思表示無效。但不得以其無效對抗善意第三人」，丁為善意第三人甲丙不得以其通謀虛偽無效對抗之。(D)民法第242條規定「債務人怠於行使其權利時，債權人因保全債權，得以自己之名義，行使其權利」，然民法第767條第1項前段以所有權人為要件，而丁已取得A地所有權，因此甲已非A地所有權人，乙無法代位甲請求丁塗銷A地之所有權移轉登記。

11 (A)。 民法第884條規定「稱動產質權者，謂債權人對於債務人或第三人移轉占有而供其債權擔保之動產，得就該動產賣得價金優先受償之權」，因此動產質權以移轉占有為生效要件，(B)(C)(D)之標的皆屬不動產，只要登記即可生效。

12 (C)。 (A)民法第911條規定「稱典權者，謂支付典價在他人之不動產為使用、收益」。(B)民法第933條規定「第八百八十八條至第八百九十條及第八百九十二條之規定，於留置權準用之」，因此留置權可準用民法第889條質權人孳息收取權之規定。(D)民法第889條規定「質權人得收取質物所生之孳息」。

13 (D)。 民法第861條規定「抵押權所擔保者為原債權、利息、遲延利息、違約金及實行抵押權之費用」，惟民法第205條規定「約定利率，超過週年百分之十六者，超過部分之約定，無效」，因此本題中甲乙約定之利率為周年百分之二十中超過百分之十六的部分無效，就此部分利息非抵押權全部擔保之範圍。

14 (D)。 本題中甲「以自己名義」而非代理之「以代理人名義」固非代理行為，(A)(B)錯誤。而依民法第118條第1項無權處分乃效力未定非無效，(C)錯誤。民法第801條加民法第948條第1項丙善意且無重大過失可善意取得，(D)正確。

15 (A)。 (A)民法第819條第2項規定「共有物之處分、變更、及設定負擔，應得共有人全體之同意」，(A)正確。(B)民法第821條規定「各共有人對於第三人，得就共有物之全部為本於所有權之請求。但回復共有物之請求，僅得為共有人全體之利益為之」，各共有人皆得單獨為之。(C)民法第819條第1項規定「各共有人，得自由處分其應有部分」，因此就抽象之應有部分各共有人皆得自行處分，自包含就應有部分設定抵押權。(D)民法第820條第1項規定「共有物之管理，除契約另有約定外，應以共有人過半數及其應有部分合計過半數之同意行之。但其應有部分合計逾三分之二者，其人數不予計算」，不須共有人全體同意始得為之。

16 (A)。 (A)民法第798條規定「果實自落於鄰地者，視為屬於鄰地所有人。但鄰地為公用地者，不在此限」，落於公共道路仍應由土地所有人甲取得天然孳息果實。(B)民法第66條第2項規定「不動產之出產物，尚未分離者，為該不動產之部分」芒果樹為土地尚未分離之出產物，因此為土地之構成部分。(C)民法第798條規定「果實自落於鄰地者，視為屬於鄰地所有人。但鄰地為公用地者，不在此限」。(D)土地所有權人甲自為收取天然孳息權人。

17 (C)。 (A)乙未拋棄所有權仍為乙之所有物而非無主物。(B)民法第805條之1規定「有下列情形之一者，不得請求前條第二項之報酬：一、在公眾得出入之場所或供公眾往來之交通設備內，由其管理人或受僱人拾得遺失物。」，甲為在公眾往來交通工具火車之管理人列車長，因此不得請求報酬。(C)同(B)。(D)甲對乙無報酬請求權，且依民法第805條第4項報酬請求權時效為六個月。

18 (B)。 民法第756條之1第1、2項規定「稱人事保證者，謂當事人約定，一方於他方之受僱人將來因職務上之行為而應對他方為損害賠償時，由其代負賠償責任之契約。」、「前項契約，應以書面為之。」。

19 (C)。 (A)民法第535條規定「受任人處理委任事務，應依委任人之指示，並與處理自己事務為同一之注意，其受有報酬者，應以善良管理人之注意為之。」(B)民法第432條第1項規定「承租人應以善良管理人之注意，保管租賃物，租賃物有生產力者，並應保持其生產力。」(C)民法第411條規定「贈與之物或權利如有瑕疵，贈與人不負擔保責任。但贈與人故意不告知其瑕疵或保證其無瑕疵者，對於受贈人因瑕疵所生之損害，負賠償之義務。」非負善良管理人注意義務。(D)民法第468條第1項規定「借用人應以善良管理人之注意，保管借用物。」

20 (D)。 (A)民法第231條第1、2項規定「債務人遲延者，債權人得請求其賠償因遲延而生之損害。」、「前項債務人，在遲延中，對於因不可抗力而生之損害，亦應負責。但債務人證明縱不遲延給付，而仍不免發生損害者，不在此限」甲負不可抗力責任仍應負責。(B)價金無法取得之價金危險由出賣人甲負責。(C)甲乙間之契約仍存在，甲應負債務不履行之責任。(D)正確。

21 (D)。 (A)(C)(D)民法第273條第1項規定「連帶債務之債權人，得對於債務人中之一人或數人或其全體，同時或先後請求全部或一部之給付。」民法第237條規定「在債權人遲延中，債務人僅就故意或重大過失，負其責任」，因此債權人受領遲延僅是減輕債務人之注意義務而不生減少給付之效果，甲乙仍應對丙負100萬元之連帶責任。(B)民法第278條規定「債權人對於連帶債務人中之一人有遲延時，為他債務人之利益，亦生效力。」會及於乙。

22 (A)。 (A)民法第297條第1項規定「債權之讓與，非經讓與人或受讓人通知債務人，對於債務人不生效力。」債權讓與之效力於債權人和受讓人合意時即生效，僅債務人未受通知前可主張對其不生效以保障債務人。(B)民法第296條規定「讓與人應將證明債權之文件，交付受讓人，並應告以關於主張該債權所必要之一切情形」，證明債權之文件自包含借據。(C)民法第295條第1項規定「讓與債權時，該債權之擔保及其他從屬之權利，隨同移轉於受讓人」，債權之擔保自包含丙之保證。(D)民法第294條第2項規定「前項第二款不得讓與之特約，不得以之對抗善意第三人。」丁為善意之人，故不得對抗之。

23 (C)。 (A)(B)民法第319條規定「債權人受領他種給付以代原定之給付者，其債之關係消滅」代物清償以受領始生效力，因此未為移轉登記非為代物清償，而為民法第320條規定「因清償債務而對於債權人負擔新債務者，除當事人另有意思表示外，若新債務不履行時，其舊債務仍不消滅。」之新債清償。(C)民法第320條規定「因清償債務而對於債權人負擔新債務者，除當事人另有意思表示外，若新債務不履行時，其舊債務仍不消滅。」未履行登記移轉之新債務前其舊債務尚未發生清償債務之效力。(D)民法第321條規定「對於一人負擔數宗債務而其給付之種類相同者，如清償人所提出之給付，不足清償全部債額時，由清償人於清償時，指定其應抵充之債務」，本題之債務為同一宗且種類不同，無此規定之適用。

24 (A)。 (A)民法第498條第1項規定「第四百九十三條至第四百九十五條所規定定作人之權利，如其瑕疵自工作交付後經過一年始發見者，不得主張。」但民法第499條規定「工作為建築物或其他土地上之工作物或為此等工作物之重大之修繕者，前條所定之期限，延為五年。」，因此乙之罹於發見期間之抗辯無理由。(B)民法第490條第2項規定「約定由承攬人供給材料者，其材料之價額，推定為報酬之一部。」(C)民法第127條第7款承攬人之報酬請求權為2年。(D)為物體物理上本身之瑕疵，因此為物之瑕疵。

25 (B)。 (A)民法第422條之1規定「用基地建築房屋者，承租人於契約成立後，得請求出租人為地上權之登記。」(B)民法第449條第1、3項規定「租賃契約之期限，不得逾二十年。逾二十年者，縮短為二十年」、「租用基地建築房屋者，不適用第一項之規定」，本題為租地建屋因此不受20年租期之限制。(C)民法第426條之1規定「租用基地建築房屋，承租人房屋所有權移轉時，其基地租賃契約，對於房屋受讓人，仍繼續存在。」(D)民法第426條之2第1、3項規定「承租人出賣房屋時，基地所有人有依同樣條件優先承買之權」、「出賣人未以書面通知優先承買權人而為所有權之移轉登記者，不得對抗優先承買權人」，因此乙不得將移轉登記B屋予丙之事對抗甲為正確。

113 高考三級（戶政）

A夫、B妻兩人結婚多年。A因公務到美國出差，不久音訊全無。七年後，B向法院聲請死亡宣告獲准。B持法院死亡宣告裁定，向戶政機關完成死亡登記。A留有一筆土地，B也在地政機關完成繼承登記。又一年後，B女結識C男，兩人正在戶政機關辦理結婚登記時，此時A卻出現，並欲阻止B、C結婚。B、C則質疑死亡宣告尚未被撤銷。問：戶政機關應否接受B、C兩人的結婚登記申請？A當初所遺留的土地，在尚未塗銷繼承登記前，現在所有權屬誰？

答 本題涉及撤銷死亡宣告裁定之效力，分述如下：

(一) 戶政機關不應接受B、C兩人的結婚登記申請

1. 按家事事件法第160條規定宣告死亡裁定確定後，發現受宣告死亡之人尚生存或確定死亡之時不當者，得聲請撤銷或變更宣告死亡之裁定，次按家事事件法第163條第1項規定撤銷或變更宣告死亡裁定之裁定，不問對於何人均有效力。但裁定確定前之善意行為，不受影響。
2. 因而本題中A既尚生存即可聲請撤銷死亡裁定，且此撤銷死亡裁定之效力於確定後對於B、C兩人亦生效力，因此B仍為A之配偶，B和C之結婚登記亦因重婚依民法第988條第3款無效。
3. 且縱A之撤銷死亡宣告裁定確定前之善意行為不受影響，然本題B、C兩人既於辦理結婚登記時已見A尚生存，若仍為結婚之登記即非善意行為，此登記仍將因重婚而無效，因此戶政機關不應接受B、C兩人之結婚登記申請。

(二) A所遺留之土地於尚未塗銷繼承登記前所有權人為A

1. 按家事事件法第163條第1項規定撤銷或變更宣告死亡裁定之裁定，不問對於何人均有效力。但裁定確定前之善意行為，不受影響，而本條項之「善意行為」依通說實務係指法律行為而言，蓋此規定所保障者為善意信賴之意思表示，自不包含非法律行為。

2. 因此本題中B繼承登記A遺留之土地雖為不知A尚生存之善意登記，然繼承之發生為被繼承人死亡之事實而非基於繼承人或被繼承人之意思表示，因此為非法律行為，自無本條善意行為不受影響之適用。
3. 次按民法第9條第1項規定受死亡宣告者，以判決內所確定死亡之時，推定其為死亡，死亡宣告僅有「推定死亡」之效力，因此若受死亡宣告裁定之人實際尚生存即可推翻死亡之實體法效力。
4. 因此查本題中既A尚生存即可推翻死亡宣告裁定之實體法上死亡效力，且繼承登記僅為使形式和真正所有人名實相符之民法第759條的行政登記，而不發生所有權變動之效力，因而縱尚未塗銷繼承登記仍不發生民法第1147條因被繼承人死亡而開始之繼承效力，A仍為其所遺留之土地的所有權人。

113 高考三級（地政）

甲是A地所有人。A地位於臺北市精華地段，占地達500坪。A地之市價價值新臺幣（下同）40億元。乙脅迫甲及其家人出賣A地，並辦理A地所有權移轉登記於自己。甲因此與乙訂定A地買賣契約，約定價金50億元。隔日，甲交付A地於乙，並辦理A地所有權移轉登記於乙。一週後，乙即因內線交易與組織犯罪判決確定而入獄服刑。甲就此對乙有何權利可資主張？

答 甲可向乙主張之權利分述如下：

(一) 甲可撤銷其和乙間之買賣契約和移轉登記之意思表示

1. 按民法第92條規定因被詐欺或被脅迫而為意思表示者，表意人得撤銷其意思表示。
2. 而本題中甲乃因被乙脅迫訂立A地買賣契約之債權行為和移轉登記A地所有權之物權行為，因此甲可分別撤銷此兩個意思表示。

(二) 甲於撤銷移轉登記之意思表示後可請求乙返還A地

1. 按民法第767條第1項規定所有人對於無權占有或侵奪其所有物者可請求返還之。
2. 若甲撤銷其移轉登記之意思表示後，則此物權移轉行為無效，甲仍為A地之所有人，因此可依所有物返還請求權請求乙返還A地。

(三) 甲若不撤銷其被乙脅迫訂立買賣契約之意思表示則可向乙請求50億元的價金

1. 按民法第367條規定買受人對於出賣人，有交付約定價金之義務。
2. 因此甲若未撤銷其被乙脅迫訂立買賣A地之契約，甲乙間之買賣契約則仍有效，甲可依買賣契約向乙請求約定之50億元價金。

(四) 甲若撤銷其和乙間之買賣契約和移轉登記之意思表示，可向乙依不當得利請求乙返還A地前使用A地之利益

1. 按民法第179條規定無法律上原因受有利益者應返還其利益，而對於非給付型不當得利之成立通說實務以「權益歸屬說」判斷之，意即此利益於法律上應歸屬於何人。

2. 而A地的使用利益於法律上應歸屬於A地的所有權人或於交付後依民法第373條規定歸屬於買受人，因此若甲撤銷買賣契約和移轉登記之意思表示後，乙既非A地之所有權人，亦非A地之買受人，縱交付後亦無民法第373條規定之適用，而A地之使用利益即應歸屬於所有權人甲，因此乙使用A地違反利益之歸屬甲乙間成立不當得利，甲可請求乙返還A地之使用利益，且使用A地之利益為依其利益之性質不能返還者，依民法第181條但書應返還價額，亦即實務上所謂相當於租金之不當得利。

(五) 甲可依侵權行為規定主張乙侵害其表意自由權

1. 按民法第184條第1項前段規定故意或過失侵害他人權利者應負損害賠償責任，而有學說認為此權利可包含意思自由被侵害之「表意自由權」。
2. 因此本題中甲被乙脅迫訂立A地之買賣契約和移轉登記之意思表示為侵害甲之意思自由，屬侵害甲之表意自由權，甲可依侵權行為向乙主張回復未為此兩意思表示之情形。

113 普考（戶政）

A育有一16歲B子。在未告知A的情況下，祖母C寫信給B，表示要贈與一部機車給B。C的贈與意思表示，是否生效？B回信表示，自己尚沒有機車駕照，故拒絕C的好意。A得知後，表示可以先受贈機車，再考取駕照。B的拒絕受贈意思表示，是否有效？

答 本題涉及限制行為能力人之意思表示及受意思表示，分述如下：

(一) C的贈與意思表示生效

1. 按民法第77條規定限制行為能力人為意思表示及受意思表示，應得法定代理人之允許。但純獲法律上利益，或依其年齡及身分、日常生活所必需者，不在此限，次按民法第12條及第13條第2項規定滿18歲為成年、滿7歲之未成年人有限制行為能力。
2. 而本題中B子16歲為滿7歲未滿18歲之限制行為能力人，因此C贈與B一台機車之意思表示似應經B之法定代理人A之允許始生效力，惟受贈一台機車未使B負有法律上義務為純獲法律上之利益，不須經B之法定代理人A之允許即生效力，因此縱C未告知A，其贈與B機車之意思表示仍於C之信達到B時生效。

(二) B的拒絕受贈意思不生效力

1. 承前所述，按民法第77條之規定原則應經法定代理人之允許限制行為能力人所為之意思表示及受意思表示始生效，僅於純獲法律上利益，或依其年齡及身分、日常生活所必需者，此等未有保護限制行為能力人之需求的情況不須法定代理人允許即可生效。
2. 本題中B之拒絕C之意思表示若生效將發生民法第155條要約經拒絕者失其拘束力之效力，而使B無法再藉由承諾之意思表示與C成立C贈與B一台機車之贈與契約，因而B此拒絕C之意思表示非純獲法律上利益或依其年齡身分日常生活所必需者，應經B之法定代理人A之允許始生效力。
3. 而本題中既B之法定代理人A表示可先受贈機車，亦即不承認B之拒絕受贈之意思表示，B此意思表示確定不生效。

113 鐵路公司從業人員甄試（第8階）

一、甲為古董收購商，授權鑑定專家乙，以甲之名義向丙購買明朝成祖皇帝時代的青花瓷碗。乙買後，甲仔細檢查真偽，發現乙所購買為贗品。經甲派員詳查，乙被丙以偷天換日手法，不留意而向丙購買青花瓷碗。請依民法條文，分析甲向丙表示撤銷買賣契約，有無理由？甲如何主張權利？

答 本題涉及代理行為之意思瑕疵，分述如下：

甲向丙表示撤銷買賣契約，有理由，甲應主張依民法第92條和第88條規定撤銷乙所為之意思表示。

(一) 按民法第92條第1項規定因被詐欺或被脅迫而為意思表示者，表意人得撤銷其意思表示。

(二) 惟若為代理行為時意思表示是否有瑕疵應以本人或代理人決之容有疑義。

(三) 而按民法第105條規定代理人之意思表示，因其意思欠缺、被詐欺、被脅迫，或明知其事情或可得而知其事情，致其效力受影響時，其事實之有無，應就代理人決之。但代理人之代理權係以法律行為授與者，其意思表示，如依照本人所指示之意思而為時，其事實之有無，應就本人決之，亦即意定代理意思表示是否有瑕疵原則上以代理人之意思決定之，僅例外於依照本人指示之情況以本人決定之，蓋此時意思表示之瑕疵即為本人意思之瑕疵所造成。

(四) 查本題甲授權乙以甲之名義向丙購買為本人甲授予代理人乙以本人甲名義所為之代理行為，而甲僅指示乙購買明朝成祖皇帝時代的青花瓷碗，並未指示代理人乙購買之具體標的，而是代理人乙被丙以偷天換日手法使乙被詐欺而選錯標的為贗品，因此應以代理人乙之意思表示是否有瑕疵定之，而乙之意思表示為受丙偷天換日所詐欺，甲可主張因受詐欺而撤銷乙向丙購買贗品之意思表示。

(五) 乙受詐欺所為之意思表示亦屬民法第88條第1項之意思表示錯誤，本人甲亦可主張依民法第88條第1項撤銷之，且撤銷之原因詐欺人丙為明知而無民法第91條之信賴利益損害賠償之適用，併予敘明。

二、甲乙為情侶，大學時代就同居，自拍性愛影檔以示終生不渝。進入職場後，甲疑乙另結新歡，對乙施暴恐嚇，不准變心。某日，乙難忍甲的粗暴行為，提議分手，甲於是要求乙必須將價值新台幣5萬元的金飾贈與他，乙則要求性愛影檔交出，始將金飾贈與並交付甲。一週後，乙心有未甘而報警，提告甲的脅迫行為並撤銷贈與，請求甲必須返還金飾。甲於派出所表明確有威脅乙一事，不過金飾已轉售予丙，無法返還乙。請依民法條文，分析下列問題：

(一) 甲、乙的贈與契約及物權行為的意思表示效力為何？

(二) 乙可否向丙主張返還金飾？

答 本題涉及債權物權行為之共同瑕疵及善意取得，分述如下：

(一) 甲乙間之贈與契約及物權行為之意思表示皆無效

1. 按民法第92條第1項規定因被詐欺或被脅迫而為意思表示者，表意人得撤銷其意思表示，次按民法第114條第1項規定法律行為經撤銷者視為自始無效。
2. 查本題中甲乙間金飾贈與契約的債權行為及將金飾所有權移轉於甲之物權行為皆因甲之威脅所為之，因此乙皆可依民法第92條第1項撤銷意思表示，且依經撤銷後皆視為自始無效。
3. 而此種債權物權行為具有相同瑕疵之情形，學說上稱之為「共同瑕疵理論」，物權行為與債權行為認為具有一體性，依民法第111條規定法律行為一部無效者，視作全部法律行為之無效。
4. 惟本文認為基於我國通說實務承認物權行為「無因性」及「獨立性」，因此物權行為和債權行為因各自獨立判斷其瑕疵，不應一同判斷。
5. 然本題中贈與契約之債權行為和將金飾所有權移轉之物權行為之意思表示獨立判斷後仍皆因甲之脅迫所為，因此可分別撤銷之，經撤銷後皆屬自始無效。

(二) 乙可否向丙主張返還金飾分述如下：

1. 按民法第92條第2項規定被詐欺而為之意思表示，其撤銷不得以之對抗善意第三人，而通說認為本項未規定脅迫不可對抗善意第三人乃刻意為之非立法漏洞，蓋脅迫之意思瑕疵較詐欺更之為嚴重，為保護受脅迫之人因此其撤銷仍可對抗善意第三人，依此若為脅迫不受不得對抗善意第三人之限制。

2. 次按民法第801條及第948條規定受讓人若非明知或重大過失不知讓與人無讓與之權時，受讓人之占有及受讓所有權即受到保護而可善意取得動產之所有權。
3. 惟受脅迫撤銷之意思表示可否對抗善意取得容有疑義：
   (1) 有認為受脅迫之意思瑕疵過於重大，且可對抗第三人，若仍可使第三人善意取得即無法達到此保護受脅迫之人的立法目的，應認為此為善意取得之特別規定。
   (2) 惟本文認為民法第92條所規定者為意思表示，而善意取得所規定者為物權行為，此兩規定各自獨立互相不受影響，且縱然可善意取得亦非使脅迫可對抗善意第三人之規定為具文，蓋如受脅迫之債權買賣之情形即無法善意取得，此時仍可適用受脅迫撤銷之規定而優先保障善意第三人，且民法第92條為總則編之規定，而善意取得為物權編之規定，難認為總則之規定為物權之特別規定，反之善意取得為對於物權之特有規定。
4. 因此查本題中若丙明知該金飾為甲威脅乙所取得，則丙即非善意第三人，且若為明知則撤銷後不僅甲無金飾之處分權，丙亦無法善意取得，乙即可依民法第767條第1項前段以所有人之身分請求丙返還金飾。
5. 反之若丙為善意不知時，縱乙可撤銷其移轉金飾所有權於甲之意思表示而使物權行為無效，然甲處分乙之金飾縱為無權處分丙仍可善意取得金飾所有權，此時金飾所有權人為丙而非乙，乙不得依民法第767條第1項前段所有物返還請求權向丙請求返還金飾於己。

113 鐵路公司從業人員甄試（第10階）

( ) **1** 依民法第12條規定，成年人滿幾歲？ (A)16歲 (B)18歲 (C)19歲 (D)20歲。

( ) **2** 依民法第15條之1規定，對於因精神障礙或其他心智缺陷，致其為意思表示或受意思表示，或辨識其意思表示效果之能力，顯有不足者，法院得因何人之聲請，為輔助之宣告，下列何者為非？ (A)本人 (B)配偶 (C)檢察官 (D)最近二年有同居事實之其他親屬。

( ) **3** 依民法第69條規定之天然孳息，下列何者為非？ (A)果實 (B)動物之產物 (C)其他依物之用法所收穫之出產物 (D)其他因法律關係所得之收益。

( ) **4** 依民法第74條規定，法律行為，係乘他人之急迫、輕率或無經驗，使其為財產上之給付或為給付之約定，依當時情形顯失公平者，法院得因利害關係人之聲請，撤銷其法律行為或減輕其給付。該聲請，應於法律行為後幾年內為之？ (A)1年 (B)2年 (C)3年 (D)4年。

( ) **5** 依民法第57條規定，社團得隨時以全體社員多少比例以上之可決解散之？ (A)二分之一 (B)三分之一 (C)三分之二 (D)四分之三。

( ) **6** 依民法第79條規定，限制行為能力人未得法定代理人之允許，所訂立之契約，效力為何？ (A)無效 (B)得撤銷 (C)效力未定 (D)有效。

( ) **7** 依民法第99條規定，附解除條件之法律行為，於條件成就時，其效力為何？ (A)發生效力 (B)失其效力 (C)效力未定 (D)得撤銷。

( ) **8** 依民法第141條規定，無行為能力人或限制行為能力人之權利，於時效期間終止前六個月內，若無法定代理人者，自其成為行為能力人或其法定代理人就職時起，幾個月內，其時效不完成？ (A)1個月 (B)2個月 (C)3個月 (D)6個月。

( ) **9** 下列何者具有完全行為能力？ (A)經監護宣告之甲 (B)受法定代理人允許限制行為能力人獨立營業的甲 (C)目前精神錯亂的甲 (D)患有重度視障的甲。

( ) **10** 依民法第14條規定，對於因精神障礙或其他心智缺陷，致不能為意思表示或受意思表示，或不能辨識其意思表示之效果者，法院得因何人之聲請，為監護之宣告，下列何者為非？ (A)配偶 (B)五親等內之親屬 (C)社會福利機構 (D)意定監護人。

( ) **11** 依民法第135條規定，時效因告知訴訟而中斷者，若於訴訟終結後，幾個月內不起訴，視為不中斷？ (A)1個月 (B)3個月 (C)6個月 (D)9個月。

( ) **12** 依民法第138條規定，時效中斷，以那些人之間為限，始有效力，下列何者為非？ (A)當事人 (B)繼承人 (C)受讓人 (D)第三人。

( ) **13** 依民法第140條規定，屬於繼承財產之權利或對於繼承財產之權利，自繼承人確定或管理人選定或破產之宣告時起，幾個月內，其時效不完成。 (A)1個月 (B)2個月 (C)3個月 (D)6個月。

( ) **14** 依民法第142條規定，無行為能力人或限制行為能力人，對於其法定代理人之權利，於代理關係消滅後幾年內，其時效不完成？ (A)1年 (B)2年 (C)3年 (D)6年。

( ) **15** 依民法第143條規定，夫對於妻或妻對於夫之權利，於婚姻關係消滅後幾年內，其時效不完成？ (A)1年 (B)2年 (C)3年 (D)6年。

( ) **16** 依民法第3條規定，如以指印、十字或其他符號代簽名者，在文件上，經幾人簽名證明，亦與簽名生同等之效力？ (A)1人 (B)2人 (C)3人 (D)4人。

( ) **17** 人之權利能力，始於何時？ (A)出生 (B)懷胎3個月時 (C)報戶口時 (D)驗出受孕時。

(　　) **18** 依民法第8條規定，失蹤人為幾歲以上者，得於失蹤滿三年後，為死亡之宣告？ (A)65歲 (B)70歲 (C)80歲 (D)85歲。

(　　) **19** 依民法第9條規定，受死亡宣告者，以何時，推定其為死亡？ (A)發現失蹤時 (B)失蹤3年時 (C)判決內所確定死亡之時 (D)失蹤1年時。

(　　) **20** 依民法第19條規定，姓名權受侵害者，得請求法院為何種請求？(A)有受侵害之虞時，得請求防止之 (B)損害賠償 (C)慰撫金 (D)不得請求除去其侵害。

(　　) **21** 依民法第89條規定，意思表示，因傳達人或傳達機關傳達不實者，得撤銷之，撤銷權，自意思表示後，經過幾年而消滅？ (A)1年 (B)2年 (C)3年 (D)4年。

(　　) **22** 依民法第37條規定，法人解散後，其財產之清算，由何人為之？(A)董事 (B)監察人 (C)理事 (D)股東。

(　　) **23** 依民法第50條規定，社團以總會為最高機關，下列何事項不用經總會之決議？ (A)變更章程 (B)任免董事 (C)監督董事及監察人職務之執行 (D)員工加薪。

(　　) **24** 依民法第51條規定，總會之召集，除章程另有規定外，應於幾日前對各社員發出通知。通知內應載明會議目的事項？ (A)10日 (B)20日 (C)30日 (D)60日。

(　　) **25** 依民法第53條規定，社團變更章程之決議，應有全體社員過半數之出席，出席社員四分三以上之同意，或有全體社員多少比例以上書面之同意？ (A)三分之二 (B)四分之三 (C)二分之一 (D)五分之四。

(　　) **26** 民法第125條規定，請求權時效，除有法律規定較短期間依其規定之外，請求權在幾年間不行使而消滅？ (A)15年 (B)10年 (C)2年 (D)1年。

(　　) **27** 民法第66條及67條不動產與動產的定義，下列選項的敘述，何者為正確？　(A)台鐵準備更換的新鐵軌屬於不動產　(B)台鐵新自強號車廂屬於不動產　(C)台鐵出租的廣告看板屬於不動產　(D)台北火車站屬於不動產。

(　　) **28** 關於民法第88條至90條意思表示錯誤撤銷之敘述，下列何者錯誤？(A)錯誤之表意人必須無過失　(B)物之性質的錯誤，視為動機錯誤，不得撤銷　(C)撤銷權自意思表示後，經過1年而消滅　(D)當事人之資格，若交易上認為重要者，其錯誤，視為意思表示內容的錯誤。

(　　) **29** 民法第148條第2項規定，行使權利，履行義務，應依下列哪一項原則處理？　(A)誠實信用原則　(B)比例原則　(C)法律保留原則　(D)信賴保護原則。

(　　) **30** 未滿80歲的甲獨自爬大霸尖山，因迷路失蹤，出動救難人員搜山遍尋不著。他失蹤要滿幾年，法院得因利害關係人或檢察官之聲請，為死亡之宣告？　(A)1年　(B)3年　(C)5年　(D)7年。

(　　) **31** 關於民法規定的權利主體之權利能力，下列敘述何者正確？　(A)自然人的權利能力得自己拋棄　(B)法人同樣享有生命權及身分權　(C)法人的權利能力，始於設立登記，終於解散登記　(D)自然人的權利能力始於出生，終於死亡，因此胎兒不可能繼承遺產。

(　　) **32** 關於民法第18、19條人格權、姓名權的保護，下列敘述何者正確？(A)人格權、姓名權被侵害時皆可請求慰撫金　(B)名譽權被侵害者，得請求回復名譽之適當處分　(C)不論自然人與法人均可無限制的享有人格權　(D)姓名權被侵害者，不得請求損害賠償。

(　　) **33** 有關民法權利能力及行為能力的相關規定，下列敘述何者錯誤？(A)出生後之嬰兒有權利能力，但無行為能力，行為能力方面必須法定代理人代為之　(B)受監護宣告的成年人有權利能力及行為能力，所為的法律行為無須有監護人代為之　(C)未滿18歲的自然人有權利能力，但行為能力受限制，除日常生活所必需或純獲利益外，必須得法定代理人的允許或承認　(D)受輔助宣告的成年人有權利能力，但行為能力受限制，除日常生活所必需或純獲利益外，必須經輔助人的同意。

(　　) **34** 關於我國權利主體的敘述，下列敘述何者正確？　(A)我國法人與自然人皆具有權利主體的地位　(B)公司行號可登記為法人，法人的權利能力結束於公司負責人退休　(C)我國依人的不同特質、身分來區分不同的權利能力　(D)自然人必須透過法律創設，才具有權利主體的地位。

(　　) **35** 民法上的物，不僅具有自然屬性，並具有法律屬性，其特性包含：須為有體物、須存在於人身之外、須能為人力所實際控制和支配、須能滿足人們的生產或生活需要等，請問下列哪一選項不屬於民法所稱之「物」？　(A)一瓶礦泉水　(B)一株菠菜　(C)一隻山羊　(D)藍天白雲。

(　　) **36** 甲被丙脅迫而出賣清朝康熙時代的瓷器古董給不知情的乙，甲即交付其古董，乙同時付清價金1,000,000元。甲事後得否撤銷其出賣古董的意思表示？　(A)若乙已死亡，則甲不得撤銷其意思表示　(B)以丙脅迫甲之情事重大者為限，甲始得撤銷其意思表示　(C)乙若知悉甲被丙脅迫之事實，甲得撤銷其意思表示　(D)因甲已交付其古董，乙也已交付價金，故甲不得撤銷其意思表示。

(　　) **37** 依據民法規定，關於債權人行使詐害行為撤銷權之除斥期間，下列何者正確？　(A)自發見詐欺或脅迫行為終止後，1年間不行使而消滅　(B)自發見詐欺或脅迫行為終止後，10年間不行使而消滅　(C)自債權人知有撤銷原因時起，1年間不行使而消滅　(D)自債權人知有撤銷原因時起，10年間不行使而消滅。

(　　) **38** 民法允許自然人立下遺囑以處分財產，這是基於下列哪一項民法的基本原則？　(A)誠實信用　(B)私法自治　(C)所有權絕對化　(D)不動產書面主義。

(　　) **39** 甲男與父母親約定，於結婚時父母親會贈與一棟公寓。此一口頭贈與契約所附帶約款的性質為什麼？　(A)停止條件　(B)解除條件　(C)始期　(D)終期。

(　　) **40** 有關民法第20條至24條住、居所之規定，下列選項何者是正確？ (A)一人同時得有兩住所　(B)無行為能力人與限制行為能力人，以其法定代理人之住所為住所　(C)因特定行為選定居所者，關於其行為，仍得依久住之意思的住所地為其住所　(D)依一定事實，足認以廢止之意思離去其住所者，無須隨即為廢止其住所。

(　　) **41** 甲因年邁經醫師診斷有心智缺陷，致不能為意思表示或受意思表示，下列何人不得向法院聲請為監護之宣告？　(A)甲的配偶乙。但甲、乙兩人過去1年並未有同居之事實　(B)甲的五親等親屬丙。甲、丙兩人過去1年有同居之事實　(C)甲的鄰居丁。丁為甲的村長，且甲、丁兩人從國小到國中9年是同班同學　(D)甲的當地政府社會局（處）。

(　　) **42** 甲很喜愛乙持有的7吋平板筆電，但不敢直接向乙表示，回家後寫line給乙，表示願用3萬元高價購買該平板筆電，不料乙尚未讀他的line，甲卻因氣溫驟降當晚猝逝。請問該要約效力為何？　(A)有效　(B)效力未定，應經甲之繼承人承認始生效力　(C)無效　(D)有效，但甲之繼承人得撤銷該要約。

(　　) **43** 民法第27條有關法人之機關的規定，下列選項中的敘述是錯誤？ (A)法人應設董事數人，法人事務之執行，原則上取決於全體董事過半數之同意　(B)董事有數人就法人一切事務，均得以對外代表法人　(C)法人的董事長對於部分董事代表權限加以限制，對不知的善意第三人仍為有效　(D)法人不一定要設監察人，若章程有訂定設置監察人，就是監察法人事務之執行。

(　　) **44** 甲喜歡未成年乙所擁有的一輛電動腳踏車，願意以10,000元向乙購買，請乙回家後向乙父徵詢，要乙隔天回覆。乙對甲之要約回家後忘了徵詢父親，隔天也未即時回覆甲。下列敘述何者正確？　(A)甲之要約到達乙時，該要約對甲即生拘束力　(B)乙回家忘了徵詢父親可否賣出電動腳踏車，乙應有回覆甲之義務　(C)甲要約到達乙，但甲未成年，必須乙有徵詢父親可否賣出，甲的表示始發生效力　(D)乙並未徵詢乙父，且隔天未回覆，乙無須理會甲之要約。

( ) **45** 甲至乙民宿住宿旅遊，在當地花完了旅遊錢，退宿時尚積欠在乙民宿的消費物之費用2,000元。乙民宿業者想細水長流，准予甲簽帳積欠，待甲回家後再將2,000元匯入乙業者帳戶。後來，乙民宿業者忙於業務，未注意甲是否匯款。請問，乙對甲的消費物之費用返還請求權時效幾年不行使而消滅？ (A)1年 (B)2年 (C)5年 (D)15年。

( ) **46** 甲男與乙女先有後婚，但乙女懷孕七個月時，甲卻因意外事故喪生，甲的父母認為甲的房子都是兩老出錢買的，應該要給兩老。但乙女擔心自己的胎兒將來的養育費用問題，請問下列何者敘述正確？ (A)胎兒有行為能力，有繼承權 (B)乙女是完全行為能力人，得繼承所有財產 (C)甲男的父母強制乙女及胎兒拋棄繼承 (D)以胎兒將來非為死胎的前提下，胎兒被視為已出生，有繼承權利。

( ) **47** 甲有精神障礙，無法獨立生活，受法院監護宣告，鄰居乙平常就一直欺負甲，得知甲聽到口哨就會歇斯底里精神崩潰，見到甲就猛吹口哨。請問甲在民法上有無任何權利可以主張？ (A)乙行為屬個人自由，甲的監護人不得要求乙不得干預 (B)乙行為侵害甲的身分權，甲的監護人得代甲向乙請求損害賠償 (C)甲受法院監護宣告，雖屬無行為能力者，但仍具權利能力 (D)甲無法獨立生活，非民法上的權利主體，法律行為無效。

( ) **48** 民法中的「人」分為自然人與法人，關於「法人」的敘述，下列何者正確？ (A)公法人包含政府機關與地方自治團體 (B)私法人一定要去法院創設才有權利能力 (C)法人的權利能力始於發起，結束於解散登記 (D)法人不能具有身體權與生命權，但可有名譽權。

( ) **49** 民事法是規範與保障人民私權利關係的法律，其制度以「權利」為核心而建立，包括權利主體、權利客體、權利種類、權利行使方式等，下列關於民事法律的重要概念，何者正確？ (A)抽象的思想創作雖非有形的物體，不屬於民事法保障的權利客體 (B)112年1月1日起成年由20歲降為18歲，表示年滿18歲有完全的法律行為能力 (C)物若不具經濟上的效益，沒有市場交換價值，即不受

財產權的保障 (D)法人為權利主體，但因不具有生命，不得主張侵權行為的損害賠償。

( ) **50** 在民法之中有規定損害賠償請求權之消滅時效，主要是基於下列哪一項理由？ (A)防止加害人產生具有心存僥倖的心理 (B)降低了訴訟中所需審理之困難度 (C)預防有受害人縱容加害人之侵權行為 (D)避免日後侵權行為要件證明難度增加。

解答與解析（答案標示為#者，表官方曾公告更正該題答案）

1 (B)。 依民法第12條滿18歲為成年，此為112年1月1日施行之修法（修法前為20歲）。

2 (D)。 民法第15條之1第1項規定「對於因精神障礙或其他心智缺陷，致其為意思表示或受意思表示，或辨識其意思表示效果之能力，顯有不足者，法院得因本人、配偶、四親等內之親屬、最近一年有同居事實之其他親屬、檢察官、主管機關或社會福利機構之聲請，為輔助之宣告」，故有同居事實之其他親屬以最近一年內為限，而非二年。

3 (D)。 其他因法律關係所得之收益為民法第69條第2項的「法定孳息」，天然孳息指的是非法律關係所生，法定孳息則是指基於法律關係所生，(A)(B)(C)選項的孳息皆是「事實上」不待法律規定之孳息，反之因其他法律關係所生之收益為抽象之法律上利益的孳息為法定孳息。

4 (A)。 民法第74條第2項規定「前項聲請，應於法律行為後一年內為之」，故此聲請的除斥期間為1年。

5 (C)。 民法第57條規定「社團得隨時以全體社員三分二以上之可決解散之」。

6 (C)。 民法第79條規定「限制行為能力人未得法定代理人之允許，所訂立之契約，須經法定代理人之承認，始生效力」，因此法定代理人承認或否認前「效力未定」，需嗣後由法定代理人承認或否認始為確定有效或無效。

7 (B)。 民法第99條第2項規定「附解除條件之法律行為，於條件成就時，失其效力」。

8 (D)。 民法第141條規定「無行為能力人或限制行為能力人之權利，於時效期間終止前六個月內，若無法定代理人者，自其成為行為能力人或其法定代理人就職時起，六個月內，其時效不完成。」此規定給予無行為能力或限制行為能力者最大之保障，故不論無法定代理人之時間是否達六個月均補足至六個月之不完成的時效。

9 **(D)**。 (A)民法第15條「受監護宣告之人，無行為能力。」(B)民法第85條第1項規定「法定代理人允許限制行為能力人獨立營業者，限制行為能力人，關於其營業，有行為能力」，故僅就同意營業之部分有行為能力，而非一般性具有完全行為能力。(C)民法第75條規定「無行為能力人之意思表示，無效；雖非無行為能力人，而其意思表示，係在無意識或精神錯亂中所為者亦同」，故目前精神錯亂之甲就其意思表示如同無行為能力之人無效。(D)重度視障非屬民法第14條之「精神障礙或心智缺陷」之心理層面之問題，且縱為心理層面之問題者亦應經監護宣告始為無行為能力，故重度視障之甲仍有完全行為能力。

10 **(B)**。 民法第14條規定「對於因精神障礙或其他心智缺陷，致不能為意思表示或受意思表示，或不能辨識其意思表示之效果者，法院得因本人、配偶、四親等內之親屬、最近一年有同居事實之其他親屬、檢察官、主管機關、社會福利機構、輔助人、意定監護受任人或其他利害關係人之聲請，為監護之宣告，故僅四等親內之親屬可聲請而不包含五等親」。

11 **(C)**。 民法第135條規定「時效因告知訴訟而中斷者，若於訴訟終結後，六個月內不起訴，視為不中斷。」，此和民法第130條請求後六月個內不起訴視為不中斷之時間相同，可以一併記憶。

12 **(D)**。 民法第138條規定「時效中斷，以當事人、繼承人、受讓人之間為限，始有效力。」，故僅包含本人及廣義繼受人而不包含第三人。

13 **(D)**。 民法第140條規定「屬於繼承財產之權利或對於繼承財產之權利，自繼承人確定或管理人選定或破產之宣告時起，六個月內，其時效不完成。」

14 **(A)**。 民法第142條規定「無行為能力人或限制行為能力人，對於其法定代理人之權利，於代理關係消滅後一年內，其時效不完成。」

15 **(A)**。 民法第143條規定「夫對於妻或妻對於夫之權利，於婚姻關係消滅後一年內，其時效不完成。」

16 **(B)**。 民法第3條第3項規定「如以指印、十字或其他符號代簽名者，在文件上，經二人簽名證明，亦與簽名生同等之效力。」

17 (A)。 民法第6條規定「人之權利能力，始於出生，終於死亡。」

18 (C)。 民法第8條第2項規定「失蹤人為八十歲以上者，得於失蹤滿三年後，為死亡之宣告。」

19 (C)。 民法第9條第1項規定「受死亡宣告者，以判決內所確定死亡之時，推定其為死亡。」

20 (B)。 民法第19條規定「姓名權受侵害者，得請求法院除去其侵害，並得請求損害賠償。」

21 (A)。 民法第90條規定「前二條之撤銷權，自意思表示後，經過一年而消滅。」，因此第89條之撤銷權為意思表示後1年消滅。

22 (A)。 民法第37條規定「法人解散後，其財產之清算，由董事為之。但其章程有特別規定，或總會另有決議者，不在此限。」因此原則上由董事為清算。

23 (D)。 民法第50條第2項規定「左列事項應經總會之決議：一、變更章程。二、任免董事及監察人。三、監督董事及監察人職務之執行。四、開除社員。但以有正當理由時為限。」，故不包含員工加薪。

24 (C)。 民法第51條第4項規定「總會之召集，除章程另有規定外，應於三十日前對各社員發出通知。通知內應載明會議目的事項。」

25 (A)。 民法第53條第1項規定「社團變更章程之決議，應有全體社員過半數之出席，出席社員四分三以上之同意，或有全體社員三分二以上書面之同意。」

26 (A)。 民法第125條規定「請求權，因十五年間不行使而消滅。但法律所定期間較短者，依其規定。」，此為請求權之一般消滅時效規定。

27 (D)。 最高法院63年第6次決議「民法第六十六條第一項所謂定著物，係指非土地之構成部分，繼續附著於土地，而達一定經濟上目的，不易移動其所在之物而言」所定義之民法第66條第1項之不動產中之定著物包含了「非土地成分」、「繼續」、「固定」、「經濟上獨立」之四個要件，(A)(B)(C)選項之物皆不具有繼續附著於土地之「繼續性」及不易移動其所在之「固定性」，非民法第66條第1項不動產中之定著物，亦非土地本身，應為民法第67條規定「稱動產者，為前條所稱不動產以外之物。」之動產。

28 (B)。 (A)民法第88條第1項後段「但以其錯誤或不知事情，非由表意人自己之過失者為限。」(B)民法第88條第2項規定「當事人之資格或物之性質，若交易上認為重要者，其錯誤，視為意思表示內容之錯誤。」，因此若物之性質交易上認為重要者則可視為意思表示內容之錯誤可撤銷，(B)選項錯誤。(C)民法第90條規定「前二條之撤銷權，自意思表示後，經過一年而消滅。」(D)民法第88條第2項規定「當事人之資格或物之性質，若交易上認為重要者，其錯誤，視為意思表示內容之錯誤。」

29 (A)。 民法第148條第2項規定「行使權利，履行義務，應依誠實及信用方法。」，故應依誠實信用原則。

30 (D)。 民法第8條第1項及第2項和第3項規定「失蹤人失蹤滿七年後，法院得因利害關係人或檢察官之聲請，為死亡之宣告。」
「失蹤人為八十歲以上者，得於失蹤滿三年後，為死亡之宣告」
「失蹤人為遭遇特別災難者，得於特別災難終了滿一年後，為死亡之宣告。」
本題中甲未滿80歲因此不適用第2項之3年，而特別災難於實務上之定義為自然或不可抗力意外，對失蹤人屬不可避免所引起之災難，如颱風戰爭等，不包含個人意外，本題甲爬山迷路失蹤非屬自然或不可抗力，為自身行為引起之個人意外，而非「特別災難」，因此回頭適用一般規定之第1項的7年。

31 (C)。 (A)民法第16條規定「權利能力及行為能力，不得拋棄。」(B)民法第26條規定「法人於法令限制內，有享受權利負擔義務之能力。但專屬於自然人之權利義務，不在此限。」，生命權及身分權為專屬於自然人之權利，蓋法人無生命和身分，僅為法律之抽象概念，無法享有之。(C)民法第30條規定「法人非經向主管機關登記，不得成立。」，因此法人的成立解散（出生死亡）以登記為準，權利能力依民法第6條規定始於出生（設立登記）終於死亡（解散登記）。(D)民法第7條規定「胎兒以將來非死產者為限，關於其個人利益之保護，視為既已出生。」，而遺產屬於利益，故胎兒仍有繼承之可能。

32 (B)。 (A)民法第18條第2項規定人格權受侵害之情形，以法律有特別規定者為限，得請求損害賠償或慰撫金，因此人格權被侵害時非皆可請求而是以法律有特別規定者為限（如民法第195條第1項）始可請求慰撫金。(B)民法第195條第1項後段規定「其名譽被侵害者，並得請求回復名譽之適當處分」。(C)民法第26條規定「法人於法令限制內，有享受權利負擔義務之能力。但專屬於自然人之權利義務，不在此限。」，因此法人非可無限制的享有人格權。(D)民法第19條規定「姓名權受侵害者，得請求法院除去其侵害，並得請求損害賠償。」

33 **(B)**。 (B)民法第15條規定「受監護宣告之人，無行為能力。」

34 **(A)**。 (A)人包含自然人和法人，皆具有權利主體地位。(B)民法第6條規定「人之權利能力，始於出生，終於死亡」，因此權利能力結束於解散登記（死亡）非負責人退休。(C)民法第26條規定「法人於法令限制內，有享受權利負擔義務之能力。但專屬於自然人之權利義務，不在此限。」，是以自然人或法人來區分不同的權利能力。(D)民法第6條規定自然人之權利能力始於出生，民法第30條規定「法人非經向主管機關登記，不得成立。」法人始需法律創設才享有權利主體地位。

35 **(D)**。 藍天白雲依一般概念不具可實際支配之特性，因此非民法定義之「物」。

36 **(C)**。 民法第92條第1項規定「因被詐欺或被脅迫而為意思表示者，表意人得撤銷其意思表示。但詐欺係由第三人所為者，以相對人明知其事實或可得而知者為限，始得撤銷之。」，但書規定者為「詐欺」，因此通說認為「脅迫」此種更嚴重之意思表示瑕疵由第三人所為不受限制皆可撤銷之，因而不論乙是否知悉甲皆得撤銷，本題乙若知悉甲被第三人丙脅迫甲得撤銷其意思表示亦屬正確。

37 **(A)**。 民法第93條規定「前條之撤銷，應於發見詐欺或脅迫終止後，一年內為之。但自意思表示後，經過十年，不得撤銷。」

38 **(B)**。 民法允許自然人立下遺囑以處分財產為尊重當事人意思自主處分其私人財產之「私法自治原則」。

39 **(A)**。 民法第99條第1項規定「附停止條件之法律行為，於條件成就時，發生效力。」，本題之約款為以甲結婚為成就條件始生效之贈與契約，故此約款為停止條件。

40 **(B)**。 (A)民法第20條第2項規定「一人同時不得有兩住所。」(B)民法第21條規定「無行為能力人及限制行為能力人，以其法定代理人之住所為住所。」(C)民法第23條規定「因特定行為選定居所者，關於其行為，視為住所」，此為民法第20條第1項之特別規定。(D)民法第24條規定「依一定事實，足認以廢止之意思離去其住所者，即為廢止其住所。」

41 **(C)**。 民法第14條規定「對於因精神障礙或其他心智缺陷，致不能為意思表示或受意思表示，或不能辨識其意思表示之效果者，法院得因本人、配偶、四親等內之親屬、最近一年有同居事實之其他親屬、檢察官、主管機關、社會福利機構、輔助人、意定監護受任人或其他利害關係人之聲請，為監護之宣告。」

42 (A)。 民法第95條第1、2項規定「非對話而為意思表示者，其意思表示，以通知達到相對人時，發生效力。但撤回之通知，同時或先時到達者，不在此限。」「表意人於發出通知後死亡或喪失行為能力或其行為能力受限制者，其意思表示，不因之失其效力。」，而line非當面對話因此為非對話意思表示，縱然乙未讀取但乙已處於隨時可以讀取之狀態已屬達到而發生效力，且發出通知後死亡亦不因此溯及失效，該要約有效。

43 (C)。 民法第27條第3項規定「對於董事代表權所加之限制，不得對抗善意第三人。」，因此不知的善意第三人可主張此限制無效，而非仍為有效。

44 (C)。 民法第77條前段規定「限制行為能力人為意思表示及受意思表示，應得法定代理人之允許」，因此(A)效力未定不受拘束。(B)無規定有此義務，且未徵詢法定代理人乙父是否承認前乙之回覆亦無意義。(D)乙應徵詢其父是否承認使甲之要約生效與否。

45 (B)。 民法第127條第1款規定「左列各款請求權，因二年間不行使而消滅：一、旅店、飲食店及娛樂場之住宿費、飲食費、座費、消費物之代價及其墊款。」

46 (D)。 (A)繼承權和行為能力無涉而是和權利能力有關，而胎兒之權利能力依民法第7條規定「胎兒以將來非死產者為限，關於其個人利益之保護，視為既已出生」，就有利益之繼承權部分視為既已出生因此可享有之。(B)依民法第1138條第1、2款規定「遺產繼承人，除配偶外，依左列順序定之：一、直系血親卑親屬二、父母」，因此若胎兒未死產甲之財產由乙女和其胎兒共同繼承，若死產由乙女和甲之父母共同繼承，非由乙女單獨繼承。(C)甲之父母僅就甲的房子的部分請求讓與，非強制乙女及其胎兒就所有財產都拋棄，而拋棄繼承是拋棄繼承權，因此非強制乙女拋棄繼承。(D)民法第7條規定「胎兒以將來非死產者為限，關於其個人利益之保護，視為既已出生」，繼承權屬利益，因此可享有繼承權。

47 (C)。 (A)民法第148條第1項規定「權利之行使，不得違反公共利益，或以損害他人為主要目的。」，乙為明知故意濫用其自由權，甲之監護人可主張權利濫用制止乙。(B)乙受侵害者為其健康權為人格權非身分權。(C)民法第6條規定「人之權利能力，始於出生，終於死亡。」，因此受監護宣告之人仍有完全之權利能力，正確。(D)民法第15條規定「受監護宣告之人，無行為能力。」，民法第75條前段規定「無行為能力人之意思表示，無效」，因此法律行為無效，但同(C)仍有完全之權利能力可享受權利負擔義務為權利主體。

48 (D)。 (A)行政機關為公法人之手足，本身非權利主體之公法人。(B)民法第30條規定「法人非經向主管機關登記，不得成立。」，因此私法人應向主管機關登記而非去法院創設。(C)法人之權利能力始於設立登記而非發起。(D)民法第26條規定「法人於法令限制內，有享受權利負擔義務之能力。但專屬於自然人之權利義務，不在此限」，法人亦有名譽受損之問題，因此可享有名譽權。

49 (B)。 (A)仍為受著作權法等智慧財產權法保障之權利客體。(C)財產權保障之客體不以有經濟價值為必要。(D)民法第26條規定「法人於法令限制內，有享受權利負擔義務之能力。但專屬於自然人之權利義務，不在此限」，因而法人仍可享有名譽和財產等權利，受侵害時仍可主張侵權行為。

50 (B)。 權利人長期不行使權利，會導致舉證日益困難，進而造成訴訟久延，與訴訟經濟的原則相悖，也會導致法律關係長久難以確定。故此，技術上，以時效代替證據可使法律關係早日確定，(B)降低了訴訟中所需審理之困難度最為正確。

書號	書名	作者	定價
1F111141	就業安全制度(含概要) 榮登博客來、金石堂暢銷榜	陳月娥	750元
1N251101	社會學	陳月娥	600元

戶政

書號	書名	作者	定價
1F651131	民法親屬與繼承編(含概要)	成宜霖等	610元
1F341141	統整式國籍與戶政法規	紀相	750元
1E251101	行政法(含概要)獨家高分秘方版 榮登金石堂暢銷榜	林志忠	590元
1F281141	國考大師教您輕鬆讀懂民法總則 榮登金石堂暢銷榜	任穎	520元
1N441092	人口政策與人口統計	陳月娥	610元

以上定價，以正式出版書籍封底之標價為準

學習方法 系列

如何有效率地準備並順利上榜，學習方法正是關鍵！

榮登金石堂暢銷排行榜

連三金榜 黃禕

翻轉思考 破解道聽塗說	適合的最好 調整習慣來應考	一定學得會 萬用邏輯訓練

三次上榜的國考達人經驗分享！
運用邏輯記憶訓練，教你背得有效率！
記得快也記得牢，從方法變成心法！

作者線上分享

網路書店

作者在投入國考的初期也曾遭遇過書中所提到類似的問題，因此在第一次上榜後積極投入記憶術的研究，並自創一套完整且適用於國考的記憶術架構，此後憑藉這套記憶術架構，在不被看好的情況下先後考取司法特考監所管理員及移民特考三等，印證這套記憶術的實用性。期待透過此書，能幫助同樣面臨記憶困擾的國考生早日金榜題名。

最強校長 謝龍卿

榮登博客來暢銷榜

作者線上分享

經驗分享＋考題破解
帶你讀懂考題的know-how!

open your mind！
讓大腦全面啟動，做你的防彈少年！

108課綱是什麼？考題怎麼出？試要怎麼考？書中針對學測、統測、分科測驗做統整與歸納。並包括大學入學管道介紹、課內外學習資源應用、專題研究技巧、自主學習方法，以及學習歷程檔案製作等。書籍內容編寫的目的主要是幫助中學階段後期的學生與家長，涵蓋普高、技高、綜高與單高。也非常適合國中學生超前學習、五專學生自修之用，或是學校老師與社會賢達了解中學階段學習內容與政策變化的參考。

最狂校長帶你邁向金榜之路

15 招最狂國考攻略

謝龍卿 / 編著

獨創 15 招考試方法，以圖文傳授解題絕招，並有多張手稿筆記示範，讓考生可更直接明瞭高手做筆記的方式！

榮登博客來、金石堂暢銷排行榜

贏在執行力！吳盼盼一年雙榜致勝關鍵

吳盼盼 / 著

一本充滿「希望感」的學習祕笈，重新詮釋讀書考試的意義，坦率且饒富趣味地直指大眾學習的盲點。

更多產品資訊

http://0rz.tw/4Ua

好評2刷！

金榜題名獨門絕活大公開

國考必勝的心智圖法

孫易新 / 著

全球第一位心智圖法華人講師，唯一針對國考編寫心智圖專書，公開國考準備心法！

熱銷2版！

江湖流傳已久的必勝寶典

國考聖經

王永彰 / 著

九個月就考取的驚人上榜歷程，及長達十餘年的輔考經驗，所有國考生的 Q&A，都收錄在這本！

熱銷3版！

雙榜狀元讀書秘訣無私公開

圖解 最省力的榜首讀書法

賴小節 / 編著

榜首五大讀書技巧不可錯過，圖解重點快速記憶，答題技巧無私傳授，規劃切實可行的讀書計畫！

榮登金石堂暢銷排行榜

請問，國考好考嗎？

開心公主 / 編著

開心公主以淺白的方式介紹國家考試與豐富的應試經驗，與你無私、毫無保留分享擬定考場戰略的秘訣，內容囊括申論題、選擇題的破解方法，以及獲取高分的小撇步等，讓你能比其他人掌握考場先機！

推薦學習方法 影音課程

每天 10 分鐘！斜槓考生養成計畫

立即試看

斜槓考生 / 必學的考試技巧 / 規劃高效益的職涯生涯

看完課程後，你可以學到

講師 / 謝龍卿

1. 找到適合自己的應考核心能力
2. 快速且有系統的學習
3. 解題技巧與判斷答案之能力

國考特訓班 心智圖筆記術

立即試看

筆記術 + 記憶法 / 學習地圖結構

本課程將與你分享

講師 / 孫易新

1. 心智圖法「筆記」實務演練
2. 強化「記憶力」的技巧
3. 國考心智圖「案例」分享

國家圖書館出版品預行編目(CIP)資料

國考大師教您輕鬆讀懂民法總則 /任穎編著. --
第十四版. -- 新北市：千華數位文化股份有限公司,
2024.12

面；　公分

高普考

ISBN 978-626-380-885-0 (平裝)

1.CST: 民法總則

584.1　　　　　　　　113018629

[高普考] 國考大師教您輕鬆讀懂民法總則

編　著　者：任　穎

發　行　人：廖　雪　鳳
登　記　證：行政院新聞局局版台業字第 3388 號
出　版　者：千華數位文化股份有限公司
地址：新北市中和區中山路三段 136 巷 10 弄 17 號
電話：(02)2228-9070　　傳真：(02)2228-9076
客服信箱：chienhua@chienhua.com.tw

法律顧問：永然聯合法律事務所
編輯經理：甯開遠
主　　編：甯開遠
執行編輯：蘇依琪
校　　對：千華資深編輯群
設計主任：陳春花
編排設計：翁以倢

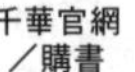
千華官網／購書

千華蝦皮

出版日期：2024 年 12 月 20 日　　第十四版／第一刷

本書如有勘誤或其他補充資料，
將刊於千華官網，歡迎前往下載。